böhlau

Schriften zur rheinisch-westfälischen Wirtschaftsgeschichte
Band 49

Herausgegeben von Ulrich S. Soénius

Stiftung Rheinisch-Westfälisches Wirtschaftsarchiv zu Köln

Daniel Deckers

Der Wein der »Gutehoffnungshütte«

100 Jahre Weingut St. Antony

Böhlau Verlag Wien Köln

Gedruckt mit freundlicher Unterstützung durch den Landschaftsverband Rheinland

LVR
Qualität für Menschen

Bibliografische Information der Deutschen Nationalbibliothek:
Die Deutsche Nationalbibliothek verzeichnet diese Publikation in der Deutschen Nationalbibliografie; detaillierte bibliografische Daten sind im Internet über https://dnb.de abrufbar.

Umschlagabbildung: Weinfässer in St. Antony (© Weingut St. Antony)/
Belegschaft vor dem Weingut, 1920er Jahre (© Ute Michalsky, Nierstein)

Korrektorat: Christoph Landgraf, St. Leon-Rot
Einbandgestaltung: Guido Klütsch, Köln
Satz: büro mn, Bielefeld
Druck und Bindung: ⊕ Hubert & Co. GmbH & Co. KG, Göttingen
Gedruckt auf chlor- und säurefreiem Papier
Printed in the EU

Vandenhoeck & Ruprecht Verlage | www.vandenhoeck-ruprecht-verlage.com

ISBN 978-3-412-52315-2

Inhalt

Abb. 1 Erntedank: Feierlicher Abschluss der Traubenlese vor dem Weinkeller der GHH in Nierstein (undatiert, vermutlich 1920er Jahre).

Vorwort

Eine eigenständige Publikation zur Weingeschichte hat es in der Schriftenreihe der Stiftung Rheinisch-Westfälisches Wirtschaftsarchiv zu Köln (RWWA) noch nicht gegeben, weder in der „Alten Folge“ von 1910 bis 1931 noch in der „Neuen Folge“, die 1959 begann und bis heute 48 Bände vorgelegt hat. Mit diesem, dem 49. Band, wird nun ein Kapitel deutscher Wirtschaftsgeschichte aufgeschlagen, das die Verbindung zwischen Großindustrie und der Herstellung von Wein aufzeigt.

Quellen zur Weingeschichte sind im RWWA zahlreich vorhanden. So gibt es kleinere Bestände von Weinhandlungen, Informationen über einzelne Unternehmen in den bestandsergänzenden Dokumentationen und Archivalien mit Bezug zu Wein in anderen Beständen. Letztere reichen von den Weinbestellungen im Haushalt von Unternehmerfamilien über Speisekarten anlässlich privater und geschäftlicher Feiern bis hin zu den Sach- und Firmenakten der Industrie- und Handelskammern des Rheinlands. Dabei findet sich Weingeschichte nicht nur in Akten, sondern auch in Drucksachen, Fotos und Filmen, wie in einem Film über die Verwendung von Maschinen in der Landwirtschaft. Die Quellen zur Geschichte von Weinanbau und Weinhandel geben Antworten auf Fragen der Wirtschafts- und Sozialgeschichte, der Kulturgeschichte und der Technikgeschichte. Viele interessante und erzählenswerte Hinweise bietet das RWWA also zur Weingeschichte. Zu den Aufgaben eines Archivs, auch des RWWA, gehört neben der Sicherung, Bewertung und Aufbereitung der Quellen auch die Vermittlung von historischem Wissen. Daher lag es nahe, die Forschungen von Daniel Deckers zu dem Weingut St. Antony in Nierstein als Band 49 in die Schriftenreihe des RWWA aufzunehmen. Anhand der Quellen eines der umfangreichsten Bestände des RWWA, dem Bestand Abt. 130 Gutehoffnungshütte Aktienverein (GHH), Oberhausen, kann über die Geschichte des Weingutes lebendig und informativ berichtet werden. Zudem bietet diese seltene Symbiose von Eisen- und Stahlindustrie mit der Herstellung eines Nahrungsmittels bisher nicht bekannte Einblicke in die Arbeitsweise eines Großkonzerns. Der Aufbereitung dieser Thematik hat sich Daniel Deckers gewidmet, der im Hauptberuf verantwortlicher Redakteur bei der „Frankfurter Allgemeine Zeitung“ ist und im Nebenberuf Geschichte des Weinbaus und des Weinhandels an der Hochschule Geisenheim lehrt. Ihm gebührt der Dank, über diesen spannenden Aspekt deutscher Geschichte recherchiert und dieses Buch verfasst zu haben. Zu danken gilt auch der St. Antony Weingut GmbH & Co. KG; vertreten durch den Geschäftsführer Dirk Würtz, und dem Landschaftsverband Rheinland für die Unterstützung sowie dem Böhlau-Verlag, der in sehr guter Zusammenarbeit in zweiter Folge einen weiteren Band der Schriftenreihe des RWWA ermöglicht hat.

Dr. Ulrich S. Soénius
Direktor

Einleitung

Im Sommer 2019 wurde der Verfasser von dem geschäftsführenden Gesellschafter des Weingutes St. Antony (Nierstein) Dirk Würtz gebeten, einer offenkundig ungewöhnlichen Geschichte so umfassend wie möglich auf den Grund zu gehen: In den letzten Monaten des Ersten Weltkriegs erdacht, war das „Weingut Nierstein" allen politischen und wirtschaftlichen Zäsuren zum Trotz fast sieben Jahrzehnte im Besitz der in Oberhausen (Rheinland) ansässigen „Gutehoffnungshütte" (GHH) geblieben. Weitere zwanzig Jahre gehörte es unter dem Namen „St. Antony" zum MAN-Konzern, in dem die Gutehoffnungshütte Mitte der 1980er Jahre aufgegangen war. Obwohl die Weine dieses Gutes zur Weltspitze gezählt wurden, wurde das Weingut 2005 im Zuge der Konzentration der MAN auf ihr Kerngeschäft veräußert.

Nun stand das Jahr bevor, in dem sich die eigentliche Gründung des Weingutes zum hundertsten Mal jähren würde, waren doch im Herbst 1920 die ersten „unserer Niersteiner Weine" am Sitz des Montanunternehmens in Oberhausen eingetroffen. Was lag da näher, als diesen in Deutschland, wenn nicht in der Weinwelt überhaupt einmaligen Verflechtungen von Weinbau-, Wirtschafts- und Sozialgeschichte auf den Grund zu gehen?

Das Unterfangen war mit vielen Unwägbarkeiten verbunden. In dem Weingut in Nierstein hatten sich keine Artefakte erhalten, die herangezogen hätten werden können. Umso reichere Aktenbestände konnten in dem Rheinisch-Westfälischen Wirtschaftsarchiv zu Köln (RWWA) lokalisiert werden. Auch in dem Historischen Archiv der MAN SE in Augsburg hatte das Weingut Spuren hinterlassen. Den Mitarbeitern beider Häuser sei für ihr stetes Entgegenkommen und ihre Hilfsbereitschaft herzlich gedankt.

Unentbehrlich für die Rekonstruktion der jüngeren Vergangenheit waren die Auskünfte und die Unterlagen des langjährigen Betriebsleiters Dr. Alexander Michalsky und seiner Frau Ute (Nierstein/Hangelsberg). Agnes Hasselbach (Weingut Gunderloch) und Georg Mauer (vormals Wein & Glas, Berlin) trugen mit ihren Erinnerungen ebenfalls dazu bei, dass die wichtigsten Ereignisse und Personen aus den vielen Jahrzehnten nicht der Vergessenheit anheimfielen, in denen die Gutehoffnungshütte und die MAN Weinbaugeschichte schrieben. Ihnen allen ebenfalls von Herzen gedankt.

Erste Einblicke in die Geschichtswerkstatt erhielten die Freunde des Weingutes St. Antony im Herbst 2020. Woche für Woche wurden in einem von Lisa Kechel (Weingut St. Antony) kuratierten Newsletter Episoden aus der nunmehr hundertjährigen Geschichte des Weinguts geschildert. Was gedacht war, um die Wartezeit bis zu den für den 13. November geplanten Jubiläumsfeierlichkeiten zu verkürzen, wurde nach der coronabedingten

Absage aller Aktivitäten im November zu einer Brücke, die von der Vergangenheit über die Gegenwart in die Zukunft führt. In Heft 3 des Jahrgangs 2020 der Zeitschrift „Fine. Das Weinmagazin“ erschien derweil in der Kolumne „Wein und Zeit“ ein Essay unter dem Titel „Hochöfen und Spitzenweine“. In ihm wurde die Weinkultur im Ruhrgebiet der 1950er Jahre ausgeleuchtet, soweit sie sich mit den Namen Nierstein und Gutehoffnungshütte verbindet.

Dieses Buch, das dank der Initiative des Direktors des Rheinisch-Westfälischen Wirtschaftsarchivs, Dr. Ulrich Soénius, in der traditionsreichen Schriftenreihe des RWWA erscheint, vereinigt nun alle Vorarbeiten. Es möchte seinen Lesern eine einmalige Geschichte erzählen, in der wie unter einem Brennglas die Größe wie auch manches Elend des Weinbaus im Deutschland des 20. Jahrhunderts sichtbar werden. „Germany however, with its unreliable climate, has the possibility in a good year to produce white wines of a quality quite unlike those made elsewhere in the world", schrieb Ian Jamieson 1981 in der 2. Auflage von André Simons "Wines of the World". So ist es noch immer.

Limburg, im August 2021

1 Mit dem Eigenbau einverstanden

Wann, warum und wie ein Montankonzern aus dem Ruhrgebiet an ein Weingut am Rhein kam

Man schrieb das Jahr 1911. In den Weinbergen am Rhein und seinen Nebenflüssen wuchs über den Sommer ein Wein heran, von dem man noch lange sprechen sollte: ein Jahrhundertwein.[1] Unerwartet kam dieses Ereignis nicht – im Gegenteil. Denn nach genau hundert Jahren war der Halley'sche Komet wieder einmal mit bloßem Auge zu sehen, und wie von magischen Kräften erzeugt, war der 1811er ein Jahrgang geworden, der Kenner noch lange ins Schwärmen brachte. Doch nicht alleine die Qualität der „Eilfers", wie Johann Wolfgang von Goethe sich ausdrückte,[2] war legendär, sondern auch seine Symbolik. Die einzigartige Gabe des Vaterlandes beflügelte die patriotischen Gefühle all jener, die sich aufmachten, nach dem Ende der Befreiungskriege im Sommer des Jahres 1814 das linke Rheinufer von den Spuren der mehr als zwanzig Jahre währenden Herrschaft der Franzosen zu befreien.[3]

1911 und damit genau hundert Jahre später stand das Leben in Deutschland wieder im Zeichen von Kriegen – allerdings nicht um das linke Rheinufer. Vierzig Jahre zuvor, nach dem Deutsch-Französischen Krieg 1870/71, waren die Grenzen im Westen neu gezogen worden. Nicht nur das Elsass war seither Teil des Deutschen Reiches und der Rebfläche nach das größte Weinbaugebiet. Die Deutschen hatten auch darauf geachtet, dass ihnen ein Großteil des luxemburgisch-lothringischen Montanreviers zufallen würde. Kohle hatte man in Deutschland genug, Eisenerz nicht. Beides, Kohle und Erz, brauchte es aber, um immer größere Kriegsschiffe zu bauen, immer mächtigere Brücken und immer stärkere Maschinen.

Schon bald nach der Annexion Lothringens hatte sich die in Oberhausen-Sterkrade ansässige Gutehoffnungshütte für die Erzvorkommen in dieser Region zu interessieren begonnen.[4] Das luxemburgisch-lothringische Minette-Erz war zwar weitaus weniger eisenhaltig als das schwedische oder das spanische. Aber das älteste Montanunternehmen des Ruhrgebiets namens Gutehoffnungshütte (GHH), das aus der Mitte des 18. Jahrhunderts gegründeten Eisenhütte namens St. Antony in (Oberhausen-)Osterfeld hervorgegangen war und seit 1810 als „Hüttengewerkschaft und Handlung Jacobi, Haniel und Huyssen" nationale Bedeutung erlangt hatte, war auf eigene Erzvorkommen dringend angewiesen.[5]

Abb. 2 Der Patriarch: Paul Reusch (1868–1956).

Weil aber der Transport des Erzes in das Ruhrgebiet auf lange Sicht unrentabel erschien, sollte in der Nähe der Minette-Region ein Hochofen errichtet werden. Das Schlossgut Scheuern (heute: La Grange) bei Monhofen (Manom) kam das gerade recht: Die Hüttenverwaltung sollte ihren Sitz in der nahegelegenen Stadt Diedenhofen (Thionville) nehmen, die ausgedehnten Waldungen würden der Hütte weichen und das aus dem 18. Jahrhundert stammende Schloss, eines der schönsten weit und breit, als eine Art Werksgasthaus für die Belegschaft dienen. Und dann gab es noch einige Hektar Weingärten in der Nähe des Schlosses, die der Reblauskrise zum Trotz noch oder vielleicht auch schon wieder bewirtschaftet waren (genau wussten es die Mitarbeiter des Historischen Archivs der Gutehoffnungshütte nicht, als sie 1969 eine maschinenschriftliche Chronik der Entstehungsgeschichte des Weingutes verfassten).[6] 1909 wurde das Schloss gekauft. Was aber aus den der Gutehoffnungshütte zustehenden Weinen aus Lothringen wurde, etwa aus dem 1911er, wissen wir ebenso wenig, wie welche Rebsorten in den fraglichen Parzellen standen.

Schlossverwalter Eduard Friedrich schien einiges vom Weinbau zu verstehen. Anfang 1918 sollte er dem Vorstandsvorsitzenden Paul Reusch,[7] der den Ankauf von Schloss Scheuern forciert hatte, stolz nach Oberhausen berichten, dass „bei uns“ eine Baumkelter stehe, deren Erhaltungszustand viel besser sei als der einer sehr ähnlichen Kelter, die er im Historischen Museum der Pfalz in Speyer gesehen habe. Diese stamme immerhin aus dem Jahr 1727.[8] Reusch hatte für Nachrichten dieser Art offenbar einen Sinn, obwohl er Anfang 1918 als einer der zentralen Figuren der Kriegswirtschaft mit vielen anderen Dingen beschäftigt gewesen sein dürfte. Friedrich solle das Alter der Kelter feststellen und Photographien anfertigen. Vielleicht, so Reusch in einer seiner typischen handschriftlichen Marginalien, könne man die Kelter dem Deutschen Museum in München überlassen. So viel Mäzenatentum musste auch im fünften Kriegsjahr sein, war Reusch doch ein früher Förderer des 1903 gegründeten naturwissenschaftlich-technisch ausgerichteten Museums.[9]

Ächter Nierensteiner

Doch warum war Friedrich in Speyer gewesen? Um Erz zu verhütten, brauchte es auch Kalkstein, und das ebenfalls in großen Mengen. Um die steigende Nachfrage nach Roheisen und Stahl zu befriedigen, musste die Gutehoffnungshütte, in der seit 1909 der Schwabe Paul Reusch als Vorstandsvorsitzender den Ton angab, über die bestehenden Kalksteinbrüche in Wuppertal-Dornap („Hanielsfeld"), Wuppertal-Lüntenbeck und Nierstein hinaus nach neuen Abbaustätten Ausschau halten. Je verkehrsgünstiger sie zum Ruhrgebiet lägen, wo die GHH in Duisburg-Walsum einen werkseigenen Hafen betrieb, desto besser. Noch besser, wenn es auch nach Lothringen nicht allzu weit wäre, auch wenn der regelmäßige Transport per Schiff die Mosel hinaus noch nicht möglich war.

Fündig wurde die GHH im jenem legendären Herbst 1911 in Nierstein, etwa auf halbem Weg zwischen Mainz und Worms am Rhein gelegen. Nicht, dass dieser Ort für Kalkstein bekannt gewesen wäre. Es war der Wein, der diesen Ort im Rheinhessischen berühmt gemacht hatte. Wie Rüdesheimer, Steinberger oder Johannisberger war Niersteiner oder auch Nierensteiner ein Inbegriff für besten Wein vom Rhein – so etwa in der frühen, 1776 niedergeschriebenen Version des „Faust" von Johann Wolfgang von Goethe. Auf Fausts Frage in Auerbachs Keller „Was für ein Gläsgen mögtet ihr trinken? Ich schaff euch!" antwortet Frosch: „He! He! So ein Glas Reinwein ächten Nierensteiner".[10] In späteren Fassungen hat Goethe indes nicht nur die gesamte Szene stark verändert, sondern auch den Nierensteiner eliminiert. 1790 lautete der Vers in „Faust. Ein Fragment", in dem Goethe den Stoff der frühen Fassung vor dem Hintergrund der revolutionären Ereignisse in Frankreich neu sortiert hatte: „Gut! Wenn ich wählen soll, so will ich Rheinwein haben. Das Vaterland verleiht die allerbesten Gaben."[11]

Jüngeren Datums war der Weinbau am Rhein nicht. Zahlreiche archäologische Zeugnisse, allen voran Winzergeräte, ließen den Schluss zu, dass spätestens die Römer im Niersteiner Tal sowie entlang der Rheinfront Weinbau betrieben hätten, hieß es kurz und bündig in dem 1910 erschienen Buch „Die Rheinweine Hessens".[12] Sodann seien die Karolinger sowie alle nachfolgenden Kaiser „eifrige Förderer des Weinbaues" gewesen. Große Teile des Niersteiner Berges seien kaiserlicher Besitz gewesen, der zusammen mit dem karolingischen Palast ein Weingut gebildet habe. Auch Adel wie von der Leyen oder Metternich, Klöster und Kirchen wie das Kölner Stift St. Gereon hätten in und um Nierstein Weinberge besessen – was den Verfasser zu der für diese Art von Literatur typischen, alle Krisenphänomene im Mittelalter und in der Neuzeit ausblendenden Feststellung veranlasste: „Im Niersteiner Wein verkörpern sich alle die charakteristischen edlen Eigenschaften des Rheinweins in höchstem Maße; sie sind ihm geblieben von den Römern und der Tafelrunde Kaiser Karls des Großen an bis zum heutigen Tage."[13]

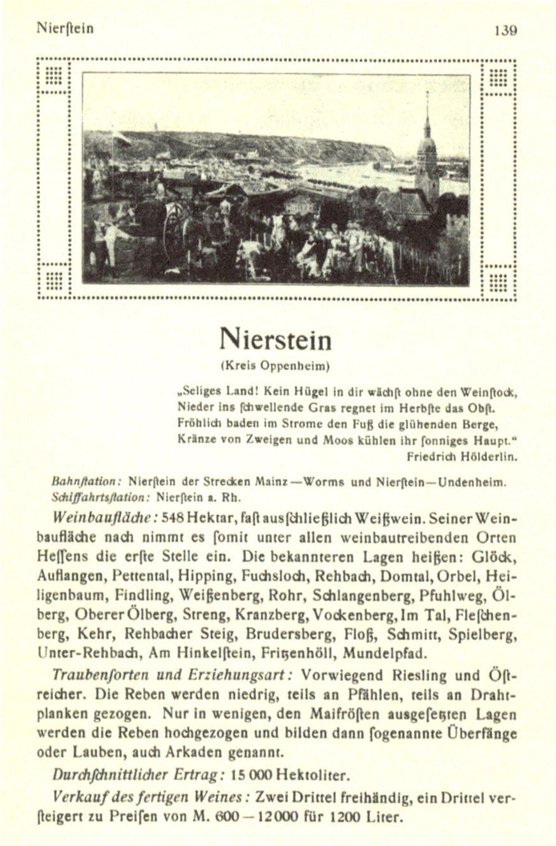

Nierſtein 139

Nierstein

(Kreis Oppenheim)

„Seliges Land! Kein Hügel in dir wächſt ohne den Weinſtock,
Nieder ins ſchwellende Gras regnet im Herbſte das Obſt.
Fröhlich baden im Strome den Fuß die glühenden Berge,
Kränze von Zweigen und Moos kühlen ihr ſonniges Haupt.“
Friedrich Hölderlin.

Bahnſtation: Nierſtein der Strecken Mainz—Worms und Nierſtein—Undenheim.
Schiffahrtsſtation: Nierſtein a. Rh.

Weinbaufläche: 548 Hektar, faſt ausſchließlich Weißwein. Seiner Weinbaufläche nach nimmt es ſomit unter allen weinbautreibenden Orten Heſſens die erſte Stelle ein. Die bekannteren Lagen heißen: Glöck, Auflangen, Pettental, Hipping, Fuchsloch, Rehbach, Domtal, Orbel, Heiligenbaum, Findling, Weißenberg, Rohr, Schlangenberg, Pfuhlweg, Ölberg, Oberer Ölberg, Streng, Kranzberg, Vockenberg, Im Tal, Fleſchenberg, Kehr, Rehbacher Steig, Brudersberg, Floß, Schmitt, Spielberg, Unter-Rehbach, Am Hinkelſtein, Fritzenhöll, Mundelpfad.

Traubenſorten und Erziehungsart: Vorwiegend Riesling und Öſtreicher. Die Reben werden niedrig, teils an Pfählen, teils an Drahtplanken gezogen. Nur in wenigen, den Maifröſten ausgeſetzten Lagen werden die Reben hochgezogen und bilden dann ſogenannte Überfänge oder Lauben, auch Arkaden genannt.

Durchſchnittlicher Ertrag: 15 000 Hektoliter.

Verkauf des fertigen Weines: Zwei Drittel freihändig, ein Drittel verſteigert zu Preiſen von M. 600 – 12000 für 1200 Liter.

Abb. 3 Die größte weinbautreibende Gemeinde des Großherzogtums Hessens: Nierstein, Kreis Oppenheim.

Nicht zu bestreiten ist aber, dass „Niersteiner“ im 17. und 18. Jahrhundert eine der ersten spezifischen Herkunftsbezeichnungen für Rheinwein geworden war. Ermöglicht wurde diese Art der Markenbildung durch die Kombination zweier natürlicher Gegebenheiten. Zum einen verfügte der Ort über die größte Rebfläche weit und breit, zum anderen bot der unmittelbar am Rhein gelegene Ort die Gelegenheit, Wein aus nah und fern in großen Mengen umzuschlagen.

Das Angebot, Niersteiner oder einen anderen Wein aus Rheinhessen zu liefern, war also etwa so plausibel wie das Ansinnen, es mit Rüdesheimer oder Hochheimer zu versuchen – in einer Zeit, in der unter wohlklingenden Namen viel mehr Wein verkauft wurde, als an den betreffenden Orten jemals hat wachsen können, kein ganz unerheblicher Vorzug. Und noch 1903 wusste man in Rheinhessen diese Gunst der Natur mit den Worten zu kapitalisieren, Nierstein zeichne sich „nicht allein durch die Qualität seines Produktes aus. Besonders in der Neuzeit ist die Rebfläche noch bedeutend angewachsen. Nach den Erhebungen der Großherzoglich Hessischen Zentralstelle für die Landesstatistik hatte die Gemarkung Nierstein 625 Hektar Rebfläche im Jahre 1900, 712 Hektar im Jahre 1901 und 855 Hektar im Jahre 1902. Mit einem solchen Umfange steht wahrscheinlich Nierstein an der Spitze aller deutschen Weinbaugemarkungen."[14]

Für den Niersteiner sprach auch, dass er sich kostengünstig über große Distanzen transportieren ließ. Von den ausgedehnten Kellern unter der Stadt war es bis zum Ufer des Rheins nicht weit. Dort wurden die Fässer mit Niersteiner oder anderem rheinhessischen Wein mit Hilfe eines Kranes auf Rheinschiffe verladen und über Mainz und Köln, die „Weinstadt" der Hanse, in den gesamten nordwesteuropäischen Raum transportiert.[15]

Den meisten Weinorten am Rhein weit voraus war Nierstein aber nicht nur, was die Gunst der Lage im eigentlichen Sinn anging. Mehr als sehen lassen konnte sich auch das Potenzial vieler Weinbergslagen. In dieser Gemarkung lag der größte Teil des (heute sogenannten) Roten Hangs, eines Höhenzugs aus rotem, von einem hohen Anteil an Eisenoxid durchsetzten Tonschiefer, der sich auf einer Länge von fast fünf Kilometern nach Norden erstreckte.[16] Der Hang drehte, sobald er nicht mehr parallel zum Fluss verlief, direkt nach Süd, wie es Johann Philipp Bronner, der Apotheker aus Wiesloch, der zum Begründer der wissenschaftlichen Weinbauliteratur in Deutschland werden sollte, schon 1834 in seinem Standardwerk „Der Weinbau in Süddeutschland" festgehalten hatte: „Das Weinbaugelände Niersteins bildet an seiner Abdachungsfläche einen stumpfen Winkel, dessen einer Schenkel gegen Nackenheim eine östliche Exposition mit einer Neigung nach Süden, der andere Schenkel gegen Schwabsburg eine südliche hat. Den Vereinigungspunkt bildet der Kranzberg, ein Vorhügel, an welchen sich Nierstein anlehnt."[17] Südlich des Ortes wiederum befindet sich nach der politisch stets bedeutenderen alten Reichsstadt Oppenheim zu ein Höhenrücken, der sich ebenfalls für Weinbau eignet. Wegen des gegenüber der windgeschützten Rheinfront raueren Mikroklimas und des vorwiegend aus Kalkmergel bestehenden Bodens ist er jedoch für Rebsorten wie Riesling und Burgunder nicht ideal, da sie hohe Ansprüche an den Standort stellen.

In den geschützten Hanglagen der Rheinfront und des von Südost nach Südwest drehenden Seitentals, in dem der Ort Nierstein liegt, hingegen waren die Bedingungen für den Anbau von Riesling, der Königin der weißen Rebsorten, nachgerade ideal – was allerdings nicht heißt, dass erhebliche Teile, wenn nicht gar die meisten Teile der aus rotem Tonschieferverwitterungsboden bestehenden Abbruchkante schon im 19. Jahrhundert mit Riesling im reinen Satz bepflanzt worden seien. Tatsächlich waren viele Parzellen noch bis in die siebziger Jahre des 20. Jahrhunderts mit Silvaner bestockt. Ebenso lange wurden Riesling und Silvaner mit dem Ziel miteinander verschnitten, Spitzenweine auf die Flasche zu bringen.[18] Für den Rebsatz in den besseren Lagen dürften eher die Weine

— 525 —

Laufende Nr.	Gemarkung und Lage	Bodenart und Düngung	Traubensorte	Beobachtete Krankheiten und Schädlinge. Mittel, die dagegen angewendet wurden	Zeit der Lese und Beschaffenheit der Trauben (Art der Fäule)	Klimatische Verhältnisse, die etwa auf die Trauben eingewirkt haben	Art des Mostes (Rotwein, Weißwein Schillerwein)	Mostgewicht bei 15° C (Grade Öchsle)	Freie Säuren (g in 100 ccm)
510	Nierstein, Kranzberg	Mist und Kunstdünger	Österreicher	—	26. 10. 11	—	Weiß	104,2	0,49
511	„ Pettental	Roter Tonschiefer, Mist	Österreicher u. Riesling	—	28. 10. 11	—	„	128,9	0,51
512	„ Hipping	„	„	—	26. 10. 11	—	„	134,1	0,63
513	„ Lehngarten	Glöckboden, Mist	Riesling	—	22. 10. 11	—	„	139,9	0,45
514	„ Kehr	Tonschiefer, Mist	„	—	25. 10. 11		„	140,8	0,54
515	„ Ölberg	Tonschiefer, Mist	Österreicher	—	2. 11. 11		„	149,9	0,43
*516	„ Heugasse	—	Tokayer u. Gutedel	—	23. 9. 11	—	„	73,0	0,91
*517	„ Ölberg	—	Österreicher	—	5. 10. 11	—	„	64,0	0,50
*518	„ Mittelgewann	—	„	—	9. 10. 11	—	„	73,0	0,59
*519	„ Monzerberg	—	„	—	„	—	„	80,0	0,72
*520	„ „	—	„	—	13. 10. 11	—	„	85,0	0,62
*521	„ Kranzberg	—	„	—	9. 10. 11	—	„	92,0	0,46
*522	„ Dalheimer Brunnen	—	„	—	14. 10. 11	—	„	89,0	0,59
*523	„ Rollander	—	„	—	16. 10. 11	—	„	81,0	0,99
*524	„ Lehngarten	—	Österreicher (Auslese)	—	22. 10. 11		„	138,0	0,63
*525	„ „	—	Österreicher	—	„		„	142,0	0,59
*526	„ „	—	Österreicher (Nachlese)	—	„	—	„	90,0	0,44
*527	„ Rehbach	—	Riesling u. Österreicher	—	16. 10. 11	—	„	88,0	0,50
*528	„ „	—	Österreicher (Beerenauslese)	—	3. 11. 11	—	„	146,0	0,52
*529	„ „	—	Riesling u. Österreicher (Auslese)	—	6. 11. 11	—	„	152,0	0,49
*530	„ Oberer Rehbach	—	Österreicher (Auslese)	—	26. 10. 11	—	„	172,0	0,60
*531	„ Flächenhall	—	Riesling (Auslese)	—	24. 10. 11	—	„	154,0	0,68
*532	„ Kehr	—	Österreicher (Auslese)	—	21. 10. 11	—	„	142,0	0,51
*533	„ „	—	Österreicher (Nachlese)	—	„	—	„	104,0	0,41
*534	„ Pettental	—	Riesling u. Österreicher (Auslese)	—	30. 10. 11		„	132,0	0,47
*535	„ Zehnmorgen	—	Riesling u. Österreicher (Gesamtlese)	—	„	—	„	128,0	0,58
*536	„ Kornsand	—	Gemischter Satz	—	23. 9. 11	—	„	67,0	1,19
537	Ober-Flörsheim	Kies u. Stein, Mist	Österreicher, Muskateller, Riesling, Portugieser, Burgunder	Sauerwurm; gespritzt und geschwefelt	6.–13. 10. 11	—	„	85,0	0,63

Abb. 4 Mit preußischer Gründlichkeit: Niersteiner Weine des Jahrgangs 1911 in der Amtlichen Weinstatistik.

charakteristisch sein, die der Landwirtschaftliche Verein für die Provinz Rheinhessen anlässlich einer „Kostprobe Rheinhessischer 1893er Wein“ zusammengestellt hatte. Diese fand am 4. September 1894 anlässlich des 13. Deutschen Weinbau-Kongresses in Mainz in den Räumen der dortigen „Liedertafel“ statt. Damals wurden aus dem Vereinsbezirk Oppenheim etwa gleich viele „Riesling“-Weine gezeigt wie „Riesling und Oesterreicher“. Unter den Rebsorten – so die Weine überhaupt unter Angabe der Rebsorte und nicht mit Hilfe der Lage charakterisiert wurden – wurden für Nierstein, Nackenheim und Oppenheim überdies noch Orléans und Traminer erwähnt.[19]

Die mit großem Abstand dominierende Rebsorte war indes Silvaner, damals zumeist Sylvaner geschrieben beziehungsweise auch Österreicher genannt.[20] So wurden aus dem Jahrgang 1909 im Chemischen Untersuchungsamt für die Provinz Rheinhessen insgesamt

27 Moste aus der Gemarkung Nierstein untersucht, und zwar sowohl aus den Spitzenlagen Rehbach und Auflangen, aber auch aus den auf der Höhe nach Westen hin gelegenen Lage Schmitt sowie den südlich des Ortes gelegenen Lagen mit ihren Kalkmergelböden.

Einzig in der Rehbach stand Riesling, in allen anderen Sylvaner beziehungsweise Österreicher.[21] Und wohl nur in den weiteren Spitzenjahren wie 1911 und 1921 wurden in den wenigen Weingütern, die sich im Besitz vermögender Privatpersonen wie dem Mainzer Bankier Carl Gunderloch befanden, jene Auslese-Weine erzeugt, die die Rheinfront als dem Rheingau ebenbürtig erscheinen ließen.[22] Tatsächlich sollten auch die 1911er aus den Niersteiner Spitzenlagen wie Rehbach, Auflangen, Hipping, Fuchsloch, Orbel, Pettenthal, Oelberg oder der Glöck[23] sowie aus dem weiter nördlich gelegenen Nackenheim mit seiner schon im Mittelalter begehrten Spitzenlage Rothenberg zu den größten Weinen des 20. Jahrhunderts zählen.

Ein Kalksteinbruch am Rhein

Die Gutehoffnungshütte hatte von dem exzellenten Ruf des Niersteiners jedoch nichts, obwohl sie seit 1911 außer den Rebflächen in Lothringen auch einige mit Reben bestockte Parzellen in Nierstein besaß. Am 8. August jenes Jahres hatte sie von einem gewissen Georg Senfter einen Kalksteinbruch sowie ein Gebäude zur Unterbringung von Arbeitskräften gekauft. „Zur Abrundung", wie es später hieß, wurden zwischen 1911 und 1913 von weiteren Eigentümern Grundstücke erworben.[24] Die Vorbesitzer waren zumeist Ortsansässige, die in mehr oder weniger großem Umfang auch Weinbau betrieben – und würden dies noch so lange auf den nunmehr der Gutehoffnungshütte gehörenden Flurstücken tun können, wie diese als Reserveflächen für den Steinbruch vorgehalten wurden. Um diese Parzellen, die 1914 zusammengenommen eine Fläche von zwölf Hektar bedeckten, würde es dereinst nicht schade sein. Der Steinbruch, der zum größten Teil einem Bruder des renommierten Weingutsbesitzers Reinhold Senfters gehört hatte, lag nämlich nicht an der Rheinfront nördlich des Ortskerns, sondern im Süden, nach Oppenheim hin.

Was dort einst die Stunde geschlagen hatte, ließ sich an dem Namen der Erhebung ablesen, die beide Orte voneinander trennte: Galgenberg. Schon das war kein gutes Omen für einen guten Wein. Überdies war das Kleinklima südlich der Stadt rauer als an den windgeschützten, wärmespeichernden Hangflächen mit ihrem charakteristischen roten Tonschiefer nach Norden zu. Auf den kühleren Kalkboden pflanzte man damals bestenfalls Silvaner,[25] wenn nicht ein Sammelsurium von weißen Rebsorten, von denen mindestens eine frühreif war, eine andere genügend Most brachte und wiederum eine andere ein wenig Bukett. Gemischter Satz war keine Marotte, sondern schiere Notwendigkeit.

Dem Ertrag „ihrer" Weinberge nachzutrauern kam in der Hauptverwaltung der GHH in Oberhausen daher vor dem Ersten Weltkrieg wohl niemandem in Sinn. Vielmehr wurden sie gegen eine zeitlich befristete Pacht von 0,25 Mark je hessischer Klafter oder 400 Mark je Hektar den vormaligen Besitzern oder anderen Bürgern überlassen, die sie entweder in ihrer Freizeit oder mit Hilfe von Tagelöhnern bearbeiteten. Früher oder später würden die Flächen ohnehin für die Erweiterung des Steinbruchs in Anspruch genommen.

Wein und Krieg I

Drei Jahre nach dem Erwerb des Kalksteinbruchs brach Krieg aus. Diedenhofen (Thionville) wurde Aufmarschgebiet, die Pläne für die Errichtung eines Hochofens waren erst einmal hinfällig. In Oberhausen und den anderen Werken, die zu dem Konzern gehörten, fehlte es bald an Arbeitskräften. Tausende Arbeiter waren an der Front, obwohl die Produktion von Rüstungsgütern wie Granatstahl und Geschützen stetig gesteigert werden musste. Bald wurden belgische Zivilisten und Kriegsgefangene angefordert, um die Lücken an der Heimatfront zu füllen. Die Rückführung von Facharbeitern im Rahmen des Hindenburg-Programms, das nach dem Fiasko vor Verdun 1916 zwecks Steigerung der Rüstungsproduktion aufgelegt worden war, reichte nicht aus.[26]

In Nierstein lagen die Verhältnisse etwas einfacher. Dort war der 1911 erworbene Steinbruch zunächst nicht in Betrieb genommen worden. Die Gründe dafür gehen aus den Akten, in denen von Weinbau die Rede ist, nicht hervor. Erst 1917 war es so weit. Ein Mann namens Werner Kalbitzer wurde als Betriebsführer nach Nierstein geschickt, wo er mehrere Männer aus der näheren Umgebung für die Arbeit im Steinbruch anwerben konnte.[27] Dass sie alle mit dem Weinbau vertraut waren, spielte zunächst keine Rolle. Das sollte sich 1918 ändern.

Mit Schreiben vom 30. Oktober 1917 hatte der Niersteiner Weingutsbesitzer Reinhold Senfter, der das elterliche Weingut Joseph Senfter übernommen hatte, den Chef der Forstabteilung der Gutehoffnungshütte kurz und bündig wissen lassen, dass er große Teile der von der GHH gepachteten Flurstücke über den 30. November hinaus nicht mehr bewirtschaften wollte. Die Begründung für diesen Vorgang – die Pachtverhältnisse wurden immer um Martini (11. November) herum geregelt – klang plausibel: Weil die Weinpreise infolge der kriegsbedingten Knappheit enorm gestiegen seien, gäbe es keine „kleinen" Weinbergsbesitzer mehr, die sich andernorts verdingten, um ein Zubrot zu verdienen. Vielmehr würde jeder zusehen, in den eigenen Parzellen möglichst viel Wein zu erzeugen und selbst zu vermarkten.[28]

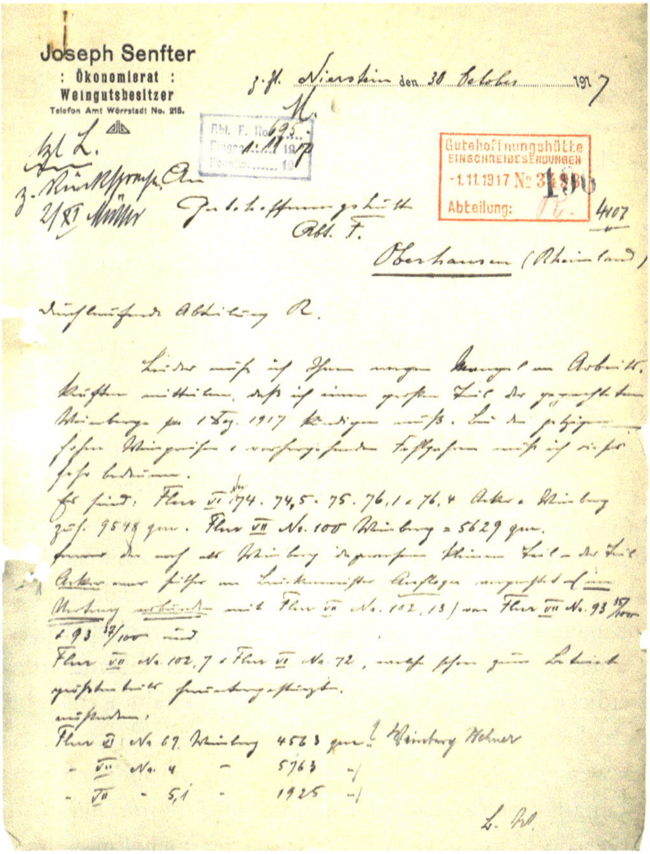
Joseph Senfter
: Ökonomierat :
Weingutsbesitzer
Telefon Amt Wörrstadt No. 215.

Gutehoffnungshütte
Einschreibesendungen
1.11.1917
Abteilung:

Abb. 5 Folgenreiche Kündigung: Der Niersteiner Weingutsbesitzer Reinhold Senfter will die Parzellen der GHH nicht weiter bearbeiten.

Diese Diagnose traf auf Senfter selbst zu, da er in Nierstein über erheblichen Besitz in den – wie man damals sagte – „besseren und besten Lagen" verfügte. Seine von der GGH gepachteten Flächen waren hingegen nicht nur in einer Lage, deren Namen nicht der Rede wert war, sondern auch in unmittelbarer Nähe des Bruchs gelegen. Weil die aber, so Senfter, dereinst dem Abbau von Kalkstein würden weichen müssen, lohne es nicht mehr, in Weinbergsarbeiten wie etwa Düngung zu investieren. Die nicht ganz uneigennützige Botschaft aus Nierstein lautete daher: Die Lage derjenigen Weinbergsbesitzer, die mit fremden Leuten arbeiten müssten, sei „geradezu trostlos", wie er Prokurist Strässer am 17. Dezember 1917 in einem Gespräch in Nierstein wissen ließ. Und: „Der Wein ist noch immer in der Preissteigerung begriffen."[29]

Auf eigene Rechnung

Wein war im vierten Kriegsjahr wie viele andere Güter auch ein äußerst knappes Gut geworden. Dessen Preise bewegten sich aber mittlerweile in solchen Höhen, dass sie das Kriegswucheramt auf den Plan riefen und 1918 ein Kriegssteuergesetz sowie 1919 den Plan einer allgemeinen Kriegsabgabe auf den Vermögenszuwachs reifen ließen.[30] Den Oberhausener Konzernlenkern war all das nicht verborgen geblieben. Mindestens einer von ihnen, der Vorstandsvorsitzende Paul Reusch, war aber auf Wein so bedacht, dass er beziehungsweise seine engsten Mitarbeiter selbst dafür Sorge tragen wollten, welche Weine und welche Spirituosen ihren Weg in den Weinkeller des Werksgästehauses finden sollten. Und das kam so:

1913/14 hatte das Unternehmen am Sitz der Konzernverwaltung in (Alt-)Oberhausen ein sogenanntes Werksgästehaus, betriebsintern auch Werksgasthaus genannt, errichten lassen.[31] Hinter diesem unscheinbaren Namen verbarg sich ein repräsentativer, von einem Park eingefasster Bau nach Plänen des Stuttgarter Architektenbüros Oberbaurat Weigle und Söhne. Die Einrichtung diente sowohl der täglichen Verköstigung der „Beamtenschaft", wie man damals die Verwaltungsangestellten bezeichnete, als auch als Ort, an dem allerlei illustre Runden zusammenkamen. Dem Aufsichtsrat der GHH stand ebenso ein eigener Raum zur Verfügung wie Gästen des Unternehmens Logierzimmer für die Übernachtung. Eine große Halle diente überdies der Abhaltung von öffentlichen Veranstaltungen bis hin zu Bällen und anderen Lustbarkeiten.

Die Bewirtschaftung des Werksgästehauses oblag einem Ökonom genannten Pächter, der den Küchen- und Restaurationsbetrieb „auf eigene Rechnung" führte. Die Bestückung des Weinkellers gehörte jedoch ausdrücklich nicht dazu. „Die Gutehoffnungshütte beschafft den Wein, Cognac und Rum auf eigene Rechnung und setzt die Preise dafür an", hieß es in Paragraph 10 des Vertrages, der am 2. April 1914 zwischen der GGH und einem gewissen Friedrich Austen als dem Ökonomen geschlossen wurde.[32]

Über die Hintergründe dieser seltsam anmutenden Einschränkung geben die fraglichen Akten keine Auskunft. Doch liegt es nahe, hinter dem direkten Zugriff des Unternehmens auf den Weinkeller des Werksgasthauses niemand Geringeren als den Vorstandsvorsitzenden Paul Reusch zu vermuten. Dieser Mann hielt, wie später sein Sohn Hermann auch, in der GHH eine Ess- und damit auch Weinkultur in Ehren, die – wie seine politischen, tendenziell antidemokratischen Einstellungen auch – ihre Wurzeln im 19. Jahrhundert hatten.[33]

Zwar stammte Paul Reusch aus der Nähe von Stuttgart, wohin er sich 1942 nach seiner Absetzung durch die Nazis zurückziehen und (angeblich) das Ruhrgebiet bis zu seinem Tod im Jahr 1956 nie wieder betreten sollte. Doch alle Sparsamkeit und Strenge gegen

Abb. 6 Nicht nur ein Ort der Geselligkeit: Das Werksgästehaus der GHH in Oberhausen.

sich und andere hielten weder ihn noch seinen 1896 geborenen Sohn Hermann davon ab, noch lange im 20. Jahrhundert einer Tischkultur zu frönen, wie sie in der Kaiserzeit in Adelskreisen und bald auch in den Residenzen des Wirtschafts- und Bildungsbürgertums sowie in den Grandhotels üblich gewesen war.[34] Aus Anlässen wie Aufsichtsratssitzungen, dem Ausklang von Jagdgesellschaften, Besuchen von Delegationen anderer Unternehmen oder hochgestellten Persönlichkeiten wurde um die Mittagszeit ein (Gabel) Frühstück beziehungsweise abends ein Menü mit mehreren Gängen und einer ebenso opulenten Weinbegleitung serviert. Bordeauxweine namhafter Châteaux aus großen Jahrgängen waren ebenso unabdingbar wie deutsche Spitzenweine vom Rhein und von der Mosel, nicht zu vergessen französischer Champagner (selten deutsche Schaumweine) sowie Süß- und Südweine von Port und Malaga bis Tokajer.[35]

Diese auszusuchen und anzukaufen scheint sich Reusch womöglich nicht nur in Einzelfällen selbst vorbehalten zu haben. Schließt man von Reuschs Verhalten während des Zweiten Weltkriegs[36] auf sein Agieren in Sachen Wein vor und während des Ersten Weltkrieges zurück, dann scheint er bis ins Detail über die Bestände des Weinkellers im Werksgasthaus im Bilde gewesen sein.

So dürfte sich die Teuerung und die Weinknappheit, die schon im Oktober 1916 die volkswirtschaftliche Abteilung des erst im Mai des Jahres gegründeten Kriegsernährungsamts auf den Plan gerufen hatte, auch ihm, der zahllose Berichte und Bilanzen las, nicht verborgen geblieben sein. Die Preissteigerung „ist seit einem Jahr zu beobachten und hat besonders stark seit dem Frühjahr dieses Jahres eingesetzt", hieß es noch im selben Monat in einem Bericht der Preisprüfungsstelle für den Kreis Mainz. „Bei den Konsumweinen – also den kleinen Verbrauchsweinen – sind die Preise auf das dreifache der vorjährigen Höhe, teilweise bis zum Fünffachen regelmäßiger Jahre gestiegen."[37]

Doch war diese Beobachtung an sich kein Grund zur Sorge. Im Wesentlichen führten die Mainzer die Preissteigerung zurück auf eine bei verringertem Vorrat erhöhte Nachfrage: Kaum noch ausländische Weine, eine schlechte Ernte 1916, wegen Zuckermangels kaum Möglichkeiten, geringe Weine zu „verbessern" und somit halbwegs trinkbar zu machen, hoher Verbrauch der Kognakbrennereien und Schaumweinfabriken, gesteigerter Heeresbedarf. In Köln war eine Antwort auf die Anfrage aus dem Kriegswucheramt Berlin am 2. November verfasst worden. Eine übermäßige Steigerung der Weinpreise durch den Weinhandel sei im Allgemeinen „nicht als vorliegend zu erachten", hieß es kurz und bündig. Als Ursachen der Steigerung der Weinpreise wurden auch in Köln die üblichen Mangelumstände geltend gemacht, zudem der enorme Bedarf des Heeres an Spirituosen, für die als Rohprodukt nur noch Weindestillat in Frage komme, da Brotgetreide nicht mehr zu Kornsprit verarbeitet werden dürfe und Kartoffelsprit nicht mehr zu Trinkzwecken freigegeben werde. Der Unterzeichnete zog daraufhin das Fazit: „Da die Aussichten für die diesjährige Ernte nicht günstig sind, so ist mit weiterer Steigerung der Weinpreise zu rechnen. Höchstpreise bei den verschiedenen Lagen und Qualitäten sind praktisch undurchführbar." Die Stellungnahme trug die Unterschrift des Ersten Beigeordneten der Stadt Köln, Konrad Adenauer.[38]

Selbstbewirtschaftung – Pro und Contra

Ein Jahr später hatte sich die Lage nochmals verschärft, war doch die Ernte des Jahres 1916 (wie von Adenauer befürchtet) schlecht ausgefallen. Der 1917er wiederum war zwar qualitativ herausragend, aber noch lange nicht auf dem Markt. In dieser Lage kam das Angebot Senfters auf den ersten Blick gerade recht: Die Gutehoffnungshütte könne die etwa zehn Morgen oder 2,5 Hektar umfassenden Parzellen rings um den Steinbruch doch selbst bewirtschaften und somit selbst unter die Weinerzeuger gehen. Nicht nur habe die GHH mindestens sechs Weinbergsleute zur Verfügung, sondern auch ein Pferd, mit dem sich die Hauptumbrucharbeit, das Hacken, viel leichter erledigen lasse. So könne man in mittleren Jahren etwa 7,5 Stück oder 7500 Liter Wein erzeugen, während die Kosten insofern gedrückt werden könnten, als man diejenigen Parzellen, die in absehbarer Zeit „in den Bruch fallen" sollten, schon nicht einmal mehr düngen müsse.[39]

Überhaupt stellte Senfter die Lage so dar, als sei nichts einfacher, als die außer Pacht befindlichen Weinberge selbst zu bewirtschaften: „Die zur Weingewinnung erforderlichen Gefäße werden sich besorgen lassen. Neue Spritzen sind nicht mehr zu haben; ich könnte indes eine alte Spritze, die wieder brauchbar zu machen wäre, zur Verfügung stellen. Als Keller ist im Steinbruch ein vorzüglicher Raum vorhanden, der mit mäßigen Kosten hergerichtet werden soll" – so ein Prokurist namens Strässer in seinem Bericht über eine Reise nach Nierstein am 21. Dezember 1917.[40] Ob Kommerzienrat Paul Reusch die Lage anders einschätzte? Unter dem maschinenschriftlichen Bericht, der auch von dem Leiter der Forstabteilung, Oberförster Müller, abgezeichnet worden war, hielt der Prokurist am 29. Dezember fest: „Herr Kommerzienrat Reusch lehnt die eigene Bewirtschaftung der Weinberge entschieden ab."[41]

Was Reusch, der bekanntermaßen viel auf gute Weine und gutes Essen gab, zu dieser Entscheidung bewog, ist den Akten nicht zu entnehmen. War ihm vielleicht die Aussicht auf bestenfalls mittelmäßigen Wein allen Zeitumständen zum Trotz einfach nicht gut genug? Oder scheute er in Anbetracht der allgemeinen Kriegsanstrengungen die personellen und finanziellen Investitionen in ein eigenes Weingut, zu dem ja mehr gehören musste als einige Rebzeilen? Woher die Arbeiter nehmen (auch wenn in Oberhausen wegen allgemeinen Rohstoffmangels mehrere Hochöfen stillgelegt worden waren und womöglich auch der Kalksteinbruch nicht ausgelastet war)? Woher den Keller nehmen? Was mit dem Wein anfangen?

Die ablehnende Entscheidung des Konzernchefs wurde umgehend auch Reinhold Senfter mitgeteilt. Doch der ließ nicht locker. Eine neuerliche Intervention vom 4. Januar verfehlte ihre Wirkung nicht. Reusch verfügte aus welchen Gründen auch immer, dass man ihm „bestimmte Vorschläge" dahingehend machen solle, ob eine Eigenbewirtschaftung in Nierstein ratsam sei oder nicht.[42] Am 1. Februar fanden sich daraufhin gleich zwei Beamte der GHH in Nierstein ein: Oberförster Müller war aus Oberhausen angereist, Eduard Friedrich aus Lothringen. Die Ergebnisse der Besichtigung der Weinberge und der anschließenden Unterredung mit Senfter sandte Friedrich unter dem Datum des 5. Februar von Schloss Scheuern in die Konzernzentrale nach Oberhausen.

Die Reben seien „sehr gut imstande", die Bodenarbeiten in den Weinbergen könnten ob des weiten Zeilenabstands mit dem Pflug ausgeführt werden und nicht – wie in Lothringen – mit Spaten und Hacke, so Friedrich. Gleichwohl müsse im Blick auf eine Selbstbewirtschaftung der pachtfreien beziehungsweise pachtfrei werdenden Parzellen

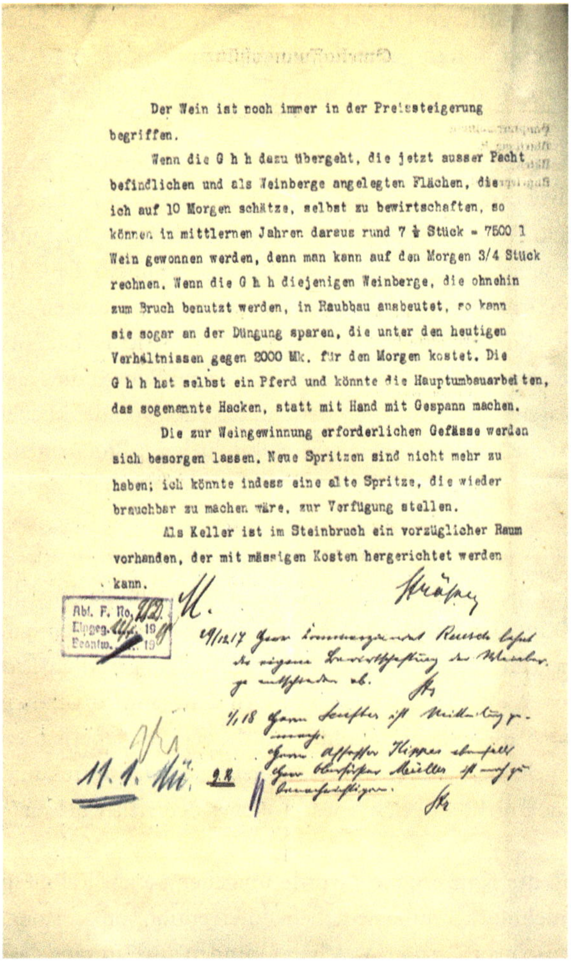

Der Wein ist noch immer in der Preissteigerung begriffen.

Wenn die G h h dazu übergeht, die jetzt ausser Pacht befindlichen und als Weinberge angelegten Flächen, die ich auf 10 Morgen schätze, selbst zu bewirtschaften, so können in mittlernen Jahren daraus rund 7 ½ Stück = 7500 l Wein gewonnen werden, denn man kann auf den Morgen 3/4 Stück rechnen. Wenn die G h h diejenigen Weinberge, die ohnehin zum Bruch benutzt werden, in Raubbau ausbeutet, so kann sie sogar an der Düngung sparen, die unter den heutigen Verhältnissen gegen 2000 Mk. für den Morgen kostet. Die G h h hat selbst ein Pferd und könnte die Hauptumbauarbeiten, das sogenannte Hacken, statt mit Hand mit Gespann machen.

Die zur Weingewinnung erforderlichen Gefässe werden sich besorgen lassen. Neue Spritzen sind nicht mehr zu haben; ich könnte indess eine alte Spritze, die wieder brauchbar zu machen wäre, zur Verfügung stellen.

Als Keller ist im Steinbruch ein vorzüglicher Raum vorhanden, der mit mässigen Kosten hergerichtet werden kann.

Abb. 7 Gute Argumente: Der Bericht des Prokuristen Strässer über seine Reise nach Nierstein.

bedacht werden, dass man alle Gerätschaften für die Weinbergsarbeiten sowie für die Kellerwirtschaft würde beschaffen müssen, allen voran eine Kelter sowie Gär-, Lager- und Versandfässer. Außerdem müsse man sich darüber im Klaren sein, dass die Moste wohl gezuckert werden müssten, um sich zu „trinkbaren Flaschenweinen" zu entwickeln, und dass sie bis zur Flaschenreife der Pflege bedürften – ohne Sorgfalt und Sachkenntnis, so Friedrichs Mahnung, sei das Unterfangen sinnlos, zumal auch am Rhein „mit Fehljahren gerechnet werden muss".[43]

Gleichwohl brach Friedrich eine Lanze für die Selbstbewirtschaftung. Ein Stollen im Steinbruch ließe sich mit geringen Mitteln zum Arbeits- und Lagerkeller herrichten, die

Verwaltung des Steinbruchs dürfte entweder von benachbarten Winzern Rat erhalten oder sich direkt auf die Männer verlassen können, die im Steinbruch arbeiteten. „Zweifellos hat die Selbstbewirtschaftung den Vorzug, dass dem Werke verhältnismäßig billige Weine sicher gestellt werden", so die Quintessenz seiner Beobachtungen.[44]

Friedrich war nicht der Einzige, von dem Reusch Anfang Februar 1918 einen Rat bezüglich des Fortgangs des Weinbaus in Nierstein erbeten hatte. Am 11. Februar legte auch Oberförster Müller seine Ansichten dar. Der Beamte hielt sich erst gar nicht mit einem ausführlichen Pro und Contra auf, sondern führte nur die Gründe an, die „für den Eigenbau" sprächen: Die „enorm hohen Weinpreise" wären in doppelter Weise zu bedenken: Zum einen könne sich die GHH aus eigenen Weinbergen die „Kreszenz" sichern, zum anderen müsse man keine Winzer mit hohen Summen entschädigen, würden die von ihnen gepachteten Flächen dereinst für den Steinbruch benötigt.[45]

Um vieles andere müsse man sich ebenfalls keine Gedanken machen: Kelter, Fässer etc. wären zu beschaffen, der Stollen als Lager- und Arbeitskeller zu gebrauchen, zudem sei ein Pferd für die Weinbergsarbeit vorhanden. Das Thema Arbeitskräfte, so Müller, stelle sich ebenfalls nicht. Der Betriebsführer könne zwar den Weinbau nicht beaufsichtigen, doch arbeiteten im Bruch sechs Winzer, die zu den einschlägigen Arbeiten herangezogen werden könnten. Die fachmännische Aufsicht liege im Fall des Falles bei Reinhold Senfter, der diese Arbeit auf Bitten der GHH gerne übernehmen werde.

Wie Friedrich, so verschwieg auch Müller nicht, dass der Eigenbau auch Risiken berge. Der Oberförster erwähnte nicht nur Fehljahre. Ebenso realistisch schilderte er die Aufgabe, vor der die GHH stünde: Erfolge seien „nur bei ausreichender sorgfältigster Pflege, sowohl im Rebgelände wie im Keller" zu erwarten. „Nach meinem Dafürhalten", so schloss der Beamte seine Darlegungen, „und auf Grund der diesbezüglichen Schreiben des Herrn Senfter überwiegen die Gründe, die für den Eigenbau sprechen."[46] Reusch reagierte zunächst nicht. Am 18. Februar 1918 wandte sich der Leiter der Abteilung F der Hauptverwaltung Oberhausen an die Bergwerks-Abteilung III: „Wir bitten dringend die Angelegenheit bezgl. der Weinberge in Nierstein endlich zur Entscheidung zu bringen."[47] Zwei Tage später nahm Paul Reusch handschriftlich Stellung: „Ich bin mit dem Eigenbau einverstanden".[48]

Ende der sechziger Jahre hielt der Jurist Hans Vygen, der 1953 als Leiter der Rechts- und Grundstücksabteilung der GHH für das Weingut Nierstein zuständig war, eine Ausarbeitung des Historischen Archivs des Unternehmens in den Händen, in der Prokurist Strässer als treibende Kraft hinter dem Weingutsprojekt ausgemacht wurde: Nach Angaben seines Neffen sei dieser ein „Weinzahn" gewesen.[49] Das klingt plausibel. Allerdings gilt es auch zu bedenken, dass alle Berichte, auf deren Basis der ebenfalls weinaffine Reusch seine Entscheidung fällte, in einem leichtfüßigen Ton derart gehalten waren, dass auf dem Weg

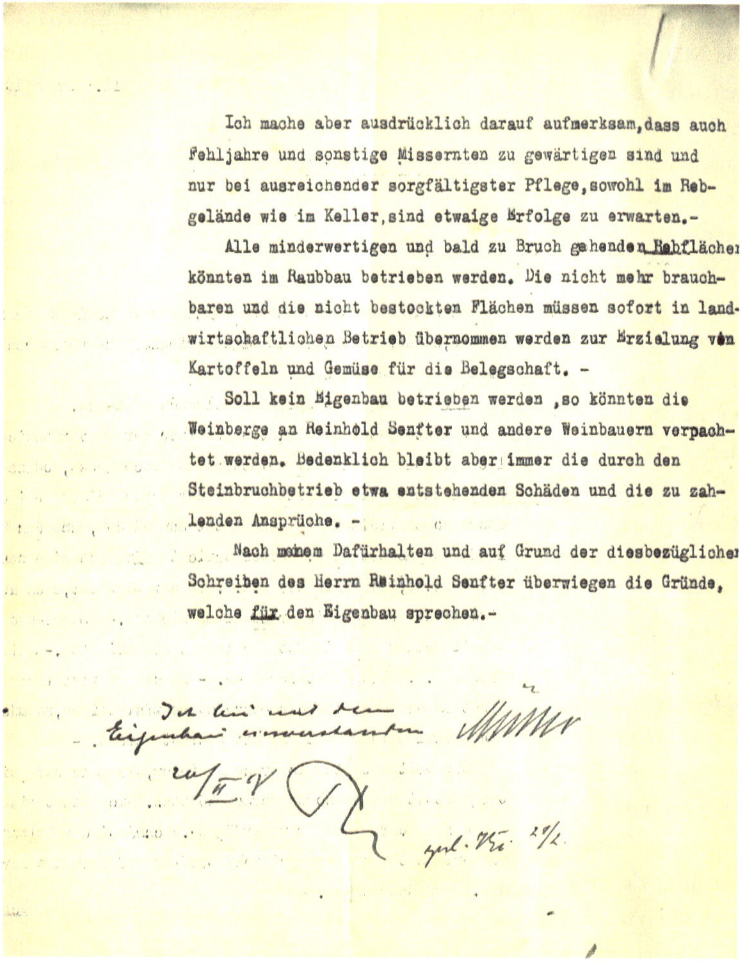

Ich mache aber ausdrücklich darauf aufmerksam,dass auch Fehljahre und sonstige Missernten zu gewärtigen sind und nur bei ausreichender sorgfältigster Pflege,sowohl im Rebgelände wie im Keller,sind etwaige Erfolge zu erwarten.-

Alle minderwertigen und bald zu Bruch gehenden Rebflächen könnten im Raubbau betrieben werden. Die nicht mehr brauchbaren und die nicht bestockten Flächen müssen sofort in landwirtschaftlichen Betrieb übernommen werden zur Erzielung von Kartoffeln und Gemüse für die Belegschaft. -

Soll kein Eigenbau betrieben werden ,so könnten die Weinberge an Reinhold Senfter und andere Weinbauern verpachtet werden. Bedenklich bleibt aber immer die durch den Steinbruchbetrieb etwa entstehenden Schäden und die zu zahlenden Ansprüche. -

Nach meinem Dafürhalten und auf Grund der diesbezüglichen Schreiben des Herrn Reinhold Senfter überwiegen die Gründe, welche für den Eigenbau sprechen.-

Ich bin mit dem Eigenbau einverstanden

Abb. 8 Mit dem Eigenbau einverstanden: Paul Reusch lenkt ein.

zur Eigenbewirtschaftung kaum größere Hindernisse zu überwinden seien. Doch diese Einschätzungen sollten bald von der Wirklichkeit Lügen gestraft werden, und das nicht alleine wegen des Krieges.

2 Mit recht kräftigen Bemerkungen beanstandet

Wie und warum sich in den beiden ersten Jahren die Schwierigkeiten häuften

Keine Zeit zu verlieren

In Nierstein galt es keine Zeit verlieren. Die Reben mussten geschnitten werden, der Boden gedüngt, und die erforderlichen Arbeitsgeräte angeschafft. Am 25. Februar 1918 reiste Oberförster Müller abermals von Oberhausen nach Nierstein, um dort alle notwendigen Schritte zu veranlassen. Aus seinem drei Tage später auf dem Formular „Reisebericht" verfassten Einschätzungen sprach purer Optimismus. Senfter, Kalbitzer und Müller hätten die Weinberge nochmals zu Dritt begangen, war unter der Unterschrift „Kurzer Bericht über den Zweck und den Erfolg des Besuches" zu lesen. Nun sei auch der Umfang der Parzellen festgelegt, die für den Eigenbau in Frage kämen – insgesamt 150 Morgen oder 3,7150 ha. Auf weiteren 0,693 hl sollten künftig Kartoffeln und Gemüse angebaut werden.[1]

Senfter hatte sich abermals anheischig gemacht, das Eigenbau-Projekt zu unterstützen und sich nötigenfalls nach einem Keller umzusehen, in dem die Moste „unter seiner Aufsicht" ausgebaut werden könnten.[2] Für die Bewirtschaftung der Weinberge schien Senfters Rat nicht erforderlich zu sein. Ein Winzer namens Karl Hock, der im Steinbruch angestellt war, wurde kurzerhand als Vorarbeiter angestellt,[3] und der Betriebsführer Kalbitzer ermahnt, alle erforderlichen Arbeiten „schleunigst" in Angriff zu nehmen. Selbst die Versorgung mit Dünger, die zu Kriegszeiten nur schwer sicherzustellen war, bereitete den Herren kein Kopfzerbrechen. Kuhdung müsse wohl in Nierstein beschafft werden,[4] Ammoniak – was ebenfalls während des Krieges immer knapper geworden war –[5] und Thomasschlacke würden von Oberhausen aus auf den Weg gebracht.

Wie alle Berichte trug auch dieser den Stempel „Herrn Kommerzienrat Reusch vorlegen" – offenbar verfolgte der Vorstandsvorsitzende die Entwicklung in Nierstein mit großem Interesse. Denn was immer er sich an Wein für sein Unternehmen und wohl auch sich erhoffte – zunächst musste seitens der GHH erheblich investiert werden. Im März 1918 wurden 6000 Mark an Betriebskosten angefordert, von denen Arbeitslöhne bestritten wurden sowie die Anschaffungskosten für allerlei Gerätschaften wie einen Weinbergspflug, eine Saug- und Druckpumpe, Rückenspritzen, Hacken, Karste, Traubenscheren und Schläuche. Hinzu kamen nochmals 5000 Mark für 2000 Zentner Kuhdünger.[6] Den Usancen des Unternehmens entsprechend scheint Kalbitzer wohl auch bald damit

Abb. 9 Lederbeerenkrankheit, Blattfallkrankheit, Falscher Mehltau, Peronospora: Viele Namen für den Befall mit dem Pilz Plasmopara viticola.

begonnen zu haben, Wochenberichte über die Weinbergsarbeiten zu verfassen, ganz so, als stehe die neue Unternehmung auf einer Stufe mit der Herstellung von Rüstungsgütern oder Brückenteilen.[7]

Leider haben sich Kalbitzers Berichte nur fragmentarisch erhalten. Doch auch die wenigen Schreiben, die ihren Weg in die Akten gefunden haben, lassen erkennen, mit welchem Ernst man im Frühjahr und Sommer zu Wege ging, um der GHH erstmals einen eigenen Wein zu sichern (von Wein aus Schloss Scheuern war nie die Rede). So hieß es etwa über die Woche vom 21. bis zum 25. Mai 1918, man habe in den Weinbergen gepflügt, gehackt und damit begonnen, das neu ausgetriebene, unfruchtbare Holz auszubrechen. Über den Vorarbeiter wurde nach Oberhausen berichtet, dieser sei „ein fleißiger und zuverlässiger Arbeiter, und sind unserer Weinberge im Verhältnis mit anderen gut in Stand, im Hinblick, dass wir in diesem Jahr so spät anfingen".[8]

Sicher schrieb Kalbitzer das, was seine Vorgesetzten in Oberhausen lesen wollte. Aber seine Darstellung entsprach mutmaßlich der Realität. Doch der optimistische Ausblick sollte wohl dahingehend relativiert werden, dass andere Weinberge wohl vor allem deswegen weniger gut dastanden, weil es mehr denn je an Arbeitskräften fehlte und es im fünften Kriegsjahr nicht nur an Dünger mangelte. Schwer erhältlich waren auch Spritzmittel gegen echten und falschen Mehltau sowie gegen den Heu- und Sauerwurm. Dass in dieser Hinsicht auch in den GHH-Weinbergen noch etwas geschehen müsse, wusste man auch in Oberhausen. Müller notierte handschriftlich: „Spritzen der Weinberge!"[9]

Die Niersteiner Kollegen ließen sich das nicht zweimal sagen. Am 9. Juni wurde erstmals Kupferkalkbrühe (gegen Peronospora) gespritzt, am 12. Juni waren Eduard Friedrich und Oberförster Müller abermals in Nierstein und besprachen mit Senfter den Fortgang der Dinge, darunter auch die genaue Zusammensetzung der Spritzmittel.[10] Kalbitzer war nicht wenig stolz, in das Ruhrgebiet berichten zu können, dass in den GHH-Weinbergen früher gespritzt werde als überall ringsum.[11] Im Jahr 1918 keimte sogar die Hoffnung auf, dass mit einer guten Ernte gerechnet werden könne, wozu auch die regelmäßige Schädlingsbekämpfung – nun auch mit Schwefel gegen Echten Mehltau (Oidium) – beizutragen schien.[12]

Wohin mit dem Wein?

An anderer Stelle hakte es umso mehr. Schon am 6. Juni war Kalbitzer brieflich in Oberhausen mit der Nachricht vorstellig geworden, dass aus dem Plan, den im Steinbruch vorhandenen Stollen als Weinkeller zu benutzen, bis zum Herbst nichts werden würde. Denn für den Bau eines Kelterhauses (von dem bislang in den Darstellungen zu Jahresbeginn nicht die Rede war) sei es wohl vier Monate vor dem Beginn der Lese zu spät. Also müsse man wohl einen Keller mieten – was aber auch mit Hilfe Senfters noch nicht gelungen sei. Keine guten Nachrichten hatte der Betriebsführer auch hinsichtlich der notwenigen Gär- und Lagerfässer. Viele seien beschlagnahmt worden, und die übriggebliebenen Fässer würden in der Erwartung weiterer Preissteigerungen nicht verkauft.[13]

Die Suche nach einem Keller zog sich hin, wobei Senfter eine undurchsichtige Rolle spielte. Mal riet er von der Miete eines bestimmten Kellers ab, obwohl dieser bestens ausgestattet und die Mietvereinbarung aufs Wort abgeschlossen war, mal erweckte er den Eindruck, dass die GHH seinen Keller zunächst mitbenutzen könne, mal wieder nicht.[14] Als Mitte September in den Weinbergen der Gutehoffnungshütte für die Erzeugung von Qualitätswein die eher ungeeigneten Portugiesertrauben[15] gelesen werden mussten, um sie vor Wespenfraß zu retten, gab es noch immer keine Kelter und auch keine Fässer.[16]

Nun war Senfter doch zur Stelle und übernahm die Rotweintrauben.[17] Im Oktober, mitten während der Hauptlese, wurde schließlich ein Keller im benachbarten Oppenheim gefunden und auf zwei Jahre angemietet.[18] Gleichzeitig schienen die Aussichten gut, Holzfässer zu beziehen.[19] Diese waren wie alle hölzernen oder eisernen Fässer 1917 durch Beschlagnahmung von staatlicher Seite von der seit 1917 dem Reichskommissar für die Fassbewirtschaftung unterstehende „Reichsfaßstelle" zwangsbewirtschaftet worden und auch nach Auflösung dieser Stelle noch nicht wieder frei handelbar.[20] Doch in letzter Minute wurden Kalbitzer in Nierstein 24 gebrauchte ovale Stückfässer angeboten, zu 300 Mark das Stück à etwa 1200 Liter. Kalbitzer griff zu, zumal Reinhold Senfter diesmal zum Kauf riet.[21]

In der letzten Oktobertagen des Jahres 1918 ging die erste Lese in den Weinbergen der GHH am Rhein zu Ende. Aus den Akten über das Weingut erfahren wir leider nichts Näheres über die Rebsorten, die Erträge oder auch die Art des Kelterns. Dabei dürfte unstreitig sein, dass es sich bei den Weinen bestenfalls um Silvaner handelte, wenn nicht um solche aus Trauben aus gemischtem Satz. Ebenfalls nicht die geringsten Spuren hinterlassen haben in diesen Akten auch die Geschehnisse ringsum. Dabei fiel in diesen Tagen die vertraute Welt um die Niersteiner Weinberge, den Kalksteinbruch, ja die Gutehoffnungshütte in Stücke.

Bei der Entscheidung der Konzernleitung, die pachtfreien Weinberge rings um den Steinbruch selbst zu bewirtschaften, hatte im Februar 1918 die nicht unbegründete Hoffnung Pate gestanden, nach dem Ausscheiden Russlands mit dem Frieden von Brest-Litowsk das Kriegsglück im Westen endlich wenden zu können. Tatsächlich machte sich im Frühjahr 1918 unter dem Eindruck großangelegter und teilweise erfolgreicher Offensiven an der Westfront überall in Deutschland die Hoffnung breit, die kriegsentscheidende Wende sei da.[22] Doch über den Sommer sollte sich herausstellen, dass der Kriegseintritt der Vereinigten Staaten im Jahr 1917 das Kräftegleichgewicht unwiderruflich zugunsten der Alliierten verschoben hatte. Am 29. September 1918 drang die Oberste Heeresleitung auf Verhandlungen über einen Waffenstillstand – der Krieg war verloren. In einem Keller in Oppenheim vergor derweil der letzte Most des Kaiserreiches zum ersten Wein der Weimarer Republik.

Im besetzten Gebiet

Bis der 1918er getrunken werden konnte, war es aber noch ein weiter Weg. Nicht, dass es mit dem Wein aus den eher bescheidenen Parzellen im Besitz der Gutehoffnungshütte etwas anderes auf sich gehabt hätte als mit anderen Weinen aus klimatisch begünstigteren Lagen – im Gegenteil. Selbst wenn man den Mosten die damals bereits vorhandenen

Reinzuchthefen zur Beschleunigung des Gärprozesses zugesetzt hätte, anstatt sie „spontan" vergären zu lassen, so wären die Weine noch viele Monate über die erste Gärung hinaus im Fass geblieben, um auch nur „füllfertig" zu werden. Trinkreif waren sie in der Regel auch dann nicht.

„Die 1918er erhalten jetzt allgemein den ersten Abstich", hieß es Anfang Januar 1919 in einer kurzen Notiz in der Zeitschrift „Weinbau und Weinhandel". Doch viel Gutes war wohl nicht zu erwarten: „Sie sind zu einem großen Teil noch recht unfertige Weine, welche alle viel Säure aufweisen, die sich aber jedenfalls noch abbauen wird".[23] Doch selbst wenn die Weine weniger Säure gehabt hätten, wäre an eine baldige Füllung nicht zu denken gewesen.

Denn noch war es nicht möglich, Weine kaltsteril zu füllen, um sie auf diesem Weg mikrobiologisch zu stabilisieren und damit haltbar zu machen,[24] wartete man eine zweite Gärung im Frühjahr ab und hoffte, dass sich der Wein danach langsam, aber sicher selbst klären würde. Nach weiteren Monaten sollten sich dann die im Wein noch immer vorhandenen Säuren, vor allem die Äpfelsäure, soweit abgebaut haben, dass die Weine als „Naturweine", also ohne in Wasser gelösten oder schon vor der Gärung zugesetzten Zucker, gefallen würden. Daher lagerten damals in dem Keller eines jeden Produzenten in der Regel zwei Jahrgänge gleichzeitig – und die Investition in gleich 24 Fässer und damit in einen Fassraum von etwa 30.000 Litern war für den Anfang durchaus vernünftig. Zwar wurden im Herbst 1918 nur einige Fässer belegt und die anderen geschwefelt und anschließend mit Wasser gefüllt, auf dass sie nicht austrockneten und rissen. Aber wer konnte schon wissen, was das Jahr 1919 bringen würde und wann der 1918er in Flaschen abgefüllt werden könnte?

In Oberhausen erwartete daher niemand, dass schon wenige Monate nach der Lese in dem werkseigenen, 1905 in Betrieb genommenen Rheinhafen in Duisburg-Walsum Lastkähne mit Kalkstein und den ersten Kisten eigenen Niersteiner Weins als Beiladung festmachen würden.[25] Ohnehin hatte die Konzernleitung andere Sorgen. Die Investitionen in Lothringen waren verloren, die einzelnen Werke mussten von der Kriegs- auf Friedenswirtschaft umgestellt werden, in der Arbeiterschaft gärte es, die Geldentwertung ließ sich nicht bremsen.[26] Zugleich nutzen die Franzosen die Besetzung des Rheinlands dazu, ihren alten Traum von dem Rhein als einem gottgegebenen Teil seiner natürlichen Grenzen[27] wenigstens ein Stück weit Wirklichkeit werden zu lassen: Zu dem „besetzten Gebiet", wie es nüchtern hieß, zählten (im Sprachgebrauch des Jahres 1919) ein „Teil der preußischen Rheinprovinz und etwas rechtsrheinisches Gebiet, die gesamte bayerische Rheinpfalz und die hessische Provinz Rheinhessen" – also auch Nierstein.[28]

Auf Deutschland in den Grenzen von 1914 bezogen bedeutete dies bei einer im Ertrag stehenden Rebfläche von insgesamt etwa 91.000 Hektar (1916), dass knapp die Hälfte, nämlich etwa 37.800 Hektar, dem Besatzungsregime der Franzosen unterlagen.[29] Zieht man die rund 23.600 Hektar Rebfläche (1916) des nunmehr wieder französischen Reichslandes Elsass-Lothringen ab, so machte die im Ertrag stehende Rebfläche in dem besetzten Gebiet weit mehr als die Hälfte der Rebfläche der jungen Weimarer Republik aus – ohne dass es einstweilen möglich gewesen wäre, Weine aus dem französischen Rheinland in die unbesetzten Gebiete zu transportieren. Die Interalliierte Kommission als oberste Besatzungsbehörde, die fest in französischer Hand war, hatte eine Gütersperre verhängt, die erst im Frühjahr 1919 gelockert wurde. Doch auch nach der Aufhebung der Blockade für Rheinhessen am 13. Juni 1919 dauerte es noch bis zum 5. Juli 1920, ehe die „Rheinkontrolle" für Wein gänzlich beendet wurde.[30]

Inwieweit das französische Grenzregime und die Gütersperre die Ausbeutung des Kalksteinbruchs in Nierstein oder auch die Kommunikation zwischen Oberhausen und dem Betriebsführer beeinträchtigten, ist den für die Geschichte des Weinguts relevanten Akten nicht zu entnehmen.

Nochmals gut davongekommen

Doch Franzosen hin, Blockade her, die Arbeit in den Weinbergen und im Keller musste weitergehen. Am 6. Februar 1919 wandte sich Betriebsführer Kalbitzer mit dem Anliegen an seine Vorgesetzten in der Abteilung F, man benötige 800 bis 1000 neue Weinbergspfähle, um abgängige Stickel zu ersetzen[31] – was zusammen mit dem Hinweis auf Spanndrähte so zu lesen wäre, dass die GHH es mit Parzellen zu tun bekommen hatte, in denen die Reben nicht mehr wie an der Mosel oder in den Steillagen an der Rheinfront an einzelnen Pfählen erzogen wurden, sondern aufgrund der günstigeren topographischen Bedingungen in einer „neuzeitlichen", einfacher zu bearbeitenden Drahtrahmenanlage.

Umso mehr war Kalbitzer in seinem Element. Als „alter Bergmann", der die Grubenhölzer kenne, schlug er vor, T-Stempel aus Tannenholz zu ordern und diese nach Nierstein zu transportieren, am besten gleich waggonweise. Womöglich könne man aber auch Grubenholz, das in den Zechen an der Ruhr momentan nicht verwendet werde, nach Rheinhessen verschiffen. Auch wenn diese Stempel in Nierstein angespitzt werden müssten (von imprägnieren war nicht die Rede), sei dies billiger, als Pfähle in Nierstein zu erwerben. Ob Kalbitzers Wunsch je in Erfüllung ging oder an den Zeitumständen scheiterte, lässt sich nicht mehr rekonstruieren. Mitte Mai ließ er Oberförster Müller wissen, man habe schon Pfähle in Nierstein kaufen müssen, um die allernötigsten Reparaturarbeiten erledigen zu können.[32]

Der Aufbau der „Eigenwirtschaft" stockte auch auf anderen Feldern. Anfang Februar hatte Kalbitzer von einem nächtlichen Einbruch in den Oppenheimer Keller berichtet, bei dem aus einem Stückfass etwa 70 Liter Wein entwendet worden seien.[33] Der Betriebsführer

Abb. 10 Über-Blick: Nierstein vom Galgenberg aus betrachtet, im Hintergrund die Weinberge entlang der Rheinfront.

hatte auch einen Verdacht, jedoch war er klug genug, diesen unter den Augen der französischen Besatzungsmacht nicht direkt zu formulieren.

Das Haus, zu dem der Weinkeller gehöre, stehe seit dem 1. Oktober 1918 leer und sei in den zurückliegenden Monaten dazu benutzt worden, französische Soldaten einzuquartieren. Diese aber seien just an dem Tag abgerückt, als auch der Diebstahl bemerkt worden sei.[34] An Zufall, so war diese Chronologie zwischen den Zeilen zu lesen, scheint es sich bei dem Einbruch nicht gehandelt zu haben. Im Klartext: Die abrückenden Franzosen hatten sich wohl mit Wein verproviantiert. Ob der gärende Most ihnen gemundet haben könnte, steht freilich auf einem anderen Blatt.

Kalbitzer dramatisierte die Angelegenheit nicht. Die GHH sei noch gut weggekommen, ließ er Oberförster Müller wissen, denn in Oppenheim und Nierstein seien Diebstähle auch größerer Mengen Weins an der Tagesordnung – was sich ebenfalls als Hinweis darauf lesen lässt, dass sich die französischen Besatzer gegenüber den Einheimischen keine Rücksichten auferlegten. Freilich hatte der Betriebsführer pflichtgemäß bei der französischen Kommandantur Anzeige erstattet. Am Ort des Diebstahls hatte sich denn auch zwei Tage später ein französischer Offizier eingefunden, doch dieser konnte nach Kalbitzers Darstellung nichts ausrichten. „Über die Täter ist noch nichts bekannt", berichtete der Betriebsführer am 25. Februar.[35]

Der Einbruch in den Keller in Oppenheim kam Kalbitzer nicht gänzlich ungelegen. Denn wie sich nach der Lese herausgestellt hatte, taugte dieser selbst als Provisorium nur bedingt. Also stellte der Betriebsführer sogleich wieder die Frage in den Raum, wie es in Nierstein weitergehen solle. Der in Oppenheim angemietete Keller liege zu weit vom Steinbruch entfernt und sei außerdem zu klein, um zwei Ernten aufzunehmen, so gab er dem für die Abteilung Forstwirtschaft zuständigen Oberförster Müller zu bedenken – ganz abgesehen davon, dass man nicht Fässer mit altem und neuem Wein in ein- und demselben Raum zusammen aufbewahren könne. Ob man nicht neben einem Stollen in der Nähe des Steinbruchs an der nach Worms führenden Straße einen Keller bauen könne, der die 1919er Ernte aufnehmen könne? Dieser würde sich über die Jahre hinweg amortisieren und überdies immer im Blick sein.[36] Ob Kalbitzer auf seine Anregung Antwort erhielt, ist nicht überliefert. Ein neuer Keller wurde einstweilen jedoch nicht errichtet. Und von einem Kelterhaus war erst gar nicht die Rede.

Ganz gut gebaut

Der Betriebsführer hatte aber auch eine gute Nachricht. „Der Wein hat sich in diesem Keller ganz gut gebaut“, schrieb er am 22. Februar 1919 stolz. Und auch mit der Menge schien er recht zufrieden zu sein: 9463 Liter Weißwein und ungefähr 1200 Liter Rotwein seien nach dem ersten Abstich übrig. Das entspreche am Ende etwa 7 ½ Stück Weiß- und einem Stück Rotwein – und das zum geschätzten Preis von etwa 6000 Mark je Stück Weißwein.[37] Anders gesagt: Die Investitionen und der Wegfall der Pachteinkünfte hatten sich anscheinend schon im ersten Jahr rentiert – und das, obwohl der geschätzte Preis für den GHH-Wein ein Bruchteil dessen betrug, was 1919 bei der Frühjahrsversteigerung von Weinen aus den Niersteiner Spitzenlagen an Erlösen erzielt werden sollte.

Gleich 47 Stück sollte Reinhold Senfter am 6. Juni 1919 im Rheinhotel in Nierstein zur Versteigerung bringen – und annähernd 685.000 Mark erlösen.[38] Dies entsprach einem Durchschnittspreis von gut 14.500 Mark – wobei in Rechnung zu stellen ist, dass der 1917er Jahrgang nach dem 1911er der beste Jahrgang seit 1893 war. Außerdem bewirtschaftete Senfter weitaus bessere Lagen als die GHH, und die Weinpreise hatten sich schon seit 1916 in ungeahnten Höhen bewegt. Ein Rückgang war auch in der kurzen Friedenszeit noch nicht in Sicht. Wer damals Wein zu Geld machen konnte und anschließend immer noch Schulden hatte, dem war wirklich nicht mehr zu helfen. Denn auch die Winzer, die ihren Wein „freihändig“ verkaufen mussten, standen sich wegen der hohen Nachfrage nach Wein nicht schlecht. So gingen nach einem Bericht der Kölnischen Volkszeitung vom 12. Juni 1919 in diesen Wochen erste 1918er Weine im Fass von Winzern auf den Handel über.[39]

Gemessen an den Preisen für einfache Weine des Jahrgangs 1918 schlugen sich Kalbitzer und seine Mannen nicht schlecht. Für diese wurden im Mittel etwa 7500 Mark je Stück angelegt, war der 1918er doch nicht nur qualitativ und auch der Menge nach hinter dem Wein des Vorjahres zurückgeblieben: Hatte der Durchschnittsertrag pro Hektar in Rheinhessen im Jahr 1917 34,2 Hektoliter je Hektar erreicht und damit das langjährige Mittel deutlich übertroffen, so war der Durchschnittsertrag des Jahres 1918 mit 31,5 Hektolitern immer noch überdurchschnittlich hoch, aber eben doch quantitativ um einiges geringer. Keinen Vergleich mit dem 1917er hielten die 1918er hinsichtlich der Güte aus: Das durchschnittliche Mostgewicht betrug in Rheinhessen im Jahr 1917 90,63 Grad Oechsle bei durchschnittlich 8,67 Promille Säure. 1918 waren es 66,62 Grad Oechsle bei 11, 43 Promille. 1919 sollte der Durchschnittsertrag sogar auf 25,1 Hektoliter sinken – und das bei einer ähnlich schlechten Qualität der Weine wie im Vorjahr: Bei durchschnittlich 69,22 Grad Oechsle und 10,2 Promille Säure waren viele Weine kaum genießbar.[40]

Gleichzeitig stieg aber die Größe der Flächen, welche die GHH aus Pachtverhältnissen in Eigenbau übernahm: Zu den 15 Morgen des Jahres 1917 und weiteren 15 Morgen des Jahres 1918 kamen 1919 24 Morgen hinzu. Das eigenbewirtschaftete Ackerland der GHH in Nierstein hatte demnach schon 1919 mit etwas mehr als fünf Hektar eine Betriebsgröße erreicht, mit der es schon zu den größeren Betrieben nicht nur in Rheinhessen, sondern in Deutschland zählte.[41]

Auch eine hohe Spitze?

Wäre es nach Kalbitzer gegangen, dann wäre es nicht bei diesen Flächen geblieben – und vor allem nicht bei der Beschränkung der weinbaulichen Ambitionen der GHH auf Flächen, die bestenfalls einen passablen Naturwein hervorbringen konnten. Auch wenn er in erster Linie für den Betrieb des Steinbruchs zu sorgen hatte, so schien ihm auch der Sinn nach Weinen zu stehen, wie sie Nierstein als Weinort berühmt gemacht hatten und weiterhin berühmt machen sollten. Denn wie die Versteigerung der Senfterschen Weine eindrucksvoll dokumentiert hatte, wurden die Niersteiner Spitzenweine auch nach dem Krieg, buchstäblich mit Gold aufgewogen.

Im August 1919 wurde der Betriebsführer in Oberhausen mit einem ambitionierten Vorschlag vorstellig. Wenige Tage zuvor waren in Nierstein Parzellen aus mehreren namhaften Weinbergslagen versteigert worden, von denen sich ein in Mainz ansässiger Privatmann hatte trennen wollen.[42] Die meisten Parzellen waren zu exorbitanten Preisen zugeschlagen worden, in der Regel an namhafte Weinhandlungen mit eigenem Weingut wie die 1881 gegründete Firma Carl Sittmann aus dem benachbarten Oppenheim,[43] sowie Louis Guntrum, der die größte Weinhandlung Niersteins betrieb. Beide, so war diese Information zu lesen, hatten die Gelegenheit beim Schopf gepackt, ihr Weinbergs-Portfolio um Parzellen in Niersteiner Spitzenlagen vergrößern zu können. Nach den ebenfalls exorbitanten Erlösen für die Weine des Jahrgangs 1917 dürften sie mehr als genügend Liquidität besessen haben.

Kalbitzer rechnete nun dem Leiter der Abteilung Forstwirtschaft am 21. August 1919 vor, dass die Preise für Spitzenwein in den vergangenen Jahren noch stärker gestiegen seien als die Bodenpreise in besseren und besten Lagen. Daher würde sich eine Investition in eine „hohe Spitze" schon betriebswirtschaftlich betrachtet innerhalb weniger Jahre amortisiert haben. Zudem gehörten zu einem Weingut von einer Größe, wie man sie sich in Oberhausen vorstelle, auch Parzellen in besseren Lagen als dem Galgenberg. Diese Flächen, so Kalbitzer schließlich, seien für ein Unternehmen wie der GHH auf dem Versteigerungsweg wohl kaum zu erwerben, da sich Transaktionen dieser Art oft sehr schnell vollzögen. Ob er stattdessen nach Parzellen Ausschau halten könne, die die Gutehoffnungshütte vielleicht käuflich erwerben könne?[44]

Eine Antwort auf die Initiative des Betriebsführers hat sich in den einschlägigen Akten leider nicht erhalten. Allerdings gibt es keine Hinweise darauf, dass man in Oberhausen auch nur halbwegs ernsthaft erwogen hätte, den Rat Kalbitzers zu beherzigen. Mit dieser Entscheidung waren die Entwicklungsmöglichkeiten des Weingutes auf Jahrzehnte hin beschränkt. Bis nach dem Zweiten Weltkrieg sollten in den Parzellen der GHH allenfalls in sehr guten Jahren Weine entstehen, die es qualitativ mit den besseren Gewächsen aus Nierstein wenigstens annähernd aufnehmen konnten. An eine ernsthafte Konkurrenz mit den Weinen aus den an der Rheinfront gelegenen Spitzenlagen Niersteins war einstweilen nicht zu denken.

Betriebswirtschaftlich war die Entscheidung gegen eine Erweiterung des Lagenportfolios im Jahr 1919 womöglich klug. Das Preisniveau, das sich unter den Bedingungen des Krieges gebildet hatte, sollte im Zuge einer Serie geringer oder noch schlechterer Jahrgänge von 1922 an erheblich sinken. Die Geldentwertung, die im Herbst 1923 ihren Höhepunkt erreichte, tat ihr Übriges, um jede Spekulation auf hohe Weinpreise rückblickend als Hasardspiel erscheinen zu lassen. Zudem sollte der Niersteiner Wein bis auf Weiteres nur zur Verwendung des Vorstandes und leitender Mitarbeiter der GGH und anderer Konzernwerke dienen und war damit von den Preisbewegungen des Marktes nicht weiter betroffen.

Wäre man indes der Logik Kalbitzers gefolgt, dann hätte die GHH-Führung mit eigenen Weinen aus Niersteiner Spitzenlagen innerhalb wie außerhalb des Konzerns Furore machen können. Denn es hätte einen nicht geringen Unterschied ausgemacht, ob Paul Reusch – wie später ausführlich zu zeigen ist – einige ausgewählte Mitglieder seines persönlich-politischen Netzwerkes wie den Reichsbankpräsidenten und „Hitlers mächtigstem Bankier"[45] Hjalmar Schacht[46] oder den kurzzeitigen Reichskanzler und Reichsbankpräsidenten Hans

Luther mit Niersteiner Hipping anstatt mit Niersteiner Galgenberg hätte bedenken können.[47] Wie gut begründet Kalbitzers Intuition war, lässt sich überdies an der Entwicklung des Weingutes in den fünfziger Jahren ablesen. Bis dahin war es um die Rentabilität des Niersteiner Engagements nicht gut bestellt. Erst nach der Übernahme eines anderen Weingutes mit ausgedehntem Besitz in den Spitzenlagen des Ortes sollte das Weingut der GHH Gewinn abwerfen.

Leistet oft mehr als ein Mann

Im Sommer 1919 war aber der erste GHH-Wein noch nicht einmal auf der Flasche, und die Anlaufschwierigkeiten wollten kein Ende nehmen. So hatten im Juni die unsicheren wirtschaftlichen Verhältnisse und die sozialen Spannungen der ersten Nachkriegsmonate für kurze Zeit auch auf das im Entstehen begriffene Weingut durchgeschlagen.

Was aus den sechs Winzern aus der Umgebung geworden war, die das Unternehmen während des Krieges hatte „reklamieren" können, um den Abbau des Kalksteins sicherstellen zu können, lässt sich den Akten nicht entnehmen. Da Kalbitzer ausweislich des erhalten gebliebenen Schriftverkehrs[48] in der fraglichen Zeit nirgends von Arbeitskräftemangel spricht, scheint es möglich gewesen zu sein, die Arbeiten im Bruch wie auch in den Weinbergen mit der eigenen Belegschaft erledigen zu können. Allerdings scheinen auch Tagelöhner bis hin zu Frauen rekrutiert worden zu sein, um die im Frühjahr und bei der Lese üblichen Arbeitsspitzen abfangen zu können.

Frauenarbeit in den Weinbergen war indes keineswegs unüblich – und ist es im Prinzip auch heute nicht. Vielmehr hatte sich gerade in Regionen mit einem hohen Anteil an Weinbau schon vor Urzeiten eine Art Arbeitsteilung entwickelt. Die Männer verrichteten die körperlich schweren Arbeiten, an der Mosel etwa das „Schiefern" der Weinberge oder bei der Lese den Transport der Trauben, während Frauen und Mädchen einen Großteil der leichteren Stockarbeiten übernahmen. Freilich war das Lohngefälle, das auch ganz offiziell bei der Ermittlung des steuerbaren Reinertrags einer Rebfläche in Anschlag gebracht wurde, eklatant – so auch in Nierstein.

So berichtete Kalbitzer am 13. Juni 1919, dass man zum „Heften" der Triebe vorübergehend eine Frau beschäftigt habe. Diese Arbeit sei eine leichte, „und leistet oft eine fingerfertige Frau mehr als ein Mann, bekommt jedoch weniger Lohn", nämlich sechs Mark am Tag. Männliche Arbeiter erhielten dagegen acht und für das Spritzen sogar neun Mark.[49] Allerdings hatten die Winzer diese Löhne erst im Februar 1919 erkämpft – und das „bei einer Arbeitszeit von 5 ½ Uhr vormittags bis 11 Uhr vormittags und 12 ½ Uhr bis 19 Uhr mit je einer halben Stunde Frühstücks- und Vesperpause".[50] Ob Kalbitzer wohl gleichen

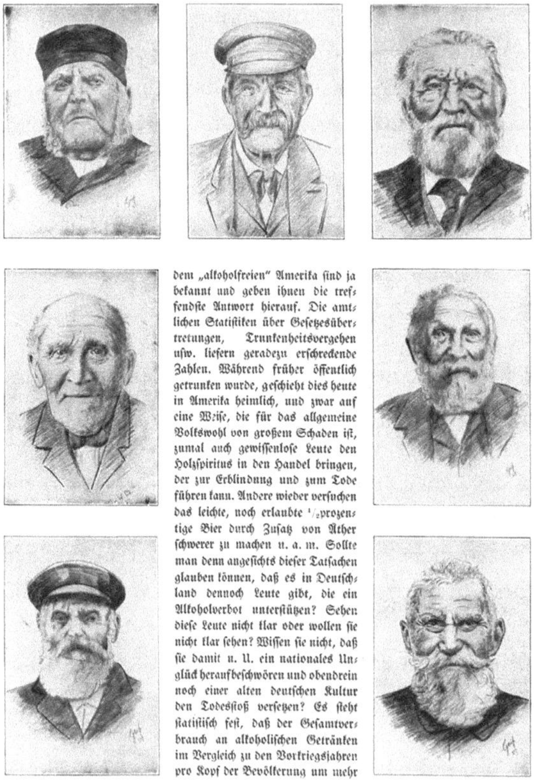
dem „alkoholfreien" Amerika sind ja bekannt und geben ihnen die treffendste Antwort hierauf. Die amtlichen Statistiken über Gesetzesübertretungen, Trunkenheitsvergehen usw. liefern geradezu erschreckende Zahlen. Während früher öffentlich getrunken wurde, geschieht dies heute in Amerika heimlich, und zwar auf eine Weise, die für das allgemeine Volkswohl von großem Schaden ist, zumal auch gewissenlose Leute den Holzspiritus in den Handel bringen, der zur Erblindung und zum Tode führen kann. Andere wieder versuchen das leichte, noch erlaubte 1/2prozentige Bier durch Zusatz von Äther schwerer zu machen u. a. m. Sollte man denn angesichts dieser Tatsachen glauben können, daß es in Deutschland dennoch Leute gibt, die ein Alkoholverbot unterstützen? Sehen diese Leute nicht klar oder wollen sie nicht klar sehen? Wissen sie nicht, daß sie damit u. U. ein nationales Unglück heraufbeschwören und obendrein noch einer alten deutschen Kultur den Todesstoß versetzen? Es steht statistisch fest, daß der Gesamtverbrauch an alkoholischen Getränken im Vergleich zu den Vorkriegsjahren pro Kopf der Bevölkerung um mehr

Abb. 11 Rheinhessische Winzertypen: Zeichnungen aus den 1920er Jahren

Lohn für gleiche Arbeit oder Frauen und Männer bezahlen wollte? Wohl kaum. Im August scheute er sich nicht, bei der Füllung und dem Versand des ersten GHH-Weins nach Oberhausen Mädchen zu verpflichten, „wodurch das Abfüllen billiger wird".[51]

Überdies waren Kalbitzer die Hände gebunden. „Wir müssen uns nach den Vereinbarungen der Arbeitgebervereinigung richten und werden dieselben Löhne bezahlen wie diese", schrieb er nach Oberhausen und ließ bei dieser Gelegenheit wissen, dass die Winzer inzwischen zwölf beziehungsweise 15 Mark (für das Spritzen) verlangten. Einen Monat später hatten sich die Winzer gegenüber den Weinbergsbesitzern in Nierstein durchgesetzt – was ihnen angesichts des kriegsbedingten Mangels als Arbeitskräften, der sinkenden Kaufkraft der Mark und exorbitanten Versteigerungserlösen wohl nur recht und billig erschien. An der Lohnspreizung zwischen Männern und Frauen änderte sich durch den neuen Tarifvertrag zwischen Winzerverein und Weingutsbesitzern aber nichts.[52]

Fortwährend in Verlegenheit

Leider lässt sich den Quellen nicht entnehmen, wie sich der Fortgang der Weinbergsarbeiten und die Lese im Jahr 1919 gestalteten. Gesichert ist nur, dass das Ernteergebnis mit etwa 8000 Litern Weiß- und 850–900 Litern Rotwein unter dem des ersten Jahres lag und dass damit gerechnet wurde, dass die Moste nicht naturrein, also ohne Zuckerung, ausgebaut werden könnten.[53] Das aber war, wie man einem Hinweis an Senfter entnehmen kann, der für den Ausbau der Weine verantwortlich war, nicht ohne Risiko. Denn Zucker komme zurzeit„als Auslandsware in den Handel", die „nicht saccharinfrei" sei.[54] Ob es nur diesen Zucker gab, sei dahingestellt, wussten die Leser der Zeitschrift „Weinbau und Weinhandel" doch, dass es zwar sehr schwierig, aber nicht unmöglich war, über die „Reichszuckerstelle" Weinzucker zu erstehen.[55] Aber das Phänomen des „Schieberzuckers" war in der Weinwirtschaft bekannt und berüchtigt. Zum einen war die Verwendung von Zucker, der mit Saccharin gefälscht war, durch das Weingesetz verboten. Zum anderen wurde der Wein durch die Verwendung dieses Zuckers ungenießbar. Saccharin wurde bei der Gärung nicht in Alkohol und Kohlensäure umgewandelt, sondern hinterließ einen „bleibenden süßen Geschmack".[56]

In einem früheren, vom 23. September stammenden Schreiben konnte Müller aber auch seine Ungeduld nicht mehr verbergen. Der Oberförster wollte von Senfter wissen, wann die ersten 1918er gefüllt werden könnten, „sodass wir ihn gebrauchen können".[57] Senfter machte Müller nur wenig Hoffnung. Allenfalls zwei Stück könnten gefüllt werden, und das noch nicht sofort.

Auch der Winter 1919/20 kam, ohne dass der erste GHH-Wein seinen Weg von Nierstein in das Ruhrgebiet gefunden hätte – dabei hatte die „Vereinigung Niersteiner Weingutsbesitzer" schon Ende Juni und damit viele Monate zuvor die 83 Stück und 42 Halbstück 1918er Niersteiner Weine versteigert.[58] Warum Kalbitzer und seine Leute nicht in der Lage waren, es den Weingutsbesitzern des Ortes wenigstens im Herbst nachzumachen, erschließt sich aus der überlieferten Korrespondenz nicht. Nach November aber konnte sich über den Jahreswechsel und die ersten Wintermonate hinweg nichts tun – was auch niemand erwartete. Sobald Frostgefahr drohte, wurde überall der Versand von Wein eingestellt, da er überwiegend in Fässern und ausschließlich mit der Eisenbahn oder per Schiff erfolgte. Das Risiko, dass der Wein im Fass erfrieren und damit auch das Transportbehältnis zerstören könnte, wollte niemand eingehen.

Das Frühjahr kam, und noch immer bewegte sich nichts, obwohl die wärmeren Temperaturen den Transport von Wein wieder zuließen. Am 21. April riss den Herren in Oberhausen endgültig der Geduldsfaden. Kalbitzer wurde gebeten mitzuteilen, „wann der 1918er Niersteiner auf Flaschen gefüllt werden kann". Die Not war offenbar groß: „… da wir um Flaschenweine fortwährend in Verlegenheit sind".[59] Mit einer einfachen Information über den Füllzeitpunkt war es indes nicht getan. Kalbitzer hatte noch keine Flaschen und weder Korken noch Kapseln bestellt.

Wieder einmal hatte der Betriebsführer keine guten Nachrichten für seine Vorgesetzten. Der Wein sei gerade nochmals abgestochen worden und müsse nun wieder einige Monate ruhen, um sich zu klären, ehe er füllfertig sei. Der „reine Naturwein baut sich schlechter, d. h. er braucht längere Zeit, ehe er klar ist, macht sich aber auch desto besser in der Flasche".[60] Mit anderen Worten: Vor Ende August, Anfang September würde es mit Niersteiner Wein nichts werden. Wenn aber die Not groß sei, dann könne man vielleicht schon im Juli ein Stück füllen – vorausgesetzt, die Hitze sei nicht so groß, dass der Wein auf dem Schiffstransport Schaden nehme.

Hinsichtlich der Vorbereitungen für die Füllung hielt Kalbitzer eine Warnung bereit. Man müsse sehr auf die Qualität der Korken achten, sei ihm doch anlässlich einer dienstlichen Anwesenheit in Oberhausen aufgefallen, „dass der Niersteiner Wein teilweise einen üblen Geschmack nach dem Korken hatte"[61] – was zunächst als Beleg dafür zu lesen ist, dass man sich im Ruhrgebiet schon länger mit Niersteiner Wein einzudecken pflegte. Korkgeschmack – einem schon auf Weinbaukongressen im späten 19. Jahrhundert diskutierten Phänomen – aber wollte der Betriebsführer nicht riskieren, zumal der „Wirt des Gasthauses" auf seine Nachfrage hin berichtet hat, dass „jede dritte Flasche" des Niersteiner Weins verdorben sei. Am Korken zu sparen heiße demnach nur, „an der falschen Stelle" zu sparen.[62] Ansonsten schaffte Kalbitzer Klarheit: Zur Füllung komme „1918er Niersteiner Galgenberg Naturrein aus dem Weingut und Weinkellerei der GUTENHOFFNUNGSHÜTTE", schrieb er (ausweislich der Versalien) wohl nicht ohne Stolz. Die entsprechenden Etiketten könne er gerne vor Ort drucken lassen. Ein Monat später, am 21. April 1920, kam aus der Hauptverwaltung Oberhausen die Order, im Juni zwei Stück Wein füllen zu lassen und bei kühler Witterung in das Ruhrgebiet zu schicken – von der Zentrale aus habe man alle erforderlichen Schritte in die Wege geleitet.

Kalbitzer musste unterdessen einen schmerzlichen Verlust vermelden. Karl Hock, den er zum Aufseher über die Weinbergs- und Kellerarbeiten gemacht hatte, war am 8. Mai nach längerer Krankheit einem Herzleiden erlegen. „Er hinterlässt eine Witwe mit acht Kinder (sic), wovon das Älteste 23 Jahre und das jüngste sieben Jahre alt ist."[63] Nach den ortsüblichen Sitten habe er einen Kranz gestiftet und in der Lokalpresse einen Nachruf drucken lassen. Nun müsse noch geklärt werden, wie lange die Witwe das Gehalt ihres verstorbenen Mannes weiterbeziehen könne. Allerdings, so heißt es in einem weiteren Brief, in dem es um Unstimmigkeiten hinsichtlich der Lohnfortzahlung im Krankheitsfall ging, sei dies im Grunde nicht erforderlich, da die Witwe mit ihren Kindern in Nierstein eine auskömmliche Landwirtschaft betreibe.

Voll des Lobes

Im späten Frühjahr 1920 schien es ganz schnell zu gehen: Am 3. Juni teilte Kalbitzer Oberförster Müller mit, dass die 1918er Weine in etwa sechs Wochen allesamt füllfertig seien. Zudem hätten sich die 1919er so gut entwickelt, dass sie schon Ende September oder Anfang Oktober flaschenreif seien[64] – wobei sich auch hier die Frage stellt, wie es sein konnte, dass die „Vereinigung Niersteiner Winzer und Weingutsbesitzer" schon am 7. Mai 1920 die ersten 1919er versteigert hatte.[65] Doch davon war in dem Schreiben des Betriebsführers nicht die Rede. Man solle vielmehr alles nach Nierstein auf den Weg bringen, was es zur Füllung brauche. Sodann schlug Kalbitzer vor, nicht nur eine Lagenbezeichnung zu verwenden, sondern deren mehrere, hätten sich doch auch die Weine verschieden entwickelt. Man könne, so Kalbitzer, Flurbezeichnungen wie Galgenhohl, Wiesengewann oder auch Hölle verwenden und könne auf diese Weise mit verschiedenen Weinen aufwarten.[66]

Nach der Füllung, so Kalbitzer weiter, würden sie in Kisten verpackt sämtlich per Schiff in den Werkshafen der GHH nach Duisburg-Walsum transportiert werden, wo sie ebenso vorsichtig ausgeladen werden müssten wie sie in Nierstein eingeladen würden – so habe er, Kalbitzer, es mit einem Schiffer besprochen, der schon einmal Wein von Nierstein in den Hafen der GHH transportiert habe. Die Einschätzung des Schiffers war allerdings wenig vertrauenerweckend. Bei der Entladung müsse man damit rechnen, dass die Hafenarbeiter bei der Bedienung des Greifers wenig zimperlich zu Werke gingen. Die Begründung: „Es wäre ihnen egal, denn sie bekämen von dem Wein doch keinen zu trinken." Der lakonische Kommentar Kalbitzers: „Es müsste also in Walsum verantwortliche Aufsicht beim Entladen sein."[67]

Nun blieb ihm nur noch, die leidige Kellerfrage anzusprechen. Bis zum 1. Oktober 1921 könne man den Keller in Oppenheim nutzen, dann laufe der Mietvertrag aus und werde nicht verlängert. Der Bedarf an Kellerraum sei bei den gegenwärtigen hohen Weinpreisen zudem derart groß, dass es aussichtslos sei, nach anderen Kellern Ausschau zu halten. Jeder Winzer würde „entgegen früherem Brauch" seinen Wein „selbst legen". Daher müsse der Bau eines eigenen Kellers wohl sofort in Angriff genommen werden, zumal für 1920 eine gute, etwa 15 oder 16 Stück Wein bringende Ernte erwartet werde. Bei Oberförster Müller fielen diese Informationen auf fruchtbaren Boden. Umgehend meldete er die bevorstehende Füllung der Hauptverwaltung und drang auf eine baldige Entscheidung über den Bau eines neuen Kellers in Nierstein.[68]

Kalbitzer wiederum ließ Müller wissen, er benötige über die mittlerweile eingetroffenen 4000 Flaschen hinaus je 1000 Etiketten mit den Lagennamen Galgenberg, Galgenhohl, Wiesengewann und Hölle, dazu – in anderer Farbe – Etiketten und Kapseln für

Abb. 12 Walsum: Der Werkshafen der GHH im Norden von Duisburg.

den Rotwein, womit nur der Portugieser gemeint sein kann. Es sollte also nicht mehr Monate, sondern Wochen dauern, bis der erste eigene Niersteiner Wein seinen Bestimmungsort erreichen würde.[69]

Am 14. Juli beschwerte sich der Betriebsführer in Oberhausen. Noch immer fehlten für die beiden ersten Stückfässer Flaschen und Kapseln. Mittlerweile aber dränge auch in Nierstein die Zeit. Bis Oktober müssten alle Fässer leer und allen Flaschen abtransportiert sein, weil die Ernteaussichten für den Herbst so seien, dass es nicht nur sehr guten, sondern auch sehr viel Wein geben werde. Immerhin konnte er mit gleicher Post berichten, dass sich Prokurist Dickertmann von der Bergwerksabteilung der GHH persönlich in Nierstein davon überzeugt habe, dass es unmöglich sei, einen Keller zu mieten. Vielmehr sei es „das Beste und Billigste für uns", einen eigenen Keller zu bauen. Im Übrigen sei Dickertmann für die 1918er und 1919er Weine voll des Lobes gewesen – was die Erwartungen an den eigenen Niersteiner nochmals gesteigert haben dürfte.[70]

50 Flaschen für die Aufsichtsräte

Allerdings kam es wohl im Anschluss an Dickertmanns Besuch in Oberhausen zu Irritationen, die ein Schreiben an Kalbitzer nach sich zogen. Dieses hat sich leider nicht erhalten, so dass aus dessen Antworten auf die Vorwürfe zurückgeschlossen werden muss. Offenbar war es zu einer Unterredung zwischen Senfter und Dickertmann „über unseren Wein" beziehungsweise „betreffend unseres Weinbaues" gekommen, zu der der Betriebsführer nicht hinzugezogen worden war.[71] Das Ergebnis dieses Gesprächs war wohl so ungünstig, dass sich Kalbitzer veranlasst sah, unter dem Datum des 27. Juli einen ausführlichen Bericht einzusenden.[72] Dieser drehte sich im Wesentlichen um die Perspektiven des Eigenbaus der GGH in Nierstein. Nach der Einschätzung Kalbitzers könne sich dieser nur gedeihlich entwickeln, wenn alle Flächen, die derzeit noch verpachtet seien, umgehend in Eigenregie bearbeitet würden. Dies sei zum einen unerlässlich, weil es dem Steinbruch andernfalls an Flächen fehle, die für die Steigerung der Produktion notwendig seien, sei es, dass die Grube vergrößert und Wege verlegt werden müssten, sei es, dass Abraum auf Halde geschüttet werden müsse – wobei Kalbitzer nebenbei die Idee ins Spiel brachte, den Abraum so anzuschütten, dass wieder weinbaulich nutzbare Flächen entstünden.

Neben diesen Argumenten für die Ausweitung des Eigenbaus führte der Betriebsführer aber auch betriebswirtschaftliche Überlegungen an. Bewirtschaftungskosten von etwa 2500 Mark je Morgen stünden in Jahren wie diesen mit hohen Weinpreisen ein Verkaufspreis von 40.000 Mark je Stück gegenüber. Jeder Winzer, der nur einen Morgen von der GHH gepachtet und daraus ein Stück Wein gewonnen habe, sei demnach um 37.500 Mark reicher und damit wohlhabend geworden – eine Behauptung, die der Wirklichkeit trotz der beginnenden Geldentwertung nur schwer standhielt, wusste man in Oberhausen sehr wohl, dass für Weine aus geringen Lagen wie den ihren erheblich weniger gezahlt wurde als für Weine aus Spitzenlagen, die in der Tat exorbitant hohe Preise erzielten.

Kalbitzer versäumte es abermals nicht, auf das Thema eines neuen Kellers zurückzukommen und für einen Neubau in unmittelbarer Nähe des Steinbruchs zu werben. Eine Antwort auf dieses Schreiben hat sich – wie so viele – leider nicht erhalten. Doch sollte die Kellerthematik schon bald eine vollkommen andere Wendung nehmen: Entgegen allen Beteuerungen des Betriebsführers, es seien in Nierstein keine Keller zu mieten oder zu kaufen, erstand die Gutehoffnungshütte schon im September desselben Jahres in zentraler Lage in Nierstein das Anwesen des in Wiesbaden ansässigen Weingutsbesitzers Friedrich Heinrich Eberhard, der sich ausweislich des Briefkopfes auch berühmte, eine Weingroßkellerei in der dortigen Rheinstraße 96 zu betreiben.[73] In Nierstein besaß Eberhard jedenfalls in unmittelbarer Nachbarschaft Reinhold Senfters in der Wörrstädter Straße 22 eine Kellerei, die den Ansprüchen auch des mutmaßlich wachsenden Weingutes der GHH vollauf genügen würde – und dies tatsächlich noch auf Jahrzehnte hin tun sollte.

In den meisten Fällen beanstandet

Während der Ankauf der neuen Liegenschaften abgewickelt wurde, trat indes jenes Ereignis ein, auf das man in Oberhausen seit mehr als einem Jahr gewartet hatte. Mit zwei Schiffen, der „Hermann Lauterburg" und der „Elise", die in der Hauptsache Kalkstein geladen hatten, trafen in der zweiten Augusthälfte 1920 die ersten Partien eigenen Weins aus Nierstein über den Hafen in Duisburg-Walsum kommend in Oberhausen ein. Eine weitere Partie wurde am 5. Oktober mit dem Kahn „Starkenburg" in Marsch gesetzt.[74]

Leider haben sich keine Berichte darüber erhalten, von wem der Wein in Empfang genommen und wo er gelagert wurde. Fest steht nur, dass Paul Reusch den Mitgliedern des Aufsichtsrates, der sich im Wesentlichen aus den verschiedenen Stämmen der Eigentümerfamilie Haniel zusammensetzte, je 50 Flaschen zukommen ließ. Damit war das Gründungskapitel des GHH-Weingutes abgeschlossen, und das Jahr 1920 galt fortan als das Jahr, in dem das Weingut der GHH ins Leben gerufen worden war. Entsprechend wurde 1970 in Nierstein die „Gründung" des Weingutes vor 50 Jahren gefeiert – und noch im Mai 1995 mit großem Aufwand das 75. Gutsjubiläum begangen.

Was allerdings in den späteren offiziellen Darstellungen der Geschichte des Weingutes geflissentlich verschwiegen wurde: Die 1918er Weine, die als erste ihren Weg ins Ruhrgebiet fanden, waren keine Werbung für das Unterfangen, Flaschenwein zu erzeugen.

Am 30. November 1920 setzte Oberförster Müller ein Schreiben auf, dessen Inhalt als Peinlichkeit kaum zu überbieten war: „Zu unserem lebhaften Bedauern sind mindestens 2 Stück des 1918er Weines mit solchem Nachgeschmack behaftet, dass er in den meisten Fällen beanstandet wird."[75] Müller hatte sogleich eine Vermutung, was die Ursache dieses Fehlers gewesen sein könnte: „Wir müssen selbstverständlich grossen Wert darauf legen, dass sowohl die Fässer jedesmal gründlich gereinigt und ausgeschwefelt werden als auch der Wein selbst mit größter Sorgfalt gepflegt wird." Das war mutmaßlich nicht geschehen, obwohl der GHH-Wein „einen großen Wert" darstelle – „und dürfte sich die Einstellung eines besonderen Küfers, der auch mit der Weinpflege voll und ganz vertraut ist, unbedingt lohnen".[76]

Davon war in der Tat in den vergangenen Jahren (soweit die Akten diesen Schluss zulassen) nicht die Rede gewesen. Einstweilen war der Schaden da: „Unangenehmerweise haben auch Herr August Haniel und noch andere Aufsichtsratsmitglieder von diesem nicht einwandfreien Wein 50 Flaschen erhalten und dieselben mit recht kräftigen Bemerkungen beanstandet", ließ Müller den Betriebsführer wissen. „Das darf selbstverständlich nicht wieder vorkommen, wenn wir uns nicht den Eigenbau und die Eigenkelterung selbst verderben wollen."[77]

Kalbitzer reagierte sofort auf die Aufforderung Müllers, ihm „schleunigst Ihre diesbezügl. Vorschläge mitzuteilen" – aber das auf eine Weise, die die Gemüter in Oberhausen wohl kaum besänftigen konnte. Üblicherweise werde der Wein vor der Flaschenfüllung mit Hausenblase geschönt, also die trüben Bestandteile durch eine in Wein aufgelöste Blase des Störs ausgefällt, ließ der Betriebsführer wissen. Diese sei aber während des Krieges, da aus Russland kommend, nicht zu erhalten gewesen, weswegen der Küfer zu der alten Methode gegriffen hätte und den Wein mittels Tanin (sic) und Gelatine „früher flaschenreif" gemacht habe. „Dieses ist Schuld, dass der Wein nicht ganz klar ist und auch einen kleinen Nachgeschmack hat", beschied Kalbitzer seine Vorgesetzten.[78]

Bekömmlich und schadet keinesfalls

Inwiefern diese Auskunft der Wahrheit entspricht, ist nicht zu rekonstruieren. Dass es während des Krieges an vielem mangelte, was für die Arbeiten im Weinberg und im Keller unabdingbar war, war damals jedem Fachmann und wohl auch jedem Weinkenner bekannt: Es fehlte an Arbeitskräften wie an kupferhaltigen Spritzmitteln wie an Rübenzucker und selbst an Bindeweiden. Auch Hausenblase dürfte schwer erhältlich gewesen sein. Doch ob der kriegsbedingte beziehungsweise der durch die politischen Umwälzungen in Russland bedingte Mangelzustand Anfang 1919 noch unverändert fortbestand, wäre noch zu beweisen.

Schon in ersten Wochen des neuen Jahres nämlich inserierten allerlei Firmen, die mit Kellereiartikeln handelten, nicht nur Wein-Asbest Filterschichten, sondern – wie die Erste Mainzer Metallkapsel-Fabrik Franz Zahn – auch „Hausenblase, echte naturelle Saliansky, aufgelöst in Flaschen, stets frisch".[79] Mitte 1919 waren andere Anbieter dazugekommen, die neben Gelatine und Tannine auch Hausenblase führten.[80] Im Oktober 1919 hieß es sogar, es sei neue Ware in Gestalt „schön schillernder Blätter" wiedereingetroffen.[81] Demnach hätte es dem Betriebsführer beziehungsweise dem Küfer ein Leichtes gewesen sein müssen, die Weine lege artis für die Flaschenfüllung zu präparieren.

Kalbitzers Darstellung mutete aber auch noch aus einem anderen Grund etwas seltsam an: Denn die Schuldfrage stellte sich einige Sätze weiter etwas anders als zunächst insinuiert. Der Küfer habe sich, so Kalbitzer bei der Berechnung der nötigen Menge Schönungsmittel „selbst damit verrechnet, was bei jedem Fachmann vorkommen kann".[82] Verrechnet? Der nächste Satz ließ daran zweifeln, dass die GHH es in Nierstein mit einem

Fachmann zu tun hatte: „Diese Schöne wirkte früher gut, aber bei unserem reinen Naturwein wirkte die Schöne überhaupt nicht, sondern verband sich mit dem Wein" – als ob das ein „Fachmann" nicht hätte wissen oder wenigstens ahnen können. Überhaupt stellt sich nicht nur bei dieser Korrespondenz die Frage, woher Kalbitzer sein Wissen über die Weinbergsarbeit und die Kellerwirtschaft bezog – dass er Tannin konsequent mit einem „n" schrieb (Tanin), könnte als Indiz dafür gelesen werden, dass der Betriebsführer Sachverhalte aufschrieb oder aufschreiben ließ, die ihm selbst nicht oder nicht hinreichend klar waren und die ihm andere diktierten.

Für diese Mutmaßung spricht auch, dass Kalbitzer das Ausmaß des Problems, das seine Vorgesetzten mit dem sehnsüchtig erwarteten Erstlingswein der GHH hatte, nicht verstand – oder nicht verstehen wollte. „Es ärgert uns hauptsächlich, dass der erste Wein von unserem Weinbau nicht makellos ist; daran können wir aber nichts ändern", hieß es in Richtung Oberhausen.[83] Dort aber sei die eigentliche Ursache des Problems zu suchen. „Es hat nur daran gelegen, dass wir dem Wein keine Zeit gelassen haben und wollten eiligst die Weine flaschenreif haben", beschied Kalbitzer seinen Vorgesetzten und versicherte ihnen bei dieser Gelegenheit, diese „Kinderkrankheiten unseres Eigenbaus" würden in Zukunft nicht mehr vorkommen. Davon werde man sich in Oberhausen bald überzeugen können, nämlich dann, wenn man in einigen Wochen von weiteren 1918er und 1919er Weinen Probeflaschen nach Oberhausen schicken werde.

Einstweilen müsse der Herr Oberförster den üblen Nachgeschmack „den Herren möglichst ausreden".[84] Wenn man nicht mehrere Weine zusammen trinke, werde das Geschmacksproblem wohl kaum auffallen. Mehr oder weniger direkt gab er ihnen damit zu verstehen, sie verstünden nicht so viel von Wein, dass die Fehltöne als solche nicht schmecken würden. Überdies sollten sich die Herren nicht so haben: „Natürlich ist der Wein bekömmlich und schadet keinesfalls".[85]

3 In sparsamster Weise

Wie sich das Weingut Nierstein in Zeiten anhaltender Wirtschaftsnot schlug

Dies sollte freilich die letzte Spur sein, die der missratene Erstlingswein in den noch vorhandenen Akten hinterlassen hat. Ob dies mit der Ansage Kalbitzers vom August zu tun hatte, der 1919er wäre ebenfalls bald flaschenreif, so dass man in Oberhausen auf besseren Wein hoffte, ist ebenso wenig zu ergründen wie die Reaktion Paul Reuschs. Ihm, der recht widerwillig dem Eigenbau-Projekt zugestimmt hatte, dürfte die gesamte Angelegenheit vor allem gegenüber den Aufsichtsräten reichlich peinlich gewesen sein.

Und vielleicht auch das: Entgegen den vollmundigen Ankündigungen des Betriebsführers kam es vor dem Winter 1919/20 nicht mehr dazu, dass man sich in Oberhausen mit dem 1919er über das Missgeschick mit den ersten 1918er hinwegtrösten konnte. Erst Anfang Februar 1921 meldete Kalbitzer die 1919er als „flaschenreif" und kündigte an, in einigen Wochen mit der Füllung zu beginnen.[1] Wie bei den 1918er Weinen wollte er fünf verschiedene Partien füllen, einen Rotwein unter der Bezeichnung Niersteiner Galgenhohl sowie – anders als es 1919 vor der Lese den Anschein hatte – vier „naturreine" Weißweine. Dazu orderte er am 7. Februar 1920 jeweils 1700 Etiketten Galgenhohl, Wiesengewann und Hölle sowie 6000 Etiketten Galgenberg.[2]

Genauere Beschreibungen des 1919er Weins haben sich in den Akten der GHH nicht erhalten. Dörrschuck zufolge war die durchschnittliche Qualität des 1919er ähnlich bescheiden wie die des Jahrgangs 1918.[3] Doch sollte man aus dem Fehlen von Beanstandungen schließen, dass der Küfer, der die Weine zur Füllung vorbereitete, sich bei den restlichen Fässern mit den Weinen des Jahrgangs 1918 und denen des Jahrgangs 1919 nicht wieder verrechnete. Das Jahr 1921 kann damit als dasjenige Jahr gelten, in dem der Vorstand der GHH zum ersten Mal über größere Partien „eigenen" Weins verfügen konnte.

Rheinhessens Weine

Welchen Gebrauch der Vorstand von dieser Neuerwerbung machte, wissen wir nicht. Legt man indes die Befunde aus den dreißiger wie die aus den fünfziger Jahren zugrunde, so bildeten der Eigenverbrauch, der Einsatz als Weinbegleitung bei Menüs sowie der Verkauf über den Weinkeller des Werksgasthauses die wichtigsten Vertriebswege. Nicht zu unterschätzen, wenn auch in diesen ersten Jahren ebenfalls noch nicht greifbar, dürfte aber auch die Pflege von beruflichen und privaten Netzwerken mit Hilfe der „Eigenbau"-Weine gewesen sein.

Einstweilen wäre im Blick auf die Weine selbst zu erörtern, aus welchen Rebsorten außer Portugieser die GHH-Weine der ersten Stunden wohl gekeltert gewesen sein mögen. Leider erfahren wir nicht, welche Rebsorten in den Gründungsjahren des Weingutes dabei Pate gestanden hatten. Daraus ist wohl mit Sicherheit nur eines zu schließen: Mit Riesling bestockt waren die Flächen der GHH weder zur Gänze noch zum größeren Teil. Andernfalls hätte man sich wohl kaum die Chance entgehen lassen, die eigenen Weine unter Hinweis auf die „Königin der Weißweinreben" herauszustellen. Mangels anderer Quellen bleibt wohl nichts anderes übrig als anzunehmen, dass sich die Rebsorten in den durchweg geringen Lagen rund um den Kalksteinbruch der Gutehoffnungshütte nicht signifikant von den ortsüblichen unterscheiden.

Über diese sind wir grob orientiert. So war im Jahr 1910 in dem Buch „Rheinhessens Weine" zu lesen, Nierstein habe eine Rebfläche von 548 Hektar – was die Dominanz gegenüber den Nachbarorten Oppenheim im Süden und Nackenheim erklärt.[4] Letzterer, ebenfalls an der Rheinfront gelegen, kam nur auf eine Rebfläche von 125 Hektar. Die Rebflächen beider Orte waren indes fast ausschließlich mit weißen Rebsorten bestockt. Mit einer durchschnittlichen Produktion von 15.000 (2400) Hektolitern, so hieß es in dem vom Weinbau-Verein der Provinz Rheinhessen herausgegebenem und damit quasi offiziösen Buch, nehme Nierstein hinsichtlich der Erzeugung von Weißwein unter allen rheinhessischen Orten den ersten Platz ein.

Weiter unterstrichen wurde die Vorrangstellung Niersteins durch die Angabe, etwa ein Drittel der Weine (Nackenheim: ein Viertel) werde auf dem Weg der Versteigerung verkauft, zwei Drittel (drei Viertel) freihändig. Sodann wurden „bekanntere" Lagen aufgeführt, insgesamt mehr als dreißig. Ein Galgenberg oder Wiesengewann waren – anders als in der Moststatistik – in der Auflistung dabei. Über die Rebsorten hieß es, es werde vorwiegend Riesling und Österreicher (Silvaner) angebaut. Erzogen würden die Reben niedrig, teils an Pfählen, teils an Drahtplanken. Wo Frostgefahr bestehe, würden die Reben „hochgezogen und bilden dann die sogenannten Überfänge oder Lauben, auch Arkaden genannt" – eine Erziehungsart, die an den auf die Römer zurückgehenden und in der Pfalz noch lange üblichen Kammertbau erinnert.[5]

1927 erschien eine zweite, wesentlich erweiterte Ausgabe der „Rheinweine Hessens" – und dies nicht nur mit einer ersten, auf die Geologie eines Weinbaugebietes abstellenden Bodenkarte überhaupt.[6] Auch die Beschreibung der Weinorte war in der zweiten Auflage sehr viel ausführlicher geraten als in der ersten, vier Jahre vor dem Ausbruch des Krieges erschienenen Ausgabe. Übernommen wurde nur die Basisinformation hinsichtlich der

Abb. 13 Die Rheinweine Hessens: Farbtafel mit den wichtigsten Rebsorten.

Rebfläche, der Rebsorten und des Durchschnittsertrags. Die Beschreibung des Weinortes selbst fiel unter dem Titel „Nierstein und sein Wein“ mit 22 Seiten ungleich umfangreicher aus als in der ersten Auflage.[7]

Informationen, die ein wenig Licht in den Weinbau der Gutehoffnungshütte hätten bringen können, ließen sich der Charakteristik der Geschichte und der Gegenwart Niersteins so gut wie keine entnehmen. So erfuhr man, dass Nierstein „4500 Seelen“ zähle, was diesen Ort auch unter dem Aspekt der Sozial- und Wirtschaftsstruktur zu einem der bedeutendsten Weinorte nicht nur Rheinhessens machte, lebten doch die meisten Bürger wenn nicht vom, so doch in irgendeiner Form mit dem Weinbau.

Über den Rebsatz las man nicht mehr als in der Ausgabe von 1910, außer dass die Hauptrebsorte Silvaner vor etwa hundert Jahren, also in den 1820er Jahren eingeführt worden sei. „Andere Rebsorten wie Orleans-, Kleinberger, Gutedel-, Tokayer-, Bukett-, schwarze

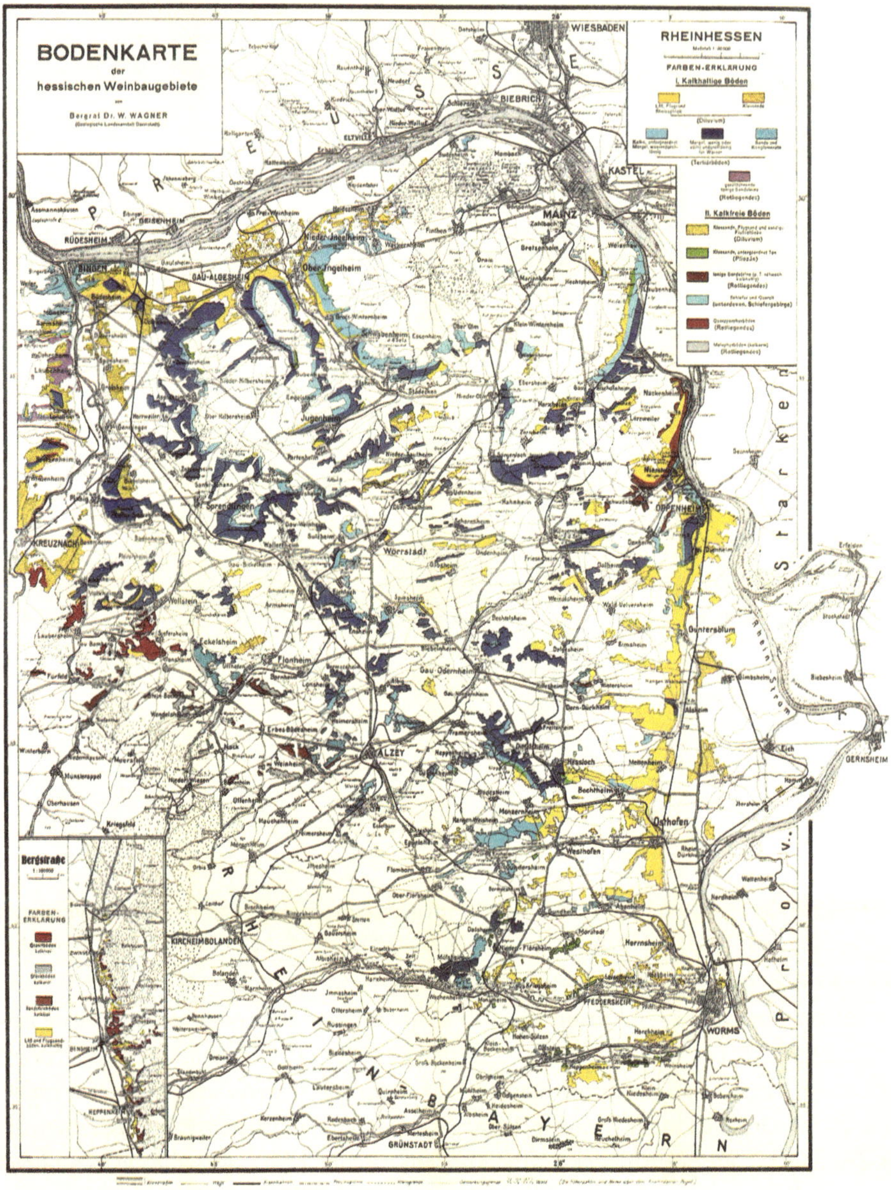

Abb. 14 Bis heute einzigartig: Die Bodenkarte des hessischen Weinbaugebiete wurde erstmals 1925 auf der Reichsausstellung Deutscher Wein in Koblenz gezeigt.

Welsche- und Portugieserreben" gebe es in Nierstein zwar auch, diese aber kämen für den Weinbau „wenig oder gar nicht in Betracht". Selbstredend verlor der Verfasser kein Wort über die Kalkböden, die für den Anbau von Riesling mutmaßlich ungeeigneten Böden südlich von Nierstein, wo die GHH ihr Glück versuchte. Einen Absatz wird man indes auch auf das Weingut Nierstein der Gutehoffnungshütte beziehen müssen: Die Beschreibung der Bekämpfung „einer ganzen Anzahl von Schädlingen und Pilzkrankheiten, … deren Bekämpfung mit zu den wichtigsten Arbeiten des Weinbaus" gehöre. Die Rede war von der Ausbringung „fein gemahlenen Schwefels" gegen Echten Mehltau (*Oidium Tuckeri*) sowie der „Anwendung von Kupferkalkbrühe und neuerdings auch kupferhaltiger Bestäubungsmittel" gegen Falschen Mehltau (*Peronospora*). „Ein weiterer Feind ist der Heu- und Sauerwurm, dessen ungeheurer Gefräßigkeit und Vermehrungsfähigkeit ganze Ernten zum Opfer fallen."[8]

Tatsächlich wussten sich die Winzer lange Zeit vor allem gegen den Heu- und Sauerwurm kaum zu helfen. Immer wieder fielen ganze Ernten dem Schädling zum Opfer. Als den Bauern in ihrer Verzweiflung die Chemieindustrie zu Hilfe kam, war dies jedoch mit neuen Gefahren verbunden. Tabakextrakt und nikotinhaltige Mittel, allen voran Nikotin-Schmierseifenbrühe, versprachen einigen Erfolg, aber man hatte es mit einem Wirkstoff zu tun, der bei Menschen ein Nerven- und Herzgift darstellt.[9] Als noch effektiver erwiesen sich arsenhaltige Präparate wie „Schweinfurtergrün", „Uraniagrün" und „Dr. Sturm'sches Mittel".[10] Die Verwendung dieser Mittel wurde jedoch zu Beginn der 1920er Jahre für gesundheitlich unbedenklich erklärt – und dies selbst bei später Ausbringung. Ein Chemiker namens Krug kam nach der Untersuchung von Trauben und Mosten nach dem extrem trockenen Sommer und Herbst des Jahres 1921 zu dem Ergebnis: „Die gefundenen Mengen an Arsen in den Trauben sind aber im Vergleich zu den sonst üblichen medizinischen Arsendosierungen durchgehend so geringfügig, daß wohl auch bei reichlichstem Genuß von einer Benachteiligung der menschlichen Gesundheit nicht gesprochen werden kann."[11]

Krug stützte sich auf Analysen, bei denen wechselnde Mengen des Schwermetalls gefunden worden waren. In der Spitze waren es 0,73 Gramm Arsen in einem Kilogramm Trauben, 1,28 Gramm in einem Liter Most und 0,2 Gramm in einem Liter Wein – Mengen, die heute unvorstellbar sind. Doch auch in dem Buch vom „Rheinhessenwein" war man sich sicher, dass von dem „arsenhaltigen Pulver" bei sachgemäßer Anwendung keine Gesundheitsgefahren ausgingen.

Problematisch war einzig und allein die Summe der Aufwendungen für die Schädlingsbekämpfung, ohne die man den Weinbau nicht am Leben erhalten konnte: „Die genannten Methoden", so hieß es allgemein, „stellen nicht nur große Anforderungen an Kraft und Ausdauer des Winzers. Sondern ihre Durchführung erfordert so bedeutende Geldmittel, daß die Rentabilität des Weinbaues auf's Äußerste bedroht ist."[12] Von toxischen

Langzeitwirkungen auf den menschlichen Organismus war nicht die Rede, vor allem nicht nach dem regelmäßigen Genuss von sogenanntem „Haustrunk", der durch die Erhitzung einer Mischung von Trester, Zucker und Wasser gewonnen wurde.

Zu beengt

Dass das Weingut der Gutehoffnungshütte in keiner zeitgenössischen Quelle und (nach dem Kenntnisstand des Verfassers) auch noch in den kommenden Jahrzehnten in keinem längeren Text über den Weinbau in Rheinhessen erwähnt wurde, sollte aber nicht als Ausdruck der Geringschätzung dieser Weine beziehungsweise des Engagements des Unternehmens gedeutet werden. Der Grund für dieses Schweigen ist darin zu suchen, dass diese Weine nur innerhalb des Unternehmens zum Verkauf standen, beziehungsweise dem ausschließlichen Zugriff des Vorstandsvorsitzenden und wenn überhaupt – davon abgeleitet – einer Handvoll anderer Mitglieder der Führungsebene unterlagen. In Nierstein selbst dürfte außer den Mitarbeitern des Steinbruchs und des Weingutes sowie dessen Gästen kaum jemand die GHH-Weine zu Gesicht beziehungsweise in ein Glas bekommen haben, ganz gleich wie gut oder schlecht sie waren.

Doch wie unterschiedlich auch immer die einzelnen Jahrgänge ausfielen, die 1918 getroffene Entscheidung, in Nierstein ein eigenes Weingut zu gründen, scheint in den 1920er Jahre nicht mehr in Frage gestellt worden zu sein. Dabei hätte es durchaus einen Grund gegeben.

Das 1921 bezogene Gebäude, ein Ensemble aus einem zur Straße gelegenen Kelterhaus und je einem rückwärts gelegenen Gär- und Lagerkeller, hatte sich schon bald als zu beengt erwiesen. Das hieß, sich auf die Suche nach einem anderen Gebäude zu machen oder die vorhandenen Liegenschaften umzubauen beziehungsweise zu erweitern. 1927 war es so weit. Durch einen Grundstückstausch mit dem Weingutsbesitzer Georg Adolf Schmitt, der seinerseits gerade ein an die Liegenschaft der GHH angrenzendes Grundstück erworben hatte, kamen die Oberhausener in den Besitz einer Fläche, die es erlaubte, den seitlichen, bislang sehr engen Durchgang zu den Gär- und Lagerkellern durch das zur Straße hin gelegene Kelterhaus zu verbreitern. Damit, so die Idee, wäre es im Zuge einer Vergrößerung der Gär- und Lagerkeller in der Wörrstadter Straße möglich, einen separaten Zugang zu diesen Räumlichkeiten zu schaffen.[13]

Verantwortlich für das Weingut der GHH war damals nicht mehr Betriebsführer Kalbitzer, der das Weingut neben seiner Tätigkeit als Leiter des Steinbruchs und damit gewissermaßen nebenbei geführt hatte. Die Konsolidierung des Weingutes in den 1920er Jahren scheint damit einhergegangen zu sein, dass Weingut und Steinbruch 1927 organisatorisch voneinander getrennt wurden und ein eigener Verwalter eingestellt wurde. Der neue Leiter hörte auf den Namen Eduard Messmer. Er, wie auch ein Kellermeister, dessen Name in diesem Zusammenhang nicht genannt wird, waren unmittelbar bei der Gutehoffnungshütte in Oberhausen angestellt.[14] Im Zuge dieser Personalveränderung war das Weingut auch organisatorisch von dem Kalksteinbruch getrennt und der Abteilung F wie Forstwirtschaft der Hauptverwaltung in Oberhausen direkt unterstellt worden.

Wie aber ging es nach dem Ende der Gründungsphase, die mit dem Bezug des neuen Kellers im Oktober 1921 und der Einrichtung einer Probierstube[15] als abgeschlossen gelten kann, weiter? Leider ist die Aktenlage für die Mitte der zwanziger Jahre so dürftig, dass selbst elementare Informationen nicht überliefert sind. Weder erfahren wir etwas über Weinbergs- und Kellerarbeiten noch über die handelnden Personen. Auch über die schwierigen Zeitläufe erfahren wir so gut wie nichts. Dabei wären diese es mehr als wert gewesen, aus der Perspektive des Weingutes beschrieben zu werden.

Krisen über Krisen

Denn in Anbetracht der allgemeinen Umstände ist es wenig wahrscheinlich, dass das Weingut im Jahr 1923 nicht vor den Folgen der Ruhrkrise erfasst worden wäre. So hatten sich die Reparationszahlungen an die Westmächte im Laufe des Jahres 1922 zu einer immensen Belastung für die junge, schon früh zwischen rechten und linken Kräften polarisierte Weimarer Republik entwickelt. Im Juni 1922 wurde Außenminister Walther Rathenau ermordet. Kurz zuvor hatte er den Rapallo-Vertrag mit der Sowjetunion unterzeichnet. Im November trat das Kabinett Wirth zurück. Man hatte ihm „Erfüllungspolitik" vorgeworfen. Im Dezember 1922 spitzte sich die Lage zu. Wegen des Verfalls des Außenwertes der Mark konnte Deutschland seine Zahlungsverpflichtungen nicht mehr erfüllen. Die Regierung bat um Aufschub und die Möglichkeit, die deutsche Währung durch die Begebung von Goldanleihen zu stabilisieren.

Nach einer geringfügigen Verzögerung der Reparationszahlungen besetzten belgische und französische Truppen am 11. Januar 1923 das Ruhrgebiet und übernahmen in allen Teilen des linksrheinischen Besatzungsgebietes den Betrieb der Reichsbahn. Die Interalliierte Rheinlandkommission in Koblenz versuchte das ihre, um das Geld beizubringen, das das Reich vorgeblich den Alliierten schuldete. In der Pfalz wurden vor allem die Einnahmen aus den Staats- und Gemeindeforsten beschlagnahmt. In der preußischen Rheinprovinz gerieten unter anderem die Staatsdomänen in Trier, Niederhausen-Schloßböckelheim und in dem im rechtsrheinischen Brückenkopf um Mainz herum gelegenen Rheingau in das Visier der Franzosen. Im Ruhrgebiet kam es vielerorts zu Zerstörungen und Plünderungen, auch an den Standorten der GHH.[16] Inwieweit auch das Weingut in Nierstein in Mitleidenschaft gezogen wurde, ist anhand der schriftlichen Überlieferungen nicht zu klären.

Im Dunklen bleiben auch die Auswirkungen der sich seit 1920 beschleunigenden Geldentwertung auf das Weingut. Diese mündete in eine Hyperinflation und konnte erst im August 1923 durch die Ablösung der Golddeckung der Mark durch die Einführung der Rentenmark gestoppt werden. Maßgebliche Akteure bei diesem Schnitt waren der damalige Reichsfinanzminister Hans Luther (parteilos) sowie Reichswährungskommissar Hjalmar Schacht (DDP).[17] Zu Beginn der dreißiger Jahre zählten beide Männer über die gemeinsame Mitgliedschaft im Beirat der Bank für Internationalen Zahlungsausgleich (BIZ) in Basel hinaus zum Freundeskreis Paul Reuschs[18] und wurden ausweislich der Akten wiederholt mit Wein aus dem Weingut Nierstein bedacht. Dass in diesen Inflationsjahren wohl auch im Weinhandel viel Kapital vernichtet wurde, dürfte in Nierstein viele Winzer und Weinhändler direkt getroffen haben, das Weingut Gutehoffnungshütte aber nur indirekt, da der Absatz innerhalb des Konzerns kaufkraftbedingt stark zurückging.

Beginnen brandig zu werden

Nicht entziehen konnte sich das Weingut der GHH den Schwankungen der Erntemenge und der Qualität der Weine, die die zwanziger Jahre wohl zu der am stärksten von Krisen geschüttelten Epoche machten, die der Weinbau in Deutschland im 19. und 20. Jahrhundert erlebt hatte.[19]

Doch leider schweigen sich die Überlieferungen aus dem Weingut Nierstein über die Jahre nahezu vollständig aus. Erhalten aber hat sich eine kleine Notiz aus dem Jahr 1926, wonach Betriebsführer Kalbitzer wohl wie üblich Reusch eine kleine Kiste Weintrauben übersandt hatte – eine „Kostprobe vom Jahrgang 1926".[20] Der Erfolg dieser Unternehmung war bescheiden. In München setzte Reusch ein Schreiben an Baumeister Schwarz auf, den Leiter der Grundstücksverwaltung, mit dem er sich ein für alle Mal verbat, dass ihm Trauben aus Nierstein zugesandt würden. Die fragliche Sendung – annonciert am 3. November – sei „in vollständig ungenießbarem Zustand" angekommen.[21]

Kurz zuvor hatte Schwarz Reusch eine schlechte Nachricht überbracht. Im Weingut lägen noch fast 2300 Flaschen des Jahrgangs 1921, die zur persönlichen Verfügung des Kommerzienrates bestimmt seien. Nun höre man, dass sich der 192er nicht gut auf der Flasche halte. „Bei der letzten Probe, am 9. ds. Monats glaubten wir feststellen zu können, dass auch unsere oben angeführten Weine beginnen brandig zu werden und zweckmäßig jetzt getrunken werden."[22] Das heiße: „Wir bitten, zu bestimmen, wohin der Wein geschickt werden soll." Was auf diese Bitte hin geschah, ist nicht zu erfahren – ebenso wenig das, was

Jahr	Rebenfläche im Ertrag	Wein (Moſt)			
		Ertrag		Wert	
		pro ha	im ganzen	pro hl	im ganzen
	Hektar	Hektoliter		Mark	
1904	12864	32,8	422 232	24,9	10 510 177
1905	13135	29,2	382 966	28,5	10 907 294
1906	13203	5,3	70 127	42,8	3 003 345
1907	12971	11,7	151 448	48,0	7 275 844
1908	12816	22,3	285 689	43,9	12 538 986
1909	12745	19,0	242 200	38,2	9 255 789
1910	12453	10,8	134 353	69,6	9 356 391
1911	12440	30,6	380 905	60,6	23 168 686
1912	12584	32,6	410 492	47,7	19 571 920
1913	12757	16,0	204 054	45,5	9 280 051
1914	12790	10,5	134 667	44,2	5 958 842
1915	12632	40,0	505 814	46,5	23 541 828
1916	12632	22,0	277 400	—	—
1917	12617	34,2	431 957	—	—
1918	12710	31,5	400 300	—	—
1919	12690	25,1	318 378	—	— Inflation[1])
1920	12986	35,2	457 478	—	—
1921	13056	21,1	275 256	—	—
1922	13901	36,1	501 437	—	—
1923	14052	10,2	143 495	45,5	6 533 660
1924	14047	28,7	403 308	42,0	16 944 722
1925	13209	25,9	342 718	41,5	14 208 208

Abb. 15 Auf und ab: Rebfläche und Mostertrag in Hessen zwischen 1904 und 1925

insgesamt aus den Weinen des qualitativ wie quantitativ großen Jahrgangs 1921 wurde – außer dem Umstand, dass im Herbst stattliche 32.000 Liter Most von der Kelter gelaufen waren. Sollte der Wein aber tatsächlich schon fünf Jahre nach der Lese „brandig" geworden sein, wäre dies nicht nur einem erheblichen materiellen Verlust gleichgekommen. Mehr noch hätte die schlechte Qualität der 21er ein ungünstiges Licht auf die Sorgfalt im Weinberg und im Keller geworfen. So warb 1929 der weltweit größte Hersteller von Weinfiltern, die in Bad Kreuznach ansässigen Seitz-Werke, für ihren revolutionären neuen Entkeimungsfilter mit dem Argument, die 1921er Weine hätten sehr wenig Säure besessen, weswegen sie bei allzu langem Ausbau im Fass (im Unterschied zu einer frühen Flaschenfüllung) „die an und für sich schon geringe Säure und insbesondere die konservierende Kohlensäure" verloren hätten. „So wurden sie bald matt".[23]

Große Weingüter wie etwa die Hessische Weinbaudomäne oder einige Naturweinversteigerer des Trierer Vereins der Weingutsbesitzer der Mosel, Saar und Ruwer wie Weißebach Erben in Kanzem/Saar konnten jedenfalls noch bis in die 1930er Jahre hinein mit 1921er-Weinen aufwarten – dieser Jahrgang war nach der Inflation des Jahres 1923 und dem Zusammenbruch des Weinmarktes in Deutschland infolge der 1929 einsetzenden Wirtschaftskrise gewissermaßen die Lebensversicherung geworden. Allerdings war die Kaufkraft mittlerwiele so gering, dass die Flaschen kaum Absatz fanden.[24]

Abb. 16 Moselwein grün, Rheinwein braun: Die Original-Flaschenausstattungen der Hessischen Weinbaudomäne.

Soweit konnte man 1926 in Oberhausen und Nierstein nicht denken – aber dass die Weine des herausragenden Jahrgangs 1921 bald nicht mehr genießbar sein würden, dürfte Reusch nicht achselzuckend hingenommen haben. So ist auch die Annahme plausibel, allerdings ohne Anhaltspunkte in den Quellen, dass die Entflechtung von Steinbruch und Weingut sowie die damit einhergehende Einstellung Messmers eine Reaktion auf die abermals schlechte Entwicklung der Weine darstellt.

Der neue Betriebsleiter trat indes zu einem Zeitpunkt in das Unternehmen ein, in dem die Zeichen im Weinbau allesamt ungünstig standen. Die sprichwörtliche „Winzernot“ hatte in den stark vom Weinbau abhängigen Tälern von Mosel, Saar und Ruwer schon Mitte der zwanziger Jahre ein Ausmaß erreicht wie zuletzt in den vierziger Jahren des 19. Jahrhunderts.[25] Ausgangs der 1920er Jahre geriet dann der gesamte deutsche Weinbau in die Strudel der Weltwirtschaftskrise. Die exorbitante Ausmaße annehmende Arbeitslosigkeit, der Rückgang der Kaufkraft und der politische Zerfall der Weimarer Republik rissen auch viele der Weinhandlungen in den Abgrund, die die Inflation des Jahres 1923 überlebt hatten. Hinzu kam, dass es nach 1929 infolge einer Serie bestenfalls mittelmäßiger, aber überwiegend schlechter Weinjahre in Folge so gut wie keinen Qualitätswein vom Rhein oder der Mosel mehr gab.

Wie weiter in Nierstein?

Wie sich diese Krisenjahre aus Sicht der Winzerschaft in Rheinhessen im Allgemeinen beziehungsweise in Nierstein im Besonderen darstellten, ist den Akten der GHH nicht zu entnehmen. Sollte es aber Ende der zwanziger oder zu Beginn der dreißiger Jahre wie fast überall in Rheinhessen zu (Not)Verkäufen von Rebflächen gekommen sein, so hat das Weingut der GHH davon nicht profitiert. Die Unternehmensführung in Oberhausen sah weiterhin keinen Anlass, die Rebfläche der GHH in Nierstein und Umgebung zu vergrößern oder auch nur – wie es einst Kalbitzer weitsichtig vorgeschlagen hatte – bessere Flächen zu erwerben.

Allerdings nahm die Betriebsgröße auch ohne größere Zukäufe zu. Je mehr Pachtverträge ausliefen, desto mehr Flächen nahm die GHH in eigene Bewirtschaftung. Ausgangs des Jahrzehnts war eine Betriebsgröße von gut zehn Hektar erreicht. Diese Information sowie andere Kennzahlen wie Erntemenge, Ausgaben und Einnahmen und die Menge des versandten Weins, haben sich in den „Jahresberichten" der Abteilung F erhalten. Diese sind seit dem Geschäftsjahr 1929/30 bis zum Geschäftsjahr 1942/43 lückenlos vorhanden. Zusammen mit den Geschäftsberichten der Jahre 1956/46 bis 1965/66 sind diese Berichte die einzige serielle Quelle, die einen längeren Zeitraum abdeckt, wohingegen alle anderen Überlieferungsgeschichten große zeitliche Lücken aufweisen.

Eine wesentlich kürzere Zeitspanne decken die Nachlässe des langjährigen Vorstandsvorsitzenden Paul Reusch[26] sowie von Dr. Ernst Hilbert ab, der seit dem 1. Juni 1923 als stellvertretendes Mitglied dem Vorstand der Gutehoffnungshütte in Oberhausen angehörte und 1934 die Verantwortung für das Weingut übernommen hatte.[27] Der Nachlass Paul Reuschs endet mit dem Zeitpunkt seines von den Nationalsozialisten erzwungenen Rückzugs von der Konzernspitze im Jahr 1942.[28] Das Wirken Hilberts, eines 1889 in Königsberg geborenen Juristen, der 1920 aus dem Justizdienst ausgeschieden und nach einem kurzen Intermezzo als Geschäftsführer des Kohlenverbandes Groß-Berlin als Prokurist in die Gutehoffnungshütte in Oberhausen/Rheinland angestellt worden war, ist vom Jahr 1934 an auch über das Jahr 1941 hinaus gut dokumentiert, in dem er in den ordentlichen Vorstand der GHH aufrückte. Die Überlieferung endet mit dem Jahr 1953, also mit jenem Zeitpunkt, in dem er als ordentliches Vorstandsmitglied in die Spitze des GHH Aktienvereins (AV) wie der Gutehoffnungshütte Sterkrade Aktiengesellschaft (AG) aufrückte und die Zuständigkeit an die Grundstücksabteilung der GHH AG fiel. Der Aufstieg Hilberts fiel damals mit der Entflechtung des Konzerns durch die Alliierten zusammen.[29] Die GHH besaß fortan keine Bergwerke mehr, sondern stellte als AG „nur noch" Eisen und Stahl her. Der GHH AV wiederum entwickelte sich mit seinen zahlreichen Beteiligungen zu dem europaweit größten Unternehmen auf dem Feld des Anlagen- und Maschinenbaus.[30]

Die Weinaffinität Hermann Reuschs, des ältesten Sohns des langjährigen Vorstandsvorsitzenden, der von den Alliierten schon 1945 an die Spitze der Gutehoffnungshütte gestellt worden war, hat sich vor allem in Akten aus seinem persönlichen Nachlass niedergeschlagen, vor allem in seiner Korrespondenz mit Geschäftsfreunden,[31] aber auch mit den Ökonomen des Werksgasthauses über Menüvorschläge.[32] Diese Überlieferungsstränge enden jedoch ebenso wie die Serie der Jahresgeschäftsberichte mit dem Ende der Vorstandstätigkeit Hermann Reuschs im Jahr 1966. Sein Nachfolger an der Spitze der GHH, Dietrich von Menges, setzte beide Traditionen nicht fort, weswegen die Quellen für die Geschichte des Weinguts seit Mitte der sechziger Jahre nur noch spärlich fließen.[33] Doch zunächst zurück in die späten zwanziger Jahre.

Naturrein eingelegt

Wie einem Memorandum Hilberts vom 14. Februar 1935 zu entnehmen war, hatte sich der Weinabsatz bis zum Jahr 1923 den Erwartungen entsprechend entwickelt. Der Wein sei nur an Angestellte der GHH verkauft worden und habe „glatten Absatz" gefunden. Die Inflation des Jahres 1923 sei auch auf diesem Feld ein Einschnitt gewesen. Die Nachfrage sei eingebrochen, so dass man in Oberhausen dazu übergangen sei, den Wein auch an Außenstehende zu verkaufen – und dies flaschenweise und zu mäßigen Preisen an Personen, die der GHH „nahestehen". Diese Strategie sei erfolgreich gewesen: „Wir haben die Abnehmer nicht zu suchen brauchen, sondern der billige Preis und die naturreine Qualität bildeten einen so großen Anreiz, daß sich durch Empfehlung der Kundenkreis immer weiter vergrößerte" – allerdings nicht wahllos, so bilanzierte Hilbert Anfang 1935, so dass die Möglichkeit, GHH-Weine zu beziehen, noch immer als „Gefälligkeit" aufgefasst werde.[34]

Doch wie viel Wein fand auf diesen Wegen wirklich seinen Weg nach Oberhausen oder direkt von Nierstein an einen Kundenkreis, der in den zurückliegenden Jahren nach Hilberts Worten erheblich gewachsen war? An heutigen Ertragsverhältnissen gemessen waren es vergleichsweise geringe Mengen. So betrugen die Durchschnittserträge je Hektar in Rheinhessen in der ersten Hälfte der zwanziger Jahre im Jahr 1921 21,1 hl/ha, 1922 36,1 hl/ha, 1923 10,2 hl/ha, 1924 28,7 hl/ha und 1925 25,9 hl/ha.[35] Doch bei einer Rebfläche, die zwischen 1917 und dem Ende der zwanziger Jahre von null auf mehr als zehn Hektar wachsen sollte, wären selbst bei diesen aus heutiger Sicht bescheidenen Durchschnittserträgen erhebliche Mengen an Trauben zu verarbeiten gewesen.

Am Beispiel des Jahres 1925 etwa wäre bei einer Rebfläche von gerundet zehn Hektar 25.900 Liter Most angefallen. Abzüglich einer Marge von 15 Prozent für Trub, Schwund und

Auffüllwein während der Gärung beziehungsweise der Lagerung hätten der GHH alleine aus diesem Jahrgang mehr als 30.000 Flaschen Wein zur Verfügung gestanden. Im Jahr 1930 hieß es dann schriftlich, die Ernte des Jahres 1929 sei mit 60.963 Litern die bislang größte gewesen – was bei einer Rebfläche von „wie schon im Vorjahre“ 11,97 Hektar auf einen Ertrag von mehr als 55 hl/ha schließen lässt – und dies bei „zufriedenstellender“ Güte.

Abb. 16 Krisenerprobt: Ernst Hilbert (1889–1963).

Wie der Durchschnittsertrag je Hektar, so mutet auch die Rebfläche des Weingutes Nierstein von fast zwölf Hektar aus der Sicht des Jahres 2020 nicht sonderlich groß an. Stellt man sie jedoch in Relation zu der durchschnittlichen Betriebsgröße jener Zeit, so wird deutlich, dass das Weingut der GHH auch in dieser Hinsicht eine Ausnahmeerscheinung war – es zählte in Rheinhessen und damit im deutschen Weinbau insgesamt zu den größten Betrieben überhaupt.

Nach der reichsweiten Erhebung der Betriebsgröße aus dem Jahr 1907, die auch in den späten zwanziger Jahren noch hinreichend aussagekräftig gewesen sein dürfte, gab es in der Provinz Rheinhessen, der Vorgängerinstitution des Volksstaates Hessen annähernd 23.500 Weinbaubetriebe. Fast 19.500 von ihnen und damit mehr als zwei Drittel verfügten über eine Rebfläche von weniger als einem Hektar. Knapp 2400 weitere Betriebe verteilten sich auf die Gruppe derjenigen, die ein bis fünf Hektar bewirtschafteten und überwiegend als Vollerwerbsbetriebe geführt wurden. Ganze 137 Betriebe und damit etwa 0,5 Prozent waren vor dem Ersten Weltkrieg im Besitz von fünf Hektar oder mehr.[36] Nach der Landwirtschaftlichen Betriebszählung von 1925 war diese Zahl auf 118 zurückgegangen.[37] Damit zählte das Weingut der GHH in dem mit fast 14.000 hl größten deutschen Weinanbaugebiet[38] zu den mit Abstand größten Betrieben weit und breit. Unter diesen wiederum dürften nur eine Handvoll über eine Rebfläche von mehr als zehn Hektar verfügt haben – das Weingut Nierstein war eines davon.

Wie groß ist die Reblausgefahr?

Insofern sollte man vielleicht erwarten können, dass sich in den Akten der GHH auch Hinweise auf die existenzbedrohende Krise finden, die der Weinbau ausgangs der zwanziger Jahre in Deutschland durchlebte – und wenn schon nicht hinsichtlich der allgemein schlechten Ernten und der „Absatzstockung", so doch hinsichtlich der Ausbreitung der Reblaus in Regionen, in denen sie vor dem Ersten Weltkrieg nie aufgetaucht war.

Tatsächlich hatte sich der Schädling in Deutschland dank umfangreicher, mit staatlichem Zwang durchgesetzten Gegenmaßnahmen bis zum Beginn des 20. Jahrhunderts nur sehr langsam ausbreiten können.[39] Reblauskommissionen inspizierten regelmäßig die Weinberge. Wurde ein Reblausherd entdeckt, wurde dieser großflächig gerodet und der Schädling durch das Einbringen von großen Mengen Schwefelkohlenstoffs in den Boden vernichtet. Zudem galten seit den 1880er Jahren strenge Hygiene- und Quarantänevorschriften für den Verkehr von Reben, um auf diese Weise die Verbreitung des Schädlings über große Entfernungen zu verhindern. Auf diese Weise war es bis zum Ausbruch des Krieges gelungen, die „Qualitätsweinbaugebiete" am Rhein und seinen Nebenflüssen gegen die Reblaus so abzuschirmen, dass der Verlust an Rebfläche etwa im Vergleich zu allen anderen weinbautreibenden Ländern in Europa minimal war.

Der Krieg veränderte auch dieses Bild. Weil während des Krieges die systematische Überwachung der Weinberge und die Vernichtung der Reblausherde weitgehend unterblieben war, stellte man zu Beginn der zwanziger Jahre fest, dass sich dieser tierische Schädling am Mittelrhein, an der unteren Nahe und – wenn auch in geringerem Umfang – im Rheingau sowie in Rheinhessen rund um Bingen-Büdesheim festgesetzt hatte.

So war es nur eine Frage der Zeit, bis die Reblaus auch alle anderen Regionen Rheinhessens erreicht haben würde – was die Züchtung von reblaustoleranten und standortangepassten Unterlagsreben zu einer Überlebensfrage auch des rheinhessischen Weinbaus hatte werden lassen. Dieser Aufgabe widmeten sich vor allem zwei Einrichtungen: Die 1895 gegründete Lehr- und Versuchsanstalt für Wein- und Obstbau in Oppenheim[40] sowie eine Rebenzüchtungsstation in Alzey, die von der 1907 gegründeten Landwirtschaftskammer als Ergänzung zu der Züchtungsstation Pfeddersheim ins Leben gerufen worden war. Diese stand seit 1916 unter der Leitung des namhaften Rebenzüchters Georg Scheu.[41] Auch der im Jahr 1900 als „Großherzoglich Hessische" gegründeten[42] und seit 1918 „Hessische staatliche" Weinbaudomäne mit Sitz in Mainz (und Rebflächen auch in Nierstein und dem benachbarten Oppenheim)[43] kam in dieser Zeit große Bedeutung zu. Sie diente nach dem Vorbild der preußischen Domänen im Rheingau, an Mosel und Saar sowie (später) an der Nahe und an der Ahr auch als Versuchs- und Musterweingut.[44]

Es ist hier nicht der Ort, die Tätigkeit dieser Institutionen en détail darzustellen, zumal aus den Akten der GHH nicht hervorgeht, ob man seitens des Weingutes in Nierstein mit der Lehr- und Versuchsanstalt in Oppenheim oder auch der Hessischen Weinbaudomäne in Mainz in Verbindung stand. Die Wahrscheinlichkeit dafür ist gering. Denn in Nierstein stellte sich die Frage einstweilen, ob die mit wurzelechten Reben bestockten Parzellen rings um den Kalksteinbruch wegen möglicher Reblausgefahr ausgehauen und mit Propfreben wiederbepflanzt werden könnten. Noch war die Reblaus nicht „in bedrohliche Nähe unserer Weinberge gerückt ist", so dass an die Umstellung der Weinberge gedacht werden müsse. So hieß es erst in dem Jahresbericht 1948/49 der Abteilung F.[45]

Soll und Haben

Wie eingangs dieses Kapitels erwähnt, betrug die Rebfläche des Weingutes Nierstein der GHH ausgangs der zwanziger Jahre nach dem Auslaufen fast aller Pachtverträge mit ortsansässigen Winzern annähernd zwölf Hektar, genau genommen 11,97 ha.[46] Das Weingut des Oberhausener Unternehmens war damit nach wie vor einer der größten Betriebe nicht nur in Rheinhessen, sondern in Deutschland – aber unter diesen der unbekannteste. Denn die Weine, die auf dieser Fläche erzeugt wurden, kamen weder auf den Markt noch wurden sie in irgendeiner Weise beworben. Soweit der Verfasser die zahlreichen Weinzeitschriften kennt, lässt sich sagen, dass das Weingut der GHH von seiner Gründung bis in die achtziger Jahre auch dort nirgends auch nur erwähnt, geschweige denn beschrieben wurde.

Einstweilen aber drohte sich die Weltwirtschaftskrise auch auf das Weingut Nierstein auszuwirken. Im Geschäftsjahr 1929/30 beliefen sich die Ausgaben für die Bewirtschaftung der Weinberge, für die Kellerwirtschaft und den Betrieb des Weingutes noch auf fast genau 98.000 Mark. Der größte Anteil, etwa 33.300 Mark entfiel dabei auf „Gehälter, Löhne und soziale Lasten". Den zweitgrößten Posten in der Bilanz bildete mit fast 27.000 Mark Gutschriften für „Leergut" – so viele Flaschen waren ohne Berechnung im Umlauf, obwohl sie innerhalb einer bestimmten Frist hätten zurückgesandt werden müssen.

Den drittgrößten, wenngleich schon recht kleinen Ausgabenposten bildeten die Aufwendungen für „Instandhaltungen und Ersatz" – was bei insgesamt rund 8800 Mark einem Instandhaltungsaufwand von deutlich weniger als 1000 Mark je Hektar entsprach. Für die Pferde, mit denen ein beträchtlicher Teil der Bodenarbeit im Weinberg verrichtet wurde, mussten dagegen fast 6500 Mark veranschlagt werden – etwas mehr sogar als für „Inventar". Bilanzposten von weniger als jeweils 3000 Mark entfielen auf „Frachten und

Fuhrlöhne", „Spritzmittel", „Dünger und Schlacken" sowie „Verschiedenes" und andere kleine Positionen.

Doch wie viel Geld auch immer auf der Ausgabenseite der Bilanz zu verbuchen war und wie auch immer die anfänglichen Investitionen in das Weingut bilanziert worden waren beziehungsweise wurden – operativ konnte die Gutehoffnungshütte an ihrem Weingut in Nierstein ausgangs der zwanziger Jahre noch durchaus Freude haben. Denn im Geschäftsjahr 1929/30 kamen gut 100.000 Flaschen Wein in den Versand, der mittlerweile vorwiegend per Bahnfracht erfolgte.[47] Im Weingut verblieben zum Stichtag 30. Juni 1930 hingegen gut 10.000 Flaschen. Das aber hieß nichts anderes, als dass das Weingut allen wirtschaftlichen Krisenphänomenen zum Trotz praktisch ausverkauft war.

Ganz anders in Nierstein selbst. In dem Ort mit seinen großen Weinkellereien lagerten nach einer Bestandsaufnahme Ende 1929 oder Anfang 1930 noch fast 2500 Stück Wein oder drei Millionen Liter der Jahrgänge 1927 bis 1929. Hinzu kamen große Mengen Flaschenweine dieser und anderer Jahrgänge.[48] Im Weingut der GHH war von der Wirtschaftskrise im Sommer 1930 noch wenig zu spüren. Entsprechend stand auf der Einnahmenseite der stolze Betrag von rund 143.500 Mark. Bei einem Anteil für die Abschreibung für die nach einem Grundstückstausch mit Gustav Adolf Schmitt[49] vorgenommene Erweiterung des Kellers und für Inventarersatz in Höhe von gut 12.000 Mark verblieb im Geschäftsjahr 1929/30 ein Reingewinn von gut 25.300 Mark.

Auch im folgenden Geschäftsjahr 1930/31 warf das Weingut einen Gewinn ab, diesmal sogar in Höhe von gut 27.000 Mark – wenngleich nur noch unter Berücksichtigung der Weinvorräte.[50] Die Ausgaben fielen dagegen auf gut 86.000 Mark, die Einnahmen gingen auf annähernd 92.000 Mark zurück. Denn von Juli 1930 bis Juni 1931 waren nur noch gut 60.000 Flaschen verkauft worden – was nichts anderes hieß, dass die Wirtschaftskrise auch vor dem vergleichsweise billigen GHH-Wein nicht mehr Halt machte. Von den 1929er Weißweinen waren im Sommer 1931 mehr als 30.000 Flaschen und damit fast die Hälfte des Jahrgangs noch nicht verkauft.

Auf der Ausgabenseite bot die Jahresbilanz 1930/31 ein ähnliches Bild wie die des Vorjahres – wobei vermerkt wurde, dass neun neue Stückfässer und ein neuer Clarit-Weinfilter im Gesamtwert von gut 4000 Mark mit 20 Prozent abgeschrieben worden seien. Freilich brachten diese Anschaffungen zusammen mit dem stockenden Absatz und einer nochmals höheren Erntemenge als 1929 von nunmehr 74.000 Litern ein Problem mit sich: Der Weinkeller wurde schon wieder zu klein: „Die Unterbringung und pflegliche Behandlung der Weine ist infolge der beschränkten Kellereianlagen sehr schwierig und die Anpachtung fremder Keller notwendig". Sodann hieß es – wie schon im Vorjahr – nüchtern: „Die Bewirtschaftung der Weinberge erfolgte ordnungsgemäss."[51]

Besuch aus Oberhausen

Ob im Weingut alles mit rechten Dingen zuging, wie es Messmer nach Oberhausen berichtete, wollte der Vorstandsvorsitzende Paul Reusch wenige Monate später selbst prüfen – und dies wohl nicht zum ersten Mal. In seinem Nachlass hat sich der Durchschlag eines Schreibens an den Weingutsverwalter erhalten, in dem diesem unter dem Datum des 7. September 1931 angekündigt wurde, „Kommerzienrat Dr. Dr. Reusch“ werde am 10. September „mittels Kraftwagen auf seiner Fahrt nach Süddeutschland Nierstein berühren und bei den Kellereien der GHH vorfahren“.[52]

Diese Ankündigung klang nicht so, als handele es sich bei dem Besuch um ein außergewöhnliches Ereignis, für das besondere Vorkehrungen hätten getroffen werden müssen – zumal es sich bei dem 10. September 1931 um einen Donnerstag und damit um einen Werktag handelte. Vielmehr hieß es weiter in dem lakonischen, für geschäftliche Mitteilungen dieser Art üblichen Ton, falls das Wetter günstig sei, „wünscht Herr Kommerzienrat, der sich in Begleitung seiner Söhne, der Herren Bergassessor Dr. Hermann Reusch und Paul Reusch jr. befinden wird, die Weinberge zu besichtigen“.[53]

Was das Ziel der Reise des Mannes war, der auch im Jahr Zwölf der Weimarer Republik in der Korrespondenz als aus der Kaiserzeit gefallener „Herr Kommerzienrat“ erscheinen wollte,[54] ist dem Schriftstück selbst wie auch dem Überlieferungskontext nicht zu entnehmen. Unzweifelhaft ist indes, dass sich Reusch sehr häufig in Süddeutschland aufhielt, und dies aus beruflichen wie aus privaten Gründen. Anlässe, bei einem der Konzernwerke in Süddeutschland nach dem Rechten zu sehen, dürfte es im Herbst 1931 zur Genüge gegeben haben. Möglicherweise befand sich der gebürtige Schwabe Reusch aber auch auf dem Weg zu seinem privaten Landsitz „Katharinenhof“ in der Nähe von Backnang, einem 1847 für Prinz Friedrich von Württemberg und seine Frau Katharina erbauten Jagdschloss.

Dieses von einem Landschaftsgarten im englischen Stil umgebene Anwesen hatte Paul Reusch 1916 erworben und seither zu seinem privaten Rückzugsort, aber auch zu einer „zentralen Begegnungsstätte“ seines unternehmerischen und politischen Netzwerks ausgebaut.[55] Sollte dieses Schloss das Ziel seiner Reise gewesen sein, wäre auch plausibel, warum der Vorstandsvorsitzende in Begleitung seiner beiden „Herren“ Söhne reiste. Dass Hermann Reusch seinen Vater begleitete, war, wie schon der Titel „Bergassessor“ nahelegte, nicht ungewöhnlich. Hermann war 1896 in Mährisch-Ostrau (Ostrava) geboren worden und hatte nach dem Wechsel seines Vaters zur Gutehoffnungshütte in Oberhausen das Gymnasium besucht. Mit 18 Jahren meldete er sich 1914 als Einjährig-Freiwilliger zum Heeresdienst. Nach dem Ende des Krieges schlug er – offenbar unversehrt – eine akademische Laufbahn ein, die von Beginn an darauf ausgerichtet war, sich dereinst in den Spuren seines Vaters zu bewegen – wie sich auch Paul Reusch schon an dem Beruf seines Vaters orientiert hatte.[56]

In Tübingen, Berlin und Aachen studierte Hermann Reusch Bergbau, wurde 1922 in Gießen promoviert und legte 1925 nach mehreren Auslandsaufenthalten sein Examen als Bergassessor ab. In das von seinem Vater geführte Unternehmen trat er jedoch noch nicht sofort ein, sondern übernahm 1927 die Leitung der Steinkohlenzeche Fürst Leopold in Dorsten. Diese Funktion hatte er auch inne, als er vier Jahre später seinen Vater bei einem Besuch im Weingut der GHH begleitete.

Ob es für Hermann Reusch der erste Kontakt mit dem Weingut war, wissen wir nicht. Jedoch dürfte er seit 1920 im Kreis der Familie die GHH-Weine aus Nierstein zumindest kennengelernt haben. Ein Besuch im „väterlichen" Weingut war aber insofern nicht unerheblich, sollte Hermann Reusch nach dem Willen des Patriarchen doch mittelfristig in die Führungsebene der GHH wechseln.[57] Von ihm, dem Sohn, so hat sein Vater es damals vermuten können, würde das Schicksal des Weingutes nach seinem Ausscheiden aus dem Unternehmen oder gar seinem Ableben nicht unwesentlich abhängen.

Paul Reusch sollte sich in seinem Sohn Hermann nicht getäuscht haben. Es war in der Ära des Vorstandsvorsitzenden Hermann Reusch, der von 1945 bis 1966 die Geschicke der GHH lenkte, dass nur das Unternehmen, sondern mit ihm auch das Weingut einen Aufschwung sondergleichen nahmen.[58] Der 1904 geborene Paul Reusch jr. wiederum, der seinen Vater ebenfalls nach Nierstein und Süddeutschland begleitete, spielte in der GHH und damit für das Weingut keine Rolle.

Was Paul Reusch und seine beiden Söhne im September 1931 in Nierstein zu sehen und zu trinken bekamen, wissen wir nicht. Immerhin spricht für ein mehr als oberflächliches Interesse der Familie Reusch an dieser Unternehmung, dass der Vorstandsvorsitzende und seine Söhne sich den Stand der Weinberge zeigen lassen wollten, und das kurz vor dem Beginn der Lese. Diese Inaugenscheinnahme ging indes auch bei gutem Wetter nicht ohne schmutziges Schuhwerk ab, da die Parzellen der GHH nur auf Fußwegen zu erreichen waren. Mit einem Blick von oben herab, wie man im übertragenen Sinn formulieren könnte, wollte sich der Vorstandsvorsitzende nicht begnügen – zumal er den Wochen- und Monatsberichten, die im Weingut wie in jeder Abteilung beziehungsweise Unterabteilung der Gutehoffnungshütte abgefasst werden mussten, entnommen haben dürfte, dass ein guter Herbst 1931 bevorstehen könnte.

Doch die Hoffnung trog, was immer Reusch und seine beiden Söhne noch Anfang September gesehen haben mochten. In dem Geschäftsbericht für das Jahr 1931/32 war rückblickend zu lesen, dass die „noch im Sommer gehegte Erwartung auf die Weinernte sehr enttäuscht" wurde.[59] Mengenmäßig fiel die Ernte mit 51.000 Litern um 23.000 Liter geringer aus als im Jahr 1930, und auch die Qualität war nicht so, dass der Wein des Jahrgangs 1931 ein Lichtblick in einer ansonsten immer düstereren Zeit hätte sein können.

In sparsamster Weise

Wie alles in Deutschland, so entwickelte sich das Geschäftsjahr 1931/32 für die Oberhausener Betriebe der Gutehoffnungshütte wie für das Weingut am Rhein nachgerade katastrophal. Was unter „anhaltender Wirtschaftsnot" zu verstehen war, las sich im Jahresbericht der Hauptkasse so: „Der herrschende Arbeitsmangel machte weitere Entlassungen von Arbeitern und Angestellten notwendig. Hinzu kamen Lohn- und Gehaltskürzungen und Abzüge für Kurzarbeit."[60]

Die Krise machte auch von Niersteiner Unternehmungen der GHH nicht halt. Der Steinbruch stellte seinen Betrieb im letzten Quartal des Jahres 1931 ein. Ende Januar 1932 wurde die Arbeit wiederaufgenommen. Allerdings wurde der Kalkstein nicht mehr nach Oberhausen verschifft, sondern ging aufgrund von Lieferverträgen an „naheliegende Unternehmungen". Die Hochöfen der GHH bezogen fortan ihren Kalk aus Brüchen am näher gelegenen Niederrhein.[61]

Die Ausgaben der GHH für Gehälter, Löhne und soziale Lasten des Weinguts sanken binnen Jahresfrist von rund 33.000 auf nur noch 24.600 Mark. Das entsprach einer Senkung der Lohnkosten um 25 Prozent. Und obwohl die bilanzierten Ausgaben auf nunmehr nur noch 58.000 Mark sanken, war von einem operativen Gewinn nichts mehr zu sehen. „Um die großen lagernden Vorräte verkaufen zu können, musste für den 1930er Wein ein erheblicher Preisnachlass gewährt werden", hieß es in dem Jahresgeschäftsbericht.[62]

Daher war es durch den Weinverkauf auch nicht möglich, die Betriebskosten zu decken. Denn zu welchen Preisen auch immer der 1930er verkauft wurde oder verkauft werden sollte: Zum Stichtag 30. Juni 1932 waren im abgelaufenen Geschäftsjahr nicht einmal mehr 40.000 Flaschen abgesetzt worden. Fast dieselbe Menge, annähernd 38.000 Flaschen 1930er, standen zum Verkauf bereit, gut 32.000 Liter warteten in Fässern darauf gefüllt zu werden. Und selbst von dem 1929er waren 10.500 Flaschen noch nicht verkauft. Doch mit einem buchmäßigen Verlust von 428 Mark stand das Weingut in einer von Unternehmenszusammenbrüchen ohne Zahl und von einer ins Astronomische steigenden Zahl von Arbeitslosen geprägten Krisenzeit wohl noch vergleichsweise gut da. Während traditionsreiche „Naturweinversteigerer" wie Gunderloch in Nackenheim oder Matuschka-Greiffenclau auf Schloss Vollrads sich nicht mehr anders zu helfen wussten, als Straußwirtschaften einzurichten, um ihren Wein abzusetzen,[63] blieben die Liegenschaften der GHH in Nierstein für aus der Not geborene Geselligkeit nicht zugänglich.

Noch aber war die Talsohle nicht erreicht. Im folgenden Geschäftsjahr 1932/33 sanken Einnahmen und Ausgaben nochmals drastisch. An Ausgaben schlugen nunmehr nur noch gut 42.000 Mark zu Buche, wovon knapp die Hälfte, nämlich 20.500 Mark, auf Löhne, Gehälter und soziale Lasten entfielen.[64] Wie die Einsparungen bei diesem Bilanzposten realisiert wurden, entzieht sich der genauen Kenntnis. Doch da stets nur von einer Bewirtschaftung „in sparsamster Weise“ und „Lohneinsparungen“ die Rede ist, sollten die dürftigen Auskünfte dahingehend zu interpretieren sein, dass das Unternehmen an der Zahl der Mitarbeiter festhielt, diese aber erheblich schlechter bezahlte. Andernfalls hätten die laufenden Arbeiten im Weinberg und im Keller wohl kaum „ordnungsgemäss“[65] durchgeführt werden können – im Weinbau kann man nun einmal nicht Produktionslinien stilllegen und Maschinen in der Hoffnung auf bessere Zeiten einmotten. Will man auch in künftigen, hoffentlich besseren Zeiten wieder Wein erzeugen, müssen Boden und Reben Monat um Monat bearbeitet werden. Und wenn es wieder Herbst ist, müssen die Trauben gelesen und gekeltert werden, um in den kommenden Jahren wieder Wein zu haben. Auch muss immer wieder in Dünger und Bodenbearbeitung investiert werden, wie 1932/33 im Weingut der GHH ausweislich des Jahresgeschäftsberichtes in erheblichem Umfang geschehen. Entlassungen waren sind angesichts einer mehr oder weniger gleichbleibenden Arbeitslast mithin nur die ultima ratio.

Auf der Einnahmenseite waren im Geschäftsjahr 1932/33 nunmehr nur noch annähernd 43.000 Mark zu verbuchen. Stellt man indes die Zahl von 34.629 verkauften Flaschen in Relation zu den bilanzierten Einnahmen, dann ist der Schluss unausweichlich, dass das Weingut seine Weine nicht einmal mehr zu den vergleichsweise günstigen Preisen von teilweise deutlich weniger als einer Mark je Flasche losschlagen konnte – zumal auf der Haben-Seite auch die Bewertung der Weinvorräte einging. Der Bilanzgewinn von immerhin noch rund 7000 Mark war demnach Geld, das nur auf dem Papier vorhanden war.

Derweil wurden die Verhältnisse im Lagerkeller von Monat zu Monat prekärer. Der 1929er war bis auf wenige Flaschen verkauft, doch die 1930er und 1931er Weine lagerten wie Blei in Fässern und teilweise in Flaschen. Noch nicht abgefüllt war der 1932er, von dem es allerdings „nur“ annähernd 38.000 Liter gab. Zusammengenommen bestanden die Weinvorräte Mitte 1933 in rund 85.000 Litern Fasswein und fast 64.000 Flaschen. Vor diesem Hintergrund war es ein Lichtblick, dass im Jahr 1932 nur 37.720 Liter dazugekommen waren – und dieser Jahrgang voraussichtlich auch noch besser ausgefallen war als die beiden Jahrgänge davor. Der Jahrgang 1933 hingegen war mit 32.000 Litern ebenfalls klein, doch mit 69 bis 87 Grad Oechsle weitaus besser ausgefallen die drei Jahrgänge zuvor.[66]

Um die 1930er und die noch schlechteren, da noch säurehaltigeren 1931er aber stand es so schlecht, dass sie 1934 buchstäblich verschleudert wurden, um Platz für die neuen Weine des Jahrgangs 1932 zu machen. Und nicht nur diese beiden Jahrgänge: Ende Juni 1934 trat Ernst Hilbert an den Oppenheimer Weinkommissionär Hermann Sauer heran, der sich wiederum Anfang Juli anheischig machte, einer rheinischen Weingroßhandlung „bei Zugrundlegung der derzeitigen Marktlage und der guten Aussichten für die kommende Ernte“ 1932er zum Preis von 725 Mark je Fuder und 1933er Preis von 750 Mark zu vermitteln.[67] Ob „Oberhausen“ einverstanden war, geht aus den Akten nicht hervor. Jedoch spricht dieses Angebot für sich, insofern die angebotenen Verkaufspreise die Gestehungskosten nicht einmal im Ansatz deckten. Höhere Preise aber gab der Markt auch gut ein Jahr nach der Machtübertragung an Hitler nicht her.

Der Preisverfall für Weine war auch ohne Sauers Hinweis in Oberhausen wohlbekannt. Schon im April 1934 hatte GHH in Oberhausen daher ein Rundschreiben drucken lassen, das anscheinend einem recht großen Kundenkreis zugestellt wurde. Darin war zu lesen, dass man sich wegen Raummangels genötigt sehe, die verhältnismäßig großen Weinbestände der Jahrgänge 1930 und 1931 zu „ganz erheblich“ herabgesetzten Preisen anzubieten. Näherhin hieß dies, dass Galgenhohl, Galgenberg, Wiesengewann und Hölle als „naturreine Weine“ (wie seit 1926 grundsätzlich üblich) und als „Kellerabzug“ zu Preisen von 0,60 bis 0,90 Mark (ausschließlich Glas und Kiste) angeboten wurden – solange der Vorrat reiche.[68]

Der Erfolg dieser Ramsch-Aktion ließ nicht auf sich warten: Gegenüber dem Vorjahr stiegen die Einnahmen erheblich auf nunmehr etwa 77.000 Mark, wohingegen die Ausgaben ebenfalls stiegen, allerdings sehr moderat auf 56.500 Mark. Der mit Abstand größte Posten in der Bilanz waren wiederum die Aufwendungen für Gehälter, Löhne und soziale Lasten. Diese waren 1933/34 nach mehreren Jahren wieder gestiegen, weil man zum einen „nach den Einschränkungen der früheren Jahre“ wieder mehr Arbeitszeit in die Düngung und die Bodenbearbeiten investieren und zum anderen mehr Zeit für den Versand der im Preis herabgesetzten Weine aufwenden musste.[69]

Tatsächlich lagerten am Stichtag 30. Juni 1934 in Nierstein nur noch rund 23.000 Flaschen 1930er (nach 37.600 Flaschen und 12.317 Litern im Jahr zuvor) sowie 10.900 Flaschen sowie 15.145 Liter 1931er (nach 16.000 Flaschen, aber 36.436 Litern im Fass im Jahr zuvor). Die Weine des Jahrgangs 1932 hingegen warteten noch auf die Füllung (37.123 Liter), die des Jahrgangs 1933 (32.053 Liter) waren noch längst nicht flaschenreif. Dabei richteten sich auf diesen Jahrgang viele Hoffnungen, verhießen die 1933er Weine doch, die besten seit Mitte der zwanziger Jahre zu werden. Im Weingut der GHH hatte man jedenfalls Trauben auf die Kelter bringen können, die einen Gehalt an Mostzucker zwischen 69 und 87 Grad Oechsle aufwiesen.[70]

Hoffnungen auf bessere Wein-Zeiten hegte man aber nicht nur in Nierstein und Oberhausen. Als auch der 1934er Jahrgang gut geraten war, widmete ihm der noch heute legendäre Kölner Komponist und Sänger Willi Ostermann („Heimweh nach Köln“) ein eigenes Lied, das das Ende einer düsteren Zeit ankündigte – allerdings nur im Weinbau: „Im Jahre »Vierunddreißig« da hat es die Sonne geschafft / Sie gab vor allem den Reben die Würze, die Kraft und den Saft./ Jetzt sitzen wir an der Quelle und haben Gelegenheit,/das edle Nass zu prüfen, was uns die Rebe beut. Komm, komm Du Winzerin,/Mädel komm, schenk ein./Schenk uns den »34er« ein./Der soll so spritzig, so süffig sein./»34er« gibt es nur einmal./Mädel komm, füll den Pokal“.

4 Naturrein eingelegt

Warum und wie in den 1930er Jahren viele auf den Geschmack der Niersteiner Weine kommen sollten

A propos 1933er: Hier und da hatte man in den Weinbaugegenden im Westen und Süden Deutschlands den Eindruck – so jedenfalls wird es bis heute erzählt –, dass „mit Hitler das gute Wetter gekommen sei". In der Korrespondenz der Gutehoffnungshütte ist von solcher Frivolität nichts zu spüren. Welcher Wind 1933/34 in Oberhausen und vielen anderen Konzernwerken herrschte, ist daran abzulesen, dass weder Reusch noch die Vorstandsmitglieder, die mit dem Weingut befasst waren, als Schlussformel ihrer Korrespondenz „Heil Hitler" verwendeten. Auch der nur wenig unverdächtigere „deutsche Gruß" war nicht die Regel, zumal weder Vater und Sohn Reusch noch Hilbert der NSDAP angehörten. Wie vor 1933 verwandte Hilbert weiterhin die Formel „mit besten Grüßen",[1] und Paul Reusch zeichnete noch 1940 „mit herzlichem Gruß".[2] Deutlicher konnte man die geistige Distanz zu dem herrschenden Ungeist nicht dokumentieren – was die Vorstandsmitglieder indes nicht davon abhielt, sich von 1933 an intensiv mit der Frage zu beschäftigen, wie das Unternehmen von der Hitlerschen Aufrüstungspolitik am besten profitieren könne.[3]

Weinkultur im Werksgasthaus

In Nierstein kannte derweil die Begeisterung für die neue Zeit kaum Grenzen. Bei der Reichstagswahl im September 1930 und damit kurz nach der Räumung des seit 1918 durch die Franzosen besetzten Rheinlands stimmten 42 Prozent der Wähler für die NSDAP – obwohl die entsprechende Ortsgruppe erst wenige Monate zuvor gegründet worden war. In den folgenden Jahren sollte der mehrheitlich protestantische Ort eine Hochburg des Nationalsozialismus bleiben. Im Juli 1932 entfielen auf die „Niersteiner Hitlerbewegung" 59,8 Prozent, im November desselben Jahres waren es 51,2 Prozent, bei der letzten freien Reichstagswahl waren es wieder 53,7 Prozent und damit fast zehn Punkte mehr als im Durchschnitt des Reiches.[4] Freilich sahen die ersten Jahre der Nazi-Herrschaft einige Ereignisse jenseits der Politik, die die Geschichte des Weinguts der GHH in ein interessantes Licht tauchen. Erstmals ist für dieses Jahr belegt, dass sich der Aufsichtsrat der GHH zusammen mit einigen Vorstandsmitgliedern zu einer Besichtigung des Kalksteinbruchs und des Weingutes in Nierstein einfand. Zweitens aber hat sich aus jenem Jahr eine (gedruckte) Weinkarte des Werksgasthauses der GHH in Oberhausen erhalten – und damit auch der Nachweis, dass die werkseigenen Weine nicht alleine dem Vorstand und dem Aufsichtsrat zum eigenen Verbrauch und zur Pflege ihrer persönlichen und unternehmerischen Netzwerke vorbehalten waren, sondern fester Bestandteil der Weinkultur des Unternehmens.

Weinkultur? Gutehoffnungshütte? Was auf der Basis des Allerweltswissens über das Ruhrgebiet kaum in einem Atemzug genannt werden dürfte, entpuppt sich bei näherem Hinsehen als ein spannendes, aber bislang gänzlich unerschlossenes Feld deutscher Weinkultur. Denn Symbole der Größe der GHH gab es in den 1930er Jahren viele, allen voran den mächtigen, wegen seiner Höhe von 118 Metern noch heute weithin sichtbaren Gasometer in Oberhausen. Doch der Anspruch, eines der führenden deutschen Industrieunternehmen zu sein, manifestierte sich auch in dem sogenannten Werksgasthaus. Dieses noch in der Kaiserzeit errichtete Gebäude[5] hatte sich seither in vielerlei Hinsicht bewährt – vor allem als „Zentralort", in dem ebenso verschwiegene wie illustre Runden und Kreise zusammenkommen konnten, von den Aufsichtsräten der GHH und ihrer Konzerngesellschaften bis zu diversen Zirkeln von Ruhrindustriellen, etwa der 1928 von Paul Reusch ins Leben gerufenen „Ruhrlade". Hinter diesem Namen verbarg sich eine Vereinigung der zwölf „führenden Persönlichkeiten der Eisen- und Kohlenindustrie im rheinisch-westfälischen Industriegebiet", die im Zuge des Aufstiegs der Nationalsozialisten und der Machtübertragung auf Hitler im Januar 1933 eine nicht unerhebliche Rolle spielen sollte.[6] Für Gruppen wie diese standen Tagungsräume wie das Aufsichtsratszimmer, für besondere Gäste auch Übernachtungsmöglichkeiten zur Verfügung.

Dass dem Vorstand und seinen Gästen dort die Aura einer vergangenen Zeit umwehte, war kein Zufall. Paul Reusch hielt eine Eß- und damit auch Weinkultur in Ehren, die ihre Wurzeln im 19. Jahrhundert hatte – und sein Sohn Hermann sollte es ihm bis in die sechziger Jahre hinein nachtun. Aus Anlässen wie Aufsichtsratssitzungen, dem Ausklang von Jagdgesellschaften[7], Besuchen von Delegationen anderer Unternehmen oder hochgestellter Persönlichkeiten wurde um die Mittagszeit ein (Gabel)Frühstück beziehungsweise abends ein Menü mit mehreren Gängen und einer ebenso opulenten Weinbegleitung serviert, wie es seit dem ausgehenden 19. Jahrhundert nicht nur in Adelskreisen üblich war, sondern auch in den Privatresidenzen des Wirtschafts- und Bildungsbürgertums.

Diese Praxis lässt sich indes für die Zwischenkriegszeit nicht anhand von klassischen Speisekarten aus dem Werksgasthaus rekonstruieren. Selbst für die Nachkriegszeit ist der Historiker auf einen Umweg über die Menüvorschläge des Ökonomen verwiesen, über die Hermann Reusch persönlich befand. Für die dreißiger Jahre lässt sich indes von den Weinvorräten auf die Menükultur rückschließen. So brauchte es für jedes standesgemäße Essen in Oberhausen – wie schon in der Faust-Szene in „Auerbachs Keller" – vier Weintypen:

Abb. 18 Auf der Weinkarte des Werksgasthauses der GHH waren Weine aus dem eigenen Weingut in den früheren dreißiger Jahren nicht zu finden.

Champagner, deutschen Weißwein, französischen Rotwein und „Süßen", etwa Tokajer oder Dessertweine aus dem Mittelmeerraum. An allem bestand in Oberhausen auch im Jahr 1934 kein Mangel. Vergleicht man das Angebot an deutschen, aber auch französischen Weinen, das für den Vorstand der Gutehoffnungshütte wie auch für die Besucher des Werksgasthauses bereitgehalten wurde, mit dem gut sortierter Weinhandlungen wie etwa dem Bremer Ratskeller[8] oder dem der Berliner Grandhotels wie dem „Adlon" oder dem „Kaiserhof"[9], so dokumentiert das Weinangebot der GHH nicht nur eine Kennerschaft sondergleichen. Hinzu kommt eine derartige Fülle an Weinen, wie man sie selbst an den besten Adressen nicht oft fand.

So enthielt die Weinkarte des Jahres 1934 fast 40 Positionen Mosel- und Saarwein sowie annähernd 30 Positionen Rhein-, Nahe- und Pfalzweine – und dies jeweils in einer Spannbreite von einfachsten bis zu den feinsten Weinen aus Spitzenlagen aller fraglichen

Bestell-nummer		Rh. = Rhein, Bdx. = Bordeaux.	Herkunft	Preis 1/1 Flasche	Preis 1/2 Flasche
		Deutsche und französische Rotweine			
227	1920	Château Pavie St. Emilion	Bdx.	9,--	
229	1923	Château Cheval Blanc St.Emilion, Fourcaud-Laussac	Bdx.	9,60	
231	1911	Château Haut Brion Larrivet I. crû expectionell Léognan	Bdx.	11,40	
233	1919	Château Cheval Blanc St.Emilion, Fourcaud-Laussac	Bdx.	12,--	
235	1917	Château Crû d' Orange	Bdx.	14,40	
237	1904	Château Vieux-Certan,Pomerol	Bdx.	15,60	
239	1907	Château Montrose	Bdx.	17,40	
		Rote Burgunderweine			
241	1926	Beaujolais	Burg.	2,40	
243	1926	Chambertin Original Chauvenet,Korkbrand	Burg.	3,60	1,95
245	1923	Nuits St. Georges	Burg.	3,90	
247	1904	Chambertin P. de Marcilly Fréres, Chassagne-Montrachet	Burg.	10,20	

Abb. 19 Französische Rotweine, aber keine deutschen: Das Angebot aus dem Bordelais und Burgund im Jahr 1934.

Weinbaugebiete.[10] So konnte man einen Pokal „Moselwein" für 35 Pfennige ordern, aber auch eine Flasche 1925er Wintricher Ohligsberg Vor'm Berg Auslese aus dem renommierten Weingut Freiherr von Schorlemer in Lieser oder einen 1925er Bernkasteler Doktor Fuder 337 Wachstum Wwe. Dr. H. Thanisch, ersteren Wein für 8,20 Mark, letzteren für 9,40 Mark. An der Spitze der Rheinweine stand eine 1915er Rauenthaler Rothenberg Trockenbeerenauslese aus dem Weingut des Grafen zu Eltz in Eltville – und dies zu dem faktisch unerschwinglichen, dennoch vergleichsweise günstigen, da ohne oder nur mit einer geringen Handelsspanne festgesetzten Preis von 24 Mark. Eine 1921er Auslese aus dem Kabinettkeller des Grafen Matuschka-Greiffenclau auf Schloss Vollrads war 1934 für den an sich bescheidenen Preis von zwölf Mark zu erstehen, während für eine 1926er Niersteiner Orbel Spätlese Naturwein aus dem in Oberhausen gut bekannten Weingut Reinhold Senfter in Nierstein nur vier Mark anzulegen waren.

Für kleinstes Geld aber wurden die eigenen Weine angeboten. Von einem Pokal Rheinwein für 35 Pfennige abgesehen waren sie die rheinischen Basisweine schlechthin – mehr sollten sie nach dem Willen von Paul Reusch nicht sein. Andernfalls hätte sich „sein" Weingut längst bessere Lagen in Nierstein zulegen müssen. Nun aber war eine Flasche Kautzbrunnen Fass 45 aus dem Weingut Gutehoffnungshütte für 1,40 Mark zu haben, ein Wiesengewann Fass 30 für 1,50 Mark, ein Hölle Fass 22, Galgenberg Fass 36 und Galgenhohl Fass 26 für jeweils 1,60 Mark. Alle Weine entstammten dem Jahrgang 1929 – ob man die 1934 längst abgefüllten Weine der schlechten Jahrgänge 1930, 1931 und 1932 nicht auf die Karte setzen wollte oder ob die 1929er erst noch verkauft werden sollten, lässt sich nicht ergründen. Ungewissheit besteht auch hinsichtlich der Rebsorten, aus denen diese fünf Weine gekeltert wurden. Um sortenreine Riesling-Weine handelte es sich definitiv nicht. Andernfalls hätte nicht als einziger rebsortenreiner Wein aus dem eigenen Weingut ein 1929er Niersteiner Galgenberg Riesling auf der Karte gestanden – aber auch ebenfalls zum Preis von nur 1,60 Mark.

Ein ähnlich differenziertes Bild wie bei den Weißweinen zeigte sich bei den roten. Als offener Wein wurde dieser im Glas für 35 Pfennige serviert. Wer Flaschenwein trinken wollte, konnte dies am preisgünstigsten mit einer Flasche Niersteiner Galgenhohl des Jahrgangs 1927 tun, mutmaßlich einem Portugieser. Wem es stattdessen nach Bordeaux- oder Burgunderweinen zumute war, der hatte die Auswahl zwischen verschiedenen Jahrgängen von 1904 bis 1926. Ob Château Cheval Blanc, Château d'Issan oder Château Haut Brion Larrivet – die Auswahl an Crus classés war groß. Wie es damals die Regel und nicht die Ausnahme war, so waren die teuersten Burgunder- und die teuersten Bordeaux-Weine nicht teurer als die deutschen Spitzenweine, zum Teil sogar erheblich billiger. So war ein 1907er Château Montrose für 17,40 Mark zu haben, ein 1904er Chambertin (P. de Marcilly Frères, Chassagne-Montrachet) für 10,20 Mark.

Wie aber damals ebenfalls üblich, rangierten die deutschen Schaumweine allen patriotischen Gefühlen oder auch chauvinistischen Parolen wie „Trinkt deutschen Wein" zum Trotz preislich deutlich unter den französischen Champagnern. So mussten für einen 1920er Deinhard extra dry immerhin 9,60 Mark angelegt werden. Aber unter 13,80 Mark (Pommery & Greno sec) war kein Champagner zu haben. Und für einen Charles Heidsieck des Jahrgangs 1919, finest Quality, Extry (sic) Brut waren stolze 21 Mark anzulegen.

Es ist dies nur eine Momentaufnahme, da ältere Weinkarten des Werksgasthauses nicht mehr vorhanden sind. Aber was die Karte des Jahres 1934 mindestens spiegelt, ist ein insgesamt nach wie vor sehr niedriges Preisniveau. Die wirtschaftliche Talfahrt der vier zurückliegenden Jahre war zwar zum Stillstand gekommen, aber allen Arbeitsbeschaffungsmaßnahmen der NS-Regierung zum Trotz waren die Arbeitslosigkeit nach wie vor hoch und die allgemeine Kaufkraft gering.

Ein gutes Mitteljahr

Vor diesem Hintergrund dokumentiert die Weinkarte aus dem Jahr 1934 das Bemühen eines der größten Unternehmen im Ruhrgebiet, ihre höhergestellten Mitarbeiter ebenso an sich zu binden wie die gesamte Belegschaft, vor allem aber die Arbeiterschaft und über die einfachen Angestellten hinaus durch den verbilligten Zugang zu Gütern des täglichen Bedarfs in den sogenannten Verkaufsanstalten.[11] Für die höheren Kreise sollte Wein auch in Krisenzeiten nicht zu unerschwinglichem Luxus werden. So jedenfalls lässt sich rückblickend die Entscheidung Paul Reuschs aus dem Jahr 1918 deuten, die verpachteten Rebflächen rings um den Kalksteinbruch Nierstein künftig in Eigenregie zu bearbeiten.

Wie stark die Identifikation der Gutehoffnungshütte mit „ihrem" Weingut inzwischen war, lässt sich nicht alleine daran ablesen, dass die eigenen Weine als aus dem „Weingut Gutehoffnungshütte" stammend ausgezeichnet wurden, ganz so, als sei dieses ein Weingut wie jedes andere auch. 1934 wurde auch erstmals fassbar, dass das Weingut noch einen weiteren besonderen Stellenwert innerhalb des Unternehmens bekommen hatte. Hatte Paul Reusch zusammen mit seinen beiden Söhnen Hermann und Paul jr. 1931 die Weinberge und das Weingut auf einer Durchreise mit dem Auto inspiziert, so machte sich am Nachmittag des 16. Oktober 1934 der gesamte Aufsichtsrat der GHH zusammen mit einigen Vorstandsmitgliedern von Wiesbaden auf nach Nierstein, um dort – so der Plan – bei guter Witterung einen Spaziergang durch die Weinberge zu machen und womöglich auch den Kalksteinbruch zu besichtigen. Anschließend sollte im Kellergebäude eine Weinprobe stattfinden.[12]

Was für ein Bild: 17 Herren, mutmaßlich der damaligen Sitte entsprechend in schweren, schwarzen Anzügen und langen Mänteln, schwärmen während der Weinlese im Oktober 1934 in die unternehmenseigenen Weinberge aus und lassen sich anschließend die Weine schmecken, die auf so skurrile, nicht unbedingt appetitanregende Namen wie Galgenhohl und Hölle hörten. Eine – im übertragenen Sinn – Schönwetterveranstaltung sollte der Nachmittag aber nicht werden. Der stellvertretende Vorstand Ernst Hilbert, der den Besuch von Oberhausen aus vorbereitet hatte, legte Wert darauf, dass den Herren ein ehrlicher und aussagekräftiger Querschnitt der Produktion der vergangenen Jahre vorgesetzt wurde: „Das Hauptinteresse dürfte für den 1932er und 1933er bestehen, es müssen aber auch Proben von 1930er und 1931er bereitgehalten werden", schrieb Hilbert in der üblichen schnörkellosen Sprache des Unternehmens.[13]

Leider liegen keine Berichte darüber vor, wie die Besichtigung und die anschließende Probe verlaufen sind. Sollte der Ausflug die Herren Aufsichtsräte angesichts der schlechten Bilanzen des Weingutes der vergangenen Jahre für die Zukunft gnädig stimmen, dann

Abb. 20 Über-Blick: Nierstein von Norden aus gesehen mit Blick auf die Rebflächen der GHH südlich der Stadt.

sollte sich dieses Experiment als gut investierte Zeit und gut investiertes Geld erweisen. Innerhalb der Unternehmensführung war nämlich eine Entscheidung über die Zukunft des Weingutes unausweichlich geworden. Der Betrieb war seit mehreren Jahren defizitär und saß auf mehr oder weniger unverkäuflichen Vorräten. Nun deutete sich an, dass im neuen Herbst nicht nur mehr Wein anfallen würde als zuletzt, sondern dass dieser auch qualitativ gut geraten könnte. Eine rundum gute Nachricht war das nicht.

Tatsächlich sollte die Ernte des Jahres 1934 mit annähernd 55.000 Litern erheblich größer ausfallen als die des Vorjahres. Die Mostgewichte lagen mit 84,3 Grad Oechsle bis zu 106,6 Grad Oechsle zudem deutlich über denen fast aller Jahre, in denen die GHH bislang ihre Weinberge selbst bewirtschaftet hatte.[14] Die 1934er Weine sollten sich als von der Menge wie der Qualität nach als weit überdurchschnittlich erweisen und der weit verbreiteten Wahrnehmung weiteren Vorschub leisten, mit der Machtübertragung an die Nationalsozialisten habe sich das Schicksal Deutschlands überall zum Besseren gewandt.

Doch noch war die Stimmung besser als die Lage. Denn der Weinverkauf nahm noch nicht wieder an Fahrt auf. Gut 51.000 Flaschen wurden im Geschäftsjahr 1934/35 abgesetzt, was die Einnahmen auf fast 58.000 Mark steigen ließ. Diesem Betrag standen aber Ausgaben in Höhe von 66.000 Mark gegenüber – was allerdings „unter Berücksichtigung der

Weinvorräte (RM 68.607,99), die sich gegenüber dem Vorjahr um RM 14.328,44 erhöhten" dennoch zu einem Buchgewinn von gut 6000 Mark führte.[15]

In der Tat lagerte in Nierstein nach wie vor derart viel Wein, dass die Aussicht auf einen Aufschwung dank des guten 1934ers von der Sorge getrübt wurde, dass die Weine der vorangegangenen Jahrgänge dadurch noch schwerer verkäuflich werden könnten als ohnehin. Die 1930er waren immerhin bis auf gut 3000 Flaschen abgesetzt worden. Aber von den Weinen des Jahrgangs 1931 waren noch fast 12.000 Flaschen vorhanden, vom Jahrgang 1932 sogar mehr als 37.000. Der 1933er wiederum war zum größeren Teil noch gar nicht abgefüllt. Gut 13.000 Flaschen standen 20.000 Litern in Lagerfässern gegenüber – und nun das „gute Mitteljahr". Hilbert hatte also jeden Grund, die Aufsichtsräte im Blick auf das Weingut gnädig zu stimmen.

Müller-Thurgau – eine neue Rebsorte

Doch gab es 1934 auch eine richtig gute Nachricht zu vermelden: eine Fläche von 86,56 ar (0,86 hl) sei im Frühjahr neu bestockt worden, und dies mit Sylvaner und Müller-Thurgau-Reben. Diese Anlage, so hieß es weiter, habe sich gut entwickelt, und die Rebschule sei, „soweit Platz vorhanden", mit neuen Stecklingen bepflanzt worden.[16] Diese eher beiläufige Bemerkung lässt auf zweierlei schließen: Zum einen hatte man wohl auf einer kleinen Fläche eine Rebschule angelegt, um den Bedarf an Setzreben entweder ganz oder teilweise aus eigenen Beständen und nicht durch Zukauf sichern zu müssen. Zum anderen war Eduard Messmer, der Verwalter des Weingutes Nierstein, anscheinend für Experimente offen. Doch der Reihe nach.

Warum überhaupt eine Rebschule? Notwendig waren (und sind) Nach- oder Neupflanzungen im Weinbau immer. Denn es sterben nicht nur immer wieder Reben ab. Auch ganze Anlagen können mit zunehmendem Alter immer weniger Ertrag bringen, so dass der Aufwand, sie zu bearbeiten, höher ist als der potentielle Erlös. Diesen Phänomenen kann zum einen dadurch begegnet werden, dass man stets nur einzelne Stöcke ersetzt, wenn möglich derselben Rebsorte. Der Vorteil dieses Verfahrens ist, dass ein Weinberg nie ganz aus der Produktion fällt und die Reben sehr unterschiedlichen Alters sind, was den Ertrag im Idealfall über einen langen Zeitraum stabilisiert. Gleichzeitig ist aber das Risiko der sogenannten Bodenermüdung nicht zu unterschätzen. Hinzu kommt eine genetische Verarmung, werden immer wieder dieselben Stöcke vermehrt.

Beides soll durch Neupflanzungen und eine vorausgehende mehrjährige Brache nach der Rodung vermieden werden. Allerding fällt in diesem Zeitraum sowie in den ersten Jahren nach der Pflanzung neuer Reben kein Ertrag an, weshalb Rodungen größeren Stils früher eher in größeren, mit hinreichend Kapital unterlegten Betrieben vorkamen – wie im Weingut Nierstein. Wer eine Fläche von fast einem Hektar aus der Produktion nehmen wollte, musste sich dieses leisten können.

Doch warum dann nicht gleich auch „neue" Reben kaufen, sondern sich den Hervorbringungen der eigenen Rebschule bedienen? Dieses Verfahren war nicht ohne Risiko. Waren die „falschen" Stöcke vermehrt worden, sei es, dass sie krank waren, sei es, dass sie augenscheinlich wüchsig waren, aber zu wenig Trauben bildeten, dann stellten sich die erhofften positiven Effekte der Verjüngung des Rebsatzes kaum oder schon bald gar nicht mehr ein. Speziell in Rheinhessen mit seinen schweren Kalk- und Lettenböden kam gerade bei Silvaner-Reben hinzu, dass sie sehr stark für Chlorose anfällig waren. Um diesen Risiken zu entgehen, bot es sich seit einigen Jahren an, Reben dort zu erwerben, wo streng selektionierte Rebstöcke vermehrt worden waren und diese die Gewähr boten, gesund und hinreichend ertragssicher zu sein: in einer der vielen staatlichen Rebenzüchtungs- und Vermehrungseinrichtungen, mit denen damals die Regierungen aller weinbautreibenden Länder von Baden über Württemberg bis nach Preußen und Sachsen dem krisengeschüttelten Weinbau eine neue Grundlage verschaffen wollten.[17]

Für welchen Weg man sich in Nierstein entschied, wissen wir nicht. So ist es möglich, dass man nur eigenes Schnittholz vermehrte, aber auch fremde Reben bezog. Für letztes spricht, dass Messmer 1934 nicht nur Silvaner als die traditionelle Brot-und-Butter-Rebsorte Rheinhessens pflanzte, sondern auch eine durchaus neue und in ihrer „Anbauwürdigkeit" höchst umstrittene Rebsorte: Müller-Thurgau.

Die Rebsorte dieses (späteren) Namens war von dem aus dem Schweizer Kanton Thurgau stammenden Botaniker Hermann Müller (1850–1927) ausgangs des 19. Jahrhunderts an der pflanzenphysiologischen Versuchsstation in der Königlichen Lehranstalt für Obst- und Weinbau in Geisenheim am Rhein gezüchtet und anschließend in Wädenswil (Thurgau) unter dem Namen „Riesling x Silvaner" vermehrt worden.[18] „Durch sorgfältigste Beobachtungen und jahrzehntelang auf wissenschaftlicher Grundlage durchgeführte Versuche ist es ihm gelungen, eine bedeutungsvolle neue Rebsorte zu züchten, welche die edle Art und Blume des Rieslingweines mit der Fülle und Ergiebigkeit des Sylvaners verbindet,"[19] schwärmte August Dern im Jahr 1919 über die züchterische Leistung von Hermann Müller-Thurgau. Dern, der sich zwischen 1905 und 1924 als Bayerischer Landesinspektor für Weinbau vor allem um den Wiederaufbau des weitgehend darniederliegenden Weinbaus in Franken kümmerte, war überzeugt, dass die neue Rebsorte äußerst vielversprechende Eigenschaften aufwies. „Die neue Rebe ist von sehr kräftigem Wuchs, reichtragend und eignet sich wegen der ziemlich frühen Traubenreife am besten für weniger warme Lagen." Etwas Besseres als seine Initiative, so konnte man aus diesen Zeilen herauslesen, hätte nicht nur dem fränkischen, sondern auch dem rheinhessischen Weinbau nicht passieren können.

Sehr vielversprechend entwickelt

Dennoch waren die Widerstände gegen die Einführung einer neuen Rebsorte gewaltig, und das nicht nur, weil die Winzerschaft im Allgemeinen zu den konservativsten Berufsgruppen innerhalb der Landwirtschaft zählt. Zunächst galt es, praktische Schwierigkeiten zu überwinden. „Obgleich das Holz dieser Neuzüchtung in der Schweiz selbst sehr begehrt und schwer zu haben ist, ist es doch dem Berichterstatter gelungen, im Frühjahr 1913.400 Blindreben davon zu bekommen," schrieb Dern 1919.[20] Der Beamte hatte den Kontakt mit Müller-Thurgau nie abreißen lassen, sondern war seinem einstigen Lehrer auf Kongressen und Tagungen begegnet, hatte ihn auf Studienreisen und im Urlaub besucht, war womöglich sogar mit ihm befreundet. Nun pflanzte er hundert Blindreben wegen der geltenden Quarantäneregeln zur Vermeidung einer Reblauseinschleppung in der Rebenbeobachtungsanstalt Oberwinzer bei Regensburg und dreihundert Stück in einer eigens angelegten Pflanzung in Sendelbach an Main. Der Plan schien aufzugehen: „Die neue Sorte hat sich auch hier sehr vielversprechend entwickelt und es ist anzunehmen, dass sie eine große Bedeutung für den Weinbau bekommen wird, insbesondere bezüglich reichlicher Erträge und sicheren Ausreifens auch in weniger günstigen Jahren."[21]

So weit, so gut – oder auch nicht. Denn obgleich Dern nicht zuletzt auch als Gründer und späterer Vorsitzender der Obst- und Weinbauabteilung der Deutschen Landwirtschafts-Gesellschaft (DLG) ein über die Maßen angesehener Fachmann war, so stieß die neue Rebsorte keineswegs überall auf Sympathie. Denn so verheißungsvoll manche ihrer Eigenschaften waren, allen voran die frühe Reife, ein hohes Mostgewicht und eine hohe Ertragssicherheit, so groß war der Widerstand auf Seiten vieler Verfechter des „Qualitätsweinbaus". Sie hegten die Befürchtung, dass sich in Gestalt des Müller-Thurgau ein „Massenträger" Bahn brechen und den Qualitäts- durch Quantitätsweinbau verdrängen könnte. Aus der Luft gegriffen war die Angst nicht. Denn um die Rentabilität des Qualitätsweinbaus, der vorwiegend auf Riesling und Silvaner setzte, stand es in den zwanziger Jahren – wie beschrieben – noch schlechter als vor dem Krieg.

Der Müller-Thurgau hingegen verhieß Rettung aus der allgegenwärtigen „Winzernot": Er war reblausfest, da von Beginn ab auf reblaustoleranten Amerikanerunterlagen vermehrt, ertragssicher, da streng selektioniert, und er brachte Weine hervor, die auch als „kleine", extrakt- und säurearme Weine immer noch besser verkäuflich und vor allem trinkbarer waren als etwa die oft harten, säurereichen Riesling- und die oft grasig und unreif schmeckenden Silvanerweine. „Hier im Rheingau ging ich von der Erwägung aus, statt der vielfach recht zweifelhaften und teuren Ausschankweine, die man in Gaststätten vorgesetzt bekommt, einen billigen, bekömmlichen und ansprechenden Naturwein auf den Markt zu bringen und für die kleinen, säurereichen Rieslingweine geringerer Jahre vielleicht einen geeigneten Verschnittwein zu Verfügung zu haben", so beschrieb etwa Rudolf Gareis, der Direktor der Preußischen Domänen im Rheingau, seine Motivation, den Müller-Thurgau schon Mitte der zwanziger Jahre ausgerechnet in dem deutschen Edelweinbaugebiet schlechthin anzupflanzen.[22] Allerdings: „Kaum waren die ersten Versuchsparzellen angelegt, erhob sich ein wüstes Geschrei, dass die Domäne nun zum Anbau von Massenträgern übergegangen sei," so sollte sich Gareis später erinnern.[23]

In anderen Regionen tat man sich mit dem Müller-Thurgau leichter. Der Markgraf von Baden machte sich schon 1923 die Neuzüchtung zu eigen, mutmaßlich in der berechtigten Erwartung, Riesling x Silvaner könne den Zusammenbruch des Weinbaus am Bodensee abwenden. Weniger Skrupel als im Rheingau hatten man auch in Rheinhessen, allen voran in der Rebenzuchtanstalt Alzey. Dort hatte der Rebenzüchter Georg Scheu schon 1924 erste Müller-Thurgau-Weine gekeltert. Auch beim Wiederaufbau des reblausverseuchten Gebiets um Naumburg an der Saale setzte die preußische Weinbauverwaltung auf den Müller-Thurgau: Spätestens 1936 wurde der erste Wein im Gosecker Dechantenberg gelesen. Und selbst im Rheingau sollte der 1930 verstorbene Dern Nachahmer finden: Der Leiter der Weinbauschule Eltville, Dr. Paul Schuster, empfahl unermüdlich die Anpflanzung der neuen Rebsorte und stieß bei einigen renommierten Weingütern wie Schloss Reinhartshausen (Prinz von Preußen) oder Reichsfreiherr von Ritter von Groenesteyn auf Widerhall.[24]

Als Massenträger verschrien

Schuster war es auch, der zwischen 1933 und 1935 in mehreren Zeitschriftenaufsätzen den Müller-Thurgau gegen die nach wie vor weitverbreitete Kritik an dem „Massenträger" verteidigte. Freilich sollte es bis zum Frühjahr 1938 dauern, ehe sich die Gemüter im deutschen Weinfach beruhigten. Am 31. Mai jenes Jahres fand in der Rebenforschungsanstalt Alzey eine dritte und letzte, international besetzte „Müller-Thurgau"-Tagung statt.[25] Der Reichsnährstand in Person des für Weinbau zuständigen Hauptabteilungsleiters Dr. Wilhelm Heuckmann, Weinbauinspektor Georg Scheu sowie ein Schuster hatten keine Mühen gescheut, um durch eine standardisierte Befragung von Weinbaulehranstalten, Weinbaudomänen und Weinbaubetrieben in Deutschland und der Schweiz, aber auch in Italien bis nach Rumänien und Ungarn lückenlos zu erheben, welche Erfahrungen man mit der in Deutschland längst „Müller-Thurgau-Rebe" genannten neuen Sorte gemacht hatte – festgehalten in den Tagungsunterlagen, die sich in der Bibliothek der Hochschule Geisenheim erhalten haben.

Am vehementesten trat der Rheinhesse Georg Scheu für die neue Rebsorte ein: Ein Vergleich von Müller-Thurgau-Weinen mit den Spitzenweinen aus den besten Lagen des Rheingaus, der Mosel oder der Pfalz sei nicht statthaft: Denn diese stellten nicht Prozente, sondern kaum Promille" der deutschen Weinerzeugung dar.[26] Gegenüber der Masse der „kleinen" Riesling- und Sylvaner-Weine, die nur dank Nass- oder Trockenzuckerung und damit „verbessert" genießbar seien, habe der Müller-Thurgau enorme Vorteile. Denn dieser werde auch in geringeren Lagen und in ungünstigen Jahren so reif, dass er als „Naturwein" vermarktet werden könne. „Reiche Ernten, regelmäßige Ernten, gute Qualitäten und ständige Preise sind die Lebensgrundlage unseres Weinbaus. Nicht die großen Ertragsschwankungen, sondern gerade die Regelmäßigkeit unserer Ernten sind für den Weinbau nötig", so fasste Scheu das Credo vieler Weinfachleute seiner Generation zusammen, die aus Schaden klug geworden waren.[27] Denn das sozialpolitische Ziel war lange schon vor 1933 klar, „im Reiche Adolf Hitler" (Scheu)[28] aber zu einer Maxime geworden: „Die Hebung der gesamten Güter (sic) aller deutschen Weine ist die Grundfrage. Je besser die großen Mengen unserer deutschen Konsumweine sind, umso mehr Liebhaber werden sie finden ... Wenn aber weite Schichten des deutschen Volkes sich mehr an Weingenuss gewöhnen, so wird das auch auf den Absatz der Qualitätsweine günstig auswirken ... Von diesen Gesichtspunkten aus ist die Müller-Thurgaufrage zu betrachten."[29] Und: „Es gibt gute und sogar ausgezeichnete, aber auch schlechte Müller-Thurgauweine",[30] befand Scheu 1938 vor dem international besetzten Forum der Müller-Thurgau-Fachleute in Alzey. „Aber es gibt auch ausgezeichnete und noch viel schlechtere Riesling- und Sylvanerweine. Hierbei kommt es weniger auf das Weinbaugebiet und die Lage an, als auf den Winzer, wie er seine Weinlage baut, wie und wann er seine Trauben erntet, und wie er seinen Wein ausbaut."[31]

Mit dieser Beobachtung trafen Scheu wie auch der Mitorganisator Paul Schuster, dessen Grundsatzreferat im Herbst 1938 in der Zeitschrift „Der deutsche Weinbau" veröffentlicht wurde,[32] den Nerv der Zeit. Doch mehr noch: Manche Einschätzung liest sich im Rückblick wie ein vorweggenommener Kommentar zu dem Schicksal, das der Müller-Thurgau in der deutschen Nachkriegsgeschichte bis hinein in die Gegenwart erleiden sollte.

Zu Beginn der 1930er Jahre aber bot sich die Müller-Thurgau-Rebe überall dort an, wo die Standortbedingungen für Riesling und Silvaner so ungünstig waren, dass die Trauben nur selten zur Vollreife gelangten – was auch auf viele Parzellen des Weingutes Nierstein zutraf. Ein Versuch mit Müller-Thurgau, möglicherweise im gemischten Satz mit Silvaner gepflanzt, bot sich dort gerade zu an. Auf welchen Rat hin Messmer diesen Schritt ging oder ob er aus eigenem Antrieb die Entscheidung für den Müller-Thurgau traf, wissen wir leider nicht – und auch nichts darüber, ob und wie sich diese Kombination bewährte. Gewiss ist nur eines: Wie aus den Preislisten des Weingutes aus der Nachkriegszeit zu erkennen ist, war mit dieser ersten Anpflanzung nur der Anfang gemacht. Die Müller-Thurgau-Rebe sollte auch im Weingut der GHH anstelle des Silvaners zu der Brot-und-Butter-Rebsorte schlechthin avancieren – und das genau aus den Gründen, die schon in den dreißiger Jahren bei der Erwägung der Anbauwürdigkeit den Ausschlag gegeben hatten.

In Standorten wie jenen südlich der Stadt Nierstein, wo die Bedingungen für Riesling und Silvaner weitaus schlechter waren als entlang des Roten Hangs, kam Müller-Thurgau wie gerufen. Die anderen Rebsorten verdrängen konnte die neue Rebsorte indes nie. Die Preislisten aus den sechziger und siebziger Jahren geben eindeutig zu erkennen, dass der damalige Betriebsleiter Horst Michalsky vor allem auf Riesling setzte, allerdings oft im Verschnitt mit Silvaner.[33] Mit dieser Praxis stand Michalsky nicht alleine. Gerade in den Spitzenlagen des Roten Hangs war noch bis weit in die zweite Hälfte des 20. Jahrhunderts üblich, den Riesling mit seiner oft markanten Säure durch den Verschnitt mit Silvaner seine unharmonische Spitze zu nehmen.

Der Weg zum Wein ist gewiesen

In Deutschland ging es seit 1933 offenbar wirtschaftlich langsam, aber sicher bergauf – auch bei der Gutehoffnungshütte. Im Geschäftsjahr 1929/30 hatte man noch 161 Millionen Reichsmark an Löhnen und Gehältern gezahlt, drei Jahre später nur noch 61 Millionen Mark. Im Geschäftsjahr 1933/34 zeigte die Kurve wieder so steil nach oben, wie sie zuvor nach unten gezeigt hatte. Mit 76 Millionen Mark war die Lohn- und Gehaltssumme wieder so hoch wie zwei Jahre zuvor – die Zahl der „Arbeiter und Beamten“ war binnen Jahresfrist um mehr als zehntausend auf nunmehr 42.600 gestiegen.[34] Der Tiefpunkt war also überwunden.

Dies rückblickend festzustellen ist heikel, weiß man doch inzwischen, zu welchen Mitteln und Tricks die Nationalsozialisten griffen, um etwa ihr gewaltiges Rüstungsprogramm zu finanzieren. Doch mit den Augen der Mehrheit der Zeitgenossen betrachtet ließ Deutschland die Wirtschaftskrise Zug um Zug hinter sich. Denn es floss wieder Geld, nicht zuletzt in die eisenverarbeitende und die Maschinenbauindustrie – die Gutehoffnungshütte mit ihren zahllosen Tochterunternehmen eingeschlossen, was Unternehmenshistoriker inzwischen minutiös aufgearbeitet haben.[35]

Nicht berücksichtigt wird in den einschlägigen Darstellungen, und dass wegen der geringen Bedeutung für das Gesamtunternehmen zu Recht, die Abteilung F, also die Forst- und Grundstücksverwaltung. Dort liefen viele Fäden zusammen, nicht nur die Verwaltung des Weingutes, sondern auch die der großen Jagdreviere im Norden des Ruhrgebietes, die die GHH unter anderem deswegen ihr Eigen nannte, um die Flächen dereinst für die Ausweitung des Bergbaus zu nutzen, aber auch, um die Ansiedlung von Unternehmen zu verhindern, die als Konkurrenten um die meist knappen Fachkräfte hätten auftreten können.

Hier indes ist die Entwicklung der Abteilung F durchaus von Interesse. Ein Kennzeichen für die Aufwärtsentwicklung seit der Machtübertragung an die Nationalsozialisten war die Zahl der Beschäftigten in der Abteilung F: Die Zahl der „Beamten" hatte sich seit 1933 nur wenig erhöht: 1935 schlugen ein „Jagdaufseher" und ein „Herrschaftsgärtner" mehr zu Buche, während das Weingut weiterhin mit einem Gutsverwalter und einem Kellermeister ausreichend bedacht war. Stark zugenommen hatte jedoch die Zahl der Arbeiter, Arbeiterinnen und jugendlichen Arbeiter. 77,1 Vollzeitstellen waren es im Geschäftsjahr 1932/33, 120,4 Stellen drei Jahre später. Auch wenn wir nicht wissen, ob sich auch die Zahl der Arbeiter in Nierstein erhöht hatte – insgesamt deutete alles auf eine bessere Zukunft gerade für die Arbeiterinnen und Arbeiter hin.[36]

In den Verkaufszahlen schlug sich der verhaltene Optimismus jedoch nicht nieder. Im Geschäftsjahr 1935/36 wurden „nur" gut 52.000 Flaschen versandt – kaum mehr als im Vorjahr. Ihnen gegenüber standen weit mehr als 60.000 Flaschen vor allem der Jahrgänge 1932 und 1934, die noch auf ihre Käufer warteten, gar nicht zu reden von den gut 82.000 Litern der Ernte des Jahres 1935 – der größten bisher überhaupt.[37]

Unter dem Eindruck der Übermengen verkaufte Messmer einige Partien schon von der Kelter weg als Maische: die Rede war von 2600 Litern Portugieser. Auch Muskateller wurde nicht im Weingut weiterverarbeitet – was aber dazu führte, dass diese Rebsorte in der Korrespondenz mit Oberhausen erwähnt wurde. Doch es half nichts: Zwei gute Ernten in Folge – was im Rückblick nach den entbehrungsreichen zwanziger und frühen dreißiger Jahren als eine gute Nachricht erschien, stellte nicht nur das Weingut vor fast unlösbare Probleme, sondern den Weinbau wie den Weinhandel in Deutschland insgesamt.

Denn nach wie vor war der Pro-Kopf-Verbrauch an Wein so niedrig und die Einfuhr vor allem von Rotwein aus Frankreich und Spanien so hoch, dass es schon unter gewöhnlichen Umständen nicht einfach gewesen wäre, eine quantitativ wie qualitativ gute Ernte am Markt unterzubringen. Nach dem Herbst 1934 stand der Weinhandel vor der Aufgabe, gleich zwei mengenmäßig überdurchschnittlich große Jahrgänge zu vermarkten. Die Lösung des Problems lag schließlich darin, dass sich der Reichsnährstand, eine 1933 geschaffene Organisation zwecks Lenkung aller Segmente der Ernährungswirtschaft im Sinn des Nationalsozialismus,[38] eine in Düsseldorf geborene Idee zu eigen machte und sie reichsweit propagierte: Patenwein.[39] Vereinfacht gesagt bestand diese Idee darin, zwischen weinproduzierenden Ortschaften im Westen und Süden des Reiches auf der einen und Städten und Gemeinden im Norden und Osten auf der anderen Seite

Weinpatenschaften zu schließen. Weine aus den jeweiligen Patengemeinden sollten an ihren Bestimmungsorten in Gaststätten ausgeschenkt und so die Absatzkanäle erweitert werden. Eine erste Aktion dieser Art fand Anfang September 1934 in Düsseldorf statt. Ein Jahr später wurde diese Idee mit einer ebenfalls angeblich am Rhein geborenen Idee kombiniert, der reichsweiten „Woche des deutschen Weines und der deutschen Traube".[40]

Inwiefern diese Festwoche sowie im Jahr 1936 in die Hunderte gehenden Patenschaften von durchschlagendem Erfolg gekrönt waren, muss mangels wirtschaftshistorischer Forschung einstweilen dahingestellt bleiben. Für Nierstein stellte Pia Nordblom fest: „Wie drängend zusätzlicher Weinabsatz war, zeigt der Umstand, dass alleine in Nierstein am 1. September 1935, also kurz vor der neuen Ernte, noch fast 3,5 Millionen Liter Wein in den Kellern gelagert hatten – die in der ersten Weinwerbewoche abgesetzten 135.000 Liter waren zwar auf den ersten Blick beachtlich, aber angesichts der Lagermenge kaum mehr als ein Tropfen auf den heißen Stein. Im Folgejahr wurde die Aktion reichsweit wiederholt."[41]

Ein propagandistisches Meisterwerk war diese Aktion jedoch gewiss: Glaubt man dem Initiator der Düsseldorfer Patenweinaktion namens Robert Schöpfwinkel, dann wurde allein in Berlin im Herbst 1935 anstatt 250.000 Liter Patenwein wie im Vorjahr mindestens das Doppelte verbraucht.[42] Ähnliche Erfolgsmeldungen berichtete die Zeitung aus Königsberg, Lübeck, Breslau, Augsburg und Leipzig. „Infolge der Gemeinschaftsarbeit aller beteiligten Volksgenossen sind aus der Weinernte 1934 einer sicheren Schätzung nach etwa 12.000 Fuder oder 11 bis 12 Millionen Liter Wein zusätzlich abgesetzt worden. Diese Mengen entspricht etwa dem Drittel einer normalen Ernte an Mosel-, Saar- und Ruwerwein." Zudem, so schloss der Autor, sei „mit einem weiteren Absatzanstieg zu rechnen, da rund 300 Winzerorte der Weingaue wertvolle Dauerbeziehungen zu den deutschen Städten und Gemeinden angeknüpft haben".[43]

Das Ziel dieser Aktion wurde in nachgerade rührenden Worten beschrieben: „Um den deutschen Wein darf es nicht wieder in unserem Vaterlande still werden. Es ist trotz des außerordentlichen Erfolges nicht viel Last von den Schultern des Winzers genommen worden … Millionen deutscher Menschen sind zwar durch die Idee des Patenweines an den Winzer und seine Nöte herangeführt und auch weiter davon überzeugt worden, dass deutscher Wein gut und bekömmlich ist. Der Weg zum Wein ist gewiesen. Es kommt jetzt darauf an, in der Aufklärungsarbeit nicht nachzulassen."[44] Was Schöpfwinkel nicht schrieb: Die Patenweinaktion war auch ein probates Mittel in den Händen der Nationalsozialisten, den nach ihrer Definition „nichtarischen" Weinhandel nach und nach aus dem Markt zu drängen. Jüdische Weinhändler bzw. solche, die nach den Rassengesetzen der Nationalsozialisten als solche galten, waren vom Reichsnährstand offiziell von der Belieferung mit Patenweinen ausgeschlossen worden.[45]

Mit neuem Schwung

Der Gutehoffnungshütte war dieser Absatzweg selbstredend versperrt, ebenso die dreitägigen „Winzerfestspiele“ in Nierstein, wie sie im August 1935 mit großem Aufwand inszeniert worden waren. Zwei Jahre nach der Machtübertragung auf die Nationalsozialisten war deren Herrschaft den ohnehin stark nationalsozialistisch orientierten Ort derart konsolidiert, dass sich die Bürger, ob Parteigänger oder nicht, sich in einer „frohbewegten Gemeinschaft“ wiederfinden sollten.[46]

Der Jurist Dr. Ernst Hilbert, der als stellvertretendes Mitglied des Vorstands der Gutehoffnungshütte Aktiengesellschaft für die Abteilung F und damit für das Weingut Nierstein verantwortlich war, suchte aber nach anderen Mitteln und Wegen, wie der Absatz der GHH-Weine forciert werden könnte. In einem Memorandum erörterte er im Februar 1935 und damit wenige Monate nach dem Stelldichein des mutmaßlich eher skeptischen Aufsichtsrats im Weingut Nierstein ausführlich die verschiedenen Optionen, die die Gutehoffnungshütte mit Blick auf das Weingut habe.[47]

Für nicht sinnvoll hielt Hilbert die Variante, den Eigenbau aufzugeben und die Weinberge samt dem Weingut zu verpachten. Auch wenn die Parzellen nur dazu da seien, eine Reserve für den Kalksteinbruch zu bilden, so „so dürfte sich aber unter den augenblicklichen Verhältnissen kaum ein Pächter finden, der die Gewähr dafür bietet, dass der Wert des Gutes, lediglich Verbesserungen in den letzten Jahren erheblich gesteigert ist, erhalten bleibt“. Man müsse damit rechnen, so Hilbert, dass der Pächter, um auf seine Kosten zu kommen, Raubbau betreiben werde und die GHH das Gut später „in einem entwerteten Zustande“ zurückerhalten werde und „erhebliche Aufwendungen für die Auffrischung der Weinberge“ nötig würden, schrieb Hilbert und erwähnte in diesem Zusammenhang abermals Reinhold Senfter, mit dem über diese Frage gesprochen worden sei. Offenkundig fungierte der Niersteiner Weingutsbesitzer weiterhin als Berater der Unternehmensspitze in Oberhausen. Inwieweit Messmer vor Ort in Kontakt mit Senfter stand, ist den Akten nicht zu entnehmen.

Neben der Variante einer Verpachtung hatte Hilbert wohl auch die Möglichkeit geprüft, den Wein der Gutehoffnungshütte fassweise oder in Flaschen an Weinhandlungen beziehungsweise Kommissionäre zu verkaufen beziehungsweise die Weine öffentlich zu versteigern, wie es damals bei den Spitzenweinen üblich war. Die beiden ersten Möglichkeiten, so schrieb Hilbert, habe er mit einem Kommissionär der Firma Falck-Bramick in Mainz und Kommissionär Sauer in Oppenheim besprochen. Für das Thema Versteigerungen war wiederum Senfter sein Gewährsmann.

Hilbert kam nun zu dem Ergebnis, dass Versteigerungen für die Gutehoffnungshütte nicht infrage kämen. Weine von der Qualität, wie sie das Weingut Nierstein erzeuge, hätten

Abb. 21 Zum ersten: (undatierte) Versteigerung der Hessischen Weinbaudomäne in Mainz.

auf Versteigerungen nichts zu suchen, da auf diesen Veranstaltungen ausschließlich bessere Weine gezeigt würden. Außerdem seien die Kosten von Weinversteigerungen erheblich.

Zu keinem günstigen Ergebnis kam Hilbert auch hinsichtlich der Weine des Jahrgangs 1932. Würden die mehr als 40.000 Flaschen, die bereits abgefüllt seien, nicht wie üblich zu einem Durchschnittspreis von 0,80 Mark verkauft, sondern an Kommissionäre abgestoßen, dann würden maximal 0,60 Mark pro Flasche erzielt werden können. Dies liefe auf einen Mindererlös von mindestens 10.000 Mark hinaus. Ein Verlustgeschäft wäre auch der Verkauf jener fünf Stück 1932er, die noch nicht abgefüllt wurden. Pro Stück könnten abzüglich der Unkosten und der Kommission etwa 650 Mark erzielt werden, im Flaschenverkauf hingegen pro Stück 450 Mark mehr. Hinsichtlich der 1932er Weine sei damit die am wenigsten verlustbringende Variante die, die Weine in gewohnter Weise abzusetzen, was allerdings immer noch auf einen Verlust von etwa 2000 Mark hinauslaufen würde.

Etwas optimistischer stellte sich Hilbert die Lage bei der Vermarktung der 1933er Weine dar. Dieser Jahrgang war mit 26 Stück der Menge nach kleiner als der 1932er, aber qualitativ besser. Eine Erhöhung des Flaschenpreises um zehn Pfennig wäre daher möglich. Unter dieser Voraussetzung entstünden dem Weingut bei Bewirtschaftungskosten von 42.000 Mark für den Jahrgang 1933 und Einnahmen von annähernd 40.000 Mark für zwölf Stück gleich 44.200 Flaschen ein Verlust von 2200 Mark. Ein Verkauf an Kommissionäre hingegen schlüge mit einem Verlust von gut 18.500 Mark zu Buche.

Bliebe der Jahrgang 1934 mit der Rekordmenge von 45 1/2 Stück à 1200 Litern. Weil dieser qualitativ recht gut geraten sei, könne man mit einem durchschnittlichen Erlös pro Flasche von 0,95 Mark rechnen. Damit werde dieser Jahrgang dem Weingut einen erheblichen Gewinn bringen. Diesen bezifferte Hilbert auf 31.480 Mark, wohingegen ein Verkauf des lagernden Weines an Kommissionäre dem Weingut nur etwa 3600 Mark einbrächte.

„Es unterliegt keinem Zweifel," so lautet die Schlussfolgerung Hilberts, „dass die bisherige Betriebsweise unseres Weingutes die bei weitem günstigste ist. Reinhold Senfter und die von uns gehörten Kommissionäre haben uns daher übereinstimmend geraten, es beim Bisherigen zu belassen." Denn: Ein Überschuss durch den Verkauf durch Dritte ließe sich nur in ganz guten Jahren erzielen. Hingegen habe die Gutehoffnungshütte „ziemlich viel für die Weinberge getan" und sei „ständig bestrebt, den Kulturzustand zu verbessern. Beim Nachlassen der Erträge bzw. bei Verlust-abschlüssen (sic) müssten wir notgedrungen die Ausgaben für die Unterhaltung und Verbesserung einschränken."

Das Kosten-Nutzen-Argument war jedoch nicht das einzige, das Hilbert in Anschlag brachte. „Seit 1926 sind sämtliche Weine naturrein aufgelegt worden, womit wir bei unserer Kundschaft zweifellos Beifall gefunden haben", hieß es, wobei die Formulierung „aufgelegt" wohl für das in Fachkreisen gebräuchliche „eingelegt" stehen sollte. Doch warum sollten naturreine Weine auf das Wohlwollen der Kundschaft gestoßen sein? „Der Weinhandel wünscht aufgemachte Weine", argumentierte Hilbert, wobei mit der Formulierung „aufgemacht" wohl „gezuckert" oder „verbessert" gemeint war. Der Satz schloss nämlich so: „... so dass wir nach Ansicht der Kommissionäre in gewissem Umfange zuckern müssen". Damit, so könnte Hilbert zu verstehen sein, würde man die eigene Kundschaft vergraulen.

Umgekehrt wurde für Hilbert ein Schuh daraus: Als Weingutsbesitzer könne es der Gutehoffnungshütte nicht verwehrt werden, ihren Wein selbst an Verbraucher abzugeben. Nach Auskunft Senfters wehre sich zwar der Weinhandel dagegen, dürfte mit seinen Bedenken aber „nicht damit durchkommen, daß den Produzenten der Verkauf an den Verbraucher verboten wird". Das Memorandum schloss mit Vorschlägen hinsichtlich einer letzten „leidigen Frage", dem Leergut. „Die Leute bezahlen in den meisten Fällen den Wein fristgemäß, bleiben aber den Betrag für das Leergut schuldig. Sie rechnen damit, dass sie das Leergut innerhalb der vorgesehenen Rücknahmefrist zurückschicken können." Diese Erfahrung mache auch der Weinhandel. Mittlerweile habe man auf die Außenstände wie auf die deswegen notwendige Beschaffung von neuen Flaschen so reagiert, dass seit vergangenem Dezember das Leergut planmäßig von der Abteilung F angemahnt werde, und zwar auch bei denen, die bereits gezahlt hätten. Diese Maßnahme war nach Hilberts Worten derart erfolgreich, dass er vorschlug, das gesamte Mahnwesen nach Oberhausen zu verlegen. Allerdings solle dieser Schritt davon abhängig gemacht werden, ob es bei der bisherigen Vertriebsweise bleibe.

Für Hilbert war die Sache indes schon entschieden. Sein Memorandum schloss er mit dem Satz: „Ich bin dafür, an der bisherigen Vertriebsweise festzuhalten."

Unsere Vorräte werden immer größer

Leider hat sich in den Akten, die das Weingut Nierstein betreffen, nichts erhalten, aus dem hervorginge, warum der Vorstandsvorsitzende Paul Reusch sich der Ansicht Hilberts anschloss und nicht dem Votum eines weiteren Vorstandsmitglieds namens Georg Lübsen, der vom kaufmännischen Standpunkt aus gegen das Unternehmen in Nierstein argumentierte, dieses sei unrentabel.[48] Hilbert suchte jedenfalls schon bald nach der Entscheidung, das Weingut in Eigenregie fortzuführen, nach neuen Wegen, um den Wein innerhalb des weitverzweigten Kreises der Geschäftsfreunde des Unternehmens und seiner Tochtergesellschaften abzusetzen.

Im Vorgriff auf sein Memorandum hatte er für den Abend des 28. Januar 1935 im Werksgasthaus eine Probe angesetzt, in der „in kleinem Kreise der 1932er Niersteiner geprobt werden" solle. „Da Sie meines Wissens ein Freund unserer Niersteiner Weine sind, darf ich Sie freundlich bitten, an dieser Probe teilzunehmen", las etwa der Erste Bergrat Anderheggen, wohnhaft in Dinslaken, Adolf-Hitler-Straße 107/11, in einem Schreiben, das unter dem Datum des 22. Januar 1935 abgefasst worden war.[49] Wie groß der Kreis der Eingeladenen wirklich war und welches Ergebnis die Probe hatte, wissen wir leider nicht.

Unter dem Datum des 1. April erhielten sodann alle Mitglieder der „Gesellschaft Verein" ein Schreiben, in dem ihnen mitgeteilt wurde, dass die Gutehoffnungshütte bereit sei, ihnen „auch in diesem Jahr" Weine aus der Ernte 1930, 1931 und 1932 „zu überlassen". Im Einzelnen wurden die Preise angeführt, die Hilbert in seiner Kalkulation zugrunde gelegt hatte. „Bestellungen, unter genauer Angabe der Anschrift und des Empfangsbahnhofs, sind zu richten an unseren Direktor Dickertmann, Abt. Einkauf."[50] Auch hier wüsste man gerne, auf welche Resonanz dieses Angebot stieß. Sicher ist nur, dass sie nicht so groß war, dass in Nierstein schon genug Platz zur Abfüllung des 1934ers geschaffen worden wäre. Doch das war der Misshelligkeiten nicht genug: Im Sommer zeichnete sich ab, dass die 1935er Ernte mindestens mengenmäßig den Jahrgang 1934 in den Schatten stellen würde. Hilbert musste also weiterhin die Verkaufstrommel rühren.

Also wurde unter dem Datum des 26. Juli 1935 ein allgemein gehaltenes Angebot aufgesetzt, mit dem mehrere Partien 1932er und jeweils ein Wein aus den Jahrgängen 1930 und 1931 offeriert wurden – und dies zu Preisen von 0,70 bis 0,90 Mark. Zur Begründung hieß es wie auch in einem zweiten Schreiben vom selben Tag: „Um für die Unterbringung der diesjährigen Weinernte Platz zu schaffen, sind wir gehalten, von den versandfertigen Weinen größere Mengen abzustoßen." Demnach machten die Unterzeichner des Angebots kein Hehl daraus, dass es sich bei dieser Aktion um eine Art Notverkauf handelte. Doch ließen sie auf die Qualität der Weine nichts kommen: „Wie aus dem Angebot hervorgeht, handelt es sich um naturreine, sehr bekömmliche und vor allen Dingen preiswerte Weine."[51]

Auch diese Aktion scheint nicht den erhofften Erfolg gehabt zu haben. Anfang September wandte sich Hilbert an Weingutsverwalter Messmer. „Mir macht der Absatz des Weines Sorge", schrieb Hilbert. „Unsere Vorräte werden immer größer." Er neige dazu, möglichst einen größeren Posten Wein zu verkaufen, weshalb der Verwalter das Gespräch mit Kommissionär Sauer suchen solle.[52] Am 11. September 1935 lag ein konkretes Angebot vor, allerdings das eines Kommissionärs namens Feldmann über den Ankauf von insgesamt sechs Stück 1934er Niersteiner Wein durch die Oppenheimer Weingroßhandlung C. Sittmann – und das zum Preis von jeweils 660 Mark zu 1200 Ltr.[53] Auf Vermittlung Sauers wiederum wurde wenige Tage später ein Doppelstück losgeschlagen,[54] so dass binnen weniger Tage fast 10.000 Liter weniger in den Büchern des Weingutes Nierstein standen – und der noch Anfang des Jahres erwartete erhebliche Gewinn empfindlich geschmälert wurde.

Hilbert war damit nicht beruhigt. Am 18. September kündigte er Messmer an, Anfang Oktober auf einer Fahrt nach Süddeutschland in Nierstein vorbeizuschauen. Bis dahin solle jener sich überlegen, ob man zwecks der Förderung des Absatzes des 1933er Weins die Preise für die Weine der Jahrgänge 1931 und 1932 herabsetzen soll. „Ich habe den Eindruck, daß wir mit unseren Weinen zu spät herauskommen und versuchen müssen, die älteren Jahrgänge möglichst bald abzustoßen", so Hilbert.[55]

Was immer Anfang Oktober in Nierstein besprochen wurde: Als die ersten 1933er Weine Ende Oktober 1935 mit dem besonderen Hinweis auf ihre „Naturreinheit" in den Verkauf kamen,[56] wurden diese zu 0,70 Mark (Kautzbrunnen), 0,80 Mark (Wiesengewann) und 0,90 Mark (Galgenberg) annonciert. Die älteren Weine waren aber nicht im Preis herabgesetzt worden, sondern kosteten ebenfalls 0,70 bis 0,90 Mark. In einem zweiten Schreiben wurden zwei weitere 1933er Weine zum Preis von je 0,90 Mark angeboten: ein Galgenberg-Riesling und ein Galgenhohl. Alles in allem sollten die Weine also weiterhin die Botschaft vermitteln, dass das Weingut in erster Linie als Institution der „betrieblichen Selbstversorgung"[57] geführt wurde.

Seit alters her als Weinberg genutzt

Maschinenschriftlich war über dem Herbst-Angebot unter dem Datum des 4. November vermerkt worden: „Kellermann: Sind Sie damit einverstanden, dass wir das Rundschreiben in üblicher Weise unseren Aktionären zukommen lassen? Halten Sie es für erforderlich, dass wir die Zustimmung von Herrn Kommerzienrat Dr. Reusch einholen?"[58] Warum diese Vorsicht?

Einige Dokumente deuten darauf hin, dass der Weinverkauf aus dem Werksgasthaus beziehungsweise an Personen, die in einer persönlichen Beziehung zu den Vorstandsmitgliedern standen, schon früh auf Widerstand unterschiedlicher Akteure gestoßen war: Der Weinhandel der GHH war ihnen ein Dorn im Auge. So war am 13. August 1934 in Oberhausen ein Vermerk angefertigt worden, der wohl von einem Schreiben „vom Reichsstand der deutschen Industrie betr. Weinverkauf" provoziert worden war.[59] Leider liegen dieses Schreiben wie auch die Antwort nicht vor. Jedoch wurde in diesem Kontext ein „Schreiben des Niederrheinischen Weinhändler-Vereins vom 4. November 1933 nebst Abdruck mit Bemerkungen von Reusch und Kellermann sowie Durchdruck unserer Antwort vom 25. November 1933" erwähnt. Vom selben Tag stammte auch eine Antwort auf ein „Schreiben der Industrie- und Handelskammer Essen," welches am 20. November 1933 eingegangen war. Mangels weiterer Schriftwechsel liegt die Vermutung nahe, dass die fraglichen Akteure mit den Antworten der Unternehmensführung zunächst ruhiggestellt wurden.

Mitte 1935 war es indes mit der Ruhe vorbei. Am 29. August ging in Oberhausen ein Schreiben der zuständigen IHK Essen ein. Darin wurde zunächst ein Brief der IHK für den Regierungsbezirk Aachen wiedergegeben, mit dem diese gegen den Weinverkauf der GGH an Privatpersonen Stellung bezog – mutmaßlich eine Reaktion auf die Vermarktungsoffensive Hilberts. „Wie der Kammer mitgeteilt wird, bietet die Gutehoffnungshütte mit Rundschreiben vom 26. Juli 1935 Niersteiner Weine aus ihrem Weingut in Nierstein an. Wenn auch aufgrund der bestehenden gesetzlichen Bestimmungen gegen diesen Weinverkauf nicht eingeschritten werden kann, so erscheint es doch gerade unter den augenblicklichen Verhältnissen überaus bedenklich, dass eine Firma wie die Gutehoffnungshütte Oberhausen A. G. sich mit dem Weinverkauf an Personen befasst, die nicht im Arbeitsverhältnis zu ihr stehen. Das der Kammer vorliegende Angebot ist an einen Privatmann in Aachen gerichtet, der seinerseits an diesem Vorgehen Anstoß nimmt und die Angelegenheit der Reichsbetriebsgemeinschaft Handel bei der Deutschen Arbeitsfront unterbreitet hat."[60] Was unter den „augenblicklichen Verhältnissen" gemeint ist, wurde bei den Adressaten dieses Schreibens offenbar vorausgesetzt. 80 Jahre später muss man sich mit einer Betrachtung des Kontextes begnügen. Tatsächlich waren die Nationalsozialisten in großer Sorge, möglicherweise einen (nach dem 1934er) zweiten mengenmäßig großen Jahrgang in Folge kaum am Markt unterbringen zu können.

In dem Schreiben hieß es weiter: „Wenn schon von allen Seiten gegen die einzelhändlerirische Betätigung von Fabrikunternehmen innerhalb des eigenen Werkes Sturm gelaufen wird, so müsste m. E. noch viel mehr gegen eine branchenfremde Betätigung von Fabrikunternehmen vorgegangen werden, zumal wenn diese sich über den eigentlichen Ortsbereich ihrer Anlagen erstreckt, wie es dies im vorliegenden Falle geschehen ist."[61] An einen namentlich nicht näher genannten Adressaten in der Industrie- und

Handelskammer für die Stadtkreise Essen, Mülheim (Ruhr) und Oberhausen zu Essen gerichtet hieß es abschließend: „Die Kammer bittet Sie, Ihren Einfluss bei der Gutehoffnungshütte dahingehend geltend zu machen, dass sie in Zukunft ihren Geschäftsbetrieb auf das ihr von Natur gegebene Gebiet beschränkt und den Weinhandel den hierzu berufenen Firmen überlässt."[62]

Nun bat ein gewisser Dr. Hövische um „gefl. Rückäußerung, ob die der Aachener Kammer zugeleitete Beschwerde wirklich den Tatsachen entspricht".[63] Der Jurist ließ freilich keinen Zweifel an seiner eigenen Meinung in dieser Angelegenheit. Diese, so gab er vor, sei grundsätzlich diejenige der Reichsgruppe Industrie, wonach die Industrie „möglichst nicht durch eigene Einrichtungen Verteilerfunktionen ausüben soll".[64]

Kellermann und Hilbert formulierten gemeinsam eine Antwort. Dem Ton nach war sie ebenso informativ wie sachlich gehalten. „Wir haben in Nierstein einen Kalksteinbruch, zu dem ein Reservegelände gehört", schrieben die beiden Vorstandsmitglieder. „Dieses Gelände wird seit altersher als Weinberg genutzt." So viel war schon einmal klargestellt. „Der Wein wird von uns grundsätzlich nicht öffentlich zum Verkauf angeboten, sondern in Kreisen, die unserem Werke nahestehen, abgesetzt." Allerdings mit einer bezeichnenden Einschränkung: „An andere Personen wird der Wein nur abgegeben, wenn diese den Wunsch äußern, unseren Niersteiner Wein zu beziehen."[65] Auch das war also klargestellt.

Nun musste nur noch der von der IHK Aachen inkriminierte Fall für unschädlich erklärt werden: Es sei „aus Versehen in die Hände gelangt, für die es nic ...." – damit bricht der Durchdruck ab. Doch gleich mit welchen Floskeln wie das Schreiben abgeschlossen worden sein könnte, die Botschaft, die zwischen den Zeilen zu lesen war, dürfte an Eindeutigkeit nichts zu wünschen übriggelassen haben: Die GHH wollte sich von niemandem in die Überlegungen hineinreden lassen, was man mit den eigenen Weinen anzustellen gedachte.

Intern könnte die Demarche der Industrie- und Handelskammern jedoch durchaus ihre Wirkung nicht verfehlt haben. Warum sonst erwog Hilbert im Herbst 1935, Reusch um Zustimmung für das bevorstehende Weinangebot an die Aktionäre zu ersuchen? Dass diesen in ihrer Eigenschaft als Anteilseigner nicht nur GHH-Wein zugesandt, sondern die Niersteiner Weine wie andere „Geschäftsfreunde" auch über Oberhausen erwerben konnte, war eine seit langem geübte Praxis.

Leider haben sich im Kontext der Aktenüberlieferung Namenslisten mit den Aktionären der GHH, die sich ausnahmslos aus Mitgliedern der weitverzweigten Duisburger Familie Haniel rekrutierten, aus den späten zwanziger und frühen dreißiger Jahren nicht erhalten. Ebenso wenig sind die Rundschreiben überliefert, mit denen der Wein annonciert wurde. Erst aus dem Jahr 1934 liegt eine Liste mit einschlägigen Versandadressen vor. Diese aber ist umso aufschlussreicher, als sie den Personenkreis zumindest in Umrissen erkennen lässt, der von Paul Reusch als Vorstandsvorsitzendem persönlich mit Wein bedacht wurden.

Unsere Niersteiner Weine

Den Anfang der insgesamt zwölf Personen umfassenden Liste der Aufsichtsräte machten allesamt Herren aus der Familie Haniel aus – mithin die Haupteigentümer des Unternehmens: der vormalige Landrat und nunmehrige Geschäftsführer der Firma Haniel und Lueg Dr. Karl Haniel (Dabringhausen, Rheinland.), Richard Haniel (Baden-Baden). Dr. Curt Berthold Haniel (München) sowie Dr. Franz Haniel (München). Des Weiteren sollten bedacht werden der Hamburger Unternehmer und Gutsbesitzer Otto Wiskott (Gerdshagen, Mecklenburg), Regierungsassessor Eduard von Banck (Wojnowitz bei Ratibor/Oberschlesien), der Jurist und Rittergutsbesitzer Bruno Eichwede (Milmersdorf bei Templin), der Verleger und Rittergutsbesitzer Dr. Dr. Paul de Gruyter (Bantikow/Neustadt an der Dosse), Hans Georg Oeder (Seehausen/Altmark), Reichskommissar Karl von Starck (Laar bei Zierenberg, Bz. Kassel) sowie das GHH-Vorstandsmitglied Georg Lübsen (Essen).[66] Viele, deren Zugehörigkeit zu der Haniel-Familie nicht auf den ersten Blick kenntlich war, waren, wie etwa auch der vormalige Reichskommissar für die besetzen Gebiete Karl von Stark, durch Einheirat Mitglieder der weitverzweigten Familie Haniel geworden. Andere, wie Paul de Gruyter, ein namhafter Bauunternehmer, war 1930 von seinem Freund Reusch in den Aufsichtsrat der GHH berufen worden.

So betrachtet vermag es vielleicht nicht verwundern, dass sich Paul Reusch persönlich darum bemühte, dass alle Aufsichtsratsmitglieder mit Wein bedacht wurden. Als Vorstandsvorsitzender war er auf das Vertrauen der Eigentümerfamilie Haniel angewiesen – und konnte wohl auch stets darauf zählen, hatte er doch aus der Gutehoffnungshütte, die mit Bergbau und Roheisenproduktion groß geworden war, nach dem Ersten Weltkrieg durch Unternehmensgründungen und -übernahmen beziehungsweise Mehrheitsbeteiligungen eines der größten Montanunternehmen in Europa gemacht.[67] So hatte die GHH Anfang 1918 zusammen mit der AEG und Hapag-Lloyd die Deutsche Werft in Hamburg ins Leben gerufen und sich 1921 an der Handelsgesellschaft Ferrostaal (Den Haag/Essen) beteiligt.

Für die strategische Weitsicht Reuschs sprach auch, dass er nach dem Krieg die Expansion der GHH und damit die Absatzmöglichkeiten eigener Vorprodukte nach Süddeutschland forciert hatte. Dort hatte man Roheisen und Stahl bis 1918 vorwiegend aus Luxemburg und Lothringen bezogen, was nun nicht mehr oder nur unter sehr erschwerten Bedingungen möglich war. In Süddeutschland wurden nun neben der Maschinenfabrik Augsburg-Nürnberg, bei der die GHH 1921 die Mehrheit übernahm, zahlreiche weitere Unternehmen gekauft, darunter die Maschinenfabrik Esslingen, die Zahnradfabrik Augsburg und die Deggendorfer Werft und Eisenbaugesellschaft. Später kamen über Beteiligungen aus dem Kreis der Eigentümerfamilie Haniel Anteile an mehreren bayerischen Zeitungen hinzu, darunter die „Münchner Neuesten Nachrichten“[68] und der „Fränkische Tag“.

Im Zuge dieser Expansion wurde auch die Rechtsform des Unternehmens verändert. 1923 war unter dem Eindruck der Ruhrkrise der „Gutehoffnungshütte Aktienverein für Bergbau und Hüttenbetrieb" in eine Dachgesellschaft umgewandelt worden, die als GHH AV von Nürnberg und damit von einem Ort außerhalb der Reichweite der Franzosen aus die Konzernbetriebe kontrollierte. Die produktiven Unternehmensteile der GHH in Oberhausen hießen fortan „Gutehoffnungshütte Aktiengesellschaft" (GHH AG). Die Mehrheit der Anteile an beiden Gesellschaften besaßen weiterhin die weitverzweigten Mitglieder der Familie Haniel. Banken waren im Kreis der Investoren und damit auch im Aufsichtsrat nach der Überzeugung Reuschs fehl am Platz.

Zehn Jahre nach dieser rasanten Expansion war der Vorstandsvorsitzende in einer Rolle zu erleben, die auf den ersten Blick so gar nicht zu dem des ambitionierten Managers passte, der an der Spitze einer weltweit aktiven Unternehmensholding stand und das überdies im Begriff war, mit seinen weitgefächerten Beteiligungen eine wichtige Rolle in der Aufrüstungspolitik Hitlers zu spielen. Denn es war Reusch höchstpersönlich, der die Weinsorte für jeden Adressaten aussuchte: 1933er Niersteiner Hölle für Lübsen, Oeder und Wiskott, 1933er Niersteiner Galgenhohl Nr. 9" für Curt Berthold und Rudolf Haniel, 1930er Niersteiner Galgenberg für Eichwede und Franz Haniel usw.[69] Unter der Annahme, dass Reusch die Weinauswahl nicht durch Würfeln traf, wäre zu vermuten, dass er selbst die einzelnen Weine gut kannte und voneinander unterscheiden konnte – möglicherweise sogar mit Blick auf die persönlichen Vorlieben seiner Aufsichtsratsmitglieder.

Dieser Befund – sollte er zutreffen – spricht eine doppelte Sprache: Zum einen ist er ein Indiz für die hohe Identifikation Reuschs mit dem Weingut, zum anderen hat er es unter den vielen Pflichten, die ihm als Vorstandsvorsitzenden oblagen, als eine der nicht geringsten betrachtet, das Netzwerk der Aufsichtsräte mit „unseren Niersteiner Weinen" zu pflegen – zu buchen im Übrigen unter „Unkosten".

Für diese Mutmaßung spricht, dass der Niersteiner Wein dem Vorstandsvorsitzenden weit über den Kreis der Aufsichtsräte hinaus dazu diente, einer Vielzahl an privaten und beruflichen Beziehungen eine sehr persönliche Note zu geben. So mag die Namensliste aus dem Jahr 1934 nur eine Momentaufnahme sein. Als solche ist sie aber nur ein Teil, wenn auch ein recht großes, eines Beziehungsgeflechts, das sich anhand einer Akte aus dem Nachlass von Paul Reusch noch etwas genauer fassen lässt.

So traf etwa Anfang 1936 eine Sendung von hundert Flaschen 1932er Niersteiner Hölle beim Vorstand der Maschinenfabrik Augsburg-Nürnberg (M.A.N.) in Augsburg ein.[70] Ebenfalls mit Wein bedacht wurde, wenngleich einige Jahre später, der Aufsichtsratsvorsitzende und geheime Kommerzienrat Dr. Oskar Ritter von Petri – Reusch ließ ihm den Wein „als eine Aufmerksamkeit der Gutehoffnungshütte an den süddeutschen Freund des Konzerns" zukommen.[71]

Zu den „Freunden" zu zählen war auch Generaldirektor Johann Wilhelm Welker (Quakenbrück), der seit 1917 an der Spitze der damals gegründeten Handelsgesellschaft Franz Haniel & Cie. (FHC) stand und 1930 als Nachfolgers Reuschs an die Spitze der Industrie- und Handelskammer Duisburg gewählt worden war.[72] Welker, ein Katholik, war parteilos und blieb es – als einziger IHK-Präsident in Deutschland während der Zeit des Nationalsozialismus. Aus welchen Anlässen und in welcher Absicht Reusch Weinsendungen wie diese in Auftrag gab, geht aus den Unterlagen aber nicht hervor. Dabei würde man gerne wissen, warum Reusch etwa im Sommer 1936 den neuernannten Deutschen Gesandten in der rumänischen Hauptstadt Bukarest, den aus Oppenheim am Rhein stammenden Minister Dr. Wilhelm Fabricius, mit insgesamt 400 Flaschen Niersteiner Wein des sehr guten Jahrgangs 1934, bedachte.[73] Oder was ihn mit dem evangelischen Pfarrer des unweit des Katharinenhofs gelegenen Weinorts Möglingen verband.[74] So viel steht fest: Die Universität Erlangen hatte Paul Reusch 1929 mit einem Doktortitel honoris causa geehrt. Zeigte er sich 1932 mit 200 Flaschen 1929er Galgenhohl für das Professoren-Kollegium und 1000 Flaschen 1930er Niersteiner Hölle für die Studentenhilfe in Erlangen erkenntlich?[75]

Auf sicherem Boden steht man, wenn sich hinter anderen Namen Familienangehörige Reuschs zu erkennen geben. 1932 hatte sein Schwiegersohn Major Erich Tschunke, der 1921 Reuschs Tochter Bozena geheiratet hatte, auf der Rückreise von einer Abrüstungskonferenz in Genf zusammen mit Generalleutnant Werner von Blomberg, dem er als Adjutant diente, das Weingut in Nierstein besichtigt.[76] Ein Jahr später schickte Reusch 100 Flaschen 1931er Galgenhohl (Fass 13) an das Offiziersheim des in Tübingen stationierten II. Bataillon des 14. (Bad.) Infanterie-Regiments.[77] Tschunke hatte dort gerade das Kommando übernommen. Im Juli 1936 wurde Tschunke, mittlerweile Militär- und Luftattaché bei der Deutschen Gesandtschaft in Prag, mit 1934er Niersteiner bedacht.[78] Weitere Lieferungen sind nicht dokumentiert – Tschunke verstarb noch im selben Jahr. Auch der andere Schwiegersohn Reuschs, der Gatte seiner Tochter Barbara, Oberstudiendirektor Dr. Karl Hahn (Bielefeld), ging nicht leer aus. Im Januar 1933 wurde er mit der Hälfte der für Reusch zurückgelegten hundert Flaschen 1929 Niersteiner Galgenberg (Fass 14) bedacht.[79]

Mit der Politik verflochten

Zu den Persönlichkeiten des öffentlichen Lebens, mit denen Reusch sich derart verbunden fühlte, dass er sie mit Wein bedachte, zählten vorwiegend als rechtsnational bekannte Akteure: Professor Dr. Heinz Braune, Direktor der Staatsgalerie Stuttgart und Mitglied im Kampfbund deutsche Kultur, kam 1937 in den Genuss Niersteiner Weins.[80] 1939 war es Kronprinz Rupprecht von Bayern, dem Reusch – wohl im Anschluss an einen gemeinsamen

Kuraufenthalt in Karlsbad – mit den besten Erzeugnissen der Jahrgänge 1935 und 1937 seine Aufwartung machte.[81]

Auch mit der Politik war Reusch eng verflochten, zumal er die GHH „bereitwillig an der Aufrüstung beteiligte und schon frühzeitig in den Dienst des NS-Regimes stellte".[82] Privat blieb er jedoch zu allzu offenkundigen Nationalsozialisten auf Distanz. So machte Reusch erst im Dezember 1939 dem vormaligen Reichskanzler und Reichsbankpräsidenten Hans Luther (1879–1962) fünf Flaschen Wein zum Geschenk – ohne dass in dieser Situation erkenntlich wäre, was diese beiden Männer über eine deutschnationale Gesinnung und viele Begegnungen in den Tagen der Weimarer Republik zwischenzeitlich verbunden hatte. Immerhin hatte Luther das nationalsozialistische Deutschland von 1933 bis 1937 als Botschafter in den Vereinigten Staaten von Amerika repräsentiert.[83]

Der vormalige Reichswirtschafts- und Reichsfinanzminister Julius Curtius (DVP) erhielt 1941 Niersteiner Wein – allerdings auf dessen Kosten.[84] Mehrfach dokumentiert sind Weinlieferungen aus Nierstein, die von Reusch persönlich veranlasst wurden, an den langjährigen Reichsbankpräsidenten Hjalmar Schacht.[85] Dieser hatte 1930 im Streit über den Young-Plan dieses Amt niederlegt. Sein Nachfolger war Hans Luther geworden, der von 1923 bis 1925 Reichsfinanzminister gewesen war.

Kurz nach der Machtübertragung verlor Luther dieses Amt auf Druck der Nationalsozialisten an den erfahrenen Banker Hjalmar Schacht.[86] Der alte und neue Reichsbankpräsident, der sich 1931 durch seine Teilnahme an dem „Harzburger Treffen" offen auf die Seite der antiparlamentarischen Rechten gestellt hatte,[87] wurde sofort zu einer Schlüsselfigur in Hitlers Aufrüstungspolitik: Er ersann unter anderem die nach einer Scheinfirma namens „Metallurgische Forschungsgesellschaft" benannten Mefo-Wechsel, mit denen er dem Reich jene Liquidität außerhalb des Staatshaushaltes verschaffte, die der Verschleierung der Aufrüstungspolitik diente. Reusch war mit Kapital der GHH sofort dabei.[88] Wie nahe sich Schacht und Reusch Anfang der dreißiger Jahre während ihrer gemeinsamen Mitgliedschaft im Beirat der Bank für Internationalen Zahlungsausgleich (BIZ) standen, wäre noch im Detail zu klären – die von Schacht redigierte „Industrielleneingabe" etwa, die 1932 mit dem Ziel verfasst worden war, Repräsentanten der deutschen Industrie dafür zu gewinnen, durch ihre Unterschrift bei Reichspräsident Paul von Hindenburg für die Ernennung Hitlers zum Reichskanzler zu werben, hatte Reusch – anders als der mit den Nationalsozialisten sympathisierende Fritz Thyssen – nicht unterzeichnet.[89] Bei der von Schacht ersonnenen „Adolf-Hitler-Spende" der deutschen Wirtschaft war Reusch jedoch seit 1933/34 dabei.[90] Bemerkenswert ist auch, dass Weinsendungen an Schacht erst ab dem Jahr 1937 dokumentiert sind, also für die Zeit, in der er vom Amt des Reichswirtschaftsministers zurückgetreten war.[91]

Wollte Reusch Schacht in Gestalt von GHH-Wein vielleicht ein Zeichen der inneren Anteilnahme senden? Hatten sich vielleicht zwei Männer gefunden, von denen der eine den Nationalsozialisten zumindest weltanschaulich immer ablehnend gegenübergestanden hatte, der andere aber nach Jahren mit den Nationalsozialisten gebrochen hatte, weil ihm schwante, dass sie Deutschland in eine Katastrophe stürzen würden? Oder wollte sich Reusch gegenüber Schacht „nur“ erkenntlich zeigen, weil die GHH und ihre Tochterunternehmen von der Aufrüstungspolitik, deren finanzieller Architekt Schacht zweifellos war, stark profitiert hatten? Fragen wie diese lassen sich wohl nicht mehr beantworten. Aber alleine der Umstand, dass Reusch sich ausweislich der von ihm veranlassten Weinsendungen noch Ende der dreißiger Jahre in einem Netzwerk aus rechtsnational grundierten Politikern und Finanzfachleuten bewegte, dürfte eine weitere, wenngleich marginale biographische Facette im Bild dieses Mannes sein.[92]

Besonders gut ausgefallen

Paul Reusch war indes nur die sprichwörtliche Spitze des Eisbergs, wenn es darum ging, den GHH-Wein zur Pflege von Beziehungen jeder Art einzusetzen. Die Hauptlast dieser Arbeit innerhalb des Konzerns fiel auch nicht seinem ältesten Sohn, dem Bergassessor Hermann Reusch, zu, der seit 1937 in dem „väterlichen“ Unternehmen als Vorstandsmitglied arbeitete. Die sprichwörtliche Spinne in diesem weitgespannten Beziehungsnetz war Ernst Hilbert, der seit dem 1. Juni 1923 dem Unternehmen als stellvertretendes Vorstandsmitglied angehörte. Dieser nahm nicht nur immer wieder die Weisungen Reuschs hinsichtlich des Weinversands an dessen persönliches Netzwerk entgegen (und musste über den Vollzug umgehend Bericht erstatten). Hilbert musste auch in allen anderen Angelegenheiten den Kontakt mit dem Weingut halten sowie die Verteilung der Weine innerhalb der verschiedenen Abteilungen der Mutter- sowie der einzelnen Tochtergesellschaften einschließlich der Unternehmen regeln, an denen die GHH die Mehrheit besaß.

Warum welche Entscheidungen wie ausfielen, lässt sich der Korrespondenz, so sie überhaupt erhalten ist, nur selten entnehmen. So fehlten etwa sämtliche Weine des Jahrgangs 1934 „naturrein, aus dem Weingut der Gutehoffnungshütte, Nierstein“ unter denen, die Hilbert im Januar 1936 aus den Beständen des Werksgasthauses in Oberhausen dem Direktor des Eisenwerkes Nürnberg, Theodor Eberhard Suess, sowie einem gewissen Herrn Hass dort selbst empfahl.[93] Lag dies wohl daran, dass das Werksgasthaus damals nur die mehr als bescheidenen Weine der Jahrgänge 1930 bis 1932 führte?

In der Tat war der 1934er, auf den sich damals alle Hoffnungen richteten, noch lange nicht versandbereit. Erst im Mai 1936 wurde das einschlägige Rundschreiben gedruckt, mit dem darauf verwiesen wurde, dass ein neuer Jahrgang von Nierstein aus zum Versand bereitstehe. „Der 1934er ist besonders gut ausgefallen“, war darin zu lesen, was sich auch insofern in den Preisen niederschlug, als erstmals eine Mark pro Flasche verlangt wurde – wenngleich nur für die beiden „Spitzenweine“ Galgenberg-Riesling und Galgenhohl. Ein Kautzbrunnen war noch immer für 75 Pfennige zu erstehen – immer ohne Glas, Kiste und Leergut.[94]

Mit der Verfügbarkeit des guten Jahrgangs 1934 war es indes endgültig um die „Restbestände früherer Jahrgänge“ geschehen. Die Preise für die jetzt endgültig obsoleten 1931er, 1932er und 1933er Weine wurden nun auf eine Spanne von 65 bis 85 Pfennige gesenkt – mit zunächst mäßigem Erfolg.[95] Ende Juni 1936 lagerten noch immer rund 25.000 Flaschen dieser Jahrgänge in Nierstein. Zu den fast 39.000 Flaschen 1934er hinzugekommen war aber zu allem Überfluss die für damalige Verhältnisse riesige Ernte des Jahres 1935: 76.000 Liter.[96]

Also galt es, den Verkauf des 1934ers zu forcieren: Ende Mai 1936 setzte Hilbert Paul Reusch mit einer Aktennotiz davon in Kenntnis, dass jeweils zehn Probeflaschen an die Konzerntöchter abgesandt worden seien: Die M. A. N.-Werke in Augsburg, Nürnberg und Gustavsburg (bei Mainz) waren ebenso darunter wie das Osnabrücker Kupfer- und Drahtwerk und die Schloemann A. G.. Nicht fehlen durften auch die Kabel- und Metallwerke Neumeier, die Franz Haniel & Cie in Düsseldorf und Mannheim und die Ferrostaal in Essen, über die die GHH einen Großteil ihres Auslandsgeschäfts abwickelte.[97] Eine gute Woche später hielt Hilbert erstmals einen Brief eines Mannes in der Hand, der uns im Zusammenhang mit dem Weingut Nierstein noch bis in die sechziger Jahre begegnen wird: Hermann Reusch bat Hilbert im Auftrag seines Vaters, allen Mitgliedern des Aufsichtsrates ebenfalls jeweils zehn Probeflaschen zukommen zu lassen.[98]

Welche Früchte das Engagement Hilberts trug, um den Verkauf der 1934er Weine zu forcieren, ist nicht präzise zu ermessen. Legt man einen Bericht der Abteilung F an Hilbert vom 21. Dezember 1936 zugrunde, dann hatte sich der Bestand an Altweinen innerhalb weniger Monate auf annähernd 14.000 Flaschen fast halbiert. Von den 1934er Weinen hingegen war schon so gut wie nichts mehr vorhanden: In der Bilanz standen noch etwa 4800 Flaschen Galgenberg. Hinzu kamen genau 1000 Flaschen, die für den Vorstandsvorsitzenden zur persönlichen Verfügung reserviert waren.[99] Damit war das Weingut Ende 1936 zum ersten Mal seit vielen Jahren, wenn nicht überhaupt zum ersten Mal ausverkauft – wozu die gute Qualität des 1934er ebenso beigetragen haben dürfte wie die Strategie Hilberts, den GHH-Wein den Konzernwerken anzudienen. Freilich dürften diese beiden Faktoren nur notwendige und nicht schon hinreichende Bedingungen gewesen sein. Ohne dass sich die wirtschaftlichen und sozialen Verhältnisse in Deutschland 1936 und damit im Jahr der Olympischen Spiele gegenüber denen der Jahre vor 1933 deutlich verbessert hatten, wäre wohl auch die Nachfrage nach GHH-Wein nicht so stark ausgefallen.

Doch schon Ende 1936 drohte neues Ungemach – die Ernte jenes Jahres war „wegen zu hohen Säuregehalts“ so schlecht ausgefallen, dass sie selbst bei den nicht übermäßig hohen Ansprüchen an die Weine der GHH nicht unter diesem Namen vermarktet werden sollten: Die Mostgewichte betrugen zwischen 59 und 70 Grad Oechsle, der Säuregehalt zwischen 16 und 23 Promille.[100] Weil man die Weine prinzipiell nicht durch Zuckerzusatz „verbessern" und damit halbwegs trinkfähig machen wollte, wurde der 1936er als Maische, d. h. von der Kelter weg verkauft. Das aber bedeutete, wie die Abteilung F Ende 1936 an Hilbert schrieb, dass die 1935er Weine für zwei Wirtschaftsjahre reichen mussten – und das bei Aufwendungen für die Bewirtschaftung des Weingutes von 45.000 Mark im Jahr. Diese Rechnung konnte wohl knapp aufgehen: Im Weingut waren schon fast 20.000 Flaschen abgefüllt worden, mehr als 50.000 Liter warteten noch in Lagertanks auf die Füllung.[101]

Angesichts der guten Qualität der 1935er – die Mostgewichte betrugen zwischen 80 und 93,5 Grad Oechsle im Wiesengewann und in der Lage Galgenhohl, im Kautzbrunnen waren es immerhin noch 68 bis 78 Grad Oechsle – sah Hilbert um Juni 1937 keinen Grund, die Preise für die Weine dieses Jahrgangs geringer anzusetzen als die für den 1934er.[102] Wie für den Jahrgang zuvor, wurde der Kautzbrunnen als billigster Wein für 75 Pfennige ausgeboten, die beiden teuersten (Galgenhohl-Riesling und Galgenhohl) für 1,05 Mark. Am 7. August 1937 ging das entsprechende Rundschreiben heraus. Über Probesendungen erfahren wir aus diesem Jahr nichts. Dessen ungeachtet scheint sich der 1935er gut verkauft zu haben. Im Geschäftsjahr 1937/38 wurden gut 61.000 Flaschen abgesetzt, so dass am 30. Juni 1938 in Nierstein noch 33.650 Flaschen 1935er und 2584 Liter Wein lagerten. Hinzu kam die mit annähernd 40.000 Liter eher kleine, aber qualitativ an die 1929er Weine heranreichende Ernte des Jahres 1937.[103]

Welche Wege diese Weine in jenen Jahren nahmen, lässt sich anhand der Akten auch nicht annähernd präzise rekonstruieren. Ebenso wenig spiegeln sich in den Akten, die das Weingut betreffen, die immer dramatischer werdenden Zeitumstände. Der allmähliche Abschluss der Verdrängung der Juden aus dem Wirtschaftsleben im Allgemeinen und dem Weinhandel im Besonderen[104] spielte im Zusammenhang mit den Aktivitäten des Weingutes und der Verwaltung in Oberhausen genauso wenig eine Rolle wie die Reichskristallnacht oder die Annexion des Sudetenlandes und der Überfall auf die Tschechoslowakei. Stattdessen erfahren wir nur, dass „Siegener Bergschüler" am 29. Oktober 1938 das Weingut Nierstein besichtigt hatten und für deren Bewirtung sieben Flaschen aufgewendet wurden.[105] Außerdem wollte sich Hilbert „mit 2 Herren und 2 Damen" am Nachmittag des 26. November 1938 zu einer Kellerbesichtigung nebst Weinprobe in Nierstein einfinden.[106]

5 Wein und Krieg

Warum die Nachfrage nach GHH-Wein stetig stieg und dieser dem Unternehmen gute Dienste leistete

Auch der Ausbruch des Zweiten Weltkrieges hat sich in der Korrespondenz bezüglich des Weingutes, soweit sie sich in den Nachlässen Reuschs und Hilberts erhalten hat, nicht niedergeschlagen. Stattdessen hieß es am 18. Juli 1940 und damit in den ersten Wochen nach dem Überfall auf Frankreich, Belgien und die Niederlande in demselben geschäftsmäßigen Ton wie immer, dass die 1938er Weine nun bald in den Verkauf kommen könnten. Allerdings sei dieser Jahrgang mit nur 38.000 Flaschen sehr klein ausgefallen. Überdies sei er dem 1937er – der in den Akten leider so gut wie keine Spuren hinterlassen hat – qualitativ deutlich unterlegen: mehr als ein „durchaus trinkbarer Tischwein" sei nicht zu erwarten. Bei Mostgewichten von 66 bis 85,6 Grad Oechsle und Säuregehalten von 11 bis 14,5 Promille war dies ein recht wohlwollendes Urteil.[1]

Um den absehbaren Betriebsverlust so gering wie möglich zu halten, schlug Hilbert nun vor, die Preise gegenüber denen der 1937er nochmals heraufzusetzen. Die Preisspanne für diesen Jahrgang hatte sich von immerhin 95 Pfennige für eine Flasche Kautzbrunnen bis zu 1,25 Mark für einen Galgenhohl (einen „Galgenhohl-Riesling" gab es aus welchen Gründen auch immer nicht mehr) erstreckt. Würde man die 1938er Weine für diese Preise annoncieren, so Hilbert, liefe dies auf einen Verlust von 12.000 Mark hinaus. Erhöhte man indes die Preise auf eine Spanne von 1,10 bis 1,50 Mark, dann wäre ein ausgeglichenes Jahresergebnis zu erwarten. „Ich möchte anregen, die erhöhten Preise, die immer noch sehr bescheiden sind, festzusetzen", schrieb Hilbert über Kellermann an Reusch. Dieser scheint sich den Vorstellungen seines Direktors nicht angeschlossen zu haben. In einem Schreiben aus dem Jahr 1941 jedenfalls offerierte Hilbert den 1938er Wiesengewann zum „alten" Preis von 1,05 Mark.

Tatsächlich war mit dem Jahrgang 1938 die ungewöhnlich lange Reihe von mittleren und guten Jahrgängen der dreißiger Jahre – das Fehljahr 1936 ausgenommen – zu Ende gegangen. Über die 1939er Weine, die unter den Bedingungen der Generalmobilmachung geerntet worden waren, verloren die Herren in Oberhausen nur wenige Worte. „Die Aussichten für das Erntejahr 1939 konnten noch bis Mitte des Jahres als annehmbar bezeichnet werden, jedoch trat durch die Witterungsverhältnisse eine erhebliche Verschlechterung der Ernteaussichten ein", hieß es im Jahresgeschäftsbericht 1938/39.[2] Tatsächlich war der Jahrgang so schlecht wie zuletzt der 1928er. Mehr als 69 Grad

Oechsle wies keiner der Moste auf, und bei zehn bis 19 Promille Säure waren diese im Grunde ungenießbar.

Mit dem 1940er verhielt es sich kaum besser. Die Mostgewichte betrugen zwar zwischen 75 und 80 Grad Oechsle, doch die Säurewerte schwankten zwischen 12,3 und 16 Promille. Zudem berichtete der Leiter der Abteilung F, Philipp Leiendecker, im November jenes Jahres an Hilbert, dass in Nierstein nur knapp 11.000 Liter oder nur 25 Prozent einer normalen Ernte geerntet worden seien. Das bedeutete aber nichts anderes, dass das Weingut seine Betriebskosten, die Anfang der dreißiger Jahre mit etwa 45.000 Mark im Jahr angesetzt worden und seither weitgehend gleichgeblieben waren, abermals nicht decken konnte.[3] Gleichwohl hielt die Unternehmensführung in Oberhausen an ihrer Niedrigpreispolitik fest: „Von einer Erhöhung der Weinpreise, die um etwa 0,45 RM je Flasche unter den handelsüblichen liegt, ist für diese Jahrgänge abgesehen worden", hieß es im Jahresbericht 1940/41.[4]

Niemals dem Handel zugeführt worden

Dabei wäre den Vorständen der Gutehoffnungshütte sowie dem Vorstandsvorsitzenden Paul Reusch etwas mehr Wein in diesen Jahren sehr recht gewesen. Nicht, dass auf der Weinliste des Werksgasthauses vom 1. März 1939 unbedingt mehr als nur zwei Weine aus dem eigenen Weingut hätten erscheinen müssen.[5] Und nicht von Nachteil war es auch, dass der Jurist Hans Vygen, ein Mitarbeiter der in einem der M. A. N. gehörenden Gebäude in der Charlottenstraße 43 ansässigen „Verwaltungsstelle Berlin der Gutehoffnungshütte und der ihr nahestehenden Unternehmungen", am 15. Juli 1940 auf eine neuerliche Intervention des Reichsverbands Industrie, die sich gegen den Weinvertrieb durch Werkskasinos richtete, wahrheitsgemäß antworten konnte, dass in Oberhausen eine „Abgabe angekaufter Weine grundsätzlich nicht stattfindet".[6]

Vygen, der 1953 mit Wechsel Hilberts in die Position eines ordentlichen Vorstandsmitglieds die operative Verantwortung für das Weingut übernehmen und diese bis in die siebziger Jahre behalten sollte, fuhr fort: „Die in den Niersteiner Weinbergen der Gutehoffnungshütte gezogenen Weine werden von jeher unmittelbar an Gefolgschaftsmitglieder und Konzernwerke verkauft. Diese in eigenen Weinbergen gezogenen Weine sind niemals dem Handel zugeführt worden. Dies kann auch für die Zukunft nicht in Frage kommen."[7] Damit schien sich der fragliche Sachbearbeiter in der Reichsgruppe Industrie zufriedengegeben zu haben. Ob das auch der Fall gewesen wäre, wenn Vygen berichtet hätte, dass die Weine auch „nahestehenden Persönlichkeiten" angeboten worden wären?[8] So jedenfalls hatte es Hilbert dem Direktor der „Verwaltungsstelle Berlin" der GHH, Paul Reuschs langjährigen Vertrauten Martin Blank, geschrieben.

Derweil bereitete Hilbert in diesen Wochen den Verkauf der 1938er Weine vor. Diese sollten „zunächst nur dem Werksgasthaus, Verein und Erholung, unseren Beamten, den Konzernwerken und unserem Aufsichtsrat“ angeboten werden.[9] So kam es auch – und das zu den sehr niedrigen Preisen, an denen die Konzernspitze seit der Gründung des Weingutes im Jahr 1920 festgehalten hatte. Zwar war das Weingut im Geschäftsjahr 1939/40 „infolge der geringen und zum Teil minderwertigen Weinernten der letzten Jahre“ wieder einmal in die Verlustzone gerutscht. Aber, so hieß es in dem einschlägigen Jahresgeschäftsbericht 1939/40, von „einer Ertragssteigerung durch Erhöhung der Preise, die sich hätte rechtfertigen lassen, wurde bewusst Abstand genommen“.[10]

Was sich hinter dem „bewusst“ verbarg, ist den vorliegenden Akten nicht zu entnehmen. Es liegt jedoch nahe, sich an den Streit zu erinnern, der noch während des Ersten Weltkriegs über den rasanten Anstieg der Weinpreise ausgebrochen war und der noch lange nachhallte. So ist es gut möglich, dass sich das Unternehmen keinesfalls dem Ruf aussetzen wollte, den Ausbruch des Krieges dazu benutzt zu haben, die Preise für ihre Weine zu erhöhen.

Die Freundschaft erhalten

Doch was wollte Hilbert mit der Formulierung andeuten, dass die unternehmenseigenen Weine „zunächst“ dem oben beschriebenen Adressatenkreis angeboten werden sollten? Sollte dies womöglich eine Anspielung auf den Hinweis sein, dass sich seit langem allerlei „nahestehende Persönlichkeiten“ für den Niersteiner Wein der GHH interessierten – und dies umso heftiger, je länger der Krieg dauerte?

Nach mehreren schlechten Ernten und einem schnell einsetzenden Zugriff auf Weinvorräte in Weingütern und Weinhandlungen zwecks „Heereslieferungen“ wurde Wein in Deutschland schon ab 1940 rar. Bis zum Zusammenbruch des Dritten Reiches sollte es auch in dieser Hinsicht nur noch weiter bergab gehen. Umso häufiger und auch dringlicher wurden die Bitten nach Weinlieferungen, die an Hilbert, die Mitarbeiter der Berliner Verbindungsstelle und (noch bis zu ihrem erzwungenen Ausscheiden aus dem Unternehmen Anfang 1942) auch an Paul und Hermann Reusch selbst herangetragen wurden. Und die vier Herren wussten diese Notlage im Interesse des Unternehmens zu nutzen.

„Bei mir mehren sich von verschiedenen Seiten die Wünsche, GHH-Wein zu beziehen“, berichtete Blank unter dem Datum des 19. Juni 1941 an Hilbert. „Unter den Interessenten befindet sich unser Freund Wiluhn, Ministerialrat Janke, ein sehr wichtiger Mann aus dem Reichswirtschaftsministerium, und Guth von der Reichsgruppe Industrie. Ich wäre Dir daher sehr dankbar, wenn Du veranlassen würdest, dass mir einmal mitgeteilt wird, wie die Vorratslage bezüglich des Niersteiner Weines ist und ob ich diesen Interessenten einmal etwas anbieten kann".[11] Was dieses „etwas" war, machte Blank sogleich deutlich: Auf Jahrgang und Qualität komme es nicht an, nur sollten es schon 50 Flaschen pro Mann sein.

Hilbert verstand sofort: „Wir müssen also bei den zahlreichen Anforderungen, die an uns gestellt werden, sehr sparsam wirtschaften", schrieb er Blank am 24. Juni zurück. Was im Klartext hieß: 25 Flaschen 1938er Wiesengewann wären für jeden der drei Herren drin. Und: „Notfalls könnte bei einem der Herren, der für uns ganz besonders wichtig ist, die Menge auf 50 Flaschen erhöht werden."[12] Wer am Ende wie viel Wein bekam, geht aus den Akten leider ebenso wenig hervor wie die Antwort auf die Frage, warum diese Herren für die GHH so wichtig waren.

Verbarg sich hinter „Freund Wiluhn" vielleicht Kabinettsrat Willuhn aus Hitlers Reichskanzlei? Welche Rolle spielte Ministerialrat Janke in dem Reichsministerium für Wirtschaft? War er für die GHH womöglich sehr wichtig, weil er dort mit den für die Gutehoffnungshütte gerade in Kriegszeiten nicht unwichtigen Außenhandelsbeziehungen befasst war? Und welches Interesse sollte die GHH an guten Beziehungen zu Karl Guth haben, immerhin dem Geschäftsführer der „Reichsgruppe Industrie"? Um Beschwerden gegen den Werksverkauf von Weinen dürfte es wohl kaum gegangen sein – vielleicht eher darum, dass viele maßgebende Nationalsozialisten auf Paul Reusch nicht gut zu sprechen waren. Dieser sympathisierte nach wie vor ebenso wenig mit dem Regime wie sein präsumptiver Nachfolger Hermann Reusch. Als es über die Führung eines Tochterunternehmens, das für die Rüstungsproduktion immens wichtig war, zum Streit zwischen Reusch und dessen Vorstandsvorsitzenden und langjährigen Nationalsozialisten Ernst Franke kam, nutzte der Sicherheitsdienst des Reichsführers SS (SD) die Gelegenheit, um über die Kanzlei des Führers Paul Reusch und seinen Sohn Hermann zum Rückzug zu zwingen. Der Senior, so hieß es in seiner Stellungnahme der Kanzlei des Führers zu einem Dossier des SD, sei ein „ausgesprochener reaktionär, der mit seiner herabsetzenden und verächtlichen Kritik selbst vor der Person des Führers und des Reichsmarschalls keinen Halt macht". Am Ende des Streits mit der Partei legte Paul Reusch am 21. Februar 1942 alle Ämter mit Ausnahme des Aufsichtsrates der Schwäbischen Hüttenwerke (SWH) nieder. Sein Sohn Hermann folgte ihm als Vorstandsmitglied der GHH zum Ende des Geschäftsjahrs 1941/41 am 30. Juni.[13]

Die Freundschaftsbeweise an wichtige Mitarbeiter in den Berliner Ministerien gingen auch nach Reuschs erzwungenem Rücktritt von der Spitze der Gutehoffnungshütte weiter. Anfang Februar 1943 wurden 25 Flaschen 1939er Niersteiner Galgenberg Riesling auf Veranlassung Vygens an die im Vorjahr gegründete „Reichsvereinigung Eisen" in Berlin geschickt.[14] Im November war es ein Mitarbeiter eben jener Reichsvereinigung, der in Oberhausen „um Überlassung einer Sendung Niersteiner" bitten sollte. Hilbert, der wie die beiden Reuschs niemals der NSDAP angehörte und niemals die Großformeln „Heil Hitler" oder auch nur „mit deutschem Gruß" verwendete, bekam daraufhin am 24. November eine kleine Notiz, in der es hieß: „Ich bin der Meinung, daß wir uns die Freundschaft von Herrn Faber erhalten sollten und dass das mit einer Kiste Niersteiner nicht zu teuer bezahlt ist."[15]

Erheblich unter den Marktpreisen

In Nierstein ging derweil der Alltag weiter, so gut es ging: Mochten die Ernten auch klein sein, so verfügte die GHH mit ihrem Weingut über ein einzigartiges Standbein im deutschen Weinbau. Wie in den Vorkriegszeiten, in denen Hilbert und Messmer unabhängig von den immer engmaschigeren Auflagen und Kontrollen des Reichsnährstandes für die Weinproduzenten und den Weinhandel agieren konnten, so bewegten sie sich auch jetzt – von wenigen Ausnahmen abgesehen – zunächst unter dem Radar der Institutionen, die den Weinbau im Sinne der Nationalsozialisten überwachen und lenken sollten: Weder musste man sich um Höchstpreisregelungen scheren (die allerdings in Nierstein immer deutlich unterboten wurden, wie man sich von dem Weinbauverband in Frankfurt gerne bestätigen ließ), noch unterlagen die Transaktionen zwischen dem Weingut und Oberhausen der Aufsicht des Kreisbauernführers, der ansonsten jeden Verkaufsakt zu sehen bekam, da alle Besitzwechsel mit den sogenannten Schlussscheinen dokumentiert und zur Genehmigung vorzulegen waren.[16]

Einzig im Weinzeichnungsrecht hatte man sich neuen Regeln unterwerfen müssen: Um den gängigen Betrug mit Herkunftsbezeichnungen zu unterbinden, aber auch um Wein aus dem Ausland unzweideutig als solchen kenntlich zu machen, hatte der Reichsnährstand im Herbst 1935 auf dem Verordnungsweg bestimmt, dass bei jedem Wein auf dem Etikett das Anbaugebiet angegeben werden müsse, in dem er gewachsen war. Zu diesem Zweck waren die Weinbaugemeinden zu Gebieten bzw. Untergebieten zusammengefasst worden – eine territoriale Gliederung des deutschen Weinbaus, die bis heute weitgehend unverändert in Geltung ist.[17] Für Nierstein bedeutete dies nach der „Anordnung Nummer 3 – Kennzeichnung von Wein vom 10. September 1935 und der Bekanntmachung vom 30. Oktober 1935", dass alle Etiketten künftig die Herkunftsbezeichnung „Rheinhessen" ausweisen mussten.[18]

Wie nicht anders zu erwarten, begann im Juli 1941 die Vermarktung des in jeder Hinsicht kleinen Jahrgangs 1940 – und das weiterhin zu den bekannt niedrigen Preisen. Mit Blick auf die „geringe Güte" hatte Hilbert vorgeschlagen, das Preisniveau unverändert zu lassen. Aber auch er konnte sich mittlerweile den Hinweis nicht mehr verkneifen, dass die Preise der GHH „erheblich unter den Marktpreisen" lägen. „Nach einer Auskunft des Weinbauverbandes in Frankfurt wären wir berechtigt, ohne besondere Genehmigung unsere Preise auf 1,60 RM je Flasche zu erhöhen."[19] Doch damit konnte er sich in Oberhausen anscheinend nicht durchsetzen.

So teilte Hilbert dem Weingutsverwalter Messmer unter dem Datum des 10. Juli 1941 mit, dass die Preise für die 1939er unverändert bleiben sollten. Der eigentliche Anlass für dieses Schreiben war indes die Ankündigung eines neuerlichen Besuchs in Nierstein. Hilbert wollte am 29. Juli 1941 nach Rheinhessen reisen und sich zusammen mit Leiendecker vor Ort ein genaues Bild der Lage machen. Ihn interessiere vor allem, wie sich die 1939er und die 1940er entwickelten, ließ Hilbert Messmer wissen. Nierstein selbst war für ihn aber nur eine Zwischenetappe. Es wollte wie üblich seinen Sommerurlaub am Tegernsee verbringen – was er Messmer deswegen so zeitig ankündigte, dass dieser Gelegenheit haben sollte, rechtzeitig 50 Flaschen 1938er „aus einer guten Lage" nach Oberbayern vorauszuschicken. Begründung: „Da dort in erheblichem Umfang Bierstop herrschen soll, brauche ich als Ersatz dringend Niersteiner Wein."[20]

Das Bedürfnis nach Niersteiner Wein hatten indes nicht nur Hilbert und Blank – dieser, um Bier durch Wein zu ersetzen, jener, um das kostbar gewordene Gut zur Beziehungspflege einzusetzen. Mittlerweile häuften sich auch im Werksgasthaus in Oberhausen die Anfragen nach Wein – was dazu führte, dass der Weinkeller aus Mangel an Vorräten im Oktober 1942 schon „wieder seit einigen Wochen für den allgemeinen Bezug" gesperrt worden war.[21] Wie also nun mit den Anfragen verfahren, die trotzdem eintrafen, und das vor allem von Personen, so der Direktor der Hauptabteilung G an Hilbert, „denen wir, wenn es irgend geht, doch gerne helfen wollen"?[22] Leiendecker, der Hilbert unterstand, hatte nur Warnungen parat: „Ich empfehle, auf keinen Fall unseren Bezieherkreis in Nierstein zu erweitern, da wir wahrscheinlich mit Schwierigkeiten bei der Belieferung alter Bezieher in Zukunft rechnen müssen."[23] Der Abteilungsleiter F sollte Recht behalten. Die 1941er Ernte sollte kaum besser als der schlechte Jahrgang 1940 und die 1939er Weine ausfallen. Was im Ergebnis nichts anderes hieß, als dass es wieder nur einen „kleinen Naturwein" geben würde.[24]

Schlechte Jahre in Serie

Doch die Weinknappheit war so groß, dass selbst dieser Jahrgang immer wieder Begehrlichkeiten wecken sollte. Legt man die einschlägige Akte aus dem Nachlass Hilbert zugrunde, dann konnten sich noch am ehesten die Aufsichtsratsmitglieder wie Karl Haniel Hoffnung machen, dass ihnen einige Flaschen aus den Beständen in Nierstein zugeteilt würden. Doch auch eine Zusage Hilberts und die entsprechende Anweisung an das Weingut waren von 1942 an keine Garantie mehr, dass dem Wunsch umgehend entsprochen wurde.

Während in der Korrespondenz hier und da die Bedrohung durch den Luftkrieg durchschien, machten sich in Nierstein die zunehmenden Beschränkungen des Wirtschaftslebens bemerkbar. Zunächst wurden Frachtkisten Mangelware, dann wurde Frachtgut als solches von der Reichsbahn kaum oder gar nicht mehr angenommen.[25] Überdies verzögerte eine lange Frostperiode im ersten Halbjahr 1942 den Versand des Weines aus Nierstein. Karl Haniel, der Aufsichtsratsvorsitzende der GHH und seit 1928 auch Vorsitzender des Düsseldorfer Industrie-Clubs, setzte auf Eigeninitiative. Von Düsseldorf aus ließ er im Werksgasthaus in Oberhausen kurzerhand zwei Kisten abholen. Doch nach Nierstein gelangten sie nicht, sondern mussten, da es sich um Spezialanfertigungen handelte, umgehend nach Oberhausen zurückgesandet werden.[26] Erst im Oktober 1942 und damit ein halbes Jahr nach dem Wunsch Haniels, 100 Flaschen Niersteiner, am liebsten Wiesengewann („den ich unlängst bei meiner Mutter trank und der mit sehr gut schmeckte")[27] in das Parkhotel an der Königsallee in Düsseldorf geschickt zu bekommen, konnte das Weingut liefern. Allerdings gab es keinen „Wiesengewann" mehr, sondern 200 Flaschen 1937er Niersteiner Burgweg – ein Wein, der nie offiziell angeboten worden war.

Hilbert musste sich seit 1942 mehr und mehr darauf beschränken, Weinwünsche zu kontingentieren oder ganz abzuschlagen. Zwar lagerten zum Stichtag 30. Juni noch gut 30.000 Flaschen und fast 45.000 Liter Fasswein in Nierstein. Auch war die Ernte des Jahres 1941 mit gut 35.000 Litern zumindest quantitativ nicht schlecht ausgefallen.[28] Aber für den 1942er standen die Aussichten schon zur Mitte des Jahres schlecht: Mengenmäßig seien sie „infolge der großen Frostschäden an den Reben mehr als bescheiden".[29] Anders ausgedrückt: Mehr als 6000 bis 7000 Liter waren nicht zu erwarten, also etwa ein Sechstel einer normalen Ernte.

Dieser Umstand machte es zusammen mit den geringen Ernten der Vorjahre von Monat zu Monat schwieriger, alle Wünsche hinsichtlich der Belieferung mit Niersteiner Wein zu befriedigen. Werksfremde konnten schon seit geraumer Zeit nur noch aufgrund von persönlichen Beziehungen zu den weisungsberechtigten Vorstandsmitgliedern in den Genuss von Weinlieferungen kommen. Aber auch für die Aufsichtsratsmitglieder wurde es immer enger, etwa für Minister a. D. Curtius, von Banck und den Augenarzt Dr. Pagenstecher. Diese wurden aber im Frühjahr und Sommer 1942 noch immer mit Wein bedacht, ebenso ein Bonner Pfarrer namens Daniels (auf Veranlassung von Kellermann) sowie mehrfach der vormalige Generaldirektor der in Wien ansässigen „Vergasungsindustrie" Kurt E. Rosenthal.[30]

Rosenthal hatte sein Spezialunternehmen zur Herstellung von Gaserzeugungsanlagen nach der Annexion Österreichs zusammen mit dem Mitinhaber Osselmann als „Nichtarier" verkaufen müssen. Die GHH übernahm auf Betreiben von Reusch eine 51-prozentige Mehrheitsbeteiligung – aber Rosenthal behielt eine Minderheitsbeteiligung und einen Sitz im Verwaltungsrat, „da ein gewisses Einvernehmen zwischen der GHH und den ehemaligen Inhabern herrschte".[31] Wie weit dieses Einvernehmen ging, lässt sich bis in die letzte Kriegsphase hinein an den regelmäßigen Weinsendungen ablesen – und an den immer wieder bis ins persönlich-herzliche gehenden Briefen, die zwischen Hermann Reusch und dem jüdischen Industriellen, der mittlerweile in Süddeutschland lebte, hin- und hergingen.[32] Wie Rosenthal wurde noch im Sommer 1944 auch Landrat a. D. Karl Haniel, der Leiter der Abteilung Düsseldorf, mit Niersteiner Wein bedacht – die Versandadresse lautete: Hotel Astoria, Badgastein (Salzkammergut).[33]

Naturrein, aber recht sauer

Man könne „nicht einmal mehr den dringendsten Bedarf decken," hatte Hilbert dem Aufsichtsratsmitglied Herbert Cram in Berlin-Lichterfelde schon am 26. November 1942 geschrieben.[34] Abhilfe war aber auch deswegen nicht in Sicht, weil inzwischen auch der für Nierstein zuständige Weinwirtschaftsverband Hessen-Nassau im Spiel war und festlegte, wie viel Wein an Firmen verkauft werden musste, die für die sogenannten „Heereslieferungen" einkaufsberechtigt waren. Von der 1941er Ernte gingen der GHH auf diesem Weg 8400 Liter verloren, für das gesamte Wirtschaftsjahr 1941/42 belief sich der Verlust auf 10.200 Liter Wein.[35]

Dennoch erhielt Cram, der seit 1923 den von seinem Schwiegervater gegründeten Verlag De Gruyter leitete, 25 Flaschen 1939er – „völlig naturrein, aber recht sauer, was insbesondere von den Norddeutschen beanstandet wird".[36] Doch gleich wie die einzelnen Jahrgänge ausgefallen waren, so würde es wohl bald mit Wein als solchem ein Ende haben. Ein Anschreiben an einen in Bad Godesberg lebenden Direktor namens W. Heckel beschloss Hilbert mit den Worten: „... vielleicht aber ist es für die nächsten Jahre das letzte Mal, da die Ernten nicht einmal ausreichen, um den eigenen Bedarf zu decken".[37]

Im Herbst 1942 sollten immerhin noch die 1940er Weine in den Verkauf gelangen – aber ohne Fortüne. Obwohl Messmer am 11. September 1942 die Order erhalten hatte, „abgesehen von dem gelegentlichen Ausschänken von Weinen im Weinkeller" keine Bewirtungen mehr ohne besonderen Anlass vorzunehmen,[38] fehlte es nach Angaben des Weingutsverwalters zunächst an der Zeit für die Füllung, dann an Flaschen. Als endlich eine erste Sendung mit Probeflaschen an Hilbert abgesandt worden war, gingen zwei auf dem Weg von Nierstein nach Duisburg zu Bruch. Messmer wartete aber insofern mit einer Neuigkeit auf, als der Wein aus der Lage Wiesengewann nun als rebsortenreiner „Müller-

Thurgau" bezeichnet wurde.[39] Offensichtlich hatte man in Nierstein mit der Anpflanzung von Müller-Thurgau auf die richtige Rebsorte gesetzt.

Wie dieser Wein bei Hilbert ankam, wissen wir indes nicht. In der Probenliste vom 5. September findet sich dazu keine Bemerkung. Der Galgenberg-Riesling scheint ihm dagegen eine „gute Farbe" gehabt und auch sonst „gut" gemundet zu haben. Der einfache Galgenberg indes war „grau, klein". „Es mag sein, dass ich die Weine zu schnell nach dem Transport probierte habe", gestand Hilbert Messmer gegenüber ein und verband dies mit der Frage: „Wie ist Ihr Urteil über den 1940er?"[40]

Messmer brachte umgehend eine neue Kiste mit Proben auf den Weg und antwortete Hilbert unter dem Datum des 17. September, er halte die 1940er für „schöne Mittelweine, die aber etwas mehr Alkohol haben dürften" – was man dadurch hätte erreichen können, dass man sie wie die 1939er (wie nur in diesem Schreiben erwähnt) „verbessert" hätte.[41] Auch höhere Preise konnte sich Messmer in Absprache mit einem Kommissionär namens vorstellen – doch seine Vorschläge vom 17. September 1942, die Preise auf 1,30 bis 1,60 Mark zu erhöhen und für den Müller-Thurgau sogar 1,70 Mark zu verlangen, blieben, soweit ersichtlich, ohne Widerhall. Dabei hatte Hilbert die zweite Kiste mit Probenflaschen unversehrt erreicht. Bis auf den Galgenberg, der ihm schon beim ersten Mal fehlerhaft erschien und auch diesmal nicht seine Billigung fand, war er mit den Weinen „unter den gegebenen Umständen ... zufrieden".[42]

Was man damals bestenfalls ahnte: Auch für die 1942er Ernte wäre wohl eine Zuckerung in Frage gekommen – aber diese fiel wegen enormer Frostschäden mit nicht einmal 8000 Liter mengenmäßig nachgerade katastrophal aus. Es war „die geringste Ernte, die wir bisher in unserem Weingute erzielt hatten". Die Qualität, so hieß es im Jahresbericht der Abteilung F weiter, sei jedoch „recht gut".[43] Auch das Jahr 1943 stand unter keinem guten Stern. Mit fast 18.000 Litern wurde ein Drittel einer normalen Ernte eingebracht. Doch auch wenn die Qualität etwa der des 1942er entsprach, konnte diese geringe Menge den Ausfall „normaler" Ernten im mittlerweile sechsten Jahr in Folge längst nicht mehr kompensieren.

Wein statt Bier

Konzernwerke wie die Abteilung Gelsenkirchen, die Hackethal Draht und Kabelwerke in Hannover oder „die Herren" in dem auf den Bau von U-Boot-Antrieben spezialisierten Motorenwerk der M.A.N. in Hamburg, die mit größeren Mengen Weins beliefert zu werden pflegten, waren schon mit Kriegsbeginn an eine ebenso kurze Leine gelegt worden wie das Werksgasthaus[44] – und das, obwohl die Nachfrage nach Wein kriegsbedingt überall zugenommen hatte. Denn viele, die es gewohnt waren, Bier zu trinken, kamen schon bald nicht mehr auf ihre Kosten. Selbst im Ruhrgebiet wurde Bier chronisch knapp und hatte überdies wegen einer Herabsetzung des Stammwürzegehaltes auch neun Prozent an Geschmack eingebüßt.[45] Doch bis 1943 waren immer noch geringe Mengen Niersteiner für Oberhausen und die Konzernwerke wie die Schloemann A. G. bestimmt gewesen. Dort sollten die Weine entweder an Angestellte verteilt oder von der Direktion zur Bewirtschaftung von Gästen verwendet werden.[46]

Im Herbst 1943 aber waren die Lagerkeller in Nierstein zum ersten Mal seit der Gründung des Weingutes im Jahr 1920 so gut wie leer. Dabei wären Weine mehr wert gewesen als bares Geld. So jedenfalls war eine an Hilbert gerichtete Bitte der Einkaufsabteilung der GHH vom 23. Februar 1944 zu verstehen, er möge so bald wie möglich 25 Flaschen Niersteiner an einen bestimmten Prokuristen in Hamburg absenden lassen. „Herr Herbst bedarf wieder einmal einer Anregung, uns in der Schmierstoffzuteilung besser zu behandeln."[47] Doch für viel mehr als solche Aktionen reichten die geringen Vorräte nicht mehr. „Augenblicklich haben wir von den Jahrgängen bis 1942 nicht eine Flasche mehr im Keller", schrieb Hilbert unter dem Datum des 14. Juli 1944 an einen Commerzbank-Direktor namens Most.[48] Allerdings werde der 1943 bis Ende des Jahres abgefüllt, so dass er sich Hoffnung auf eine neue Weinsendung aus Nierstein machen könne.

Bis dahin aber galt es noch mehrere Monate nicht nur zu überbrücken – sondern vor allem zu überleben. Der Bombenkrieg hatte 1944 eine solche Intensität erreicht, dass er in jedem Schriftwechsel erwähnt wurde. Um nur ein Beispiel herauszugreifen, in dem der für Hilbert typische, leicht (selbst)ironische Ton unüberhörbar ist: „Lieber Herr Walther", schrieb das stellvertretende Vorstandsmitglied schon unter dem Datum des 24. Februar 1943 an einen in Bremen wohnenden Direktor jenes Namens, „Wir sind in der letzten Zeit unberufen von grossen Fliegerangriffen verschont geblieben. Leider habe ich nach Eintreffen Ihres Briefes hören müssen, dass Bremen wieder einen schweren Fliegerangriff ertragen musste."[49] Im Sommer 1944 hieß es: „Aus Ihrem freundlichen Schreiben vom 31. Juli entnehme ich zu meiner Freude, dass Sie auch bei den letzten Angriffen auf Bremen verschont geblieben sind. Ich wünsche Ihnen von Herzen, dass Sie weiterhin Glück haben. Auch uns war bisher das Glück hold. Ich möchte aber nicht den Tag vor dem Abend loben, da zweifellos das Interesse für das Ruhrrevier bei den Alliierten noch nicht erloschen ist."[50]

Die Anschreiben Walthers haben sich in den Akten nicht erhalten. Doch lässt sich aus den Antworten Hilberts entnehmen, dass es in ihnen um Wein gegangen sein muss: „Mit Rücksicht auf die nächtliche Ruhestörung würde ich Ihnen gern sofort etwas Niersteiner zuweisen", hieß es 1944. „Leider haben wir in den letzten Monaten auf behördliche Anordnung unsere gesamten Vorräte ausverkaufen müssen, so dass wir zur Zeit völlig blank sind. Ich kann Sie daher nur für den 1943er vormerken, der hoffentlich bald gefüllt werden kann. Sie erhalten alsdann von uns unaufgefordert einen Bescheid über den Versand. Mit herzlichen Grüßen, Ihr sehr ergebener …"[51]

Most, Walter und auch Karl Haniel waren nicht die einzigen „Freunde" der GHH, die sich 1944 wieder Hoffnung auf eine Weinsendung machen konnten. Zwar hatte die GHH während des Krieges von dem eigenen Weingut nicht einmal derart profitieren können, dass man sich zumindest mit Basisweinen durchweg selbst hätte versorgen können. Dazu waren die Ernten zu klein. Außerdem war der Druck der Behörden von Jahr zu Jahr größer geworden, Wein zum Zweck der Belieferung der Wehrmacht oder von wem auch immer zu verkaufen. Doch Vorratshaltung machte mit dem Fortschreiten des Krieges keinen Sinn mehr, zumal nicht bei einem Jahrgang, der „erheblich besser" war als die vorangegangenen.

So wurde Hilbert ausgangs des Jahres 1944 nicht nur gegenüber angestammten Geschäftsfreunden fast wieder so freigiebig, wie er es in besten Friedenszeiten hatte sein können. Um die Jahreswende 1944/45 konnte er auch den Konzernwerken wieder Hoffnungen machen: „wir koennen ihnen in nierstein etwa 2000 flaschen wein für die werke der man. und fuer die sueddeutschen konzernwerke zur verfügung stellen, falls sie in der lage sind, den wein baldmoeglichst von nierstein abholen zu lassen", telegraphierte Hilbert am 31. Januar 1945 über die Verwaltungsstelle Berlin an Dr. Wellhausen von der M. A. N. in Nürnberg. „es ist eile geboten, da womöglich oertliche stellen die weinabgabe regeln. gegebenenfalls bitte ich, sofort die abholung des weines zu veranlassen. hilbert."[52] Tatsächlich gelang es bis Mitte Februar 1945, 2000 Flaschen Niersteiner des Jahrgangs 1943 in das auf der anderen Rheinseite gelegene M. A. N.-Werk Gustavsburg zu transportieren.[53] 1858 war das Werk von der Maschinenbau-Aktiengesellschaft Nürnberg auf der rechtsrheinischen Baustelle der Mainzer Eisenbahnbrücke angelegt worden. Jetzt, in den letzten Kriegsmonaten, prägte allerdings nicht mehr der weltweite Brückenbau das Leben am Zusammenfluss von Rhein und Main, sondern die Produktion von Abschussrampen für Hitlers „Vernichtungswaffen".[54]

Im Winter 1944/45 ging das Leben in Nierstein ungeachtet der immer näher rückenden Front so weiter, wie es im Weinbau weitergehen muss. Ende Februar 1945 ließ Leiendecker Hilbert die Nachricht zukommen, dass 1944 in Nierstein gut 28.000 Liter geerntet worden seien. Doch das war nur der erste Teil der Nachricht. Der zweite: Der Weinbauwirtschaftsverband habe verfügt, dass gut 20.000 Liter davon verkauft werden müssten, näherhin 12.480 Liter an die Wehrmacht. Über den Rest – 5200 Liter – könnte die GHH verfügen.[55] Ob dies bis zur Befreiung Niersteins durch Verbände der 3. US-Army am 22. März 1945 noch geschah, ist den vorliegenden Akten ebenso wenig zu entnehmen wie die Auflösung des Rätsels, ob es im Februar 1945 noch dazu kam, dass – wie von Kellermann gewünscht – die Vorstände der Konzernwerke in Süddeutschland sowie Vygen in Berlin und auch Paul Reusch auf Schloss Katharinenhof mit 1943er Niersteiner bedacht wurden.[56]

In Berlin hatte Vygen wiederum fast bis zuletzt versucht, Berliner Beamte mit Niersteiner Wein der Gutehoffnungshütte gewogen zu halten. Ende 1944 hatte er aus Anlass der Hochzeit des Leiters der Kontingentsabteilung bei der Reichsvereinigung Eisen aus privaten Beständen zehn Flaschen Niersteiner locker gemacht: „Wir haben in allen Kontingentsfragen viel mit Löhdorff zu tun", schrieb Vygen zur Begründung aus Berlin nach Oberhausen. „... und ich würde es sehr begrüßen, wenn die GHH aus diesem Anlass (sc. seiner Hochzeit) Herrn Löhdorff ein Kistchen Wein zur Verfügung stellen würde", hieß es damals.[57] Doch in Nierstein war nichts mehr zu holen gewesen. Nach der Füllung des 1943ers hoffte Vygen auf Ersatz, den Hilbert ihm im Januar 1945 auch zusicherte. Sollte ein Lastauto wie von Vygen angekündigt über Düsseldorf nach Nierstein fahren, so könne dieses doch zunächst in Oberhausen Station machen und Leergut nach Nierstein mitnehmen, da es dort an leeren Flaschen mangele. Auf dem Rückweg möge der Fahrer dann 50 Flaschen 1943er Niersteiner nach Berlin transportieren.[58] Ob es zu all dem noch kam, ist höchst fraglich.

Zwangsarbeit in Nierstein?

Insgesamt haben sich aus den Jahren des Zweiten Weltkriegs so gut wie keine Details über das Leben und Arbeiten im Weingut Nierstein selbst erhalten. So wissen wir nichts über die Zahl der Arbeiter und, von den vielen schlechten Ernten in Serie abgesehen, nur wenig über die Widrigkeiten, mit denen Messmer und seine Mitarbeiter in den sechs Kriegsjahren zu kämpfen hatten: wenn überhaupt, dann ist der (erhalten gebliebenen) Korrespondenz zwischen Nierstein und Oberhausen beziehungsweise Oberhausen und Nierstein außer von den Beschlagnahmungen nur von den zunehmenden Schwierigkeiten die Rede, die Weine mit der Reichsbahn oder mit Schiffen von Rheinhessen in das Ruhrgebiet oder auch an andere Bestimmungsorte zu befördern. Lange Frostperioden und wiederholte Frachtsperren waren jedenfalls häufiger Themen als die Arbeiten im Weinberg und im Keller, von den politischen Zuständen in Nierstein gar nicht erst zu reden.

Auch in den Jahresberichten der Forst- und Grundstücksverwaltung ist in der fraglichen Zeit nichts vermerkt, was in irgendeiner Weise auf Unregelmäßigkeiten hindeuten könnte. Seit 1939 wurden unter Einnahmen und Ausgaben – anders als etwa bei der werkseigenen Gärtnerei – nicht einmal mehr die einzelnen Bilanzposten aufgeführt.

Das Fehlen dieser Angaben, vor allem der Ausgaben für Löhne, ist indes keineswegs trivial. Denn die Wahrscheinlichkeit ist sehr hoch, dass ein oder mehrere Arbeiter früher oder später zum Kriegsdienst eingezogen wurden und die verfügbare Menge an Arbeitskräftestunden signifikant zurückging. Darüber ist in den Jahresberichten jedoch nichts direkt und auch nichts zwischen den Zeilen zu lesen.

Jedoch lassen andere, allgemein gehaltene Angaben über die Zahl der in der Abteilung F beschäftigten Arbeiter, Arbeiterinnen und jugendlichen Arbeiter aufhorchen: Im letzten Jahresbericht zu Friedenszeiten, also dem von 1938/39, wurde deren Zahl im Jahresdurchschnitt mit 127 beziffert.[59] 1939/40 sank diese Zahl auf 106. Gleichzeitig seien 46 „zum Heeresdienst eingezogen".[60] Im folgenden Jahr war das Verhältnis 110 zu 58.[61] Zum Stichtag 30. Juni 1942 zählte die Abteilung F auf einmal 130 Arbeiter. Diese Zahl wurde über die der männlichen Arbeiter hinaus wie folgt aufgeschlüsselt: zwölf weibliche, 26 Jugendliche, vier Ost-Arbeiter, 25 sonstige Ausländer, zehn Kriegsgefangene. Gleichzeitig waren 72 Arbeiter an der Front oder anderweitig im Heeresdienst, so dass sie in Oberhausen, in der Forstwirtschaft und in der Gärtnerei nicht zur Verfügung standen.[62]

Und wie war es in Nierstein? Waren etwa auch dort – wie etwa bei der GHH Oberhausen AG – Ost- oder Zwangsarbeiter, etwa aus Frankreich, oder Kriegsgefangene oder gar KZ-Häftlinge eingesetzt worden? Diese Frage muss gestellt werden, aber sie lässt sich auf Basis der vorhandenen Quellen nicht beantworten.[63] So sprach Messmer nach Kriegsende, wie später ausführlich zu erläutern sein wird, von sieben Männern und zwei Frauen aus Nierstein und Umgebung, die bis Mai 1945 in Nierstein angestellt gewesen seien.[64] Doch kann aus diesen Angaben nicht geschlossen werden, dass darunter auch Fremd- oder Zwangsarbeiter gewesen waren.

Zweierlei gäbe es aber in diesem Zusammenhang zu bedenken: Zum einen setzen die meisten Arbeiten im Weinbau – von den Saisonspitzen abgesehen – weitaus mehr Erfahrung voraus als nahezu alle anderen Tätigkeiten in der Landwirtschaft. So wäre der Nutzen von ungelernten Arbeitskräften im Weinbau und im Keller mutmaßlich sehr begrenzt gewesen, zumal Frauen außer den schweren körperlichen Arbeiten viele Tätigkeiten im Weinberg und im Keller übernehmen konnten. Doch hätte man nicht französische Zwangs- oder italienische Fremdarbeiter im Weinbau einsetzen können, wie es während des Ersten Weltkriegs gewesen war. Damals setzte man ausweislich der Schilderungen des Bayerischen Landesinspektors für Weinbau, August Dern, im Herbst 1914 auf kriegsgefangene Franzosen und Russen, mutmaßlich vor allem auf solche, die aus Regionen stammten, die vom Weinbau geprägt waren.[65] Wie es in den folgenden Jahren weiterging, ist allerdings nicht überliefert.

Nicht besser steht es für die Zeit zwischen 1939 und 1945. Das Thema Fremd- oder Zwangsarbeit in der Landwirtschaft im Allgemeinen und im Weinbau im Speziellen ist bislang nicht einmal stichprobenartig untersucht worden. Belastbare Zahlen liegen dem Verfasser bislang nur für die Preußischen Staatsweingüter im Rheingau und für das Bürgerspital zum Heiligen Geist in Würzburg vor. Dort war die Zahl der Fremdarbeiter (von Kriegsgefangenen ist keine Rede) vergleichsweise klein – und die Lebens- und Arbeitsbedingungen dürften ungleich besser gewesen sein als etwa in der Rüstungsindustrie.[66]

Was aber heißt das im Blick auf das Weingut Nierstein? Dass die GHH in der Produktion von Rüstungsgütern mit zunehmender Dauer dieses Kriegs auf Arbeitskräfte zurückgriff, die unter Zwang nach Deutschland gebracht worden waren oder die als Kriegsgefangene zur Arbeit herangezogen wurden, ist in der Forschung umfassend belegt.[67] Doch wie das Weingut der GHH als solches niemals Gegenstand einer Untersuchung war, so ist es auch mit dem möglichen Einsatz von Zwangsarbeitern, Kriegsgefangenen oder auch KZ-Häftlingen. Prinzipiell auszuschließen ist ein solcher nicht. Aber alle möglichen Quellen schweigen sich über dieses Thema aus.

Angesichts dieser Quellenlage kommt indes einem Vorgang ein erhebliches Gewicht zu: Als 1944 eine Situation auftrat, in der womöglich Fremd- oder Zwangsarbeiter hätten eingesetzt werden können, geschah dies definitiv nicht. Im Frühling 1944 hatte das Weinwirtschaftsamt Hessen-Nassau verfügt, dass alle Weinvorräte verkauft werden sollten. Messmer nahm die entsprechenden Verpackungs- und Versandarbeiten allerdings nicht in Angriff. Andere, jahreszeitlich bedingte Arbeiten wie die Herstellung von Veredelungen in der Rebschule und die Routinen in den Weinbergen hatten Vorrang.[68] Hilbert gefiel dieser Zustand nicht, musste er doch fürchten, dass die Weine kurzerhand beschlagnahmt würden. Zudem musste er mehrere Personen, denen er eine Weinlieferung zugesagt hatte, immer wieder vertrösten. Nachdem diverse Interventionen in Nierstein wenig gefruchtet hatten, wurde Messmer mitgeteilt, Leiendecker werde persönlich nach Pfingsten aus Oberhausen anreisen und zwecks Beschleunigung des Versands „Hilfskräfte" mitbringen.[69] Diese aber wurden als „Herren" bezeichnet, für die „gesicherte Unterkunft" zu beschaffen sei. Um Fremdarbeiter oder Kriegsgefangene dürfte es sich bei diesen „Herren" kaum gehandelt haben.

Ein Werksgasthaus als Spiegel der Weinwelt

Hatten die leitenden Mitarbeiter der GHH in Oberhausen und Berlin einschließlich des Vorstandsvorsitzenden Paul Reusch seit 1940 keine Gelegenheit ausgelassen, den immer weniger werdenden Wein strategisch zur Pflege wichtiger Beziehungen außerhalb des Unternehmens einzusetzen, so mussten bei der Kontingentierung des unternehmenseigenen Weines den angestammten Belangen Rechnung getragen werden. Dass die Aufsichtsratsmitglieder nicht zu kurz kommen sollten, wurde vorhin gezeigt. Auch, dass für die Konzernwerke zunehmend weniger abfiel. Wie aber stand es um die „Belegschaftsmitglieder", die im Werksgasthaus ein und aus gingen, sowie auch jene Mitarbeiter, die sich seit den 1860er Jahren in dem weitgespannten Netz der Verkaufsanstalten der GGH zu äußerst günstigen Preisen mit Gütern des täglichen Bedarfes eindecken konnten?[70]

Bestandsaufnahme auf den 30.Juni 1940 Blatt 5

		Preis einzeln RM	Preis gesamt RM
48	35er Hochheimer Domdechanay	2.60	124.80
10	11er Hochheimer Domdechaney Trockenbeeren Auslese	25.41	254.10
100	37er Johannisberger Hölle	3.39	339.—
4	11er Johannisberger Kahlenberg Kabinett Trockenbeeren-Auslese	25.50	102.—
159	35er Kiedricher Steeg	2.50	397.50
54	34er Marcobrunner Edelbeeren Auslese	10.13	547.02
200	38er Marthinstaler Rödchen	2.29	458.—
169	37er Münsterer Dautenpflänzer Riesling	1.91	322.79
200	37er Mittelheimer Oberberg Riesling	2.94	588.—
11	29er Nackenheimer Rothenberg Auslese	3.15	34.65
50	35er Niersteiner Auflangen RieslingSpätlese	3.35	167.50
50	38er Niersteiner Auflangen	3.86	193.—
50	37er Niersteiner Fockenberg	3.48	17[illegible].—
130	37er Niersteiner Kautzbrunnen	1.05	136.50
949	37er Niersteiner Wiesengewann	1.15	1091.35
188	37er Niersteiner Galgenberg	1.25	235.—
274	37er Niersteiner Galgenberg Riesling	1.35	369.90
50	38er Niersteiner Tal Spätlese	3.61	180.50
48	37er Niersteiner Galgenhohl	1.35	64.80
50	38er Niersteiner Kranzberg Spätlese	3.86	193.—
329	35er Oestricher Hölle	2.50	822.50
150	37er Oestricher ~~Hölle~~ Doosberg-Anhäuser & Frehrs	2.01	301.50
32	34er Oestricher Doosberg /Sterkrade	2.85	91.20
7	21er Rauenthaler Langenstück Spätlese	8.71	60.97
12	28er Ruppertsberger Gaisböhl	3.15	37.80
83	37er Rüdesheimer Berg Bronnen/ Ress	3.30	273.90
28	35er Rüdesheimer Berg Roseneck Spätlese	2.60	72.80
199	35er Rüdesheimer Bischofsberg Riesling	1.81	360.19
91	36er Rüdesheimer Klosterkiesel	-.95	86.45
174	35er Rüdesheimer Berg Platz / Ress	2.80	487.20
44	37er Rüdesheimer Berg Platz Riesling Spätlese	3.14	138.16
40	37er Rüdesheimer Berg Hellpfad Riesling Spätlese	4.15	166.—
69	36er Rüdesheimer Berg Zollhaus Trockenberenauslese	20.13	1388.97
			10261.05

Abb. 22 Im Werksgasthaus hatte man sich mit Weinen des herausragenden Jahrgangs 1937 reichlich eingedeckt: Auszug aus der Bestandsaufnahme vom 30. Juni 1940.

Nimmt man ein Dokument aus dem Jahr 1940 zum Ausweis des *status quo* der Weinkultur nach sieben Jahren nationalsozialistischer Herrschaft in Deutschland, so ist festzustellen, dass es zumindest einem florierenden Rüstungsunternehmen wie der GHH an nichts mangelte. Die Affinität zu guten Wein war weiterhin nicht auf den engsten Zirkel rund um den Vorstandsvorsitzenden Paul Reusch und seinen Sohn Bergassessor Hermann Reusch beschränkt, sondern Teil der Unternehmenskultur, soweit sie sich auch auf die „Beamtenschaft" erstreckte.

So hielt eine Bestandsaufnahme des Weinkellers zum Stichtag 30. Juni 1940 nicht nur den Wert der Weinvorräte fest, der im ersten Kriegsjahr mit gut 113.000 Mark angesetzt wurde.[71] Zuvor entfaltete sich auf zwölf maschinengeschriebenen Seiten ein Panorama der damaligen Weinwelt, wie es im ersten Kriegsjahr in dieser Fülle in kaum einem Hotel und kaum einer noch so gut bestückten Weinhandlung gegeben haben dürfte. Den

Schwerpunkt bildeten Weißweine aus Deutschland, allerdings nur von der Mosel und Saar sowie vom Rhein, der Nahe und der Pfalz. Weine aus Franken fehlten ebenso wie (typischerweise für die damalige Zeit) Weine aus Baden und Württemberg.[72] Unter den Rotweinen wie unter den Schaumweinen wiederum dominierten selbstredend französische Produkte. Aber auch deutsche Rotweine und Sekte fehlten nicht.

Alle Anbaugebiete waren mit Weinen unterschiedlicher Qualitäts- und damit auch Preisstufen vertreten. Im Fall von Weinen von Mosel und Ruwer reichte die Preisspanne von 77 Pfennigen für eine Flasche 1938er Briedener Kapellenberg bis 5,10 Mark für eine Feine Auslese 1935er Erdender Treppchen – mithin eine Spanne von 600 Prozent. Bedeutende Weinorte waren unter den annähernd 80 Positionen oft mehrfach vertreten, so Piesport (Mittelmosel) mit den Lagen Goldtröpfchen, Treppchen und Schubertslay, Ockfen (Saar) mit Gaisberg und Bockstein sowie Winningen (Terrassenmosel) mit Röttgen und Steinberg. Über die Produzenten ist in der Inventurliste leider nur wenig zu finden. Jedoch sind mehrere Herkunftsbezeichnungen wie Serriger Vogelsang oder Maximin Grünhäuser Herrenberg als Namen von Monopollagen bestimmten Weingütern zuzuordnen. Im ersteren Fall handelt es sich um die Preußische Weinbaudomäne in Serrig (Saar), im zweiten Fall um das Weingut Maximin Grünhaus im Ruwertal. Diese Güter waren Mitglied des Trierer Vereins der Weingutsbesitzer der Mosel, Saar, Ruwer und versteigerten in der Regel zweimal im Jahr ihre Spitzenweine. Entsprechend müssen Kommissionäre direkt für das Werksgasthaus gesteigert beziehungsweise beste Beziehungen zu den namhaftesten Weinhändlern jener Zeit bestanden haben.

Die zweite Vermutung lässt sich anhand des etwa 100 verschiedene Positionen umfassenden Sortimentes an Rhein-, Pfalz- und Naheweinen verifizieren. Stammten die Moselweine durchweg aus den jüngeren guten Jahrgängen wie 1934 und 1937, fanden sich unter den Rheinweinen „Jahrhundertweine“ wie eine 1911er Johannisberger Kahlenberg Auslese oder eine 1920er Steinberger Trockenbeerenauslese zum Preis von fast 50 Mark. Noch 1940 also wurden die edelsten deutschen Weißweine buchstäblich in Gold aufgewogen. Und unter den Weinhandlungen, von denen die Rheinweine bezogen wurden, finden sich beste Adressen wie Balthasar Ress (Oestrich-Winkel), Wilhelm Ruthe (Wiesbaden), Scholl und Hillebrand (Rüdesheim) sowie Anheuser & Fehrs (Bad Kreuznach).

Keine näheren Herkunftsangaben finden sich indes bei den französischen Rotweinen. Doch auch bei ihnen kann kein Zweifel daran bestehen, dass sie mit vollendeter Kennerschaft angekauft worden waren. Nicht nur lagerten 1940 mitten im Ruhrgebiet hunderte Flaschen bordelaiser Cru Classés wie Château Latour und Château Margaux und anderer großer Weingüter wie Château Léoville Poyferré oder Château Lynch Bages. Auch waren sämtliche großen Jahrgänge seit 1893 vertreten, etwa 1900, 1907 und 1918. Selbstredend gab es auch „kleine“ Rotweine aus Frankreich, aber auch aus Deutschland.

Sie bildeten mit 86 Pfennige (1938er Heimersheimer Berg/Ahr) oder 1,66 Mark (1938er Oberingelheimer/Rheinhessen) den Sockel der in der Spitze 15,17 Mark erreichenden Preispyramide.

Spitzenweine nach Nürnberg

Leider fehlt es für die Kriegsjahre an weiteren Weinbestandslisten, Weinkarten, wie auch an Menükarten aus dem Werksgästehaus. Daher muss offenbleiben, wie sich die Weinbestände während des Krieges entwickelten. Ebenso wenig ermitteln lässt sich, wie es um die Zusammenstellung von Menüs und die Korrespondenz mit den Speisen stand. Der umfangreiche Schriftwechsel zwischen dem Pächter des Werksgasthauses und dem Vorstandsvorsitzenden Hermann Reusch aus den fünfziger und sechziger Jahren über die Zusammenstellung von Menüs sollte jedoch dafürstehen, dass die einst von Paul Reusch gesetzten gastrosophischen Standards wie schon den Ersten, so auch den Zweiten Weltkrieg überleben sollten.

Offen bleiben muss die Frage, warum in den letzten Monaten des Jahres 1939 in Sachen Wein ein „außergewöhnlich starkes Geschäft“ gemacht wurde und wie dies einen „Gewinn“ brachte.[73] Fest steht nur, dass die Preise der Weine nicht kriegsbedingt erhöht wurden und gegenüber denen des Handels nach wie vor äußerst günstig kalkuliert waren. Der Kellerverkaufspreis bestand aus dem Einkaufspreis und einem Verkaufsaufschlag von zehn Prozent. Beim Verkauf innerhalb des „Wirtschaftsbetriebs“, womit wohl im Wesentlichen die Bewirtung gemeint ist, wurden 20 Prozent auf den Gestehungspreis aufgeschlagen. Aus diesen Beträgen wurden die angefallenen Kosten wie Löhne, Gehälter und Soziallasten des Werksgästehauses gedeckt.[74]

Wenn aber schon die Beschaffung des eigenen Niersteiner Weines mit jedem Kriegsjahr schwieriger wurde, dürfte dies wohl bei anderen Weinen kaum einfacher gewesen sein. Paul Reusch sorgte aber unverdrossen dafür, dass es ihm auf seinen zahllosen Reisen nicht an Wein mangeln würde. So ließ er am 20. August 1940 insgesamt 90 Flaschen Still- und Schaumweine von Oberhausen nach Nürnberg senden. Dort sollten sie zu seiner und seines Sohnes Verfügung im Keller der Werkskantine aufbewahrt werden: „Wenn ich Bedarf an Weinen gelegentlich meiner Anwesenheiten in Nürnberg habe, werde ich jeweils davon abrufen“, ließ Reusch in seiner Eigenschaft als Aufsichtsratsvorsitzender der M. A. N. einen Direktor namens Plochmann in Nürnberg wissen.[75]

Mit den Niersteiner Weinen, die über die Werkskantine der Maschinenfabrik (wie in den entsprechenden Einrichtungen der anderen Konzernwerke auch) zu beziehen waren, wollte sich Reusch offenbar nicht zufriedengeben. Anscheinend wollte der Patriarch auf

Reisen seiner Vorliebe für Wein frönen und etwa zwischen einer 1911er Trockenbeerenauslese aus der Lage Hochheimer Domdechaney und einer 1920er TBA aus dem Steinberg beziehungsweise zwischen einem Bordeaux des Jahrgangs 1900 aus dem Château Ferrier Margaux oder einem Château Margaux Schlossabzug wählen können. Allerdings geht aus dem Schreiben selbst oder aus dessen Kontext nicht hervor, ob Reusch diese Spitzenweine zu privaten Zwecken oder im Blick auf dienstliche Anlässe nach Nürnberg sandte. So ist es denkbar, dass die Spitzenweine wie in Oberhausen als Speisenbegleiter dienen sollten, etwa bei Aufsichtsratssitzungen. Ob sie womöglich auch der „Beziehungspflege" dienten, ist eine ebenso spekulative Überlegung wie die, dass Reusch die Weine alleine trank.

Für den Katharinenhof

Freilich durfte nicht nur Paul Reusch über Weine wie diese verfügen, sondern auch sein ältester Sohn Hermann Reusch. Dieser war wohl schon vor dem Krieg als Nachfolger seines 1868 geborenen Vaters ausersehen – und selbst in Sachen Wein- und Esskultur vom selben Schlag. So sollte Hermann Reusch etwa über Weihnachten 1940 einige Probeflaschen aus älteren Rotweinbeständen des Werksgasthauses verkosten, um anschließend darüber zu befinden, ob diese alten Jahrgänge noch gut seien, „und welche besonderen Eigenschaften die einzelnen Sorten haben".[76] Unter den fraglichen Weinen waren zwei Château Margaux Schlossabzüge (1900; 1907) sowie zwei 1911er: Château Haut Brion Larrivet und Château Latour Prémier Cru. Hermann Reusch ließ sich nicht lange bitten. Anfang Januar übermittelte er dem Prokuristen Richard Schüring für jeden dieser Weine Preisfestsetzungen, die erheblich niedriger waren als die bisherigen. Offenbar hatten diese Weine ihre beste Zeit hinter sich.[77]

Zu einem ähnlichen Urteil kam Hermann Reusch bei anderer Gelegenheit über drei Moselweine des Jahrgangs 1935, darunter eine feinste Auslese aus der Lage Erdener Treppchen. Alle Weine hätten den Höhepunkt ihrer Entwicklung überschritten, seien aber noch trinkbar und könnten daher in den allgemeinen Verkauf gehen, hielt Hermann Reusch unter dem Datum des 1. Dezember 1941 fest.[78] Für den Ausschank bei Aufsichtsratssitzungen kämen sie indes keinesfalls mehr in Frage, einer der dreien vielleicht noch bei der Bewirtung von Gästen im Werksgasthaus.

Wie sehr Hermann Reusch in den Kriegsjahren bis zu seinem erzwungenen Rückzug von der Konzernspitze mit dem Thema Wein (und auch Schnaps) befasst war, geht alleine schon aus mehreren Dutzend Schreiben hervor, die sich in einer Akte aus seinem Nachlass erhalten haben.[79] Diese Akte, die den Zeitraum von Oktober 1939 bis zum Rückzug von Vater und Sohn Reusch aus Oberhausen im März 1942 umfasst, als ganze auszuwerten würde im Kontext der Geschichte des Weingutes Nierstein jedoch zu weit führen, da sie nur wenige Bezüge zu dem Thema Weinbau aufweist. In diesem Kontext ist sie nur insofern wichtig, als von den unternehmenseigenen Weinen nichts zu hören war, sobald die Rede auf mittlere oder gute Qualitäten vom Rhein oder der Mosel kam. Kurz gesagt: Auch zwanzig Jahre nach der Gründung des Weingutes konnten sie in gewöhnlichen Jahren geschmacklich kaum oder gar nicht mithalten.

In dieses Bild passt, dass nicht überliefert ist, ob sich Paul Reusch auch in den Kriegsjahren von jedem Jahrgang eine bestimmte Menge Wein zurücklegen ließ, wie es zumindest für den vergleichsweise guten Jahrgang 1929 dokumentiert ist. Und nur sehr spärlich sind die Anhaltspunkte dafür, dass Paul Reusch oder sein Sohn Hermann Niersteiner in größerem Stil für die Pflege von persönlichen und beruflichen Netzwerken einsetzten oder auch nur privat tranken.

Für die privaten Vorlieben ist vielmehr ein Schreiben kennzeichnend, in dem Hermann Reusch unter dem Datum des 20. Juli 1941 empfahl, „für Katharinenhof" im Werkgasthaus je 25 Flaschen zweier Sorten Moselweine zu bestellen: „Der Maximin Grünhäuser ist ein rassiger leichter Wein. Der Serriger Vogelsang ist etwas voller und dürfte meinen beiden Schwestern gefallen", schrieb Reusch an einen gewissen Wagner, der wohl mit Direktor Wagner, Bauunternehmung Georg Meister, München, Theatinerstraße 7/II identisch sein dürfte.[80] Über Niersteiner kein Wort – jedenfalls nicht in dieser Akte.

Der neuerdings den Niersteiner recht gern trinkt

Gleichwohl sollte sich der Niersteiner Wein in seiner Bedeutung für die Gutehoffnungshütte und die Familie Reusch zum Ende des Krieges hin nochmals mit neuer Bedeutung aufladen: Nach dem von den Nationalsozialisten erzwungenen Rückzug des Herrn Kommerzienrates und seines Sohnes Hermann, dem „Bergassessor", wurden die Weine aus dem Weingut, dem Paul Reusch 1918 seinen Segen gegeben hatte, zu einem der wenigen Elemente, die den nunmehr in Stuttgart und auf dem Katharinenhof lebenden Senior (und vielleicht auch den im besetzten Jugoslawien arbeitenden Junior) mit der alten Wirkungsstätte verbanden.

„Die Abteilung F wird wunschgemäß in diesen Tagen 25 Flaschen 1937 Niersteiner anliefern. gez. Hilbert", lautet eine dürre Aktennotiz vom 28. Oktober 1942, die noch an „Herrn Bergassessor H. Reusch, Oberhausen" adressiert war.[81] Ein zweiter Anlauf, Paul Reusch mit Weinen aus Nierstein zu bedenken, sollte gut ein Jahr nach seinem Rückzug von der Konzernspitze ohne Erfolg enden. Am 18. März wandte sich Eduard Messmer an Hilbert um zu erfahren, ob es vielleicht angebracht sei, Raul Reusch nachträglich zu seinem 75. Geburtstag zu gratulieren und ihm bei dieser Gelegenheit einige Proben des 1942er Weines zu übersenden. Da er „die Folgen einer derartigen Handlung von hier aus nicht übersehen und beurteilen" könne, wolle er nicht selbstständig handeln.[82] Hilbert antwortete sinngemäß, er habe erwartet, Messmer sei längst in diesem Sinn tätig geworden. Da dies aber nicht der Fall sei, solle er die Sache auf sich beruhen lassen, sei doch seit dem 9. Februar schon eine geraume Weile vergangen. „Wir können gelegentlich einmal bei anderer Veranlassung Herrn Reusch eine Weinprobe übersenden."[83]

Am 2. September 1943 ergriff Paul Reusch selbst die Initiative. Bei Prokurist Richard Schüring fühlte er vor, ob es möglich sei, einem „alten Freund" namens Richard von Flemming wieder einmal Niersteiner Wein zukommen zu lassen.[84] Sofort setzte Schüring Reusch davon in Kenntnis, dass Hilbert über den Niersteiner Wein verfüge. Daraufhin wandte sich Reusch auf Briefpapier, das ihn einst als in Oberhausen/Rheinland wohnend ausgewiesen hatte, an den „Lieben Hilbert", der seinerseits umgehend Weingutsverwalter Messmer in Nierstein instruierte: Reusch werde über 50 Flaschen 1941er Niersteiner verfügen, und Messmer möge ihm Wein aus einem guten Fass aussuchen.[85] Am 21. September lag auf Hilberts Schreibtisch ein Brief Messmers mit der Nachricht, dass 50 Flaschen Niersteiner Wiesengewann aus Faß 1 am 18. September als Eilgut zu Rittergutsbesitzer Flemming nach Pommern auf den Weg gebracht worden seien.[86]

Eine erste direkte Weinsendung an „Hermann Reusch, Schloß Katharinenhof" ist für den Januar 1944 dokumentiert. Hermann Reusch hatte bei Hilbert über einen Mittelsmann 50 Flaschen Niersteiner erbeten und ausrichten lassen, „er spreche die Hoffnung aus, dass Sie ihren alten Freund nicht im Stich lassen würden".[87] Am 13. April 1944 wurde „Nierstein" angewiesen, 50 Flaschen 1940er Wiesengewann nach Süddeutschland auf den Weg zu bringen. Über diese Aktion setzte Hilbert Paul Reuschs Nachfolger Kellermann in Kenntnis – aus welchen Gründen auch immer. Bemerkenswert ist auch der Hinweis auf die Weinsorte: „Es ist der gleiche Wein, den Herr Reusch beim letzten Mal erhalten hat und der ihm anscheinend gefallen hat".[88] Wenn es so war, wie Hilbert schrieb, dann hätte es – mangels früherer Aussagen – fast 25 Jahre gedauert, ehe ein Mitglied der Familie Reusch Geschmack an „ihrem" Niersteiner fand.

So wird es gewesen sein. Am 20. Februar 1945 und damit gut zwei Monate vor der Befreiung Deutschlands von der Nazi-Herrschaft wandte sich Hilbert an M. A. N.-Direktor Otto Mayer in Augsburg.[89] Diesem oblag – vermutlich dank des Zugriffs auf eigene Lastkraftwagen – die Verteilung eines größeren Teils jener 2000 Flaschen 1943er Niersteiner, die Mitte Februar im M. A. N.-Werk Gustavsburg „sichergestellt" worden waren: „Außerdem wäre uns eine Lieferung an Herrn Reusch sehr erwünscht, der neuerdings den Niersteiner recht gern trinkt."[90]

Tatsächlich berichtete Direktor Meyer unter dem Datum des 5. März, dass man mit dem Versand beginnen werde, sobald die Weine in Augsburg eingetroffen seien. Jedenfalls seien diese in Gustavsburg auf den Weg gebracht worden.[91] Zwei Wochen nach diesem Schreiben wurden hunderte Zwangsarbeiterinnen und Zwangsarbeiter, die in Gustavsburg gearbeitet hatten, nach Darmstadt weggeführt.[92] Knapp eine Woche später, am 25. März, wurde das Werk, in dem zuletzt auch Teile der V-Waffen gefertigt wurden, von amerikanischen Truppen besetzt.[93] Offenbar konnten sie sich bei ihrer Ankunft keinen Eindruck mehr von den Weinen der Gutehoffnungshütte machen. Ob die 2000 Flaschen aber in den Märztagen des Jahres 1945 in Augsburg ankamen oder einige davon die Reuschs in der Nähe von Stuttgart erreichten?

6 Gegebenenfalls eine gute Lage unseres Niersteiners

Wie es nach dem Krieg aufwärts ging und warum Niersteiner Wein auf einmal in Oberhausen auf den Tisch kam

Aus Nierstein selbst war über den Verbleib der 2000 Flaschen Wein nichts mehr zu erfahren – weder in den letzten Kriegswochen noch in den Monaten danach. „Mit Weingut Nierstein fehlt jede Verbindung und Nachricht seit Februar", notierte der Leiter der Forst- und Grundstücksabteilung, Leiendecker, in seinem Bericht für die Zeit vom 23. April bis zum 5. Mai 1945.[1] Am 14. Mai hieß es lakonisch: „Die Lage ist unverändert. Jede Nachricht fehlt."[2] Ende Juni dasselbe Bild: „Weingut Nierstein. Keine Veränderung. Bericht von Messmer fehlt noch immer."[3]

Leidlich überstanden

Dabei hätte man in Oberhausen nicht nur gerne Berichte aus dem mutmaßlich von französischen Truppen besetzten Nierstein gelesen, sondern auch und vor allem Wein in Empfang genommen. Zwar hatte das Werksgasthaus, das 1937 umgebaut und dabei umfassend modernisiert worden war, den Bombenkrieg alles in allem leidlich überstanden. Doch die Keller waren leer. Hilbert hatte am 6. März sein Haus in Duisburg, das von Artilleriebeschuss bedroht war, verlassen und sich im Werksgasthaus in Oberhausen einquartiert. Bald darauf wurden alle Vorräte für den Verkauf an die „Gefolgschaft" freigegeben.[4]

Bald lag das Zentrum von Oberhausen mit dem Werksgasthaus in Reichweite der von Norden her anrückenden alliierten Artillerie. Tag und Nacht gab es Fliegerangriffe. In der Nacht vom 24. auf den 25. März quartierten sich – so Hilbert in dem mehrseitigen Augenzeugenbericht weiter – deutsche Fallschirmjäger im Werksgasthaus ein, etwa 200 Mann mit mehreren Offizieren. Ein Teil von ihnen zog am folgenden Morgen weiter, aber nicht ohne zuvor alle Zimmer des Werksgasthauses geplündert zu haben. Die verbliebenen Fallschirmjäger machten sich über den Weinkeller her, ohne dass die Offiziere ihnen Einhalt geboten hätten. „Zivilisten, darunter in erheblichem Umfange auch Werksangehörige, bemerkten diese Vorgänge und haben sich an der Plünderung stark beteiligt", stellte Hilbert in nüchternem Ton fest. Das Ergebnis: „Fast der gesamte, noch vorhandene Weinbestand fiel zum Opfer. Unter den Fallschirmjägern herrschte sinnlose Betrunkenheit." Als ein herbeigerufener General versuchte, die Ordnung wiederherzustellen „machten sich Zeichen der Auflehnung breit", so schildete Hilbert den Fortgang der Ereignisse. Doch hatte die Aktion einigermaßen Erfolg. Nach einigen Tagen zog die „zügellose Horde" ab, die die „recht jungen Offiziere nicht in der Hand hatte". Die „Landsturm-Einheit" (Hilbert), die den Platz der Fallschirmjäger einnahm, bot keinen Anlass zu Beschwerden.

In den Werken und Büros der GHH in Oberhausen wurde die Arbeit erst an dem Tag eingestellt, nachdem die Amerikaner von Norden her den Rhein-Herne-Kanal erreicht und am 29. März auch die nördlich des Zentrums gelegenen Stadtteile Sterkrade und Osterfeld erobert hatten. Sofort wurden an einzelnen Stellen im südlich des Kanals gelegenen Hüttenviertel, darunter auch an einem Bunker, weiße Fahnen aufgehängt. Fallschirmjäger, so Hilbert, bemerkten die an dem Bunker hängende Fahne und verhafteten einen Betriebsdirektor namens Schulz. Er wurde vom Standgericht Essen zum Tod verurteilt und sofort erschossen. Es dauerte noch bis zum Morgen des 11. April, ehe die Amerikaner den Kanal überquerten und den Rest der Stadt Oberhausen einnahmen. Auf Widerstand stießen sie nicht mehr.

Völlig die Fassung verloren

Unmittelbar nach der Einnahme der Stadt, so schilderte es Hilbert weiter, füllte sich der Keller des Werksgasthauses mit einigen hundert Leuten, allen voran Russen (mutmaßlich Kriegsgefangene und auch Zwangsarbeiter), aber auch Deutschen, darunter abermals zahlreiche Werksangehörige. Wein war kaum noch vorhanden. Stattdessen wurden alle Vorräte und Einrichtungsgegenstände fortgeschleppt. „Die plündernde Masse hatte völlig die Fassung verloren", hielt Hilbert in dem undatierten Bericht fest, der bald nach der Besetzung Oberhausens verfasst worden sein muss. „In der Hast, möglichst viel zu erraffen, entstand ein regelrechter Kampf, der von einem viehischen Heulen begleitet war." So ging es noch einige Tage. Auch die Wohnung und das Privateigentum des Ökonomen Schellhaas war vor dem „Gesindel" nicht mehr sicher. „Das Endergebnis war, daß das Werksgasthaus mit Ausnahme einiger Möbelstücke völlig ausgeräumt und die Wiederaufnahme des Betriebes ohne völlige Neueinrichtung unmöglich ist."

Hilberts spätere Schilderungen weichen von dem unter dem unmittelbaren Eindruck der Ereignisse verfassten Bericht signifikant ab. Von dem Wüten der deutschen Fallschirmjäger und der Beteiligung von Werksangehörigen an den Plünderungen war schon einige Wochen später nicht mehr die Rede. Vielmehr hieß es in den Schriftstücken, mit denen die GHH gegenüber den alliierten Besatzern die im Zuge der Eroberung entstandenen

Schäden namhaft machte, das Gasthaus sei am 11. April und damit am Tag der Einnahme Oberhausens durch alliierte Truppen „für den öffentlichen Verkehr geschlossen" worden, und zwar „wegen der an diesem Tage einsetzenden Plünderungen und der sich anschließenden Beschädigungen der Gesamtanlage".[5]

Nach dem Abzug britischer Truppen, die das Haus Mitte Juni mit Beschlag belegt hatten, beklagte sich die GHH in einer Eingabe an die britische Militärregierung in Oberhausen unter dem Datum des 25. Juni 1945 darüber, dass nun auch ein langer Eichentisch aus dem Lesezimmer und ein französischer Billardtisch mit „12–15 Queues" fehlten, wie es in einer in Deutsch und Englisch vorliegenden Beschwerde hieß. Außerdem wurde vermerkt, dass keine Weinvorräte mehr vorhanden seien – was einem Verlust von fast 40.000 Mark an eigenen Weinen einschließlich und mehr als 8000 Mark an auswärtigen Weinvorräten entspreche.[6] In einer anderen Auflistung war sogar von einem Wert der durch „Plünderungen" abhanden gekommenen Weine und Spirituosen von insgesamt 63.400 Mark die Rede.[7]

Soweit es die Zeitumstände zulassen

Kurze Zeit nach dieser Bilanz kam doch noch Nachricht aus Nierstein: „Meßmer versucht auch im Weingut den Betrieb, soweit es die Zeitumstände zulassen, in Gang zu bringen", konnte Leiendecker unter dem Datum des 9. August 1945 berichten.[8] Eine Woche später hieß es: „Die Arbeiten in den Weinbergen leiden auch unter Arbeitermangel. Zur Zeit werden die Parzellen gepflegt und gehackt."[9] Auf diesem dürftigen Informationsstand blieben die Oberhausener bis Mitte September, während aus den anderen Betriebsteilen wie den drei auch als Jagdrevieren genutzten Forstbetrieben Schlägerhardt, Fernewald und Grafenbusch in der Nähe von Oberhausen oder auch den landwirtschaftlichen Betrieben Gutshof Fernewald und Gut Ripshorst sowie der Gärtnerei, die der Forst- und Grundstücksverwaltung unterstanden, munter Berichte über die jeweiligen Aktivitäten einliefen.

Freilich war Messmer nicht allen Zeitgenossen gegenüber so wortkarg wie er es mit seinen Vorgesetzten in Oberhausen hielt. Unter dem Datum des 1. Juni hatte er sich an den Landrat des Landkreises Mainz gewandt und um Abstellung von Arbeitskräften gebeten.[10] Bis zum 15. März seien in dem Weingut, dass eine Größe von rund 44 Morgen habe, neun Personen beschäftigt gewesen, und dies zum Teil jahrelang, führte Messmer in dem Schreiben aus. Dem Arbeitsamt Oppenheim und dem von den Amerikanern eingesetzten Bürgermeister von Nierstein, dem Sozialdemokraten Andreas Licht, ließ er je einen Durchschlag zukommen.[11]

Messmer führte die Personen namentlich an. Es handelte sich um sieben Männer und zwei Frauen. Alle stammten sie aus Nierstein selbst beziehungsweise aus den Nachbarorten Schwabsburg und Oppenheim. Nun aber, so Messmer, seien von den Fachkräften nur noch zwei übrig, was ihn sehr wundere, „da sowohl das gegenseitige Vertrauensverhältnis und auch die Arbeitsbedingungen sehr gut waren".[12] Das könne der Herr Kommandeur der Schutzpolizei, der die Betriebsverhältnisse aus nächster Nachbarschaft kenne, wohl bestätigen.

Gleichwohl hätten fünf Mitarbeiter gekündigt, sei es aus Gesundheitsgründen, sei es um sich selbstständig zu machen. Nun bestehe die große Gefahr, „dass unser Weingut, das in der Niersteiner Wirtschaft wohl nicht die letzte Rolle spielt, vollkommen verkommt, wenn nicht durch die sofortige Zuweisung ausreichender und ordentlicher Arbeitskräfte eine grundlegende Änderung eintritt".[13] Diese Initiative führte allerdings nicht zum Erfolg, wie Messmer Ende Oktober 1945 (!) nach Oberhausen berichtete.

Von dort hatte es schon im Juni 1945 an die Adresse des Direktors des M. A. N.-Werkes in Mainz-Gustavsburg namens Richard Reinhardt geheißen, Messmer möge doch über Gustavsburg einen ausführlichen Bericht über die Vorgänge der letzten Wochen schicken. „Messmer ist schon seit Monaten sehr schweigsam und bedarf einer Aufmunterung, die sie ihm vielleicht gelegentlich verpassen können."[14] In Oberhausen schien man sich aber nicht nur abstrakt Sorgen gemacht zu haben. Vielmehr war es um das Vertrauen in den Weingutsverwalter nicht zum Besten bestellt. Messmer, so der Verdacht, könne den Mangel an Kontrolle dazu nutzen, auf eigene Rechnung zu wirtschaften. „Ich wäre Ihnen auch dankbar," so hieß es in dem nach Gustavsburg gerichteten Schrieben, „wenn Sie sich, solange wir es noch nicht können, des Weinabsatzes annehmen würden. Wir wollen natürlich, dass der Wein in erster Linie in die uns nahestehenden Kreise gelangt. Ich weiß nicht, ob Messmer in dieser Hinsicht richtig funktioniert. Wir möchten jedenfalls nicht, dass Messmer sich allzu sehr auf eigene Füße stellt, und daher erbitte ich ihren Beistand."[15]

Unter gewöhnlichen Umständen hätte es nahegelegen, dass Hilbert und Leiendecker vor Ort erschienen wären, um sich persönlich ein Bild zu machen. Doch an eine Reise aus dem Ruhrgebiet in die französische besetzte Zone war bis in den Herbst 1945 hinein nicht zu denken. Der Aufwand, so hatte man in Oberhausen schon erfahren, war immens: Im Rathaus der Stadt musste bei einem Sergeanten namens Webb ein Antrag in vierfacher Ausfertigung gestellt werden, dieser musste von einer Abteilung der Deutschen Polizei gutgeheißen und anschließend wieder Webb vorgelegt werden. Der Amerikaner musste die Papiere nun an das Hauptquartier in Düsseldorf beziehungsweise an die dortige französische Behörde weiterleiten, die über das Reisegesuch abschließend befand. Dann gingen alle Unterlagen zurück nach Oberhausen, was „günstigstenfalls" acht Tage in Anspruch nahm.[16]

Durch Kampfhandlungen sehr gelitten

Über all den Misshelligkeiten wurde der Ton gegenüber Messmer direkt wie indirekt allmählich unfreundlicher. Anfang August ließ Hilbert den alten und neuen Direktor des Werkes der MAN in Mainz-Gustavsburg, Reinhardt, wissen, es sei ein Fortschritt, dass Messmer immerhin einen Monatsbericht verfasst habe. „Sehr viel weiter werden wir aber kaum kommen, und ich mache mir wirklich etwas Sorge, was auf die Dauer aus dem Weingut werden soll."[17] Doch sollte es bis Anfang November dauern, ehe in Oberhausen ein Bericht eintraf, der den Ansprüchen genügen sollte. In dem auf den 22. Oktober 1945 datierten Text war zu lesen, so die Zusammenfassung Leiendeckers, „dass die Weinbergsanlagen und die Kellereianlagen „durch die Kampfhandlungen sehr gelitten" hätten. Um eine Neuanpflanzung vieler Parzellen werde man wohl nicht umhinkommen.[18]

Tatsächlich hatte sich Messmer endlich und für seine Verhältnisse ungewöhnlich ausführlich über die Zustände in Nierstein geäußert – und gleich neue Hiobsbotschaften parat. Die Ernte des Jahres 1945, so der Weingutsverwalter, sei mit nur 1200 Litern Most schlecht ausgefallen. Dies sei zum größten Teil eine Folge des Arbeitermangels während und nach dem diesjährigen Rebschnitt. Zwar sei es ihm, Messmer, gelungen Hilfskräfte zu organisieren und auch einen neuen Fuhrmann. Aber für die Schädlings- und Krankheitsbekämpfungsmaßnahmen sei es ebenso zu spät gewesen wie für die Bodenbearbeitung und die Stockarbeiten. „Außerdem trägt Schuld daran die Benutzung einiger Weinbergsparzellen auf dem Galgenberg und im Kautzbrunnen durch deutsche und amerikanische Flakeinheiten und ferner amerikanische Panzer."[19] Einzig die Rebschule habe nicht gelitten. Für die anderen Lagen hieß dies konkret: „Die Lage ‚Kautzbrunnen' wurde fast restlos ausgehauen und auf dem ‚Galgenberg' auf den sogenannten ‚Kurzen Zeilen' mit dem Aushauen begonnen. Stellungslöcher und Schützengräben wurden eingeebnet."[20]

Doch gab es überhaupt noch Wein, wenn schon der 1945er nicht der Rede wert war? Eine Liste der Weine „seit der Besetzung Niersteins am 21. März", die auf den 25. Oktober datiert war, sollte anscheinend Mut machen. Von insgesamt 29.500 Litern Fasswein seien annähernd 7800 Liter verkauft worden. Gut 8000 Liter wollte Messmer als Besatzungsverluste abgebucht wissen, darunter als größter Posten 1345 Liter, die während der Einquartierung amerikanischer Truppen im Kelterhaus nach und nach verschwunden seien. Übrig geblieben seien gut 10.000 Liter. Auf sie waren durchaus vertraute Informationen gemünzt: „Im Keller wurden die leeren Fässer eingebrannt, die gefüllten Fässer beigefüllt, sowie die Keller gereinigt."[21]

Sollten diese Nachrichten sowie ein Kontoauszug den Zweck verfolgt haben, die Gemüter in Oberhausen zu beruhigen, so verfehlten sie ihre Wirkung um Längen. „Sie werden verstehen, dass es wie bisher nicht weitergehen kann", schrieb Leiendecker am

26. Oktober zurück.[22] „Ich bitte Sie daher, noch einmal unverzüglich in den vorerwähnten beiden Schreiben gewünschten Angaben unverzüglich machen zu wollen. Dr. Hilbert ist ihr geradezu unglaubliches Verhalten ebenso unverständlich wie mir, sodass wir erwägen, falls sie es nicht vorziehen sollten, unseren Weisungen nachzukommen, die Verwaltung des Weingutes in andere Hände zu legen. Ich würde es bedauern, wenn sie nach so langer Dienstzeit bei der G.H.H. und dem großen Vertrauen, das Ihnen auch seitens unserer Werksleitung bisher entgegengebracht wurde, sich einen derart unwürdigen Abgang verschaffen müssten."[23]

Am 9. November schienen die Würfel gefallen zu sein. „Messmer – Nierstein hat aus den freundschaftlichen Hinweisen und Mahnungen nicht die erforderlichen Folgerungen gezogen, sodass wir gezwungen sind, in der Verwaltung von Nierstein eine radikale Änderung vorzunehmen", schrieb Hilbert an Direktor Reinhardt in Gustavsburg und fragte bei dieser Gelegenheit, ob es wohl möglich sei, von dort aus einen Passierschein für Nierstein zu erhalten.[24] Dies sei grundsätzlich möglich, antwortete Reinhardt unter dem Datum des 17. November, allerdings müsse Hilbert zwei Tage lang auf die Genehmigung der amerikanischen sowie der französischen Militärregierung warten.[25] Dieser Hinweis schien Hilbert nicht ermuntert zu haben, nach Mainz aufzubrechen. Reinhardt, der sich 1946 in einem Spruchkammerverfahren wegen des Einsatzes und Misshandlungen von etwa 2500 ausländischen Zwangsarbeiterinnen und Zwangsarbeitern verantworten musste, aber freigesprochen wurde,[26] fasste unter dem Datum des 11. Dezember nach: „Es scheint zweckmäßig, wenn sie ihre Absicht, persönlich nach Nierstein zu fahren, bei nächster Gelegenheit durchführen."[27]

Hinter einem Gedankenstrich schlossen sich Sätze an, die rückblickend zu mancherlei Vermutungen über die tatsächlichen Schwierigkeiten in Nierstein Anlass geben. „Für mich war es ebenso neu wie überraschend, dass Herr Paulus und Familie jetzt sehr für Herrn Messmer eintreten unter Schilderung aller möglichen Schwierigkeiten, den Messmer ausgesetzt gewesen sei. Aus einer Unterhaltung mit Herrn Paulus am letzten Sonnabend habe ich den Eindruck gewonnen, dass es das Beste ist, wenn Sie sich persönlich nochmals einen genauen Eindruck an Ort und Stelle verschaffen, bevor sie den Schnitt endgültig planen."[28]

Hatte Messmer vielleicht deswegen „Schwierigkeiten", weil er weltanschaulich womöglich auf einer Seite gestanden hatte, auf der er nunmehr nicht mehr hatte stehen wollen? Hatten vielleicht deswegen die meisten Mitarbeiter im Frühjahr gekündigt, weil sie nicht länger mit einem alten Nazi zusammenarbeiten wollten? Diese Überlegungen haben bis auf die kryptischen Formulierungen in dem Brief vom 11. Dezember keine Anhaltspunkte. Außerdem ist festzuhalten, dass Hilbert und Leiendecker den angedrohten „Schritt" nicht vollzogen und Messmer weitere fünf Jahre in Diensten der GHH blieb.

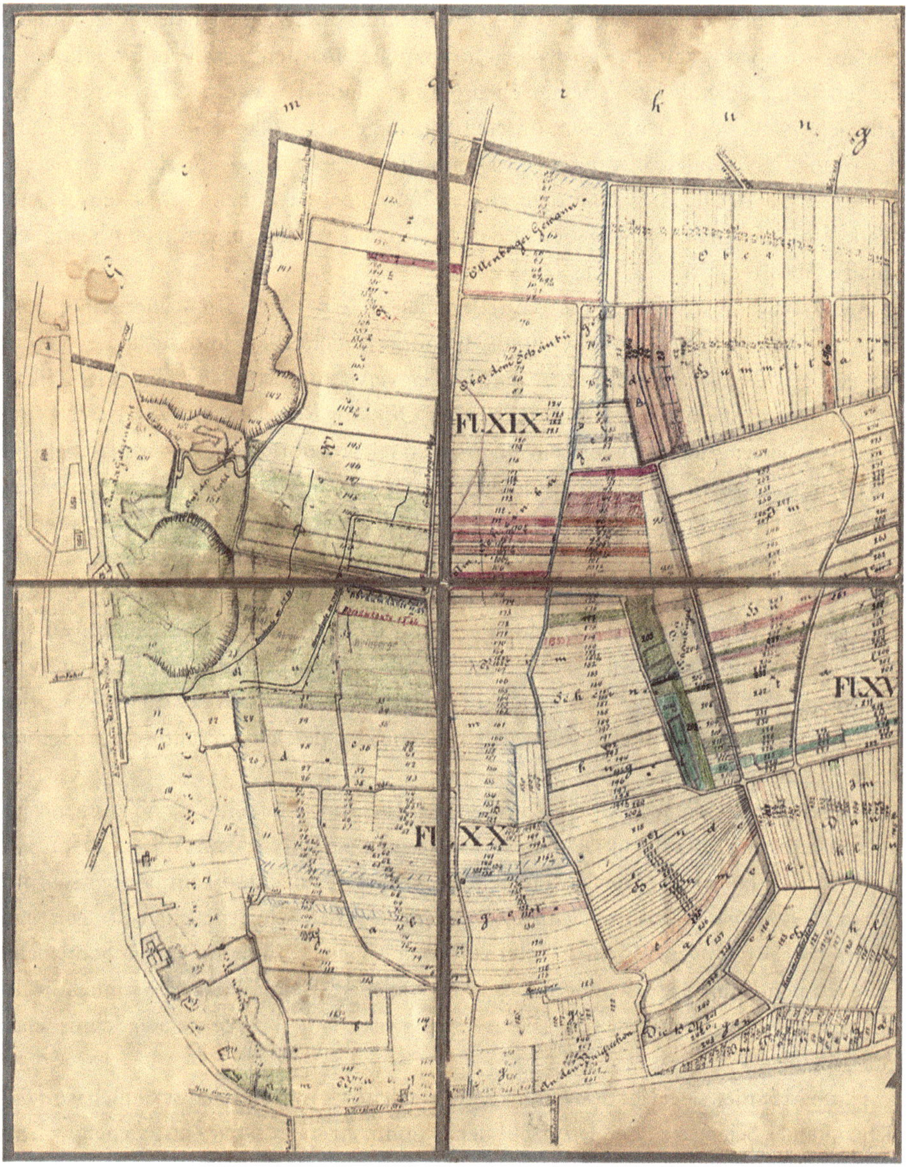

Abb. 23 Nicht nur Bruchgelände: In der Katasterkarte aus dem Jahr 1927 sind die Parzellen im Eigentum oder in Pacht der GHH farblich markiert.

Die Weinbergslagen der Gemarkung Nierstein a/Rhein
Blatt 4
Fl. XVII
Blatt 3
Norden
Eigentum G.H.H.
Anpachtung der G.H.H.

Allerdings war das Misstrauen gegenüber dem Betriebsleiter nicht mehr aus der Welt zu schaffen. Otto Wedemeyer, ein vormaliges Mitglied des Vorstands des GHH Aktienvereins wie der GHH Oberhausen AG,[29] wurde im Frühjahr 1946 gebeten, sich von der in der amerikanischen Zone gelegenen Stadt Wiesbaden aus „durch häufigere Besuche davon zu überzeugen, dass die Verwaltung ordnungsgemäß geführt wird. Infolge der weiten Entfernung und der Reise Schwierigkeiten sind wir leider nicht in der Lage, eine dauernde Beaufsichtigung von hier aus durchzuführen."[30] Ein Jahr nach dem Ende des Krieges hatten sich die Verhältnisse im Weingut zumindest soweit normalisiert, dass die Arbeiten in den Weinbergen und im Keller wieder ihren normalen Gang gingen. „In den Junganlagen auf dem Galgenberg wurden Pflanzlöcher an Fehlstellen ausgehauen und Wurzelreben nachgepflanzt", hatte es in Leiendeckers Wochenbericht vom 8. Dezember 1945 geheißen.[31] Auch die jahreszeitlich typischen Arbeiten in den Weinbergen gingen wohl weiter: „Die Frauen waren mit dem Aufschneiden von Gert- und Heftbändern beschäftigt", las man im kriegszerstörten Oberhausen weiter. Und: „Kelterraum und Keller wurden aufgeräumt und gereinigt." Kurz vor Weihnachten konnte Leiendecker endlich Vollzug melden: „Im Weingut Nierstein ist nunmehr die planmässige Bewirtschaftung des Gutes wieder aufgenommen."[32]

Doch das war nur die eine Nachricht, und auch noch die gute. Die zweite, schlechte, lautete so: „Durch das Oberpräsidium der Provinz Hessen-Pfalz wurden sämtliche Weinbestände beschlagnahmt."[33] Was nun? „Wir werden versuchen, eine Freigabe und Überführung von Wein nach hier zu erreichen."[34] Ein Leser dieses Berichtes hat diese Passage am Seitenrand mit breitem roten Stift markiert. Doch noch war es nicht soweit, auch wenn im letzten Wochenbericht des Jahres 1945 vermerkt werden konnte: „Im Keller ist ein Fass 1944er Galgenberg und ½ Stückfass 1944er Haustrunk abgefüllt worden."[35] Das aber konnte tatsächlich nichts anderes heißen, als dass nicht sämtliche Weine in den letzten Kriegsmonaten und während der Besatzung verlorengegangen waren.

Ödland am Bruchgelände

Das neue Jahr 1946 begann mit einer schlechten Nachricht: Kurz vor Weihnachten 1945 war in den Weinkeller in Nierstein eingebrochen worden. Es fehlten nicht nur Haushaltsgegenstände, sondern 150 bis 200 Flaschen Wein.[36] War nicht auch Anfang 1919 in den damals in Oppenheim liegenden Weinkeller der GHH eingebrochen worden? Damals waren französische Truppen abgezogen. Jetzt musste offenbar eine größere Menge Weins her, um das Weihnachtsfest zu feiern. Doch bei wem? Antworten auf diese Frage geben die Akten nicht preis. Gut möglich, dass man sich in Nierstein wie in Oberhausen das sagte, was man sich schon 1919 gesagt hatte: Es hätte viel schlimmer kommen können.

Mit dem ersten Wochenbericht 1946 enden leider die Berichte der Abteilung F, die im Rhythmus von teils weniger als zwei Wochen über die Geschehnisse in Nierstein Auskunft geben – wenn die entsprechenden Informationen in Oberhausen denn vorlagen. Für die nachfolgenden Jahre fließen die Quellen über die Geschehnisse im Weingut und auch die Verwendung der Weine seitens der Vorstandsmitglieder der GHH in Oberhausen wieder spärlicher, und das nicht nur im Vergleich mit dem Jahr 1945, sondern vor allen im Vergleich mit den dreißiger Jahren. Doch andere Überlieferungsstränge kommen neu hinzu, so dass sich von der Entwicklung des Weingutes auch in der Nachkriegszeit ein durchaus facettenreiches Bild zeichnen lässt.

Gut elf Hektar groß war im Jahr 1946 die Fläche südlich der Stadt, die von dem Weingut Nierstein der GHH bewirtschaftet wurde. Doch darf man die Gesamtfläche nicht mit der im Ertrag stehenden Rebfläche in eins setzen. Denn mit Junganlagen und Brachen war und ist im Weinbau immer zu rechnen. In Nierstein kamen indes einige Besonderheiten hinzu: Gelände, das bald „in den Bruch" gehen würde und deswegen für weinbauliche Zwecke aufgeben wurde, musste ebenso in Rechnung gestellt werden wie in der unmittelbaren Nachkriegszeit die Nutzung erheblicher Flächen als Ackerland. Demnach wurden 1946 von der gut elf Hektar Gesamtfläche nur 6,9 Hektar als Weinberge genutzt. 1,7 Hektar waren Ackerland, das später wieder als Rebgelände genutzt werden konnte. Gut zwei Hektar waren „Ödland am Bruchgelände", das zur Sicherung der Grube diente. Bewirtschaftet wurden diese Flächen sowie der Weinkeller von insgesamt neun Personen, hieß es im Jahresbericht 1946/47.[37]

In diesem Bericht war auch wieder von Wein die Rede, doch ohne dass die Leser hätten erfahren können, was aus den 1944er Weinen und – wenn überhaupt – dem Jahrgang 1945 geworden war. Vielmehr klagte Hilbert am 9. Mai 1946: „Wir bekommen aus Nierstein nichts heraus und können auch nicht damit rechnen, dass es in absehbarer Zeit der Fall sein wird. Bestände hier haben wir seit dem Zusammenbruch nicht mehr."[38]

In Nierstein wiederum wurde der Weinbestand zu Beginn des Geschäftsjahres am 1. Juli 1946 mit 2642 Litern angegeben. Am Stichtag des folgenden Jahres, den 30. Juni 1947, waren es 2238 Litern. Dazwischen lag eine Ernte, die gerade einmal 5900 Liter erbracht hatte, was Messmer so begründet hatte: „Das Ernteergebnis war auch im Berichtsjahre sehr gering, da die Bewirtschaftung der Weinberge im Jahre 1946 infolge Fehlens der Arbeitskräfte, des Düngers und der Spritzmittel nur mangelhaft durchgeführt werden konnte."[39] Allerdings hätten sich die Verhältnisse im Frühjahr 1947 verbessert, wenn auch noch nicht so, dass der status quo ante wiederhergestellt worden sei. Alles in allem aber war es daher nicht verwunderlich, dass das Weingut wieder mit einem Verlust abschloss. Ausgaben von fast 40.000 Mark standen Einnahmen von fast 11.500 Mark gegenüber.

An diesen ungünstigen Konstellationen sollte sich auch im folgenden Jahr nichts ändern. Weder war die 1947er Ernte mit ihren gerade einmal 7520 Litern ein Lichtblick noch die allgemeine politische und wirtschaftliche Lage. „Der immer noch bestehende Mangel an Arbeitskräften und vor allen Dingen der fehlende Stalldünger beeinflusste die Dinge weiterhin ungünstig", hieß es rückblickend am 30. Juni 1948. Sodann war von Traubendiebstahl die Rede, der „wegen kaum durchführbarer Bewachungen" in ungünstigen Lagen „erheblicher als im Vorjahre" war. Am Ende stand infolge der Missernten und der „unvorteilhaften Weinverwertung infolge der unübersichtlichen Wirtschaftsverhältnisse" abermals ein Verlust. An Einnahmen wurden gut 16.000 Mark verbucht, an Ausgaben mehr als 34.000 Mark.[40]

Was der Berichterstatter mit „unübersichtlichen Wirtschaftsverhältnissen" meinte, erschließt sich rückblickend weder aus dem Dokument selbst noch aus dessen Kontext. Ob darauf angespielt wurde, dass die französischen Besatzer die Ausfuhr der Weine aus ihrer Zone seit 1945 fast komplett unterbunden hatten und immer wieder große Mengen als sogenannte Intendanturweine beschlagnahmten?[41] Oder sollte auch darauf angespielt werden, dass sich auf dem Weinmarkt vor der absehbaren Währungsreform in den westlichen Besatzungszonen so gut wie nichts tat, verband sich doch mit der Einführung der Mark die Hoffnung, bald endlich wieder Wein zu Geld machen zu können?

Immerhin hatte Hilbert dem Weingut in Nierstein am 16. April 1948 erstmals nach dem Krieg einen Besuch abgestattet. Die Weinberge habe er mit Messmer eingehend besichtigt, hielt er in einer Aktennotiz fest. „Sie machten auf mich, soweit ich es beurteilen kann, keinen ungünstigen Eindruck."[42] Drei Morgen Brachland sollten mit Stöcken besetzt werden, insgesamt sollten dann wieder 28 Morgen (sieben Hektar) im Ertrag stehen. Der weitere Besitz werde für die Arbeiter als Deputatland und für die Futtergewinnung für das Pferd genützt. „Ich habe Messmer darauf hingewiesen, dass er das Land restlos bestellen soll und dass er nach Möglichkeit auch die Weinberge verjüngen muss", hielt Hilbert fest.[43]

Von den sechs Arbeitern gewann Hilbert nach eigenen Worten einen durchweg guten Eindruck. Über Messmer äußerte er sich kryptisch: „Messmer gibt zu, dass der Abzug von Trub und Schwund und weiterhin voll Beifüllwein nicht richtig ist, da ein doppelter Abzug erfolgt. Er wird dies in Zukunft unterlassen. Messmers gab mir im übrigen eine weitere Erklärung, die ich an Leiendecker mündlich weitergeben werde."[44] Es war dies nicht das erste Mal, das Hilbert einen Sachverhalt, der Messmer betraf, nicht schriftlich niederlegen wollte. Schon im Mai 1947 hatte er Leiendecker mitgeteilt, dass in der Abrechnung des Weingutes Nierstein demnächst als Einnahme ein Betrag von etwa 1200 Mark „für Altmaterial" erscheinen werde. „Ich gebe Ihnen mündlich Aufklärung, welche Bewandtnis es mit diesem Posten hat."[45] Hatte Messmer 1945 oder auch später Wein unterschlagen und diesen auf eigene Rechnung verkauft?

Sich einen genauen Reim auf die Verhältnisse im Weingut Nierstein zu machen ist anhand der Akten nicht möglich. Vielmehr teilte Hilbert Messmer im November 1948 lakonisch mit, es sei erforderlich, „dass der Betrieb noch intensiver als bisher geführt wird, und zwar gilt dies namentlich für den Kellerbetrieb. Überlegen Sie bitte schon einmal, was sie mir in dieser Hinsicht an Vorschlägen zu machen haben. Ich sehe für das Weingut sehr schwarz, wenn wir nicht baldigst aus der Verlustwirtschaft herauskommen."[46] Kurze Zeit später scheint Hilbert die Verhältnisse in Nierstein nochmals persönlich in Augenschein genommen zu haben, allerdings nicht alleine, sondern zusammen mit dem Direktor des M. A. N.-Werkes in Gustavsburg, mit keinem günstigen Ergebnis: „Ich war bei meinem Besuch am 16.12. entsetzt über den unsauberen und unordentlichen Zustand des Büros und des Vorraumes", ließ er Eduard Messmer unter dem Datum des 21. Dezember wissen. „Das ist eine schlechte Visitenkarte für den von Ihnen geleiteten Betrieb. Ich konnte auch feststellen, dass auch Herr Reinhardt peinlich berührt war."[47]

In bedrohlicher Nähe

Doch gleich welche Namen die bösen Geister trugen, die seit 1945 das Leben im Weingut Nierstein so unerfreulich gemacht hatten: Im Geschäftsjahr 1948/49, in das die Gründung der Bundesrepublik fiel, sollten sie verschwinden. Allerdings traten zwei neue, lange erwartete an deren Stelle: der eine hörte auf den Namen *Phylloxera vastratrix*, der andere auf den Namen Dyckerhoff Portland-Zement A. G. .

Zunächst gab es gute Nachrichten: Auch wenn die Gesamtgröße des Weinguts im Wirtschaftsjahr 1948/49 von gut elf um einen Hektar auf nun noch gut zehn geschrumpft war, so hatte man 1948 die erste nennenswerte Ernte seit vielen Jahren einbringen können. Dank stärkerer Düngung der aufgrund des Krieges ausgelaugten Böden und dank besserer Pflege der Weinberge lagerten fast 20.500 Liter 1948er in den Kellern an der Wörrstadter Straße. Dieser habe sich sogar, wie es schon im Juni 1949 hieß, zu einem „guten Durchschnittswein" entwickelt[48] – was sicher ein kleiner Trost angesichts des Umstandes war, dass die durchschnittliche Qualität des 1948ers in Rheinhessen weit hinter den sehr guten Jahrgängen 1945, 1946 und 1947 zurückgeblieben war.[49]

Mit der Intensivierung der Weinbergsarbeit, der Wiederaufnahme des Weinversands,[50] den damit einhergehenden höheren Lohnkosten und einer durchgreifenden Überholung und Instandsetzung der gesamten Betriebsanlagen waren aber auch deutlich höhere Ausgaben einhergegangen. Diese beliefen sich 1949/50 wie in den besten Vorkriegsjahren auf mehr als 62.000 Mark. Diesem Betrag standen nunmehr Einnahmen von fast 30.000 Mark gegenüber.[51]

Ein Ausgabenposten musste indes schon im Vorjahr ausführlich erläutert werden: Für eine weitere „Rebschule" waren fast 1800 Mark aufgewandt worden. Dieser Betrag sei notwendig geworden, weil man eine „Verjüngung der Weinberge" in Betracht ziehen müsse. So weit, so erwartbar. Doch nur mit neuen Anlagen auf den vorhandenen Flächen konnte das Weingut auf Dauer offenbar nicht überleben. Denn: „Der stärkere Abbau des Kalksteinbruches durch die Firma Dyckerhoff verringert die Weinbergsfläche immer mehr, so dass für eine rentierende Aufrechterhaltung eine Vergrösserung der Weinbergsfläche in Betracht gezogen werden muss", hieß es nüchtern. Und: „Die Reblaus ist in ihrem Vordringen bereits in bedrohliche Nähe unserer Weinberge gerückt, so dass die Umwandlung der Reben auf Amerikaner-Unterlage für die Zukunft eine Notwendigkeit ist."[52]

Beide Entwicklungen kamen nicht unerwartet – das Auftreten der Reblaus hatte sich sogar viel länger hingezogen, als es nach dem Ersten Weltkrieg zu befürchten gewesen war. Damals hatte sich die Reblaus an der unteren Nahe unkontrolliert ausgebreitet. Auch am Mittelrhein und in Teilen des Rheingaus waren Reblausherde entdeckt worden. In der Folge gelang es aber dank konsequenter, wie seit Jahrzehnten von staatlicher Seite erzwungener Bekämpfungsmaßnahmen, die weitere Ausbreitung des Schädlings zu verhindern. Gleichzeitig hatten staatliche Stellen wie das Oberpräsidium Koblenz unter Leitung des Weinbaureferenten Richard Graf Matuschka-Greiffenclau die Umstellung der ersten Weinberge auf Pfropfreben vorbereitet.[53]

Mit erheblichen öffentlichen Mitteln wurden zu diesem Zweck zahlreiche Rebenveredelungsanstalten ins Leben gerufen, etwa in Bernkastel, Engers bei Neuwied und im Schloß Oranienstein bei Diez an der Lahn.[54] Die Anstalten waren darauf ausgelegt, die jährlich in die Millionen gehende Zahl an Veredelungen bereitzustellen, die es für die sukzessive Neubepflanzung der Qualitätsweinbaugebiete mit europäischen Rebsorten wie Riesling, Silvaner und verschiedenen Burgundersorten auf reblaustoleranten Unterlagen brauchte.

Erste größere Neuanlagen, die auch anderen Maßgaben wie einer besseren Wegeführung, größeren und vor allem zusammenhängenden Parzellen sowie Mechanisierungsmöglichkeiten Rechnung trugen, entstanden ausgangs der zwanziger Jahre am unteren Mittelrhein. Insgesamt aber sollten diese Umstellungsprozesse, die im damaligen Sprachgebrauch unter dem Oberbegriff „Neuzeitlicher Weinbau" zusammengefasst wurden,[55] in den meisten Weinbauregionen Deutschlands erst nach dem Zweiten Weltkrieg anlaufen. So auch in Rheinhessen, wo etwa aus dem unweit von Nierstein gelegenen Wöllstein im Frühjahr 1949 berichtet wurde, es habe sich dort eine Rebenaufbaugenossenschaft gegründet, der sofort hundert Genossen beigetreten seien. „Insbesondere ist die Umstellung auf veredelte Amerikanerreben geplant."[56] Wenige Monate später hieß es schon: „Die Reblaus breitet sich weiter aus und hat schon ganze Weinbergslagen verseucht. Die Umstellung auf Amerikaner-Unterlagsreben verursacht Arbeit und Unkosten und verteuert die Produktion des Weines."[57]

Im langjährigen Mittel auskömmliche Erträge

Insofern war die Lage in den Niersteiner Rebflächen der GHH nachgerade zeittypisch: Dass der Weinbau auf Basis wurzelechter Europäerreben langfristig nicht mehr möglich sein würde, war allen Weinbaufachleuten seit langem bewusst. Umso wichtiger war es den staatlichen Akteuren in Deutschland gewesen, Zeit zu gewinnen. Ihr Ziel war es, einen großflächigen Zusammenbruch des Weinbaus zu verhindern, wie er sich in vielen Regionen Frankreichs, aber auch in Spanien, Italien, Österreich und Ungarn abgespielt und für Millionen Menschen den Fortfall eines Teils, wenn nicht der gesamten Existenzgrundlage bedeutet hatte.

Die reichsweit koordinierten Maßnahmen der Schädlingsbekämpfung, vor allem die Vernichtung von Reblausherden, sollten sich auszahlen. Zwar ging seit der Jahrhundertwende die Rebfläche in Deutschland langsam, aber stetig zurück. Aber anders als in nahezu allen anderen weinbautreibenden Ländern Europas waren dafür nirgends großflächige Verseuchungen mit der Reblaus die wesentliche Ursache, sondern die seit jeher geringe Rentabilität in klimatisch ungünstigen Region wie Saale-Unstrut und Sachsen, aber auch in großen Teilen Frankens und Nordbadens. Vor allem die Aufwendungen für die Bekämpfung von echtem und falschem Mehltau sowie des Traubenwicklers machten dem dort dominierenden Weinbau im Nebenerwerb den Garaus.[58] Übrig bleiben würden, so hatte man es schon von staatlicher Seite vorhergesehen und sollte bald auch bewusst darauf hinarbeiten, diejenigen Rebflächen, die nicht nur in den wenigen guten Weinjahren, sondern im langfristigen Mittel für auskömmliche Erträge sorgten.

In diesem und nur in diesem Sinn waren schon während des Nationalsozialismus auf dem Verordnungsweg die Grundlagen für einen planmäßigen, langfristig rentablen Weinbau gelegt worden:[59] Ein Reichsrebsortiment legte (mit regionalen Unterschieden) seit 1935 fest, dass bei Wiederanpflanzungen nur bestimmte Qualitätsrebsorten verwendet werden durften, und dies auch nur in der Weise, dass auf Ertragssicherheit hin selektioniertes und krankheitsfreies Rebmaterial zur Anpflanzung kam. Überdies machten die Funktionäre des NS, die von der Kreis- bis zur Reichsebene im Reichsnährstand vertikal organisiert waren, die Neuanlage beziehungsweise den Wiederaufbau von Weinbergen von dem alten Grundsatz abhängig „Wo der Pflug kann gehen kein Rebstock soll stehen."

Zwar diente diese Maxime seit 1933 dem Ziel, die „Nahrungsmittelfreiheit" sowie die „Planmäßigkeit des deutschen Bodens" zu erringen. Unausgesprochen stand hinter diesen Zielen, mittelfristig die Kriegsfähigkeit des nationalsozialistischen Deutschlands sicherzustellen. Aber als solcher war der Grundsatz deswegen nicht falsch, wie sich im Nachkriegsdeutschland zeigen sollte. In Rheinland-Pfalz und besonders in Rheinhessen dehnte sich der Weinbau in den fünfziger und sechziger Jahren derart stark aus, dass die immer größeren Mengen bald nicht mehr auf dem deutschen Markt unterzubringen waren. Sie wurden auf den Exportmärkten zu Ramschpreisen untergebracht – auch von Nierstein aus.

Neuanfang in Oberhausen

Absatzprobleme drohten dem Weingut der Gutehoffnungshütte allein auf mittlere Sicht nicht. Denn die Parzellen in den Lagen Kautzbrunnen und Galgenberg, in denen die GHH-Weine erzeugt wurden, waren als Reserveflächen eines Kalksteinbruchs langfristig dem Untergang geweiht. Diese Entwicklung könnte, so ließ sich der Jahresgeschäftsbericht 1948/49 lesen, schneller eintreten als in Oberhausen gedacht. Denn der in Wiesbaden ansässige Zementhersteller Dyckerhoff, an den die GHH den Kalksteinbruch im Jahr 1935 verpachtet hatte, weil der Niersteiner Kalk „für den Hochofenmöller nicht mehr geeignet war",[60] beutete wohl aufgrund der anziehenden Baukonjunktur den Steinbruch schneller aus als im Weingut erwartet. Der Rückgang der bewirtschafteten Rebfläche innerhalb nur eines Jahres von 6,9 auf 5,2 Hektar war ein Alarmsignal.[61]

Was also tun? Von Oberhausen aus regungslos zusehen, wie die eigenen Flächen von Jahr zu Jahr schrumpften? Ersatzflächen pachten, womöglich in besseren Lagen? Oder das eigene Weingut, das ohnehin in den meisten Jahren Verluste brachte, liquidieren?

Wie schon 1935, so wird man sich diese Fragen in Oberhausen auch nach 1949 gestellt haben. Allerdings ist es nicht möglich, den Verlauf des Meinungsbildungsprozesses zu rekonstruieren. Zwei Personalien sprechen allerdings dafür, dass die Zeichen früh eher auf Kontinuität standen denn auf Rückzug oder Aufgabe. In der Nachfolge seines Vaters, des Kommerzienrats Paul Reusch, stand dessen ältester Sohn Hermann Reusch seit 1945 kommissarisch und seit 1947 als von den Alliierten bestellter Vorstandsvorsitzender an der Spitze der GHH. Hermann Reusch aber hatte aus seiner Leidenschaft für Wein im Allgemeinen und seiner Sympathie für das weinbauliche Engagement der GHH schon in den dreißiger Jahren nie ein Hehl gemacht. Darin war er sich mit dem Mann einig, der vor dem Zweiten Weltkrieg für das Weingut Nierstein in Oberhausen getragen hatte und dies – da von allen Verstrickungen mit dem Nationalsozialismus frei – auch nach 1945 tun konnte: dem Vorstandsmitglied Ernst Hilbert.

Doch wie ex post nachweisen, dass der Unternehmensführung auf dem Gebiet der Weinkultur nicht daran gelegen war, eine neue, vielleicht bescheidenere Zeit auszurufen? Abermals fehlt es an Dokumenten, die es erlaubten, möglicherweise einschlägige Entscheidungsprozesse zu rekonstruieren. Aber große Menüs mit Spitzenweinen aus

Deutschland und Frankreich, die bei den Sitzungen des Aufsichtsrats gereicht wurden, sprechen eine eindeutige Sprache. Dasselbe gilt für die schon bald wieder vorzügliche Weinkarte des Werksgästehauses sowie ein breites Angebot an Weinen für die Belegschaft in den sogenannten „Verkaufsanstalten der GHH" an den verschiedenen Standorten des Unternehmens.

Von wem und auf welchen Wegen die Weine, die im Werkgasthaus ausgeschenkt und den Verkaufsanstalten angeboten wurden, ausgesucht und eingekauft wurden, lässt sich den Akten nicht entnehmen. So kann die Hypothese weder bejaht noch verneint werden, dass sich der Vorstand des Unternehmens in Gestalt von Hermann Reusch oder auch von Ernst Hilbert, der 1953 im Zuge der von den Alliierten erzwungenen Entflechtung der GHH in den ordentlichen Vorstand aufrücken sollte,[62] persönlich darauf Wert legten, dass im Werksgasthaus deutsche und französische Spitzenweine vorgehalten werden sollten. Hinsichtlich der Kennerschaft und auch der Leidenschaft für Wein standen sich Reusch und Hilbert offenkundig in nichts nach – und das unter äußeren Bedingungen, die einer hochstehenden Weinkultur nicht unbedingt förderlich waren. Diese aber zeigte sich nicht nur in den feinen Weinen, die der Unternehmensführung zur Verfügung standen. Auch die Mitarbeiter sollten in den Genuss von guten Weinen jeder Art kommen, von einfachen, jungen Zechweinen bis zu gereiften Gewächsen aus besten Lagen und von renommiertesten Erzeugern.

Schon am 10. Januar 1949 und damit fünf Monate vor der Gründung der Bundesrepublik ging im Büro Reusch eine erste Liste mit Weinen ein, die für den Verkauf in den werkseigenen Anstalten vorgesehen waren.[63] Weine aus dem GHH-Weingut in Nierstein standen nicht darauf. Überhaupt gab es nur zwei Rheinweine, davon nicht einen aus dem Rheingau. Stattdessen dominierten Moselweine – und davon gleich 14 auf einmal. Am unteren Ende der Preisskala stand ein Wein von der Terrassenmosel, ein 1948er Winninger Rosenberg aus dem Weingut Freiherr von Heddesdorff zum Preis von 4,80 Mark. Die Spitze bildete ein 1943er Lieserer Niederberg, natur, aus dem renommierten Weingut Freiherr von Schorlemer. 10,70 Mark war für diesen Wein kurz nach der Währungsreform anzulegen.

Die Januar-Liste war erst der Anfang: Insgesamt sechs maschinenschriftliche Weinlisten aus dem Jahr 1949 haben sich in einer einzigen Akte aus dem Nachlass von Hermann Reusch erhalten.[64] Sie belegen, dass das Angebot an (deutschen) Weinen von Monat zu Monat größer und besser wurde. Bis November waren aus 14 Positionen Mosel-Saar-Ruwer-Wein 21 geworden, es gab einen Wein von der Nahe, dazu 15 Rheinweine, die meisten davon aus dem Rheingau, sowie zwei Rotweine, davon einer ein französischer Tafelwein – die Handelsbeziehungen mit Frankreich hatten sich 1949 längst nicht wieder normalisiert, außerdem waren die Devisen zur Einfuhr ausländischer Weine streng limitiert. Hinzu kamen drei deutsche Sekte und – nach der Erteilung der Verkaufsgenehmigung – auch zahlreiche hochprozentige Spirituosen, Weinbrände

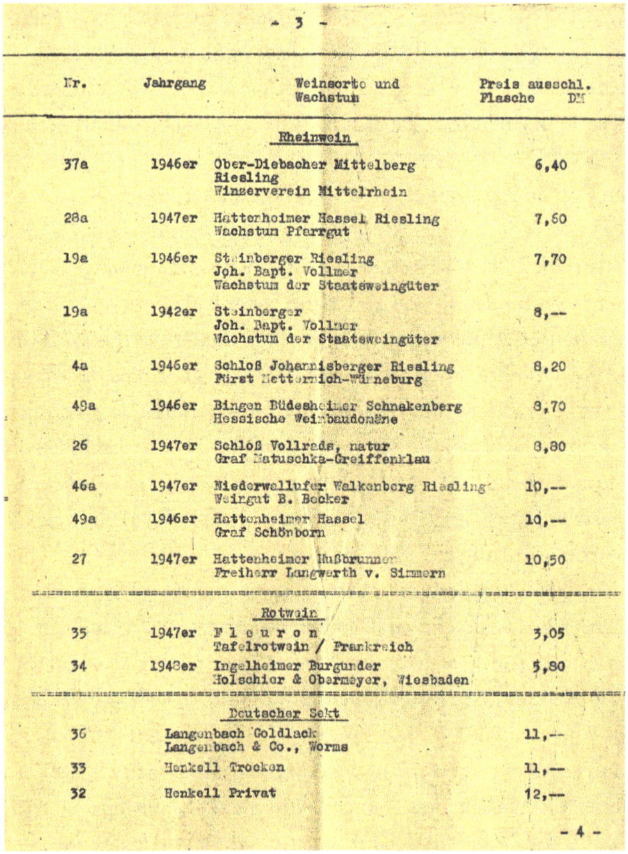

- 3 -

Nr.	Jahrgang	Weinsorte und Wachstum	Preis ausschl. Flasche DM
		Rheinwein	
37a	1946er	Ober-Diebacher Mittelberg Riesling Winzerverein Mittelrhein	6,40
28a	1947er	Hattenheimer Hassel Riesling Wachstum Pfarrgut	7,60
19a	1946er	Steinberger Riesling Joh. Bapt. Vollmer Wachstum der Staatsweingüter	7,70
19a	1942er	Steinberger Joh. Bapt. Vollmer Wachstum der Staatsweingüter	8,--
4a	1946er	Schloß Johannisberger Riesling Fürst Metternich-Winneburg	8,20
49a	1946er	Bingen Büdesheimer Schnakenberg Hessische Weinbaudomäne	8,70
26	1947er	Schloß Vollrads, natur Graf Matuschka-Greiffenklau	8,80
46a	1947er	Niederwallufer Walkenberg Riesling Weingut B. Becker	10,--
49a	1946er	Hattenheimer Hassel Graf Schönborn	10,--
27	1947er	Hattenheimer Nußbrunnen Freiherr Langwerth v. Simmern	10,50
		Rotwein	
35	1947er	F l e u r o n Tafelrotwein / Frankreich	3,05
34	1948er	Ingelheimer Burgunder Holschier & Obermeyer, Wiesbaden	5,80
		Deutscher Sekt	
36		Langenbach Goldlack Langenbach & Co., Worms	11,--
33		Henkell Trocken	11,--
32		Henkell Privat	12,--

- 4 -

Abb. 24 Keine Stunde Null: Angebot im Werksgasthaus im Jahr 1949.

und Liköre. Über den Absatz dieser Weine erfahren wir aus den Akten im Nachlass Hermann Reusch allerdings nichts. Doch steht nicht zu vermuten, dass die Einkäufer Weine bevorratet haben könnten, die den Vorlieben der Klientel der Verkaufsanstalten nicht entsprochen hätten.

Wie deren Kundschaft beschaffen war, wäre näherer Untersuchungen wert – vermutlich setzte sie sich an den Verwaltungsstandorten wie Sterkrade anders zusammen als im direkten Umkreis der Zechen und Hochöfen. Doch so plausibel diese Vermutung auch ist und so vergleichsweise klein der Anteil des Weins an dem Umsatz der Verkaufsanstalten gewesen sein dürfte, so zeigen die Weinkarten doch eines: Sie sind eine Bekundung des festen Willens, in der Nachkriegszeit an einer Weinkultur festzuhalten, die von einer Hochschätzung einfacher Weine bis hin zur Herausstellung der Spitzenweine vom Rhein und seinen Nebenflüssen geprägt war.

Keineswegs elitär

Diese Weinkultur war keineswegs elitär in dem Sinn, dass in den Verkaufsanstalten den Werksangehörigen einfache und möglichst billige Weine angeboten wurden, während die Unternehmensspitze in Weinen aus dem Luxussegment schwelgte. Vielmehr boten die Verkaufsanstalten und das Werksgasthaus auf jeder Preisstufe durchweg gute Weine an, wie sie im Handel und in der Gastronomie für dieses Geld erhältlich waren: Eine Weinkarte aus der Zeit 1949/50 der „Rheinhalle" in Rüdesheim etwa führte als billigsten Wein einen „Adlertum Rüdesheimer" zum Preis von acht Mark, während der Durchschnittspreis der durchweg vielversprechenden Weine der Jahrgänge 1945 und 1947 etwa 15 Mark betrug. Für den teuersten Wein, einen Winkeler Hasensprung aus dem Weingut Kommerzienrat Kreyer Erben, waren gar 40 Mark anzulegen.[65] Dagegen hätten die teuersten Weine aus dem Angebot der Verkaufsanstalten wie ein Lieserer Niederberg zum Preis von gut zehn Mark auch als Speisenbegleiter bei einem Essen des Aufsichtsrates oder des Vorstandes eine gute Figur gemacht.

So betrachtet deuten die Weinlisten der Verkaufsanstalten eher auf eine unverändert patriarchalisch-korporatistische Mentalität hin, wie sie dem rheinischen Kapitalismus zugeschrieben wird, denn auf eine Unternehmensverfassung, die von manifesten Hierarchien mit den entsprechenden Distinktionsmustern geprägt war. Denn auch das gilt es bei der Analyse des Weinangebotes der Verkaufsanstalten zu beachten: Zwar konnte (und sollte) das Angebot der GHH nicht mit dem etwa des Bremer Ratskellers mithalten, der Ende 1948 von den amerikanischen Besatzungsbehörden wieder in bremische Verwaltung zurückgegeben worden war und schon Anfang 1949 mit einer mehr als hundert Positionen ausschließlich deutscher Weine aufwartete,[66] so dürfte es 1949 oder auch 1953 im Ruhrgebiet oder im Rheinland wohl nur wenige Hotels, Restaurants oder Weinhandlungen gegeben haben, die eine Auswahl bereithielten, die es mit der der Verkaufsanstalten der GHH mitten zwischen Hochöfen, Schachtanlagen und Werkssiedlungen hätte aufnehmen können.

Galt dies auch für den Weinkeller des Werksgästehauses?[67] Leider ist die Quellenlage für die Nachkriegszeit erheblich schlechter als für die Jahre zwischen 1933 und 1945. Weder liegen ein Inventar noch Schriftstücke vor, in denen zu erkennen wäre, wer (wenn überhaupt), wann und warum in der Tradition der Weinsendungen an Mitglieder des Aufsichtsrates oder an „Freunde" einzelner Vorstandsmitglieder Weine in Marsch setzen ließ. Für die ersten vier Jahre nach Gründung der Bundesrepublik liegen auch keine Menüvorschlage für das Essen der Aufsichtsräte oder anderer wichtiger Gremien vor, in denen die Weinbegleitung vermerkt wäre.[68]

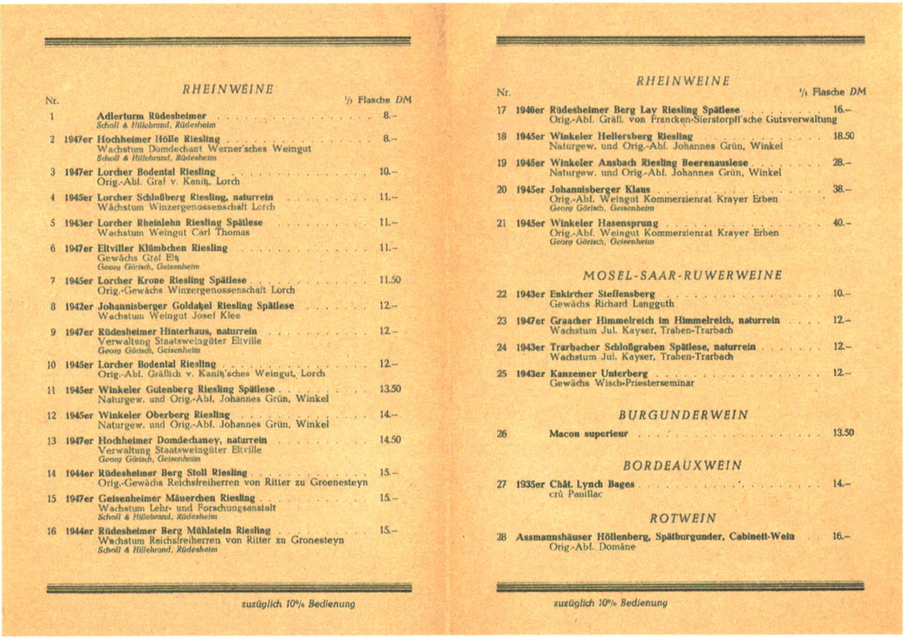

RHEINWEINE

Nr.			1/1 Flasche DM
1		**Adlerturm Rüdesheimer** *Scholl & Hillebrand, Rüdesheim*	8.–
2	1947er	**Hochheimer Hölle Riesling** Wachstum Domdechant Werner'sches Weingut *Scholl & Hillebrand, Rüdesheim*	8.–
3	1947er	**Lorcher Bodental Riesling** Orig.-Abf. Graf v. Kanitz, Lorch	10.–
4	1945er	**Lorcher Schloßberg Riesling, naturrein** Wachstum Winzergenossenschaft Lorch	11.–
5	1943er	**Lorcher Rheinlehn Riesling Spätlese** Wachstum Weingut Carl Thomas	11.–
6	1947er	**Eltviller Klümbchen Riesling** Gewächs Graf Eltz *Georg Görisch, Geisenheim*	11.–
7	1945er	**Lorcher Krone Riesling Spätlese** Orig.-Gewächs Winzergenossenschaft Lorch	11.50
8	1942er	**Johannisberger Goldatzel Riesling Spätlese** Wachstum Weingut Josef Klee	12.–
9	1947er	**Rüdesheimer Hinterhaus, naturrein** Verwaltung Staatsweingüter Eltville *Georg Görisch, Geisenheim*	12.–
10	1945er	**Lorcher Bodental Riesling** Orig.-Abf. Gräflich v. Kanitz'sches Weingut, Lorch	12.–
11	1945er	**Winkeler Gutenberg Riesling Spätlese** Naturgew. und Orig.-Abf. Johannes Grün, Winkel	13.50
12	1945er	**Winkeler Oberberg Riesling** Naturgew. und Orig.-Abf. Johannes Grün, Winkel	14.–
13	1947er	**Hochheimer Domdechaney, naturrein** Verwaltung Staatsweingüter Eltville *Georg Görisch, Geisenheim*	14.50
14	1944er	**Rüdesheimer Berg Stoll Riesling** Orig.-Gewächs Reichsfreiherren von Ritter zu Groenesteyn	15.–
15	1947er	**Geisenheimer Mäuerchen Riesling** Wachstum Lehr- und Forschungsanstalt *Scholl & Hillebrand, Rüdesheim*	15.–
16	1944er	**Rüdesheimer Berg Mühlstein Riesling** Wachstum Reichsfreiherren von Ritter zu Gronesteyn *Scholl & Hillebrand, Rüdesheim*	15.–

zuzüglich 10% Bedienung

RHEINWEINE

Nr.			1/1 Flasche DM
17	1946er	**Rüdesheimer Berg Lay Riesling Spätlese** Orig.-Abf. Gräfl. von Francken-Sierstorpff'sche Gutsverwaltung	16.–
18	1945er	**Winkeler Hellersberg Riesling** Naturgew. und Orig.-Abf. Johannes Grün, Winkel	18.50
19	1945er	**Winkeler Ansbach Riesling Beerenauslese** Naturgew. und Orig.-Abf. Johannes Grün, Winkel	28.–
20	1945er	**Johannisberger Klaus** Orig.-Abf. Weingut Kommerzienrat Krayer Erben *Georg Görisch, Geisenheim*	38.–
21	1945er	**Winkeler Hasensprung** Orig.-Abf. Weingut Kommerzienrat Krayer Erben *Georg Görisch, Geisenheim*	40.–

MOSEL-SAAR-RUWERWEINE

22	1943er	**Enkircher Steffensberg** Gewächs Richard Langguth	10.–
23	1947er	**Graacher Himmelreich im Himmelreich, naturrein** Wachstum Jul. Kayser, Traben-Trarbach	12.–
24	1943er	**Trarbacher Schloßgraben Spätlese, naturrein** Wachstum Jul. Kayser, Traben-Trarbach	12.–
25	1943er	**Kanzemer Unterberg** Gewächs Wisch-Priesterseminar	12.–

BURGUNDERWEIN

26		**Macon superieur**	13.50

BORDEAUXWEIN

27	1935er	**Chât. Lynch Bages** crû Pauillac	14.–

ROTWEIN

28		**Assmannshäuser Höllenberg, Spätburgunder, Cabinett-Wein** Orig.-Abf. Domäne	16.–

zuzüglich 10% Bedienung

Abb. 25 Mit 1945er-Weinen: Das Angebot in der „Rheinhalle" in Rüdesheim am Rhein im Jahr 1949.

Die Qual der Wahl

Ein eindeutiges Bild lassen erst wieder die Menüvorschläge erkennen, die der Pächter des Werksgästehauses namens Blumenthal seit 1953 dem Vorstandsvorsitzenden Hermann Reusch schriftlich unterbreiten musste. Diesem oblag es dann, zwischen verschiedenen Menüs zu wählen beziehungsweise verschiedene Gänge miteinander zu kombinieren.

Aufgetragen werden sollte aus Anlass einer „Arbeitstagung" und einer Sitzung des Aufsichtsrates der Haniel & Lueg am 15. beziehungsweise 16. Mai 1953 selbstredend nur das Beste – und das in bester Qualität. Forelle, Kaviar, Hummer oder Austern als Entrée, anschließend legierte Krebssuppe, Kraftbrühe oder echte Schildkrötensuppe, Seezungenröllchen oder echter Salm als Zwischengericht, Fisch-, Rehmedaillons, Kalbsrücken, Rebhuhn oder gefülltes Spanferkel als Hauptgericht[69] – all dies war 1953 in der Bundesrepublik nicht nur möglich. Es wurde wohl zumindest in den Kreisen der Großindustrie und vielleicht auch der Hochfinanz mit einer Selbstverständlichkeit erwartet, als habe Deutschland den Zweiten Weltkrieg nicht verloren und die europäischen Juden nicht nach Kräften vertrieben oder ermordet. Und wehe, die Qualität stimmte nicht: „Ich möchte

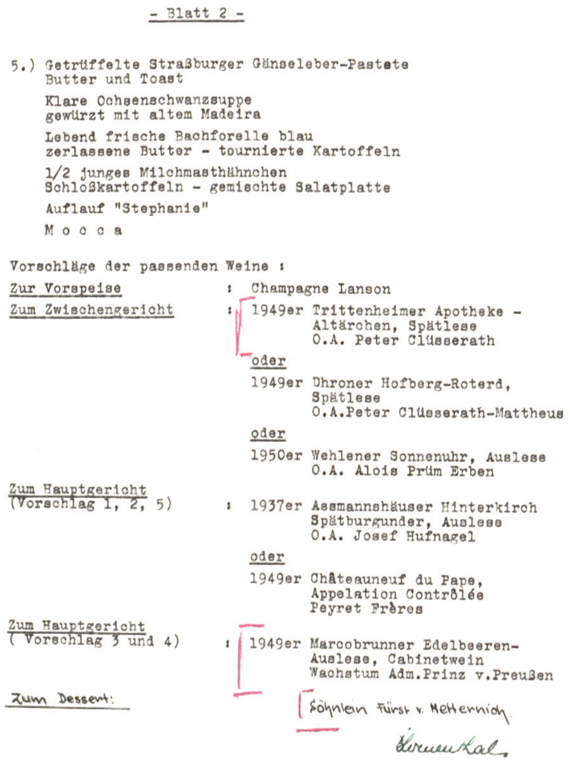

\- Blatt 2 -

5.) Getrüffelte Straßburger Gänseleber-Pastete
Butter und Toast

Klare Ochsenschwanzsuppe
gewürzt mit altem Madeira

Lebend frische Bachforelle blau
zerlassene Butter - tournierte Kartoffeln

1/2 junges Milchmasthähnchen
Schloßkartoffeln - gemischte Salatplatte

Auflauf "Stephanie"

M o c c a

Vorschläge der passenden Weine :

Zur Vorspeise :	Champagne Lanson
Zum Zwischengericht :	1949er Trittenheimer Apotheke - Altärchen, Spätlese O.A. Peter Clüsserath oder 1949er Dhroner Hofberg-Roterd, Spätlese O.A.Peter Clüsserath-Mattheus oder 1950er Wehlener Sonnenuhr, Auslese O.A. Alois Prüm Erben
Zum Hauptgericht (Vorschlag 1, 2, 5) :	1937er Assmannshäuser Hinterkirch Spätburgunder, Auslese O.A. Josef Hufnagel oder 1949er Châteauneuf du Pape, Appelation Contrôlée Peyret Frères
Zum Hauptgericht (Vorschlag 3 und 4) :	1949er Marcobrunner Edelbeeren-Auslese, Cabinetwein Wachstum Adm.Prinz v.Preußen
Zum Dessert:	Söhnlein Fürst v. Metternich

Blumenthal

Abb. 26 Eine klassische Komposition aus Speisen und Weinen: Aus der Vorschlagsliste für ein Essen des Aufsichtsrates der Deutschen Werft AG in Oberhausen am 23. September 1953.

Sie bitten, sich nach einem neuen Kaviar-Lieferanten umzusehen", schrieb Reusch am 29. Juli 1953 an den Pächter des Werksgasthauses namens Blumenthal. „Das, was gestern gereicht wurde, war qualitätsmässig wieder schlecht."[70]

Mit dem Jahr 1953 setzte indes eine längere Phase ein, in der Reusch nicht nur die Speisen zur Auswahl vorgelegt wurden, sondern auch die Weine, die Blumenthal für die jeweiligen Gänge für passend hielt. Die älteste überlieferte Vorschlagsliste handelt von einem Essen des Aufsichtsrates der Deutschen Werft (Hamburg), das für den Mittag oder den Abend des 23. September 1953 im Werksgästehaus in Oberhausen anberaumt war. Demnach sollte zur Vorspeise, wie es im 19. Jahrhundert bei den klassischen Menüs bei Hofe und später in Kreisen des Wirtschafts- und Bildungsbürgertums üblich geworden war, Champagner serviert werden, in diesem Fall Lanson ohne Jahrgangsangabe. Deutscher Sekt war offenbar – wie im 19. Jahrhundert – nicht die erste Wahl.

Zum Zwischengericht, dem Fischgang, schlug Blumenthal zwei Spätlesen und eine Auslese von der Mittelmosel vor. Reusch entschied sich für eine 1949er Trittenheimer Apotheke – Altärchen Originalabfüllung aus dem Weingut Peter Clüsserath. Zu drei der fünf Hauptgerichten konnte sich der Pächter zwei Rotweine vorstellen, eine 1937er (!) Assmannshäuser Hinterkirch Spätburgunder Auslese oder einen 1949er Châteauneuf-du-Pape Appellation Controlée. Beide Weine fanden nicht die Zustimmung von Reusch, da er sich für „Junges Rebhuhn mit Weintrauben, Ananaskraut und Kartoffelpüree" entschieden hatte. Dazu schien dem Vorstandsvorsitzenden ein 1949er Marcobrunner Edelbeeren-Auslese Cabinetwein aus dem Weingut Administration Prinz von Preußen passend – sicher einer der größten Weine dieses Ausnahmejahrgangs überhaupt. Zum Obst wurde dann wieder Schaumwein gereicht – diesmal Sekt, Söhnlein Fürst Metternich.[71]

Wollen wir einen Rheingauer geben

Menüvorschläge dieser Art haben sich im Nachlass Hermann Reuschs, der den Vorstandsvorsitz bis zum Jahr 1966 innehatte, zu Dutzenden erhalten – und lassen nebenbei erkennen, welche Organe, Kreise und Gruppen sich in den Räumen des Werksgästehauses trafen. Denn die Anlässe, zu denen Küche und Keller des Werksgästehauses ihr Bestes liefern mussten, waren keinesfalls nur Sitzungen des Aufsichtsrates der GHH. In Oberhausen trafen sich auch Gremien anderer Konzernwerke wie der Deutschen Werft oder der Schwäbischen Hüttenwerke (SWH). Immer legte Hermann Reusch persönlich die Speisenfolge und die Weinbegleitung fest. Der Mann wusste offenbar sehr genau, wovon er sprach, wenn er Anweisungen wie diese gab: „Zum Mittagessen bitte ich einen leichten Saar- oder Ruwer-Wein zu reichen, und zwar möglichst keine Auslese. Auf der Karte finde ich wenig, was mich anspricht. Zum Rebhuhn wollen wir einen Rheingauer geben."[72]

Sorgfältig choreographiert wie die Sitzungen im großen Kreis wurden auch die in der Tradition des 19. Jahrhunderts „Frühstück" genannten Zusammenkünfte einer kleinen Gruppe von Vorständen und Aufsichtsräten um 13 Uhr: „Zum Essen ist Herrn v. Banck ein leichter Bordeaux, für die übrigen Herren Scharzberger zu reichen", hieß es im Blick auf eine Zusammenkunft am 30. November 1955.[73]

Einen Höhepunkt in der Geschichte des Unternehmens stellte aber unzweifelhaft der Besuch des Bischofs des 1957 errichteten „Ruhrbistums" Essens dar: Am 20. Januar 1960 wurde Franz Hengsbach in Oberhausen ein mittägliches „Frühstück" präsentiert, das das Zeug hat, rückwirkend in die Annalen der Geschichte der GHH wie des Bistums Essen einzugehen. Als Vorspeise waren mit Beluga-Malossol-Kaviar gefüllte Blinis ausgesucht

Gästehaus Sterkrade, den 7. Januar 1960

Büro Reusch
HV - Oberhausen

Betr.: Menüvorschläge für das Frühstück anläßlich des Besuches seiner Exzellenz, Herr Bischof Dr. Hengsbach, am 20.1.1960, um 12¹⁵ Uhr.

-.-

K 1.)	Pommery & Greno, Brut Veuve Pommery, Reims	Blinis gefüllt mit Beluga-Malossol-Kaviar (russ. Buchweizenpfannkuchen)
		Französische Zwiebelsuppe mit Käsekroutons
	1957er Neumagener Rosengärtchen Spätlese O.A. Sanitätsrat Dr. Ronde Neumagen	Gefüllter Artischockenböden mit frischen Champignons â la crême überbacken
	1949er Vin de Pichon Longueville Appellation Contrôlée Pauillac, Gironde	Gespickte Frischlingskeule in Wildrahmsauce frischer Rosenkohl - glacierte Maronen - Bernykartoffeln
	Lanson, Vintage 1949	Aprikosen - Eisparfait mit warmer Vanillesauce
		M o c c a
	-.-.-.-.-	-.-.-.-.-
2.)	Lanson, Vintage 1949	2 Stück Toast "Lucca" (runde Toastscheibe mit Kaviar und Auster)
		Legierte Straßburger Selleriesuppe
	1957er Waldracher Laurentius- berg Heidenkopf Wachstum J.W. Huesgen, Traben-Trarbach	Englischer Bleichsellerie in Blätterteig mit Madairasauce
	1953er Wallufer Unterberg Riesling, Auslese O.A. Weingut J.B. Becker Niederwalluf/Rhg.	Getrüffelte Brüsseler Mastpoulardenbrust Chicoréesalat - Schloßkartoffeln
	Pommery & Greno, Brut	Frische Ananasscheibe mit geschlagener Sahne und Schwarzwälder Kirschwasser
		M o c c a
	-.-.-.-.-	-.-.-.-.-

- 2 -

Abb. 27 Hoher Besuch: Der junge „Ruhrbischof" Franz Hengsbach wird am 20. Januar 1960 um 12.15 Uhr zu einem „Frühstück" gebeten.

worden. Es folgte eine französische Zwiebelsuppe mit Käsekroutons. Sodann wurde eine Gespickte Frischlingskeule in Wildrahmsauce aufgetragen, garniert mit frischem Rosenkohl und glacierten Maronen und Bernykartoffeln, vor dem Mocca gab es Aprikosen-Eisparfait mit warmer Vanillesauce. Die Weinbegleitung stand den Speisen nicht nach. Zur Vorspeise wurde Pommery & Greno Brut serviert, zum Dessert Champagner Lanson, Vintage 1949, ein anderer exzellenter Champagner. Die Hauptspeise wieder verlangte einen Rotwein, was nach Lage der Dinge nur ein französischer Wein sein konnte, waren doch Rotweine aus Deutschland alleine mangels Farbtiefe nicht satisfaktionsfähig. Also musste ein 1949er Château Pichon-Longueville her. Deutsche Weine, gar ein Wein aus dem Weingut der GHH, waren also an jenem denkwürdigen Tag nicht vertreten.[74]

Doch wurde im Werksgasthaus auch harte Politik gemacht. Hinter dem Akronym „der BMT“ etwa verbarg sich ein informeller Zusammenschluss „leitender Herren des Ruhrbergbaus“, der in Oberhausen am 6. November 1957 in einer Stärke von 21 Mann zusammenkam.[75] Wenige Monate später, am 5. März 1958, traf sich auf Einladung von Hermann Reusch der neue, unter anderem vom Bundesverband der Deutschen Industrie (BDI) gegründete „Gesprächskreis Wirtschaft/Wissenschaft“ in der Essener Straße 3 in Oberhausen. Gut drei Monate später war es der „Kulturkreis der deutschen Wirtschaft im BDI e. V.“,[76] dessen Gründungspräsident Hermann Reusch 1951 geworden war,[77] und ein knappes Jahr darauf der Verwaltungsrat der Max-Planck-Gesellschaft.[78] Reusch war auch intensiv mit Fragen der zivilen Nutzung der Atomenergie befasst und gehörte ab 1956 als Gründungsmitglied der Deutschen Atomkommission an.[79]

Dann und wann stellten sich auch Gäste aus dem Ausland ein, etwa 1954 eine kleine Gruppe aus den Vereinigten Staaten: „Der Tisch soll nett mit Blumen geschmückt werden. Wenn vorhanden, sind eine nordamerikanische, eine deutsche und eine GHH-Flagge darauf zu stellen“ lautete die Regieanweisung.[80] Am 7. September 1962 war eine Delegation des japanischen Maschinenbauunternehmens Mitsubishi zu Gast.[81]

Politik wurde aber schon in den fünfziger Jahren nicht alleine in Oberhausen gemacht. Schon bald nach der Gründung der Bundesrepublik diente auch das Weingut der GHH als Ort, der einerseits zu Repräsentationszwecken, andererseits aber auch als Rückzugsort, an dem sich alle Gastgeber und Gäste unbeobachtet wähnen konnten. Nicht zuletzt zu diesem Zweck wurden Mitte der fünfziger Jahre die Möglichkeiten erweitert, im Weingut der GGH Weine verkosten zu können. Die 1921 eingerichtete Probierstube in den Räumlichkeiten an der Wörrstadter Straße wurde ausgebaut und um eine Außenterrasse erweitert, die später verglast wurde.[82]

Angesichts dieser neuen Möglichkeiten hatte Hermann Reusch geplant, das Präsidium des Bundesverbands der deutschen Industrie im Jahr 1956 zu einer Weinprobe nach Nierstein zu bitten. Diese Veranstaltung fand offenbar nicht statt, woran ihn ein langjähriger Mitarbeiter namens Hans Vygen im folgenden Jahr erinnerte. Vygen, ein Jurist, war bis 1945 der zweite Mann hinter Martin Blank im Verbindungsbüro gewesen und fand sich einige Zeit später in Oberhausen in der Rechtsabteilung des Konzerns wieder. Als die Abteilung F, die das Weingut seit dessen Gründung beaufsichtigte, im Zuge der Entflechtung des Konzerns auf die nunmehr eigenständige Bergbaugesellschaft übertragen wurde, behielt der Vorstand das Weingut zurück und unterstellte es der Grundstücksabteilung der von Vygen geleiteten Rechtsabteilung der Gutehoffnungshütte Aktienverein.[83]

Den Anlass zu dem Hinweis auf die Weinprobe am Rhein gab Vygen die Information, dass die Mitgliederversammlung des BDI im Jahr 1957 nach Frankfurt verlegt worden sei.

DR. W. VOLLRATH

433 Mülheim (Ruhr)-Speldorf, den 27.2.1978
[illegible] 112
Telefon 02 08 / 5 06 87

Ausgezeichnet mit der broncenen Kammerpreismünze

Herrn
Dr. Hans Vygen
Walramsweg 18

4100 D u i s b u r g

Lieber Hennes,

Gestern, am Abend einer arbeitsreichen Anti-Koop-Woche, öffnete ich die letzte Flasche Wein meines ältesten GHH - Weines. Es wird Dich interessieren und auch freuen, daß dieser wirklich ein wunderschöner, noch ganz präsenter und edler Tropfen war.

In dankbarem Gedenken an fröhliche Weinproben in Nierstein,

herzlichst

Abb. 28 Die letzte Flasche meines ältesten Weines: Die 1953er Niersteiner Galgenberg feine Spätlese aus dem Weingut der Weinkellerei der Gutehoffnungshütte präsentierte sich nach 25 Jahren als „wunderschöner … und edler Tropfen".

Vygen schlug Reusch nun vor, die ausgefallene Weinprobe vor oder nach der Tagung nachzuholen, die für Mitte Mai vorgesehen war. Reusch teilte ihm freundlich, aber bestimmt mit, dass er diesen Vorschlag leider nicht akzeptieren könne. „Die Tagung ist dieses Mal besonders konzentriert. Wenn wir das Präsidium vorher oder nachher zur einer Kellerprobe einladen, wird die richtige Stimmung nicht aufkommen."[84] Ob es jemals zu einem Stelldichein des BDI-Präsidiums in Nierstein kam, ist nicht überliefert. Dafür fanden am Rhein in den sechziger und siebziger Jahren mindestens ebenso illustre Zusammenkünfte statt, wie weiter unten zu zeigen sein wird.

In dieser Phase der Untersuchung kann indes nur noch eine Frage von herausgehobenem Interesse sein: Wurden in Oberhausen irgendwann auch die Weine aus dem

Weingut der GHH für qualifiziert gehalten, die Tafel bei gewichtigen Anlässen zu zieren – oder blieben sie in den Augen der Feinschmecker im Vorstandsrang bestenfalls „gute Durchschnittsweine", die man Gästen von Rang und Namen zumindest bei Tisch nicht servierte?

Bischof Franz Hengsbach wollte Reusch 1960 offenkundig nicht mit einem Wein aus Nierstein behelligen. Doch schon ein Jahr zuvor, am 13. März 1959, hatte der Vorstandsvorsitzende erstmals eine „Originalabfüllung Weingut der Weinkellerei Gutehoffnungshütte Nierstein" servieren lassen. Etwa 20 nicht näher bestimmte Personen kamen in den Genuss eines 1955er Niersteiner Orbel Faß Nr. 5 zur „Kalbskotelette mit Gänseleberscheibe in Butter gebraten", dazu „feines junges Gemüse und Schlosskartoffeln".[85]

Eine einmalige Aktion war die Präsentation eines Weines aus dem eigenen Weingut nicht. Derselbe Wein wurde wenige Wochen später für die Zusammenkunft des Verwaltungsrates der Max-Planck-Gesellschaft vorgeschlagen, aber von Reusch nicht berücksichtigt. Außerdem hätte Reusch die Möglichkeit gehabt, einen 1956er Niersteiner Auflangen Faß Nr. 7 als „Originalabfüllung der Weinkellerei Gutehoffnungshütte Nierstein" servieren zu lassen.[86] Ende September 1960 stand erstmals ein 1958er Niersteiner Auflangen Riesling als GHH-Wein zur Verfügung.[87] Ein Jahr später hieß es dann sogar: „Ich bitte, das Menü Nr. 1 zu reichen, und zwar ohne französische Zwiebelsuppe mit Käsekroutons. Anstelle des 1953 Bordeau (sic) bitte ich, einen guten Rheingauer zu reichen, gegebenenfalls eine gute Lage unseres Niersteiners."[88]

Eine gute Lage „unseres Niersteiners"? Was war nur in den zurückliegenden zehn Jahren aus dem Weingut geworden, dessen beste Lagen seit 1920 auf die nicht sonderlich schmeichelhaften Namen Galgenberg und Galgenhohl hörten und das noch lange nach dem Zweiten Weltkrieg anscheinend nur einfache, vielleicht bestenfalls Durchschnittsweine hervorgebracht hatte? Warum konnten GHH-Weine mit einem Mal in einem Atemzug mit besten Weinen vom Rhein genannt werden?

7 Zum größten Teil allerbeste Lagen Rheinhessens

Warum es in Nierstein nicht mehr so weitergehen konnte wie bisher und wie das Weingut endlich profitabel wurde

Die im Ertrag stehende Rebfläche des Weingutes Nierstein hatte Mitte 1949 nur noch gut fünf Hektar betragen. Damit war sie nur noch halb so groß wie zu Beginn der dreißiger Jahre. Im deutschen Weinbau war es ähnlich. Schon während des Krieges konnten immer mehr Weinberge kaum noch oder gar nicht mehr bewirtschaftet werden. Es mangelte an Arbeitskräften, an Dünger und an Schädlingsbekämpfungsmitteln. Nach dem Zusammenbruch des Dritten Reiches besserten sich die Verhältnisse zunächst nur langsam. Das Weingut der GHH machte da keine Ausnahme. Der Wiederaufbau an dem Stammsitz des Unternehmens im Ruhrgebiet wie der Konzernwerke hatte Vorrang.[1] Außerdem unterlag das Unternehmen wie der gesamte deutsche Montansektor einer engmaschigen Kontrolle durch die Alliierten. Was diese sich wohl dabei dachten, dass die Gutehoffnungshütte auch im Weinbau engagiert war?

An einen Rückzug aus diesem Engagement dachte der Vorstand der GHH allen Widrigkeiten zum Trotz wie den fortgesetzten Investitionskontrollen der Alliierten anscheinend nicht.[2] Hatte Hilbert seit 1935 und besonders nach 1939 nicht alles daran gesetzt, das Weingut am Leben zu erhalten? Und stand nicht in der Person von Hermann Reusch ein Mann an der Spitze des Konzerns, der das Lebenswerk seines Vaters Paul fortzuführen gedachte – wozu seit 1918 auch ein Weingut am Rhein gehörte? Im Jahresbericht 1949/50 hieß es kommentarlos, man habe von der Firma Dyckerhoff (die schon vor dem Krieg den Kalksteinbruch von der GHH gepachtet hatte, offenbar aber auch über eigenen Grundbesitz in Nierstein verfügte) Weinberge-Rebengelände im Umfang von 0,57 Hektar gepachtet. Zudem habe man 0,19 Hektar Weinberge im Jahr 1950 neu angelegt.[3]

In wessen Regie dies geschah, erfahren wir leider nicht. Stattdessen hieß es, dass weiterhin in großem Umfang gedüngt worden sei, freilich mit Kunstdünger, da Stalldünger „nicht in dem erforderlichen Umfang" zu erstehen gewesen sei. Kellereinrichtungen und Gerätschaften seien, soweit erforderlich, ergänzt und verbessert worden, „so dass auch die Wirtschaftsverhältnisse des Weingutes wieder als normal bezeichnet werden können". Nicht „normal" war indes die Ernte 1949 ausgefallen. Der Qualität nach könne er „unserer Lage entsprechend als recht gut bezeichnet werden". Auch die Menge konnte sich im Vergleich mit den Ernten der Vorjahre mehr als sehen lassen. Im Gründungsjahr der Bundesrepublik waren auf einer Fläche von 6,82 Hektar 25.600 Liter geerntet worden – umgerechnet auf den Hektar entsprach dies einem Ertrag von 38 Hektolitern. In Ausgaben und Einnahmen umgerechnet schrieb das Weingut nach wie vor Verluste. Zwar war der 1948er bis Mitte 1950 fast restlos verkauft, doch Einnahmen von gut 49.000 Mark standen Ausgaben von gut 73.000 Mark gegenüber – was einem Verlust von fast 24.000 Mark gleichkam.[4]

Im folgenden Geschäftsjahr 1950/51 zeichnete sich jedoch schon ab, dass es mit der Ausdehnung der Rebfläche im Vorjahr nicht sein Bewenden haben sollte. Die Zeichen standen klarer denn je auf Expansion. Die Nachfrage nach Zement stieg so rasant, dass die Firma Dyckerhoff immer größere Teile der weinbaulich genutzten Reserveflächen in den Bruch fallen ließ. Zum Ausgleich kam die GHH „durch Grundstückstausch ... und weitere, vertragsgemäß uns von dieser Firma überlassenen Weinbergsparzellen“, aber auch durch Zukauf in anderen Niersteiner Lagen auf eine bewirtschaftete Rebfläche von 8,66 Hektar (plus 1,3 Hektar) – und das bei einem Gesamtbesitz von 10,9 Hektar. Gegenüber dem Vorjahr nachgerade verdoppeln sollte sich die Menge des 1950er Weins: 45.500 Liter Most waren von der Kelter gelaufen, so viel wie noch nie. Ein Wermutstropfen war indes die Feststellung, dass die 1950er qualitativ nicht an die 1949er heranreichten. Gleichwohl müsse man von dem Grundsatz nicht abgehen, „nur naturreine Weine zu legen“. Ab Herbst 1951 werde ein „angenehmer, wenn auch leichter, blanker Wein“ abgegeben werden können.[5]

Und noch ein Anzeichen gab es, dass man in Oberhausen fest entschlossen war, das eigene Weingut in Nierstein nicht aufzugeben: Obwohl die Alliierten in Oberhausen weiterhin in Form einer Investitionskontrolle das Sagen hatten,[6] wurde neben dem Kelterhaus in der Wöllstadter Straße ein neues Wohnhaus errichtet. Das nötige Geld wurde in Nierstein selbst organisiert, und zwar durch den Verkauf der beiden Werkshäuser in der Sironastraße. Diese waren für den Betrieb des Weingutes nicht notwendig, und der Steinbruch war längst an die Firma Dyckerhoff verpachtet.[7] Das Betriebsleiterhaus, so war dem Jahresbericht zu entnehmen, sei Ende Juni 1951 im Rohbau fertiggestellt gewesen. Die letzte gute Nachricht: Der 1949er war bis auf eine Menge von 8880 Flaschen verkauft worden. Also waren die Einnahmen deutlich gestiegen, womit sich der Verlust binnen Jahresfrist um 10.000 auf gut 14.000 Mark vermindert hatte.[8]

Doch eine „hohe Spitze“?

Leider lässt sich auf der Basis der überlieferten Aktenbestände nicht rekonstruieren, welche Abnehmer die beiden ersten Jahrgänge der jungen Bundesrepublik fanden. Gemäß einer Preisliste der „Verkaufsanstalten Oberhausen GmbH (vormals Verkaufsanstalten der GHH)“ vom Dezember 1953 waren in ihrem Weinlager in der Essener Straße 17 in Oberhausen zwar mehrere Dutzend Weißweine von der Mosel sowie aus Rheinhessen, dem

Rheingau und der Pfalz verfügbar, darunter zwei von der „Rheinfront": eine Niersteiner Orbel Spätlese des Jahrgangs 1952 sowie eine Nackenheimer Rothenberg Riesling Auslese des Jahrgangs 1951. Die Spätlese stammte aus einem Weingut Emil Förster, die Auslese aus dem Weingut Gunderloch-Usinger. Weine aus dem Weingut der GHH suchte man in der Liste der Verkaufsanstalten 1953 indes vergebens.[9] Im Jahr 1957 war es nicht anders.[10]

Gut möglich, dass die Mengen nicht ausreichten, um die Verkaufsanstalten in den Kreis der Abnehmer der GHH-Weine einzubeziehen. Die Konzerngesellschaften und Teile der Mitarbeiterschaft kamen indes spätestens seit dem Frühjahr 1953 in diesen Genuss. Aus dem Mai/Juni jenes Jahres stammt nämlich die erste (erhaltene) gedruckte „Weinpreisliste" des „Weingut Gutehoffnungshütte, Nierstein am Rhein". Angeboten wurde „Eigenes Wachstum. Originalabfüllungen naturreiner Niersteiner Weine", zu bestellen bei „Gutehoffnungshütte Oberhausen (Rhld.), Abteilung F."[11]

In dieser Liste – und nur dort – tauchten eben jene Weine auf, von denen summarisch in den Jahresberichten die Rede war. Allerdings bot das Weingut im Frühjahr 1953 nicht mehr Galgenhohl und Kautzbrunnen, sondern von den „alten" Weinen nur noch Galgenberg und Wiesengewann an. Aber man konnte mit Neuigkeiten aufwarten, etwa einem 1950er Niersteiner Burgweg („stoffig, würzig", 1,50 Mark) und zwei Weinen mit der Lagenbezeichnung Niersteiner Scheinbügel. Der eine war ein 1951er Rotwein (1,65 Mark), der andere ein 1952er Weißwein, der als „rassig, Riesling-Charakter" beschrieben wurde (1,60 Mark) – was alles in allem aber auch den Schluss zulässt, dass kein einziger Wein ein rebsortenreiner Riesling war. Vielmehr wurden Silvaner, Müller-Thurgau, Riesling und vielleicht auch Muskateller so verschnitten, dass alle Weine sowohl trinkbar als auch geschmacklich voneinander zu unterscheiden waren.

Der teuerste Wein aus der Frühjahrspreisliste 1953 war ein sehr junger, nämlich ein 1952er Niersteiner Galgenberg („elegant, pikant, saftig") zum Preis von 2,80 Mark. Doch damit sollte es nicht sein Bewenden haben. Nach Drucklegung wurde das Angebot mit einem Einlegeblatt ergänzt: Man könne auch Wein „aus unserer besten Lage, Niersteiner Orbel" beziehen, und zwar 1952er zum Preis von 3,50 pro Flasche. Wie und wann das Weingut an Parzellen in dieser nördlich des Ortes gelegenen Lage gekommen war, geht aus den Akten nicht hervor.

Schon ein knappes Jahr später wurden mittels einer Preisliste weitere „neue" Weine annonciert. Im März 1954 gab es Wein aus den Lagen Dalheimer Brunnen und Hummertal". Der Niersteiner Orbel wiederum war Teil des regulären Angebotes geworden, und all das zu Preisen, die nach wie vor mehr als bescheiden daherkamen. Für den billigsten Wein, einen 1951er Galgenberg („gehaltvoll, gute Art"), waren 1,50 Mark anzulegen, für den teuersten, den besagten 1952er Orbel („vollmundig, fruchtig, reife Fülle") weiterhin 3,50 Mark.[12]

Dank einer Serie erfreulich großer Ernten, vor allem aber dank des gezielten Ausbaus des Weingutes konnte die GHH damit ein größeres und breiteres Weinsortiment anbieten als je zuvor. Und nicht nur das. Zum ersten Mal hatte man das Angebot dahingehend profiliert, wie es Wilhelm Kalbitzer, dem ersten Betriebsführer des Kalksteinbruchs, 1919 mit der Forderung nach einer „hohen Spitze" vorgeschwebt war: 1953 gab es GHH-Wein aus einer jener Lagen, denen der „Niersteiner" seinen Weltruf verdankte. Doch der Wein aus der Lage Orbel war bestenfalls ein Anfang – denn legt man die Aufzählung der „bekannteren Lagen" aus der zweiten Auflage des Buches „Rheinhessens Weine" aus dem Jahr 1927 als weiterhin maßgebend zugrunde, dann fielen die anderen „neuen" Lagen nicht in diese Kategorie.[13]

Mit persönlichen Glückwünschen

Hinsichtlich der Vermarktung der Weine hatte das Unternehmen freilich nicht nur einen einzigen Schritt nach vorne gemacht. Unter dem Datum des November 1953 wurde dem (nicht näher zu identifizierenden) Kundenkreis angeboten, zum Weihnachts- und Neujahrsfest „als Geschenkpackung eine Zusammenstellung unserer Weingutes Nierstein von 12 Flaschen" aus der (nicht vorliegenden) September-Preisliste zum Preis von 25 Mark einschließlich Glas und Verpackung versandkostenfrei zum Versand zu bringen. „Persönliche Glückwünsche", so war in dem Angebotsschreiben weiter zu lesen, „würden wir den Packungen einlegen, wenn Sie uns die Schreiben mit Ihrer Bestellung übersenden".[14]

Wer auf die Idee gekommen war, die Niersteiner Weine nicht mehr alleine dem Vorstand und einem engen Kreis von Freunden des Unternehmens vorzubehalten, sondern es einem mutmaßlich breiteren Kreis von Mitarbeitern zu ermöglichen, Niersteiner Weine selbst zu erwerben und als Geschenk und damit ebenfalls als Mittel der Beziehungspflege einzusetzen, ist nicht dokumentiert – es sei denn, man läse die Unterschriften unter dem Angebotsschreiben als Hinweis auf die treibenden Kräfte hinter dem Ausbau des Weingutes wie hinter der Forcierung des Umsatzes.

So ist zunächst im buchstäblichen Sinn die Handschrift von Ernst Hilbert zu erkennen, der sich seit den dreißiger Jahren immer wieder schützend vor das Weingut gestellt hatte und nunmehr als ordentliches Mitglied dem Vorstand des (nunmehr nach alliierter Maßgabe weitgehend entflochtenen) GHH Aktienvereins angehörte.[15] Hinzugekommen war die eines Mitarbeiters, der sich ausweislich der Akten während des Krieges von Berlin aus um die Niersteiner Weine verdient gemacht hatte: des oben erwähnten Hans Vygen. Freilich dürften im Hintergrund all dieser Entwicklungen noch zwei weitere Männer im Spiel gewesen sein, nämlich jene, die seit 1950 in der Nachfolge Messmers für das Arbeiten in den Weinbergen und im Keller in Nierstein die direkte Verantwortung trugen: Messmers unmittelbarer Nachfolger Egon Mauer und, ab 1953, Horst Michalsky.

Die kurze Ära Mauer

Eduard Messmer, der das Weingut der GHH seit dem Ende der zwanziger Jahre verwaltet hatte, war spätestens Anfang 1950 in den Ruhestand getreten. Aus welchem Anlass und unter welchen Umständen dies geschah, lässt sich anhand der überlieferten Akten nicht rekonstruieren. An seiner Stelle war zur Jahresmitte 1950 ein Mann als Verwalter angestellt worden, der in dem Jahresbericht 1952/52 als „Mauer" bezeichnet wurde. Hinter diesem Namen verbarg sich der am 6. Juli 1923 in Brüngsberg (Kreis Siegen) geborene „Geisenheimer" Egon Mauer.[16] Gut möglich, dass auf ihn Initiativen wie die Ausdehnung der Rebflächen, die Neuanlagen kleinerer Parzellen und auch die Instandsetzung der Kellerei-Einrichtungen und die Überholung des gesamten Inventars zurückgingen, die auch im Geschäftsjahr 1951/52 unvermindert weitergingen (und nunmehr mit fast 8500 Mark zu Buche schlugen).[17]

Möglicherweise hat Mauer auch die neuen Vermarktungswege mit ersonnen. Sicher ist indes nur, dass er gut ein Jahr nach dem Beginn seiner Tätigkeit für die GHH am 1. Oktober 1951 das nunmehr fertiggestellte Verwalterhaus hatte beziehen können. Für seine Tatkraft spricht auch, dass die Fertigstellung eines neuen Wirtschaftsgebäudes kurz bevorstand, in dem der gesamte Betrieb des Weingutes zusammengefasst werden sollte.

Alle Zeichen standen demnach nicht nur auf Konsolidierung, sondern auf Expansion. Doch dieser Schritt war nicht länger zu vermeiden, sollte das Weingut nicht langsam, aber sicher dem Untergang entgegengehen. Der „Altbesitz", den Dyckerhoff noch nicht hatte in den Bruch gehen lassen, war in den Nachkriegsjahren bis 1951 kontinuierlich auf etwa 4,5 Hektar zusammengeschmolzen. Zum Ausgleich hatte die GHH 1,4 Hektar von dem Unternehmen käuflich erworben und fast 4,3 Hektar von anderen Besitzern gepachtet.[18] Und zum dritten Mal war 1951 eine Ernte eingebracht worden, die mengenmäßig das langjährige Mittel weit übertraf – und auf dem Markt untergebracht werden musste: Mitte 1952 lagerten in Nierstein 20.500 Flaschen 1950er und 33.500 Liter 1951er, der vom Frühherbst 1952 an nach und nach abgefüllt werden sollte. Allerdings war der Verlust wieder gestiegen. Die mittlerweile auf fast 75.000 Mark gestiegenen Einnahmen konnten die von dem „Wiederaufbau" des Weingutes verursachten Kosten in Höhe von 92.000 Mark nicht wettmachen. Es blieb ein Jahresverlust von 17.770 Mark.[19]

Wie sich die Bilanz im Folgejahr entwickelte, ist wegen des Fehlens eines Jahresgeschäftsberichts nicht mehr festzustellen. Gleichwohl lassen sich den vorhandenen „Monatsberichten“ Hinweise entnehmen, dass die Monate mit einer „Überdeckung“ die Monate mit „Unterdeckung“ bei weitem nicht aufwogen.[20] Im Übrigen war die 1952er Ernte nach einem Frost, der an etwa fünf Prozent der Reben Schaden angerichtet hatte, eher mittelmäßig ausgefallen: Etwa 2400 Kilogramm Portugieser-Maische waren sofort verkauft worden. Trotzdem gärten nach dem Ende der Hauptlese am 17. Oktober 1952 etwa 36.000 Liter frischer Most in den Holzfässern.[21]

Im nachfolgenden Geschäftsjahr waren die Verluste nicht mehr ganz so hoch wie 1951/52. Von der Gewinnzone war das Unternehmen gleichwohl immer noch weit entfernt. Im buchstäblichen Sinn ging diese alles in allem positive Entwicklung aber nicht mehr auf das Konto des Weingutsverwalters Egon Mauer. Dieser hatte Anfang 1953 das Weingut Nierstein der GHH nach nur drei Jahren verlassen. Nach dem plötzlichen Tod des „Rentmeister“ genannten Verwalters des Weingutes Langwerth von Simmern in Eltville war ihm dessen Nachfolge angetragen worden. Mauer hatte in diesem Weingut während des Weinbau- und Kellerwirtschaftsstudiums, das er nach einer Weinbaulehre, dem Kriegsdienst und einer Ausbildung an der Landeslehr- und Versuchsanstalt in Ahrweiler von 1948 bis 1950 an der Lehr- und Forschungsanstalt Geisenheim absolviert hatte, ein Praktikum abgeleistet – und in Nierstein drei Jahre gute Arbeit in einem für damalige Verhältnisse recht großen Weingut geleistet.

Ein neuer Verwalter: Horst Michalsky

Ein Nachfolger für Egon Mauer war schnell gefunden. In Eimsheim, etwa 15 Kilometer südlich von Nierstein im rheinhessischen Hinterland gelegen, gab es ein Weingut, dessen Besitzer nach dem Zweiten Weltkrieg einstweilen nicht wieder aus der Gefangenschaft zurückgekommen war. In dessen Abwesenheit hatte ein Landwirt namens Horst Michalsky die Führung des Betriebes übernommen. Dieser aber war kein mit Rheinwein getaufter Zeitgenosse. Michalsky galt vielmehr als Preuße, obwohl er von Geburt her Schlesier war.[22]

Am 10. Mai 1914 in Breslau geboren, war Michalsky in Hangelsberg östlich von Berlin großgeworden. Sein Vater war dort nach dem Ersten Weltkrieg mit dem auf Kaiser Wilhelm II. zurückgehenden Plan befasst, inmitten eines ausgedehnten Waldgebietes eine „Garten- und Waldstadt“ namens Fürstenwalde West anzulegen. Nach der Schulausbildung zog es Horst Michalsky aber nicht wie seinen Vater in den Immobiliensektor. Stattdessen machte er eine Ausbildung zum Landwirt an der Biologischen Reichsanstalt für Land- und Forstwirtschaft in Müncheberg/Mark. Anschließend arbeitete er auf verschiedenen großen Gütern in Mecklenburg und Vorpommern und wurde mit Beginn des Zweiten Weltkriegs in Prenzlau zur Wehrmacht eingezogen.

Schon während des Krieges lernte Michalsky eine Frau kennen, die ausweislich ihres Geburtsnamens eine Tochter von Hans Herberg war, damals eine der prägendsten Persönlichkeiten des Weinbaus in Deutschland. Herberg stammte aus Mommenheim bei Nierstein und war nach dem Studium der Landwirtschaft einschließlich einer Promotion in Gießen 1918 Betriebsleiter im Weingut F. J. Sander in Nierstein geworden. Ein Jahr später wechselte er in die Position des Leiters der weinchemischen Abteilung an der Lehr- und Versuchsanstalt Oppenheim. Von 1926 an war er Direktor der Landes-Lehr- und Versuchsanstalt für Weinbau, Gartenbau und Landwirtschaft in Trier und damit verantwortlich für ein immenses Versuchs- und Ausbildungsprogramm.

Bei der Einheirat in Familie Herberg und damit in die Welt des Weinbaus sollte es nicht bleiben. „Schon gegen Ende des Krieges hat Michalsky sich mit Hilfe seines Schwiegervaters während eines längeren Genesungsurlaubs in die Probleme des Weinbaus eingearbeitet", wusste Vygen 1969 zu berichten. Von dem Betrieb in Eimsheim bei Guntersblum, den Michalsky in den ersten Nachkriegsjahren kommissarisch geleitet hatte, zu der Anstellung als Weingutsverwalter bei der Gutehoffnungshütte zum 1. Februar 1953 war es offenbar kein weiter Weg. Unter dem Dach der GHH konnte der erfahrene Landwirt nahtlos an die ersten Schritte hin zu einer Professionalisierung der Weinerzeugung anknüpfen, wie sie in den Akten für die kurze Phase der Verwaltung durch Egon Mauer belegt sind – was die Aussage Vygens aus dem Jahr 1970 in einem seltsamen -Licht erscheinen lässt, Michalsky sei in Nierstein „der erste Fachmann" gewesen, „dem die stetige gute Entwicklung des Weingutes bis in die heute Zeit in erster Linie zu verdanken ist".

Arbeit für Fräulein Weißenfels

Seit Februar 1953 jedenfalls war Horst Michalsky Herr über ein Weingut von 10,5 hl Rebfläche – ohne dass davon in den Monats- oder Jahresberichten aus jener Umbruchzeit von dem Wechsel in der Leitung des Niersteiner Betriebes etwas zu erfahren wäre. Von den gut zehn Hektar standen nunmehr wieder 8,3 Hektar im Ertrag, 1,3 hl waren Junganlagen, 0,55 hl sollten neu angelegt werden. Die Mitarbeiterschaft setzte sich außer dem Leiter aus einer Büro-Angestellten, sechs Winzern, einem Fuhrmann und einem Jung-Arbeiter zusammen.[23]

Gleich im ersten Jahr wurde abermals die nächste Rekordernte eingebracht: Fast 47.000 Liter Most wurden im Herbst 1953 geerntet. Mehr noch als die Menge überraschte die Qualität. Einen ebenso großen wie guten Jahrgang hatte es in Deutschland zuletzt 1934 und davor 1921 gegeben. Gleichwohl wurden, soweit erkennbar, öffentlich keine Vergleiche mit der jüngeren Vergangenheit gezogen. Noch war die Erinnerung an das katastrophale Ende der vielen Hoffnungen zu lebendig, die das „Weinfach“ in den Nationalsozialismus gesetzt hatte. Nun galt es stattdessen, mit dem ersten großen Jahrgang der jungen Bundesrepublik im Rücken nach vorne zu blicken und auch die Rückkehr auf den Weltmarkt vorzubereiten. Kein Wunder, dass die ersten Weine dieses besten Jahrgangs seit fast zwanzig Jahren in Deutschland schon im späten Frühjahr 1954 abgefüllt wurden – auch in Nierstein.

Dass die Betriebsausgaben in dem Berichtsjahr 1953/54 abermals stiegen, und zwar auf nunmehr über 122.000 Mark, sollte angesichts der wirtschaftlichen Dynamik der jungen Bundesrepublik und nun auch eines qualitativ hochstehenden Weinangebots kein Schaden mehr sein.[24] Denn von Oberhausen aus wurde der Verkauf der unternehmenseigenen Weine forciert wie nie. Unter anderem wurde es im Juni 1954 Werksangehörigen im Ruhrgebiet ermöglicht, Niersteiner Weine zu Preisen wie im Weingut selbst zu erstehen, falls sie sich einer Sammelbestellung (auf Basis der Preisliste vom März 1954) anschließen würden.[25] Im Oktober 1954 wurde dann die Möglichkeit geschaffen, an zwei Tagen der Woche (dienstags und freitags), jeweils in der Zeit von 16.30 Uhr bis 17.30 Uhr „Flaschenwein unseres Weingutes Nierstein“ zu beziehen.[26]

Vorrätig, so hieß es in den Rundschreiben, dessen Inhalt die Abteilungsleiter in ihrem jeweiligen Verantwortungsbereich bekannt machen sollten und dessen Durchschlag sich im Nachlass des Vorstandsvorsitzenden Hermann Reusch erhalten hat, sämtliche in der (leider nicht vorliegenden) Weinpreisliste von Oktober 1954 verzeichneten Weine. Bestellt werden könnten die Weine zu den üblichen Bürozeiten in der Abteilung R. Diese händige dann einen Lieferschein aus, gegen den das „Fräulein Weißenfels“ den Wein zu den angegebenen Zeiten aushändigen werde. So hatte es die Rechtsabteilung geplant – gezeichnet Vygen.

Der Jurist war auch die Schlüsselfigur bei einer anderen Entscheidung, deren Tragweite so groß war, dass sie einer Neugründung des Weingutes gleichkam: der Veräußerung des gesamten Kalksteinbruchs mitsamt den „alten“ Rebflächen an die Dyckerhoff A. G. im Tausch gegen eine ortsansässige Weinkellerei samt ausgedehntem Weinbergsbesitz in besten Niersteiner Lagen. Damit wurde das Weingut der GHH auf eine ganz neue Grundlage gestellt, die ihrerseits den Boden für das bereiten sollte, was das Weingut St. Antony heute ist. Und das kam so.

Ein Austauschvertrag mit Folgen

Am 30. Juli 1953 schlossen die GHH-A.V. und die Firma Dyckerhoff Portland Zementwerke A. G. einen „Austauschvertrag" über den Kalksteinbruch Nierstein, mit dem exakt 16,0281 Hektar Fläche an das in Wiesbaden-Amöneburg ansässige Unternehmen abgetreten wurden.[27] Um die GHH zu entschädigen, die ihr Weingut in Nierstein offenbar nicht aufgeben wollte, waren schon am 3. Juli 1953 die „Niersteiner Schloßkellereien G. Friedrich Kehl G. m. b. H." mit einem Stammkapital von 430.000 Mark gegründet worden. Sinn und Zweck dieses Unternehmens war offiziell die „Übernahme und Fortführung der von G. Friedrich Kehl in Nierstein betriebenen Weingroßkellerei mit Weinbau und Handel".[28] Als Gesellschafter dieser neuen GmbH trat die Dyckerhoff A. G. gleich zwei Mal in Erscheinung: Von dem Stammkapital hielt sie einmal einen Anteil von nominell 10.000 und einen zweiten von nominell 210.000 Mark. Der große Anteil ging als Gegenleistung für an Dyckerhoff abgetretene Grundstücke Ende Juli auf die GHH über. Das Zementunternehmen war also nur eine Art Strohmann, um dem Weinbau der Gutehoffnungshütte ein neues Standbein zu verschaffen.[29]

Denn auch der zweite Gesellschafteranteil in Höhe von 210.000 Mark an der GmbH sollte sich dereinst in den Büchern in Oberhausen wiederfinden, hatten sich die Gattin beziehungsweise die Erben von G. Friedrich Kehl doch verpflichtet, ihren Geschäftsanteil in Höhe von nominell 210.000 Mark nach dem Tod des Inhabers der Firma Dyckerhoff anzudienen. Auch diesen Anteil würde Dyckerhoff – so war es mit der GHH vereinbart, ohne dass die Familie Kehl darüber vorab in Kenntnis gesetzt werden sollte[30] – der Gutehoffnungshütte weiterreichen. Nach Abschluss dieser Transaktion würde Dyckerhoff aller Verpflichtungen ledig sein und die Altflächen, die so lange wie möglich an die GHH verpachtet bleiben sollten, ohne Rücksicht auf Pachtverträge oder Ähnliches in den Bruch gehen lassen zu können. Die Gutehoffnungshütte wiederum wäre Alleininhaberin einer Weinkellerei samt Weinbergen in besten Niersteiner Lagen geworden.

Welche Überlegungen und Entscheidungsprozess diesem Verständigungsprozess mit der Dyckerhoff A. G. vorausgegangen waren, ist den Akten, anhand deren die Geschichte des Weingutes nachgezeichnet wird, nicht festgehalten. Zwar war 1956 rückblickend von „alljährlichen Treffen" zwischen Vertretern der GHH und Dyckerhoff auf dem Weingut in Nierstein die Rede, die offenbar auf Vorstandsebene angesiedelt waren, doch ist nicht klar, wann diese Tradition eingesetzt hatte.[31]

Sicher stand in der Person von Hermann Reusch ein Mann an der Spitze des Unternehmens, dessen Affinität zu den besten Traditionen deutscher Weinkultur außerhalb jeden Zweifels stand. Dasselbe gilt für den 1953 als ordentliches Vorstandsmitglied bestellten

Ernst Hilbert. Auch Vygen, Hilberts Nachfolger an der Spitze der Rechts- und Grundstücksabteilung, hatte ausweislich der Aktenlage ein Faible für Wein. Daher kann es nicht verwundern, dass sie das Engagement in Nierstein, das Hermanns Vater Paul Reusch 1918 abgerungen worden war, im Zuge der Neuordnung des Konzerns nicht der Diskontinuität anheimfallen lassen wollten.

Allerdings hätte der Wille, den unternehmenseigenen Weinbau nicht aufzugeben, nicht automatisch in ein Tauschgeschäft mit der Dyckerhoff A.G. münden müssen und erst recht nicht in ein solches, das zumindest teilweise auf eine Abkehr von der Erzeugung einfacher und damit preiswerter Weine hinauslief. Denn nicht nur Vygen, sondern allen Beteiligten dürfte klar gewesen sein, dass sich ein Teil der Kehl'schen Rebflächen in guten und sehr guten Lagen entlang der Rheinfront befand.[32] Diese würden sich nur mit erheblich größerem Aufwand bewirtschaften lassen, was sicher auf höhere Qualitäten, aber auch sicher auf höhere Preise hinauslief.[33]

Zumindest auf dem Papier hätte es auch andere Optionen gegeben, um das eigene Standbein im Weinbau nicht zu verlieren. De jure galt auch nach dem Zweiten Weltkrieg die auf die Zeit des Nationalsozialismus zurückgehende Bestimmung weiter, wonach die Neuanlage oder Neubepflanzung von Weinbergen grundsätzlich einer behördlichen Genehmigung unterliege und diese außer in Härtefällen dann versagt werden müsse, „wenn die Beschaffenheit der betreffenden Grundstücke den Anbau von Hack- und Körnerfrüchten gestattet oder wenn die Beschaffenheit des Grundstücks nur die Gewinnung minderwertiger Erzeugnisse erwarten" lasse. Der erste Teil dieser aus dem Jahr 1934 stammenden Anordnung des Reichsnährstandes diente ohne Zweifel dazu, die „Nahrungsmittelfreiheit", sprich die kriegswirtschaftlich unabdingbare Autarkie Nazi-Deutschlands sicherzustellen. In Kombination mit dem zweiten Teil sprach aus ihr aber auch die Erfahrung, dass Phänomene wie die Winzerproteste im Frankreich der Vor- und Zwischenkriegszeit, aber auch die „Winzernot" an der Mosel in den zwanziger Jahren nicht alleine auf Missernten zurückzuführen waren, sondern auch auf Weinbau in Flächen, in denen sich kaum oder gar kein „Qualitätsweinbau" betreiben ließ.

Daher hielten die maßgeblichen Weinbaupolitiker der jungen Bundesrepublik, allen voran der rheinland-pfälzische Weinbauminister Oskar Stübinger (CDU),[34] an dem Ziel fest, die Ausdehnung des Weinbaus in minderwertige Flächen zu verhindern. Auch sie hatten kein Interesse daran, die nach wie vor schwache Nachfrage nach deutschen Weinen im In- und Ausland durch ein wachsendes Angebot an minderwertigen Weinen von den Qualitätsweinen wegzulenken. Allen Politikern wie auch den Fachleuten war klar, dass der durchschnittliche Weinverbrauch in Deutschland allen Werbeanstrengungen wie dem Deutschen Weinsiegel, Weinwerbewochen und der jährlichen Kür einer Deutschen Weinkönigin zum Trotz nicht so zunahm, dass eine Ausweitung der Rebfläche durch eine steigende Nachfrage ausgeglichen werden könnte – zumal ohnehin zu erwarten war, dass die Produktivität alleine der bestehenden Rebflächen im Zuge der in den fünfziger Jahren allmählich einsetzenden Flurbereinigung sprunghaft steigen würde.

Neue „leistungsfähige" Klone, Neuzüchtungen wie Müller-Thurgau und die fortschreitende Mechanisierung vieler Arbeitsvorgänge durch den Einsatz von Schleppern und seilzugbetriebenen Zusatzgeräten ließen mittelfristig Erntemengen erwarten, die trotz sinkender Gestehungskosten kaum am Markt unterzubringen wären. Die Verbrauchsstatistiken sprachen indes eine andere Sprache: 1950 lag der Pro-Kopf-Verbrauch an Wein in der Bundesrepublik bei 1,09 Litern, 1954 immerhin bei 2,18, 1960 aber wieder bei 1,41. Der Verbrauch an Bier sollte sich in demselben Zeitraum von 1,66 Liter (1950) über 4,21 (1954) auf 7,99 Liter (1960) dagegen verfünffachen.[35]

Für die Erzeugung von Wein ungeeignet

Ungeachtet der Rechtslage wie der Konsumtrends nahm in den ersten Jahren der Bundesrepublik die Rebfläche in vielen Weinbauregionen wieder zu, vor allem im rheinhessischen Hinterland. 1957 brachen nach einem Urteil des Bundesverwaltungsgerichts alle Dämme. Ein Winzer von der Mosel, der einen Weinberg auf einer Wiese anlegen wollte, die außerhalb der behördlich abgegrenzten Rebflächen lag, hatte Recht bekommen. Die auf die dreißiger Jahre zurückgehende Anbaubeschränkung sei „mit dem Grundgesetz nicht vereinbar".[36]

Fortan hatten die Behörden kaum noch eine Handhabe, um die „Anbauregelung" durchzusetzen und damit den Weinbau in denjenigen Flächen zu konzentrieren, die eine auskömmliche Rentabilität versprachen. Selbstredend wurde das Urteil von großen Teilen des Weinfachs begrüßt, allen voran den Kellereien. Weitsichtige Politiker wie Weinbauminister Stübinger und einige Vertreter von Weinbauverbänden gaben sich zurückhaltend. Tatsächlich befanden sich vor allem die Verbände seit den frühen fünfziger Jahren in einem Zielkonflikt. Einerseits wurde die Rentabilität der Weinerzeugung in den fünfziger Jahren immer wieder als „ungenügend" bezeichnet, andererseits hofften sich viele Winzer und Weingüter dadurch besser behaupten zu können, dass sie sich in den einfacher zu bewirtschaftenden, aber nur massenweintauglichen Flächen ausdehnten. Zur Seite der Massenweinerzeugung hin aufgelöst wurde dieser Konflikt unwiderruflich durch die Rechtsprechung des Bundesverwaltungsgerichts im Juli 1957.

Denn als die Politik endlich gegensteuern wollte, war es zu spät. Mehr als vier Jahre vergingen, ehe am 9. September 1961 das „Gesetz über Maßnahmen auf dem Gebiete der Weinwirtschaft" in Kraft trat.[37] Nunmehr hieß es, die Genehmigung zur Neu- oder

Wiederanpflanzung von Weinbergen dürfe „versagt werden .... auf Grundstücken, die für die Erzeugung von Wein ungeeignet sind“. Doch die Formulierung war so vage gehalten, dass dem Drang in die Ebenen kein Widerstand entgegengesetzt werden konnte. Maßstab für die Eignung war nämlich die „Erwartung“, dass in einem bestimmten Weinanbaugebiet im zehnjährigen Durchschnitt der Weinmost bei einzelnen Rebsorten bestimmte Mindestmostgewichte erreiche. Diese Mindestmostgewichte waren bezeichnenderweise so bemessen, dass praktisch jeder bessere Acker zum Weinbau freigegeben werden musste. Silvaner musste in Rheinhessen im zehnjährigen Durchschnitt 70 Grad Oechsle erreichen, an der Mosel und ihren Nebenflüssen wurden für Riesling im zehnjährigen Durchschnitt 60 (!) Grad Oechsle verlangt. Der Ausdehnung der Rebfläche in mit wenig Aufwand zu bewirtschaftenden Flachlagen und – als Folge – dem Rückzug aus den arbeitsintensiven Steil- und Terrassenlagen war nunmehr Tür und Tor geöffnet.

Um nur wenig vorzugreifen: Waren 1950 in der Bundesrepublik nach einem nochmaligen starken Rückgang der Rebfläche infolge der Schwierigkeiten der Kriegs- und Nachkriegszeit nur noch rund 50.000 Hektar mit Reben bepflanzt (vor dem Ersten Weltkrieg waren es mehr als 100.000 Hektar), betrug die Rebfläche 1973 schon wieder 85.000 Hektar.[38] Der Zuwachs um 70 Prozent innerhalb von gut zwanzig Jahren war jedoch nur ein Durchschnittswert. In Rheinhessen und in Baden hatte sich die Rebfläche innerhalb von nicht einmal einem Vierteljahrhundert verdoppelt, im Anbaugebiet Rheinpfalz war sie „nur“ um 90 Prozent größer geworden. Selbst an der Mosel betrug die Zuwachsrate 60 Prozent. Die Befürchtungen, die mit der „Wiesen“-Entscheidung des Bundesverwaltungsgerichts 1957 einhergegangen waren, hatten sich vollumfänglich bewahrheitet.

Fachpolitiker wie Stübinger und weitsichtige Vertreter des Weinfachs hatten 1961 längst resigniert. Auf der gesetzlichen Grundlage des „Gesetzes über Maßnahmen auf dem Gebiete der Weinwirtschaft“ war nämlich auch eine als Anstalt des öffentlichen Rechts konzipierter „Stabilisierungsfonds für Wein“ errichtet worden, die zumindest die krassesten Auswüchse der sich anbahnenden Überproduktion dämpfen sollte. Die wesentlichen Aufgaben des Stabilisierungsfonds, der sich aus einer Zwangsabgabe in Höhe von 0,50 Mark je ar der Weinbergsfläche speiste, bestanden auf dem Papier in der Förderung der „Qualität“, aber auch der „Absatzwerbung für Wein“. Überdies sollten Krediten für die Lagerhaltung von Wein inländischer Erzeugung (!) verbilligt werden. Schließlich wurde der Stabilisierungsfonds ermächtigt, im Fall des Falles selbst „Wein mindestens durchschnittlicher Güte aus inländischer Erzeugung zu lagern oder zu übernehmen, soweit dies zur Entlastung des Marktes erforderlich ist“. Preis- und Ertragsschwankungen des Marktes sollten so gut es ging ausgeglichen werden.[39]

Doch alle noch so gut gemeinten Interventionen konnten nicht mehr verhindern, dass Angebot und Nachfrage nach deutschen Wein in den folgenden Jahren langfristig immer stärker auseinanderklafften und das scheinbar eherne Gesetz „große Ernten – schlechte Herbstpreise, kleine Ernten, gute Herbstpreise“ je länger, desto öfter nicht mehr galt.[40] Doch die Vorboten dieser Krise waren früh erkennbar. In unmittelbarer Reaktion auf das „Wiesenurteil“ nahm die Rebfläche in Deutschland alleine zwischen 1958 und 1960 um 8,5 Prozent zu. Und schon 1960 kamen schon fast fünf Prozent der Ernte aus Anlagen, die das erste Mal als tragfähig gezählt worden waren[41] – was nichts anderes bedeutet, als dass diese selbstzerstörische Dynamik längst vor dem Urteil des Bundesverwaltungsgerichts eingesetzt hatte und von dem obersten Gericht nur gutgeheißen worden war.[42]

Der Gutehoffnungshütte wiederum hätte die Ausdehnung der Rebfläche schon in den frühen fünfziger Jahren ermöglicht, nach dem Auslaufen der Pachtverträge mit Dyckerhoff es den zahllosen Weinkellereien in Nierstein, Oppenheim oder Wörrstadt gleichzutun und Weine von eigenen, überwiegend leicht zu bewirtschaftenden Flächen im rheinhessischen Hinterland sowie angekaufte Fassweine zu vermarkten. Doch diesen Weg wollte die Konzernspitze 1953 nicht gehen. Während das Schicksal des deutschen Weins langsam, aber sicher seinen Lauf nahm, setzte die GHH zu einem qualitativen Sprung an, der faktisch einer „Neugründung“ des Weingutes gleichkam.

Um allerbeste Lagen Rheinhessens

Dieser Prozess gestaltete sich über den Tod des Inhabers der Weingroßhandlung G. Friedrich Kehl hinaus allerdings recht mühsam, zumal Dyckerhoff die Familie Kehl über ihre wahren Absichten im Unklaren gelassen hatte[43] – andernfalls wäre die GHH womöglich erst gar nicht ins Spiel gekommen. Dass Dyckerhoff neben dem Kalksteinbruch ebenso wie die Gutehoffnungshütte auf ein eigenes Weingut spekulierte, war am Ort plausibel. Aber dass die GHH sich zusätzlich zu ihrem eigenen Weingut ein zweites einverleiben und in beste Lagen expandieren würde, scheint in Nierstein nicht unbedingt erwünscht gewesen zu sein. Doch Dyckerhoff und die GHH wollten 1953 miteinander ins Reine kommen und nicht mit Niersteiner Weinkellereien und Weingutsbesitzern.

Als die Kehlsche Weingroßhandlung 1957 endlich ganz auf die GHH übergehen sollte, stellte sich allerdings die Frage, was das Oberhausener Unternehmen mit den Liegenschaften in der Ortsmitte, den Beständen des Weinkellers und einem mittlerweile in Traben-Trarbach gegründeten Zweigbetrieb das Unternehmen anfangen sollte.[44] Den personell überbesetzten und ganz auf den bisherigen Inhaber ausgerichteten Betrieb weiterführen? Oder sich von allen Liegenschaften trennen? In diesem Fall würde die GHH die Weinbestände verwerten und nur die ehemals Kehlschen Weinberge dazu nutzen, um dort „unsere Niersteiner Weine“ zu erzeugen.

Letzteres war der Tenor eines fünfseitigen Memorandums, das Hans Vygen unter dem Datum des 10. Januar 1957 über Hilbert dem Büro des Vorstandsvorsitzenden Hermann Reusch übermittelte.[45] Einige Wochen später wurden die Überlegungen Gegenstand einer Unterredung zwischen den drei Herren. Ende März bekam Vygen es schriftlich: Noch vor der Weinlese des Jahres 1957 sollte alles in seinem Sinn geregelt werden.[46] Tatsächlich wurde am 28. Juni der Dyckerhoff Portland-Zementwerke AG. ein Betrag von 210.000 Euro überwiesen – „als Kaufpreis für einen Geschäftsanteil von nom. DM 210.000.- der Niersteiner Schlosskellereien G. Friedrich Kehl G. m. b. H.". Damit gehörte dem Zementhersteller in Wiesbaden nur noch ein Geschäftsanteil von nominell 10.000 Mark, und der GHH Aktienverein für Bergbau und Hüttenbetrieb hatte in dem Niersteiner Unternehmen das Sagen.[47]

Es würde in diesem Zusammenhang zu weit führen, die unternehmens- und steuerrechtlichen Fragen auszubreiten, die mit dieser Transaktion einhergingen. Im Ergebnis konnten die Oberhausener die Liegenschaft als „reinen Handelsbetrieb" im Mai 1958 unter dem Namen „Weingut und Sektkellerei Niersteiner Schlosskellereien G. Friedrich Kehl GmbH" an einen ehemaligen Prokuristen verkaufen.[48] Zwecks „Erleichterung des Verkaufs" hatte das Weingut Nierstein 60 Halbstück (à 600 Liter) aus dem Kehl'schen Keller übernommen, flaschenfertig gemacht und abgefüllt. Diese Mengen wurden zusammen mit einem Teil der Flaschenweinbestände über die Verkaufsanstalten Oberhausen verwertet. Zwar hatte man in Oberhausen von den Kehlschen Weinen keine besonders gute Meinung, da sie „in ihrer besonderen Art nicht ansprachen und sehr teuer" waren.[49] Aber wie Vygen wohl nicht ohne Stolz im Januar 1957 festgehalten hatte, habe „sich der Weinabsatz unseres Weingutes innerhalb des Konzerns in den letzten Jahren ganz wesentlich gesteigert (hat), so daß in den letzten Monaten fast die gesamten Vorräte an die Konzernwerke an Konzernangehörige abgesetzt wurden".[50]

Doch wie sah es mit den Weinbergen aus, auf denen nun die Hoffnungen der Oberhausener Konzernspitze wie auch des Niersteiner Verwalters Michalsky ruhten? Über deren Zustand äußerte sich Vygen Anfang 1957 nicht, nur über deren Umfang und die damit verbundenen Aussichten: Wie er dem Vorstandsvorsitzenden darlegte, erstreckten sie sich über eine Gesamtfläche von etwa 30 Morgen (annähernd acht Hektar), während das Weingut der GHH bislang etwa vierzig Morgen (zehn Hektar) bewirtschafte. Eine gleichzeitige Bewirtschaftung aller Flächen, also die weitere Pachtung der Parzellen im Galgenberg und in der Wiesengewann von Dyckerhoff, erschien Vygen unproblematisch. Selbst bei großen Ernten wäre der Keller des GHH-Weingutes ausreichend – und überdies besser als der Kehl'sche „Fronhof"-Keller. Personell müssten lediglich vier Weinbergsarbeiter übernommen werden. Vor allem aber handele es sich bei den neuen Flächen „zum größten Teil um allerbeste Lagen Rheinhessens".[51]

Abb. 29 Unbelastet: Hermann Reusch (1896–1971)

Hermann Reusch dürfte dies nicht ungern gehört haben, ebenso Ernst Hilbert. Beide hatten seit Mitte der dreißiger Jahre und damit in schwierigsten Zeiten dem Niersteiner Weingut der GHH die Treue gehalten und konnten sich nun in ihrer Überzeugung bestätigt sehen, dass es dem Unternehmen gut angestanden hatte, Mitarbeiter und Geschäftsfreunde stets mit einfachen und preisgünstigen Rheinweinen versorgen zu können. Nun, so die Erwartung, würde man das eine tun, ohne das andere zu lassen: endlich auch große Rheinweine sein Eigen nennen zu können.

Paul Reusch, der eigentliche „Vater" des Weinguts, erlebte diesen Umschwung nicht mehr. Der Mann, der in den ersten Monaten des Jahres 1918 die Weichen für diese Entwicklung gestellt hatte, war am 21. Dezember 1956 auf Schloss Katharinenhof bei Backnang im Alter von 88 Jahren verstorben. Das Ruhrgebiet, so heißt es, habe er nach seinem Ausscheiden aus dem von ihm geführten Unternehmen im Jahr 1942, nie mehr betreten.[52] Das Weingut Nierstein womöglich auch nicht. Aber Wein aus Nierstein verband ihn bis in seine letzten Tage mit seinem Lebenswerk. Gut ein Jahr vor seinem Tod, am 6. August 1955, hatte Hermann Reusch seinem Vater „zu Lasten meines Gehaltskontos" 50 Flaschen 1953er Niersteiner Schänzchen feine Auslese Fass Nr. 4, 10 Flaschen 1953er Niersteiner Burgweg – Schänzchen Trockenbeeren-Auslese (Goldmedaille) und 5 Flaschen Niersteiner Dalheimer Brunnen Fass Nr. 19 (zur Probe) zukommen lassen.[53]

Auf dem Höhenzug zwischen Nackenheim und Nierstein

Was aber muss man sich unter der Einschätzung Vygens vorstellen, durch die Übernahme Kehl'schen Rebflächen sei die GHH „in den Besitz von besten Qualitätslagen Rheinhessens" gekommen, näherhin solchen, die „auf dem Höhenzug zwischen Nierstein und Nackenheim liegen"?[54]

In den persönlichen Unterlagen von Dr. Alexander „Alex" Michalsky, dem 1946 in Eimsheim bei Guntersblum geborenen Sohn des damaligen Weingutsverwalters, hat sich der Durchschlag einer drei Seiten umfassenden „Aufstellung der im Eigentum der G. m. b.H" stehenden Weinberge einschließlich Kellerei Fronhof" erhalten.[55] Aus dieser Liste, die mit allerhand nicht mehr zu entschlüsselnden Marginalien versehen ist, gehen allerdings Sachverhalte hervor, die mehrheitlich eher unerfreulich waren. Erstens erstreckte sich der fragliche Weinbergsbesitz über fast sechzig (!) weitverstreut liegende Parzellen in den drei Gemarkungen Nierstein, Schwabsburg und Nackenheim. Sicher war ein derartiger Streubesitz damals bei allen Weingütern die Regel. Aber aus dem Stand gleich sechzig neue Parzellen bewirtschaften zu müssen, war ein Kraftakt sondergleichen. Denn nicht nur die Zahl, auch die durchschnittliche Größe dieser Parzellen war eher unvorteilhaft. Die meisten waren, was ebenfalls normal war, nur wenige hundert Quadratmeter groß. Der Aufwand, der mit der Bewirtschaftung der neuen Flächen einherging, war daher nicht mehr mit der bisherigen Arbeit zu vergleichen. Die angestammten Weinberge hatten sich weitgehend in einem Areal unweit des Kelterhauses im Süden der Stadt konzentriert. Nun musste Michalsky seine Arbeiter entlang der gesamten Rheinfront bis hinauf nach Nackenheim verteilen. Und eine Flurbereinigung aber, die es der GHH ermöglicht hätte, ihren neuen Besitz zu arrondieren, war Ende der fünfziger Jahre nicht in Sicht.

Nicht genug mit diesen neuen Aufgaben. Die Mehrzahl der neuen Parzellen war mit Sylvaner (so die damalige Schreibweise) bestockt, in nur wenigen standen Rieslingreben. Auch das war bei der Übernahme des Kehl'schen Weingutes zu erwarten gewesen. Allerdings waren die meisten Anlagen dreißig Jahre alt oder noch älter – was nichts anderes bedeutete, dass sie wegen vieler Fehlstellen und geringer Erträge bald ausgehauen werden müssten. Und um die rundweg optimistische Darstellung Vygens aus dem Jahr 1958 noch weiter zu entmystifizieren: Von den gut 48.000 Quadratmetern, die nach einer ersten Arrondierung der übernommenen Rebflächen im September 1961 von Michalsky und seinen Mitarbeitern in Nierstein bewirtschaftet wurden, waren gerade einmal 7500 Quadratmeter in die oberste der insgesamt fünf Güteklassen in Nierstein eingeschätzt. Weitere 9800 Quadratmeter fielen in Güteklasse II. Der weitaus größte Teil, zusammengenommen fast 27.000 Quadratmeter, gehörte in die Güteklassen III. und IV.[56]

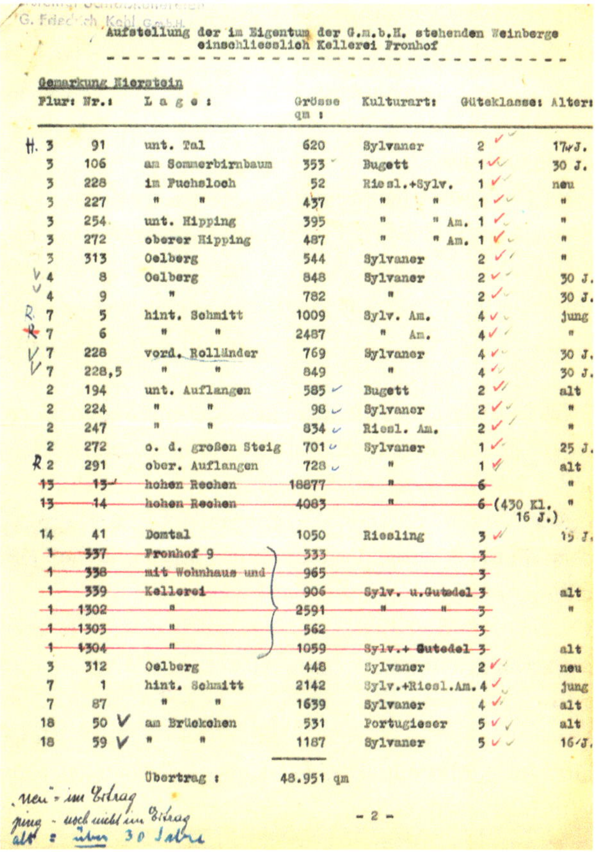

G. Friedrich Kehl G.m.b.H.

Aufstellung der im Eigentum der G.m.b.H. stehenden Weinberge einschliesslich Kellerei Fronhof

Gemarkung Nierstein

Flur:	Nr.:	Lage:	Grösse qm:	Kulturart:	Güteklasse:	Alter:
3	91	unt. Tal	620	Sylvaner	2	17 J.
3	106	am Sommerbirnbaum	353	Bugett	1	30 J.
3	228	im Fuchsloch	52	Riesl.+Sylv.	1	neu
3	227	" "	437	" "	1	"
3	254	unt. Hipping	395	" " Am.	1	"
3	272	oberer Hipping	487	" " Am.	1	"
3	313	Oelberg	544	Sylvaner	2	"
4	8	Oelberg	848	Sylvaner	2	30 J.
4	9	"	782	"	2	30 J.
7	5	hint. Schmitt	1009	Sylv. Am.	4	jung
7	6	" "	2487	" Am.	4	"
7	228	vord. Rolländer	769	Sylvaner	4	30 J.
7	228,5	" "	849	"	4	30 J.
2	194	unt. Auflangen	585	Bugett	2	alt
2	224	" "	98	Sylvaner	2	"
2	247	" "	834	Riesl. Am.	2	"
2	272	o. d. großen Steig	701	Sylvaner	1	25 J.
2	291	ober. Auflangen	728	"	1	alt
~~13~~	~~13~~	~~hohen Rechen~~	~~18877~~	~~"~~	~~6~~	"
~~13~~	~~14~~	~~hohen Rechen~~	~~4083~~	~~"~~	~~6~~ (430 Kl. 16 J.)	"
14	41	Domtal	1050	Riesling	3	15 J.
~~1~~	~~337~~	~~Fronhof 9~~	~~333~~		~~3~~	
~~1~~	~~338~~	~~mit Wohnhaus und~~	~~965~~		~~3~~	
~~1~~	~~339~~	~~Kellerei~~	~~906~~	~~Sylv. u.Gutedel~~	~~3~~	alt
~~1~~	~~1302~~	~~"~~	~~2591~~	~~" "~~	~~3~~	"
~~1~~	~~1303~~	~~"~~	~~562~~		~~3~~	
~~1~~	~~1304~~	~~"~~	~~1059~~	~~Sylv.+ Gutedel~~	~~3~~	alt
3	312	Oelberg	448	Sylvaner	2	neu
7	1	hint. Schmitt	2142	Sylv.+Riesl.Am.	4	jung
7	87	" "	1639	Sylvaner	4	alt
18	50	am Brückchen	531	Portugieser	5	alt
18	59	" "	1187	Sylvaner	5	16 J.

Übertrag : 48.951 qm

„neu" = im Ertrag
jung – noch nicht im Ertrag
alt = über 30 Jahre

– 2 –

Abb. 30 Auf dem Höhenzug zwischen Nierstein und Nackenheim: Viele kleine, nicht sonderlich gute und auch überalterte Parzellen.

Am 8. September 1961 zog Michalsky eine mehr als ernüchternde Bilanz: „Die Beschaffenheit der Weinberge war schlecht, sodaß nach einer Zusammenstellung der vorliegenden Rechnungen für Weinbergsmauern, Erstellung neuer Drahtanlagen, Nachpflanzungen und Nachholbedarf von Düngemitteln 18.150,– DM aufgewendet werden mussten."[57] Dieser Betrag bezog sich nur auf das laufende Geschäftsjahr. Handschriftlich sind für die Geschäftsjahre 1958/59, 1959/60 und 1969/61 Beträge von rund 17.500.–, 14.000.– und 18.000.– Mark vermerkt.

Leider haben sich außer dieser Aufstellung keine Informationen über die Vorgänge im Weingut Nierstein nach der Übernahme der Rebflächen an und wohl auch hinter der Rheinfront erhalten. Dasselbe gilt für die Überlegungen und Planungen, die man in Oberhausen mit Blick auf die Zukunft des Weingutes anstellte. Folgt man indes den Spuren der Jahresberichte, der in Auszügen erhalten gebliebenen Korrespondenz zwischen Vygen und Michalsky sowie den Aktivitäten Vygens innerhalb des Konzerns, dann scheint man in Oberhausen mit der „Neugründung“ des Weingutes nicht unglücklich gewesen zu sein. Die Kennzahlen lassen vielmehr darauf schließen, dass die Vermarktung des neuen Weinportfolios schon in den ersten Jahren der Ära Vygen/Michalsky hohe Gewinne abwarf. Aus diesen konnten nicht nur die notwendigen Investitionen in die Weinberge getätigt werden. Bald wurde das lange Zeit defizitäre Weingut zu einer kleinen Ertragsperle unter den vielen Betrieben des mittlerweile größten europäischen Maschinen- und Anlagenbaukonzerns.

„Um die übernommenen Weinberge in den von uns gewünschten und gewohnten Kulturzustand zu bringen, bedurfte es im Winter 1957 und Frühjahr 1958 allergrößter Anstrengungen der gesamten Belegschaft“, resümmierte Vygen zum Ende des Geschäftsjahres 1957/58.[58] Gleichzeitig hatten die Mitarbeiter in Nierstein 72.000 Liter Wein aus der Übernahme des Kehl'schen Kellers sowie eine neuerliche Rekordernte zu verarbeiten: Selbst nach Abzug der etwa 10.000 Liter, die in den inzwischen nicht mehr bewirtschafteten „alten“ Rebflächen im Süden Niersteins angefallen waren, war das Ergebnis des Jahres 1957 mengenmäßig „um etwa 100 % höher als in den Erntejahren 1955 und 1956“.[59]

Doch nicht die Zahlen sprachen für die Prognose Vygens, mit der mit Dyckerhoff eingefädelten Expansion in die besseren und besten Niersteiner Lagen gerate das Weingut in eine Erfolgsspur. Auch die Qualität der Weine des Jahrgangs 1957 konnte sich sehen lassen. Die „neuen“ GHH-Weine verhießen in ihrer Gesamtheit alles in den Schatten zu stellen, was seit 1920 die unternehmenseigenen Keller in Nierstein verlassen hatte. Bei „höher gelegenen Mostgewichten als in den vergangenen 3 Jahren“ seien reife, fruchtige Weine zu erwarten, deren Qualität als „gut bis mittel“ zu bezeichnen sei. Vor allem aber: „10 % der Ernte sind als Spätlesen eingebracht worden“.[60] Gut 5000 Liter Spätlese – das hatte es selbst im Ausnahmejahr 1953 nicht gegeben.

Zu neuen Ehren

Doch nicht nur die Weinqualität gab Anlass zu kühnen Erwartungen. Unter der neuen Führung von Horst Michalsky in Nierstein und Hans Vygen in Oberhausen hatte schon das „alte“ Weingut seit Mitte der fünfziger Jahren eine Entwicklung genommen, wie sie in den Jahren nach dem Krieg und den ersten Jahren der Bundesrepublik nicht absehbar gewesen war: Das Engagement der GHH im Weinbau, das immerhin neun Personen – einem Verwalter, einer Büro-Angestellten und sieben Weinbergsarbeitern – feste Anstellungen verschaffte, war endlich profitabel worden.

Danach hatte es im Herbst 1954 nicht ausgesehen. Nach einem Sommer mit schlechter Witterung war die Ernte mit zwar fast 52.000 Litern etwas größer ausgefallen als im

Vorjahr. Aber die Qualität des Mostes war erheblich schlechter als die des Vorjahres, so dass zehn Stück oder fast 12.500 Liter sofort weiterverkauft wurden.[61] Gleichzeitig entwickelte sich der Absatz der 1953er Weine überdurchschnittlich gut. Der Verkauf an die Angestellten, den Vygen im Oktober 1954 in die Wege geleitet hatte, führte im ersten Geschäftsjahr zu einem Mehrumsatz von gut 4300 Flaschen Wein am Sitz der Hauptverwaltung in Oberhausen und mehr als 5700 Flaschen im Werk Sterkrade. Alles in allem schloss das Geschäftsjahr 1954/55 nach einem Verlust im Vorjahr von 11.500 Mark mit einem Gewinn von gut 23.000 Mark. Von diesem Betrag mussten allerdings erhebliche Rückstellungen gebildet werden, hatten doch Unwetter im Juni 1955 in den Weinbergen erhebliche Schäden angerichtet. Am Ende verblieb aber dennoch ein Plus von gut 9000 Mark.[62]

Vygen ließ aber auch in anderer Hinsicht nichts auf das Jahresergebnis kommen. In den Ausgaben seien zahlreiche Instandsetzungskosten enthalten, die „notwendig waren, um den Betrieb rentabler, moderner und den heutigen Ansprüchen entsprechend zu gestalten", war in dem ausführlichen, maschinengeschriebenen Jahresbericht 1954/55 zu lesen.[63] Auch seien weitere Fahrzeuge angeschafft worden, darunter ein weiterer Hanomag-Diesel, „um die Bestellungsarbeiten unabhängiger und zeitersparender ausführen zu können". Sogar ein Motorrad stand mit einem Mal im Fuhrpark in Nierstein. Dieses, so Vygen „gewährleistet dem Betriebsführer, seiner Aufsichtspflicht besser nachzukommen, die mit Rücksicht auf die zum Teil sehr großen Entfernungen zwischen den verschiedenen Weinbergen nicht mehr sichergestellt war".[64]

Vygen scheint zusammen mit Horst Michalsky auch eine weitere Stufe der Vermarktung der Weine erklommen zu haben. Um den Absatz des deutschen Weines zu fördern, war im August 1949 die Deutsche Weinwerbung GmbH mit Sitz in Oppenheim am Rhein ins Leben gerufen worden – mit den üblichen personellen Kontinuitäten.[65] Dr. Wilhelm Bewerunge, der während der letzten Jahre der Weimarer Republik den Propagandaverband Preußischer Weinbaugebiete inspiriert und sich 1933 in den Dienst der nationalsozialistischen Bestrebungen gestellt hatte, den deutschen Weinen wieder zu internationalem Ansehen zu verhelfen, war auch 1949 wieder mit dabei, diesmal als Geschäftsführer.[66] Der fanatische Nationalsozialist Dr. Wilhelm Heuckmann, der schon 1923 und dann nochmals 1933 der NSDAP beigetreten war,[67] fand sich nach dem Ende seiner Karriere im Reichsnährstand und einem Versuch, sich unter Vorspiegelung falscher Tatsachen neue Aufgaben zu erschleichen, 1950 auf dem Posten des Generalsekretärs des wiedergegründeten Deutschen Weinbauverbands wieder – was in den Selbstdarstellungen des DWV bis heute keiner Erwähnung wert ist.[68]

Bewerunge und seine Weinwerbung ließen sich die Gründung der Bundesrepublik Deutschland nicht entgehen. 1949/50 amtierte Elisabeth Kuhn aus Diedesfeld (Pfalz) als erste Deutsche Weinkönigin. Das Amt sollte jedes Jahr wechseln.[69] 1950 rief die Deutsche

Landwirtschaftsgesellschaft (DLG) das sogenannte Deutsche Weinsiegel ins Leben. Gleichzeitig bemühten sich diverse Weinbauverbände und Landwirtschaftskammern, durch Weinprämierungen den Hoffnungen Vorschub zu leisten, dass sich deutscher Wein nach wie vor sehen und trinken lassen könne.

Geht es nach den Archivalien im RWWA, dann hat sich das Weingut Nierstein der Gutehoffnungshütte zum ersten Mal 1954 in Rheinhessen an einer Weinprämierung beteiligt.[70] Inwieweit dies überhaupt möglich war, handelte es sich doch um ein Weingut, dessen Erzeugnisse nicht auf dem freien Markt verfügbar waren, geht aus den Beschreibungen der damaligen Zeit nicht hervor. Mit unverhohlenem Stolz indes berichtete Mitte 1955 Vygen von einem „besondren Ereignis dieses Geschäftsjahres“, dass darin bestand, dass die 1953er Niersteiner Burgweg/Schänzchen Riesling Trockenbeerenauslese den Preis des Rheinhessischen Weinbauverbandes sowie eine goldene Kammerpreismünze der Landwirtschaftskammer erhalten habe. Bei dem Preis des Weinbauverbandes handele es sich um den zweithöchsten Preis, der in Rheinhessen nur einmal im Jahr verteilt werde.[71] Die Auszeichnung für die 1953er Trockenbeerenauslese, mutmaßlich der erste Wein dieser Qualitätsstufe, der jemals im Weingut der GHH erzeugt worden war, sollte nicht die einzige Ehrung für das Weingut und vor allem für den neuen Betriebsleiter Horst Michalsky sein. Der fulminante Start des Mannes wurde überdies beglaubigt durch eine Silberne Kammerpreismünze der Landwirtschaftskammer für die 1953er Niersteiner Schänzchen feine Auslese sowie eine bronzene Kammerpreismünze für 1953er Niersteiner Galgenberg Spätlese.

Freilich ging es zumindest der Erntemenge nach noch eine Weile auf und ab. 1955 brachte gut 27.500 Liter Most ein, etwa halb so viel wie das Vorjahr. Schuld daran waren ein äußerst kaltes und nasses Frühjahr sowie ein starker Befall mit Peronospora. Allerdings brachten der Sommer und der Herbst am Ende doch eine Qualität hervor, die als „durchaus befriedigend und gut“ beurteilt wurde.[72] Michalsky reagierte auf den abermaligen Befall mit falschem Mehltau durch den Bau einer Garage mit einer „Spritzsprühanlage“.[73] Hierbei dürfte es sich mindestens um einen Hörfehler gehandelt haben – gemeint sein dürfte eine Anlage zur Herstellung von Spritzbrühe. In diesem Sinne hieß es nämlich in dem von Vygen verfassten Jahresbericht 1955/56, diese Anlage mache „den Betrieb beim Wiederauftreten der Peronophora (richtig: Peronospora) oder anderen Befallerscheinungen, bei denen nur durch schnelle und wiederholte Spritzbekämpfung größere Schaden zu vermeiden sind, unabhängig und einsatzfähiger“.[74]

Nicht nur diese Investition schmälerte den Gesamtgewinn. Unter die Betriebsunkosten jenes Jahres fielen auch die Überholung sämtlicher Weinfässer und die Neuanlage der Parzellen in der Lage Oelberg. Dort mussten eine Stützmauer neu errichtet und Reben gesetzt werden. Auf der Soll-Seite schlug auch ein Betrag von fast 10.000 Mark zu Buche, der als „anteilige Verwaltungskosten HV“ verbucht wurde.[75] Welche Einzelposten sich hinter dieser Summe verbargen, geht aus den Berichten nicht hervor. Zu denken wäre indes an Aufwendungen für die Bewerbung des Weines, für den Verkauf in Oberhausen und vielleicht auch einen Beitrag zu den Aufwendungen von Vygens Abteilung G.

Endlich profitabel

Obwohl abermals hohe Investitionskosten angefallen waren und Rückstellungen für die überfällige Naturdüngung gebildet wurden, verblieb am Ende des folgenden Geschäftsjahres 1955/56 ein Überschuss von fast 8000 Mark – der zweite Betriebsgewinn in Folge.[76] Und zum zweiten Mal in Folge hatte das Weingut Nierstein bei einer Prämierung gut abgeschnitten. Hatte man die eigenen Weine 1955 nur in Rheinhessen angestellt, so stand Mitte März 1956 die Bundesweinprämierung durch die Deutsche Landwirtschaftsgesellschaft auf dem Programm. Bei dieser Veranstaltung, die in Mainz abgehalten wurde, reüssierte das Weingut der Gutehoffnungshütte mit einem 1953er Niersteiner Burgweg/Schänzchen und einer „feinen Spätlese" aus der Lage Schänzchen. Für den ersten Wein gab es eine große silberne Preismünze, für den zweiten eine bronzene Preismünze. Von der Trockenbeerenauslese, die im Vorjahr in Rheinhessen für Furore gesorgt hatte, war nicht die Rede.[77]

Der Verkauf der Niersteiner Weine verlief weiterhin sehr dynamisch. Waren im Geschäftsjahr 1953/54 etwa 40.000 Flaschen abgesetzt worden, waren es zwei Jahre später schon fast 60.000. Erheblich zu diesem Ergebnis beigetragen hatte der Verkauf innerhalb der Konzernwerke. Auf diesem Weg waren nach 14.000 Flaschen zwei Jahre zuvor nunmehr gut 21.000 Flaschen abgesetzt worden. Alleine der Einzelverkauf in Oberhausen und Sterkrade, den Vygen initiiert hatte, machte einen Mehrumsatz von gut 10.000 Flaschen aus.[78]

Im folgenden Geschäftsjahr 1956/57 deutete alles auf eine ungebrochen positive Entwicklung hin. Zwar war die Erntemenge infolge von starken Frühjahrsfrösten mit annähernd 22.000 Litern abermals bescheiden, doch konnte die Qualität des 1956ers als „durchaus befriedigend" bezeichnet werden. Nachgerade sensationell war indes das Betriebsergebnis ausgefallen. Nettoausgaben in Höhe von gut 110.000 Mark standen Einnahmen netto von fast 137.000 Mark gegenüber. Der Gewinn hatte sich binnen eines Jahres auf mehr als 26.000 Mark verdoppelt, und das, obwohl rund 10.000 Mark in Instandsetzungsarbeiten geflossen waren und derselbe Betrag für eine neue „Grunddüngung" („Gründüngung?") aufgebracht werden musste. Zudem waren eine Wagenhalle mit Heuboden für das nach wie vor unersetzliche Pferd sowie ein Lager- und Abstellraum errichtet worden.[79]

Entscheidend aber waren die unternehmerischen Kennziffern. Bei einer Steigerung des Umsatzes um zwölf Prozent hatten sich die Einnahmen um 17 Prozent erhöht – und die Ausgaben nur um sechs Prozent. Gestiegen war nochmals der Anteil der Weine, die

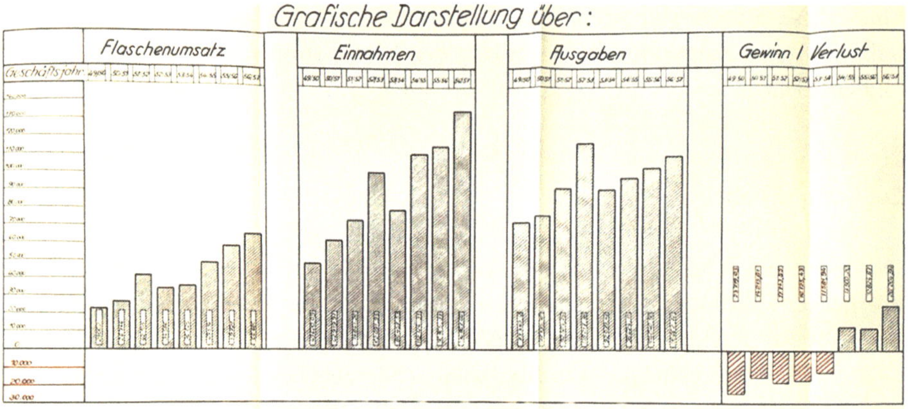

Abb. 31 Endlich profitabel: Grafische Darstellung von Umsatz, Einnahmen und Ausgaben.

innerhalb des Unternehmens abgesetzt werden konnten. Mittlerweile wurde fast jede zweite Flasche an Konzernwerke und GHH-Betriebe verkauft. Weitere 10.000 der insgesamt fast 67.000 Flaschen, die im Geschäftsjahr 1956/57 umgesetzt wurden, gingen im Einzelverkauf an Betriebsangehörige in Oberhausen und in Sterkrade. Alles in allem waren diese Verkaufszahlen und der wirtschaftliche Erfolg so markant, dass Vygen den rasanten Aufschwung des Weingutes seit 1949 auch in einer grafischen Darstellung verdeutlichte.[80]

Im folgenden Jahr hätte Vygen jeden Anlass gehabt, diese Erfolgskurve fortzuschreiben. In Einnahmen (aus dem Verkauf von Weinen) und Ausgaben umgerechnet lautete der Jahresabschluss 1957/58: Aufwendungen in Höhe von fast 198.000 Mark standen Einnahmen in Höhe von fast 229.000 Mark gegenüber. Mithin verblieb ein Gewinn von fast 31.000 Mark, was gegenüber dem Vorjahr eine Steigerung von fast 18 Prozent bedeutete.[81] Wie konnte das sein, zumal sich die Ausgaben gegenüber dem Vorjahr um 3,7 Prozent erhöht hatten?

Im Außenbetrieb etwa waren 1957/58 1,5 Morgen gerodet und (ohne Brache!) neu angelegt worden. Zudem waren in den Hanglagen mehrere Mauern aus Beton aufgefahren worden, „um ein Abschwemmen des Bodens zu verhindern".[82] Sodann waren Aufwendungen für „fortschreitende Gründüngung" und die Verwaltungskosten in Oberhausen zu bilanzieren. Und es waren abermals Anschaffungen in erheblichem Umfang gemacht worden, etwa ein „Opel Caravan Kombiwagen, ein selbstfahrendes Motorsprühgerät, ein Irus-Universal-Vielzweckgerät und ein 30 PS (!) MAN-Schlepper".[83]

Michalsky war offenkundig nicht mehr zu bremsen. Im Geschäftsjahr 1958/59 Jahr kamen eine neue Willmes-Presse mit elektrisch betriebenem Luftkompressor hinzu, ein Einachsanhänger, eine Motorseilwinde und ein Rodepflug. Die beiden „veralteten" Korbkeltern wurden verschrottet. Im Folgejahr wurde der Fuhrpark durch einen 2,65t Hanomag-LKW und zwei Maischewagen nebst Hebevorrichtung ergänzt. Im Kelterhaus, das innen vollkommen renoviert und mit glasierten Spaltwandplatten verkachelt worden war, standen nun ein neuer Ariston-Filter und zwei neue ovale Stückfässer. Und die „Betriebsrationalisierung", wie es 1960/61 hieß, war noch immer nicht zu Ende.[84] Eine elektrische Weinpumpe und ein Solo-Spritzgerät schlugen ebenso zu Buche wie eine halbautomatische Schnellkorkmaschine, ein Seitz Rundfüller, eine Motor-Traubenmühle und eine Kapselmaschine. Mit diesem Maschinenpark ließen sich Mengen abfüllen, von denen man in Nierstein wie in Oberhausen noch wenige Jahre zuvor nur hatte träumen können.

Gleichzeitig sorgte Michalsky dafür, dass unnötiger Arbeitsaufwand im Weingut reduziert wurde. Nach dem Ende des Geschäftsjahres 1959/60 wurde das leidige Leergut nicht mehr zurückgenommen. Stattdessen wurden die Kosten für Glas und Verpackung auf die Weinpreise aufgeschlagen, was gleich mehrere Vorteile hatte: Die zeitraubende Annahme von Leergut konnte nun ebenso entfallen wie die aufwendige Rückverrechnung. Vor allem aber konnte man in Nierstein endlich darauf verzichten, die Weine in rücksendetauglichen Kisten per Bahn oder Lastkraftwagen auf den Weg zu ihren Empfängern zu bringen. Als neue Versandart setzte die GHH nun auf den „bahnamtlich zugelassenen Kartonversand".[85]

Weiter besondere Aufmerksamkeit

Die hohen Aufwendungen in Nierstein, die allesamt die Handschrift Michalskys als einem in der Führung großer Betriebe kundigen Landwirt ausmachten, waren keine Investitionen in eine ferne Zukunft und noch weniger ungedeckte Wechsel. Sie waren vielmehr durch die Umsätze mit Wein mehr als auskömmlich finanziert. Diese hatten sich im Geschäftsjahr 1957/58 um 5,2 Prozent erhöht, wie Vygen stolz berichten konnte.[86] Dahinter stand eine doppelte Steigerung: Nach 66.680 Flaschen im Vorjahr waren nunmehr 69.496 Flaschen abgesetzt wurden, was einer Zunahme von „nur" 4,22 Prozent gleichkam. Da der Umsatz aber stärker gewachsen war als die Zahl der verkauften Flaschen, musste sich zuletzt auch der Durchschnittspreis der verkauften Weine erhöht haben.

Hinter der Steigerung des Absatzes wie wohl auch der Erhöhung der Preise stand im Wesentlichen ein Mann: Vygen selbst. Er schrieb über sich, als er im Jahresbericht 1957/58 festhielt: „Dem Absatz bei den Konzernwerken und bei den Angestellten der Werke wurde weiter besondere Aufmerksamkeit geschenkt."[87] Wollte sagen: Fast 47.000 Flaschen wurden alleine auf diesem Weg abgesetzt: „das sind 67,4 % des Umsatzes gegenüber 48 % Prozent im vergangenen Jahr“. Auch die Ausweitung der Möglichkeiten für die Angestellten in der Hauptverwaltung in Oberhausen und in der Abteilung Sterkrade, sich mit GHH-Wein eindecken zu können, hatte sich als eine gute Entscheidung erwiesen: Der Umsatz in dieser Vertriebsschiene war von rund 9800 auf gut 12.700 Flaschen gestiegen. Doch das war erst der Anfang.

Der Bericht für das Geschäftsjahr 1958/59, abgezeichnet von Vygen am 21. August 1959 und an Reusch, Hilbert, einen gewissen Rudhart und die Grundstücksabteilung adressiert, las sich wie eine lineare Fortsetzung der Erfolgsgeschichte.[88] 1958 war eine Rekordernte von 115.000 Litern zu verzeichnen gewesen – so viel Most war in Rheinhessen seit 1903 nicht mehr von der Kelter gelaufen, wobei die Ursache diesmal nicht alleine das gute Wetter war. Es sollten sogar zwei weitere Rekordernten in Serie folgen. Denn auch im Weingut Nierstein wie überall in Rheinhessen kamen immer mehr Rebanlagen in den Ertrag, die seit 1950 ganz neu angelegt oder auf Pfropfreben umgestellt worden waren.[89]

Bei einem Mostgewicht von 65 bis 86 Grad Oechsle und einem Säuregehalt von elf Promille galten die 1958er Vygen als „guter Durchschnitt“. Weniger gut sah es in Folge der großen Ernte im Weingut aus. Die noch vor kurzem als ausreichend eingeschätzten Lagerkapazitäten an der Wörrstadter Straße 22 reichten nicht mehr aus, obwohl 40.000 Liter vorzeitig abgefüllt wurden. Von diesen fast 58.000 Flaschen mussten 28.000 wegen Raummangels in einem eigens angemieteten Keller untergebracht werden – und immer noch gut 30.000 Liter 1958er als Most verkauft werden, „obwohl wegen des stetig anwachsenden Verkaufs, insbesondere an die Konzernwerke, das Auf-Fass-legen dieser Menge zur Überbrückung späterer schlechterer Jahrgänge zweckmäßig gewesen wäre“.[90]

Die Erfahrung mit den Jahrgängen 1957 und 1958 ließen nur einen Schluss zu: Mindestens der Flaschenkeller musste erweitert werden. „Es würde dann möglich sein,“ so Vygen, „einen Teil des jeweiligen Jahrganges mehrere Jahre zu lagern und sich auf der Flasche entwickeln zu lassen. Eine solche Erweiterung ist nach den vorliegenden Plänen ohne besondere Schwierigkeiten möglich.“[91]

Im Geschäftsjahr 1958/59 verbesserte sich die wirtschaftliche Lage des Weingutes weiter. Der Umsatz an Flaschenwein hatte sich auch dank des guten Jahrgangs 1957 um fast 44.000 Flaschen oder gut 63 Prozent erhöht. Der Gewinn wiederum stieg um 27.000 Mark oder fast 88 Prozent. Einnahmen von rund 375.000 Mark standen Ausgaben von insgesamt 317.000 Mark gegenüber. Unter diesen machten die „Selbstkosten“ der verkauften Weine mit etwa 202.000 Mark den mit Abstand größten Etatposten aus. Allerdings beliefen sich die Verwaltungskosten einschließlich der Umlage an die Hauptverwaltung der Gutehoffnungshütte sowie die Vertriebskosten mittlerweile auf fast 65.000 Mark. Doch diese Aufwendungen zahlten sich offensichtlich zur allseitigen Zufriedenheit aus.[92]

Das kleine Wirtschaftswunder von Nierstein ging weiter. Sechs Jahre nach dem 1953er, mit dem sich die junge Bundesrepublik und auch das Anbaugebiet Rheinhessen fast zehn Jahre nach dem Ende des Zweiten Weltkriegs auf den Weinmärkten der Welt zurückgemeldet hatten,[93] brachte das Jahr 1959 abermals einen vielversprechenden Jahrgang hervor. Zwar lag die Erntemenge im Weingut Nierstein mit annähernd 83.000 Litern deutlich niedriger als im Vorjahr. Doch das durchschnittliche Mostgewicht von 104 Grad Oechsle übertraf alles, was seit Menschengedenken im deutschen Weinbau geschehen war.

Diesmal wurde laut dem Geschäftsbericht 1959/60 denn auch kein Most verkauft, obwohl es abermals nicht einfach war, die große Menge Jungweins auszubauen.[94] Fast 67.000 Flaschen 1958er und wohl auch erste 1959er wurden im Frühjahr 1960 vorzeitig gefüllt. Fast 30.000 von ihnen wurden zunächst außerhalb der eigenen Lagerkeller untergebracht – und das, obwohl der Keller der GHH in der Wörrstadter Straße in Nierstein über den Winter 1959/60 soweit ausgebaut worden war, dass die Fassraumkapazität um etwa 24.000 auf nunmehr 102.300 Liter gestiegen war. Die Lagermöglichkeiten für Flaschenwein wurden sogar von 100.000 auf 200.000 Flaschen verdoppelt.

Die „besondere Aufmerksamkeit“, die Vygen seit Mitte der fünfziger Jahre dem Absatz der Weine bei den Konzernwerken und bei den Angestellten gewidmet hatte, war weiterhin von Erfolg gekrönt. So wurden im Geschäftsjahr 1959/60 80.000 von insgesamt 120.000 Flaschen an Konzernwerke und GHH-Betriebe beziehungsweise deren Angestellte veräußert. Das entsprach fast 65 Prozent des gesamten Umsatzes.

Noch besser hatte sich der Einzelverkauf an GHH-Angehörige in Oberhausen und Sterkrade entwickelt. Ein Absatz von 20.000 Flaschen entsprach einer Steigerung um 22 Prozent. Am Ende verblieb der GHH in Oberhausen wieder ein stattlicher Gewinn. 1960 wurde er erstmals so berechnet, dass die Pacht für Flächen und Gebäudesubstanz, die die GHH AG an die Dachgesellschaft, die in Nürnberg angesiedelte Gutehoffnungshütte Aktienverein (AV) entrichten musste, von dem Bruttogewinn von fast 75.000 Mark abgezogen wurde. Der verbleibende Überschuss von gut 43.000 Mark lag indes um gut 28 Prozent über dem vergleichbaren Betrag des Vorjahres.[95] Und der Herbst 1960 sollte erst noch kommen.

Hilbert nimmt Abschied

Zunächst aber sah das Jahr 1960 den Abschied eines Mannes, der womöglich mehr für das mittlerweile 40 Jahre alte Weingut getan hatte als alle anderen Führungsleute der GHH zusammen: Ernst Hilbert. Zum Ablauf des 30. September 1960 hatte der mittlerweile 71 Jahre alte Jurist nach fast 40 Jahren Betriebszugehörigkeit und weit mehr als 30 Jahren

Arbeit als Vorstandsmitglied dieses sowie Dutzende andere Ehrenämter niedergelegt.[96] In den Akten, die die Vorgänge rund um das Weingut Nierstein betreffen, hat diese Zäsur nicht im geringsten Niederschlag gefunden. Ob dies damit zu erklären ist, dass Hilbert seit dem Jahr 1953 nicht mehr die operative Verantwortung für das Weingut der Gutehoffnungshütte trug? Oder auch damit, dass das seit 1953 für die Geschicke dieser Unternehmung zuständige Duo Michalsky/Vygen längst ein neues, diesmal erfolgreiches Kapitel des Weingutes aufgeschlagen hatten? Immerhin hatte sich Hilbert über diese Entwicklung nicht nur stets informieren lassen: Zusammen mit Hermann Reusch war er einer der Adressaten der Jahresberichte, die Vygen aufsetzte. Auch lief ein erheblicher Teil der Korrespondenz zwischen Hermann Reusch und Hans Vygen über seinen Schreibtisch. Gleichwohl: Der Geschäftsbericht über das Jahr 1959/60 war indes der letzte, der Hilbert vorgelegt wurde. Es könnte ihn bei seinem Abschied aus dem Unternehmen vielleicht gefreut haben, dass nicht nur die Kennzahlen des Weingutes besser waren denn je, sondern auch mit dem 1959er ein weiterer grandioser Jahrgang herangewachsen war.

Vom 3. Oktober bis zum 12. November 1960 waren nunmehr 15 Weinbergsarbeiter und eine ganze Reihe Frauen damit beschäftigt, die nächste Rekordernte einzubringen. „Warme und sonnige Tag bis weit in den Juni 1960 hinein sorgten für eine üppige Entwicklung der Rebstöcke und Trauben. Nachfolgende Schlechtwetterperioden verzögerten jedoch die Reife und verhinderten die Einbringung eines wie im Vorjahr qualitativ überdurchschnittlichen Jahrganges“, stellte Vygen im Juni 1961 fest.[97] Die Menge von gut 148.000 Litern, die auf insgesamt 68 Morgen zusammengekommen war, übertraf alles bisher Dagewesene.

Diesmal stellte die Rekordernte den Verwalter und seine Mitarbeiter in Nierstein nicht mehr vor ganz so große Probleme wie die üppigen Ernten der Vorjahre. Nachdem 40.000 Liter aus dem Vorjahr vorzeitig auf Flasche gefüllt worden waren, konnte die gesamte Ernte untergebracht werden. Allerdings wurden bald 20 Stück Maische geringerer Qualität aus Mangel an Fassraum verkauft. Übrig blieben Weine, die sich durch „rassige und spritzige Art“ auszeichneten. Mit Mostgewichten um 80° Oechsle und einer anscheinend harmonischen Säure übertrafen sie trotz der gewaltigen Erntemenge qualitativ die Jahre 1957 und 1958.

Auch die Umsatzzahlen konnten sich weiterhin sehen lassen. Die Einnahmen waren wieder einmal stärker gestiegen als die Ausgaben, und auch der Absatz der Flaschenweine kannte nur eine Bewegungsrichtung: nach oben – und das, obwohl der Verkauf in Sterkrade wegen organisatorischer Änderungen in der Abteilung F/Bergbau zum 1. Juli 1961 eingestellt worden war. Insgesamt aber war am Ende des Geschäftsjahres 1960/61 bei einem Absatz von mittlerweile 166.000 Flaschen wiederum ein stattlicher Gewinn zu verbuchen. Bei Ausgaben von 375.000 Mark betrug der Überschuss mehr als 38.000 Mark.[98]

Riesling und Silvaner

Außerhalb des engsten Zirkels an der Spitze der GHH kannte diese Zahlen niemand. Und in den Genuss dieser Weine kamen außerhalb des Kreises der einkaufsberechtigten Mitarbeiter des Konzerns allenfalls Personen, denen sie aus Anlass des Weihnachts- oder Neujahrsfestes oder bei anderen Gelegenheiten zum Geschenk gemacht wurden – und jener kleine, fachkundige Kreis der Männer, die im Auftrag der Landwirtschaftskammer Rheinhessen in jedem Jahr die dort angestellten Weine verkosten mussten, um ihnen eine goldene, silberne oder bronzene Kammerpreismünze, wenn nicht den Produzenten gar einen Staatsehrenpreis zu verleihen.

So hieß es Mitte 1961, das Weingut Nierstein habe „auch in diesem Jahr“ einen beachtlichen Erfolg bei der Weinprämierung der Landwirtschaftskammer erringen können. Dies ließ sich nicht nur daran ablesen, dass im Jahr 1961 überhaupt nur zwei Weine des allgemein eher schwach ausgefallenen Jahrgangs 1960 mit einer silbernen Kammerpreismünze dekoriert wurden und einer dieser beiden eine 1960er Niersteiner Orbel Riesling Auslese war. Gleich fünf GHH-Weine des Jahrgangs 1959 erhielten die goldene Kammerpreismünze. Es waren dies drei Riesling Spätlesen, und zwar aus den Lagen Rehbach, Auflangen und Orbel. Für die Orbel-Spätlese gab es sogar einen Staatsehrenpreis.[99]

Charakteristisch für die damalige Zeit war indes ein Weinstil, der heute längst verschwunden ist: Zwei der fünf ausgezeichneten GHH-Wein waren Spätlesen, für die Riesling und Silvaner ganz offiziell miteinander verschnitten worden waren. Heute mag man über Cuvées dieser Art vielleicht die Nase rümpfen. Aber sie dokumentieren nicht nur den Geschmack der damaligen Zeit, sondern auch, dass die besten Lagen entlang der Rheinfront zwischen Nierstein und Nackenheim bis zu der in den 1970er Jahren einsetzenden Flurbereinigung keineswegs ausschließlich und wohl auch nicht zum größten Teil mit Riesling bepflanzt waren, sondern mit Silvaner.

In den Preislisten des Weingutes fand die von Vygen intern immer wieder herausgestellte Prämierung der Weine anfangs kaum einen Niederschlag. So wurden mit der Frühjahrspreisliste 1960 annähernd 20 verschiedene Weine vor allem aus den Jahrgängen 1958 und 1959 angeboten, aber bei nur einem war vermerkt, dass es sich um einen staatlich prämierten Wein handelte: Die seit 1956 für den stattlichen Preis von 30 Mark offerierte 1953er Niersteiner Burgweg/Schänzchen Trockenbeerenauslese.[100] Über diesen Wein hatte es schon 1956 intern geheißen, es handele sich um ein Hochgewächs von edelster Harmonie, das mit der großen Silbernen Preismünze der Deutschen Landwirtschaftsgesellschaft bei der Bundesweinprämierung sowie der goldenen Kammerpreismünze und dem Ehrenpreis des Weinbauverbandes Rheinhessen ausgezeichnet worden sei.[101]

Abb. 32 Ausgezeichnet: Die Weine der GGH wurden regelmäßig bei den Weinprämierungen der Landwirtschaftskammer Rheinhessen und der Deutschen Landwirtschaftsgesellschaft (D.L.G.) angestellt.

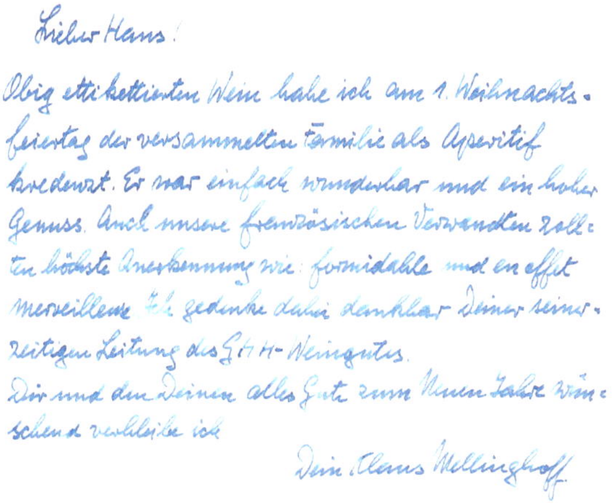
Lieber Hans!

Obig ettikettierten Wein habe ich am 1. Weihnachtsfeiertag der versammelten Familie als Aperitif kredenzt. Er war einfach wunderbar und ein hoher Genuss. Auch unsere französischen Verwandten zollten höchste Anerkennung wie: formidable und en effet merveilleux. Ich gedenke dabei dankbar Deiner seinerzeitigen Leitung des GHH-Weingutes.
Dir und den Deinen alles Gute zum Neuen Jahre wünschend verbleibe ich

Dein Hans Wellinghoff

Alle anderen Weine wurden hingegen auch 1960 noch immer so knapp, aber aussagekräftig charakterisiert, wie es damals üblich war. Über einen 1956er Niersteiner Rote Schmitt, einen Wein aus einer Lage, von der Horst Michalskys Sohn Alex dem Verfasser zu berichten wusste, dass ihr Name es in den siebziger Jahren vor allem SPD-Politikern angetan hatte, hieß es: „Rasse, angenehme Säure".[102] Ein Riesling aus der damals noch als Einzellage geltenden Lage Niersteiner Gutes Domtal wurde als „pikant, saftig, abgeklärt" charakterisiert. Die Liste ließe sich fortsetzen.

Nicht aber die Liste derjenigen Weine, die 1960 unter Angabe der Rebsorte angeboten wurden. Es gab nur zwei 1958er Riesling Spätlesen, die eine aus der Lage Oelberg Terrassen, die andere aus dem Kranzberg, sowie drei Riesling Spätlesen aus dem Jahrgang 1959 (Burgweg, immerhin auch Galgenberg sowie Findling), dazu eine feine Spätlese (Gutes Domtal). Acht Weine wurden indes ohne Angabe der Rebsorte, sondern nur mit Lagennamen angeboten. Damals konnte man womöglich voraussetzen, dass es sich zumeist um Silvaner handelte. Doch wo waren die Weine aus mit Müller-Thurgau bestockten Flächen geblieben?

Die jeweils im Frühjahr wie im Herbst versandten Preislisten geben auf Fragen wie diese ebenso wenig Antworten wie die Akten. Fest steht nur, dass die Verantwortlichen in Oberhausen nach wie vor größten Wert darauf legten, die Weine den Mitarbeitern im Ruhrgebiet und den über die gesamte Bundesrepublik verstreuten Konzerngesellschaften zu äußerst moderaten Preisen anzubieten. Die einfachen Weine der aktuellen Jahrgänge kosteten zwischen 1,80 Mark und 3,10 Mark, die Spätlesen zwischen vier und fünf Mark, die feine Spätlese nur sechs. Es ist wohl nicht verfehlt anzunehmen, dass die Preisstruktur neben all den Aktivitäten Vygens maßgeblich dazu beigetragen hat, dass das Weingut Nierstein der GHH zu Beginn der sechziger Jahre mit einem Umsatz von weit mehr als 150.000 Flaschen im Jahr wohl eines der größten, wenn nicht das größte Weingut weit und breit gewesen sein dürfte, das ausschließlich Weine aus eigener Erzeugung im Angebot hatte.[103]

Gestützt wird diese Annahme durch zwei Dokumente aus dem Winter 1959. So bot das Weingut Nierstein aus Anlass der bevorstehenden Weihnachts- und Neujahrsfeierlichkeiten wieder die Möglichkeit, Weingeschenke unmittelbar von Nierstein aus zu versenden. Persönliche Glückwünsche oder Glückwunschkarten mit dem Namen des Auftraggebers würden den Sendungen beigelegt.[104] Wie oft dieses Angebot genutzt wurde, ist nicht zu ermitteln. Erwähnenswert aber ist, dass es nicht mehr nur eine Sortierung war, die das Weingut im Angebot hatte, sondern gleich deren vier Kollektionen. Die Basis bildeten acht Flaschen „charakteristische Weine der Jahrgänge 1955–1958" zum Preis von 25 Mark, die Spitze sechs Flaschen „gut sortierte Qualitätsweine aus unseren Spitzenlagen" zum Preis von 40 Mark. Hinter dieser Ankündigung verbargen sich sechs Spätlesen, davon zwei Riesling-Weine, aus den Lagen Orbel, Oelberg, Fuchsloch, Hipping und Auflangen. Eine exquisitere Kollektion von Weinen aus dem Roten Hang dürfte zumindest am Ort selbst schwer zu finden gewesen sein, da die namhaften Weingüter wie Reinhold Senfter und Gustav Adolf Schmitt, die ihrerseits auch selbst einen erheblichen Weinhandel betrieben, nach wie vor viele Weine auf dem Weg der Versteigerung absetzten.[105]

Ein zweites Dokument kann ebenfalls als Beweis dafür herangezogen werden, wie offensiv das Weingut unter Verwalter Michalsky und dessen Oberhausener Vorsetzten Vygen ausgangs der 1950er Jahre in den (noch konzerninternen) Markt drängten: Infolge der beiden Rekordernten der Jahre 1957 und 1958 machte Vygen „seinen guten Kunden aus dem Konzern" 1959 ein besonderes Angebot „naturreiner Weine" (wie es seit langem wieder einmal hieß): drei „einfache" Weine zum Preis von zwei bis drei Mark pro Flasche sowie drei Spätlesen, deren teuerste, ein 1957er Orbel, für fünf Mark zu erstehen war. Preisgünstiger dürfte man an Weine dieser Qualität wohl nirgends gekommen sein.[106]

8 Von Cabinet zu Kabinett

Warum in Nierstein eine Himmelsleiter getrunken wurde und welche Fortschritte das Weingut gemacht hat

Auch zu Beginn des neuen Jahrzehnts schien es mit dem Weingut der GHH nur bergauf zu gehen. 1960 war mit fast 150.000 Litern eine weitere Rekordernte eingebracht worden. Im Jahr darauf hieß es, nach dem fast 79.000 Liter in den Tanks lagen, es handele sich um einen „mittleren Durchschnittsertrag".[1] Zehn Jahre zuvor hatte man von solchen Mengen kaum zu träumen gewagt. Doch mittlerweile hatten sich nicht nur die Erträge pro Flächeneinheit gegenüber dem Vorkriegszeitraum enorm erhöht. Die Weinberge waren besser gedüngt worden, und die allmähliche Umstellung auf Pfropfreben sorgte für konstantere und vor allem höhere Erträge.

Zudem betrug die bewirtschaftete Rebfläche des Weingutes längst nicht mehr jene zehn Hektar im Süden Niersteins, deren Lagennamen beziehungsweise Gewannbezeichnungen in keiner der zeitgenössischen Beschreibungen des Weinbaus in Nierstein zu finden waren. Hinzugekommen waren auch einige Parzellen in den besten Lagen entlang der Rheinfront beziehungsweise in den windgeschützten und nach Süd ausgerichteten Hanglagen, die sich nördlich des Ortskerns bis nach Schwabsburg hinzogen. Doch auch alle eigenen Rebflächen mit zusammengenommen 68 Morgen oder 17 Hektar reichten bald nicht mehr aus, um die Nachfrage nach GHH-Weinen zu befriedigen. Michalsky und Vygen setzten je länger, desto mehr auf den Vertrieb zugekaufter Weine – darin den klassischen Niersteiner Weingütern zum Verwechseln ähnlich.

Ein durchschnittliches Weinjahr war indes auch das folgende. Mit einer durchschnittlichen Säure von zehn Promille und einem durchschnittlichen Zuckergehalt von 80 Grad Oechsle präsentierten sich die 1961er als zu „den besten Jahrgängen"[2] der vergangenen Jahre gehörend. Der Umsatz mit Wein sprengte inzwischen alle Dimensionen. Zwischen dem 1. Juli 1961 und dem 30. Juni 1962 wurden fast 171.000 Flaschen abgesetzt. Doch das Betriebsergebnis war geringfügig schlechter als im Vorjahr. Einnahmen von fast 444.000 Mark standen 415.000 Mark an Ausgaben gegenüber, was einen Rückgang des Gewinns auf fast 29.000 Mark zur Folge hatte.

Vygen machte für diese Entwicklung mehrere Faktoren verantwortlich. Einerseits beliefen sich die Einstandskosten mittlerweile auf nicht mal mehr die Hälfte der Ausgaben. Ein Viertel der Soll-Positionen entfiel mittlerweile auf Verwaltungs- und Vertriebskosten. Dahinter verbarg sich zum einen die Kostenumlage zugunsten der Hauptverwaltung, die sich von 13.500 Mark auf 36.000 Mark erhöht hatte. Gestiegen waren auch die Zahlungen, die an den Gutehoffnungshütte AV als den juristischen Eigentümer des Weinguts abgeführt werden mussten. Einschließlich der Abschreibung betrug die Pacht für das gesamte Anlagevermögen fast 49.000 Mark, sieben Prozent mehr als im Vorjahr. Drittens wies Vygen auf Lohnerhöhungen hin, die zu einer Kostensteigerung geführt hätten.

Auch die Absatzsituation stellte sich bei näherem Hinsehen als nicht mehr ganz so rosig heraus wie in den Vorjahren. So hatte sich zwar die Zahl der verkauften Flaschen im Geschäftsjahr 1961/62 um fast 13 Prozent erhöht. Doch der Verkaufserlös war um fast drei Prozent gefallen. Als Erklärung bot sich die Beobachtung an, „dass zunehmend preisgünstigere Weine bevorzugt wurden und der zum Verkauf anstehenden 1959er, der wegen seiner überdurchschnittlichen Qualität im Preis höher liegt, weniger Absatz fand“.[3] Ging der Trend auch im Kundenkreis der Gutehoffnungshütte weg von qualitativ hochwertigen hinzu durchschnittlichen, wenn nicht sogar minderwertigen Weinen?

Leider gibt es keine Statistiken, die über die Menge der jeweils erzeugten und jeweils verkauften Partien Auskunft geben könnten. So detailverliebt ging es nicht einmal in dem sehr in die Tiefe gehenden Berichtswesen der Gutehoffnungshütte zu. Doch mit diesem sollte es ohnehin bald ein Ende haben.

Reichlich schwer

Mitte der sechziger Jahre stand mit Ausnahme des Interims zwischen 1942 und 1945 seit mehr als fünfzig Jahren ein Reusch an der Spitze der GHH. Doch so viele Metamorphosen das Unternehmen seit dem Beginn des 20. Jahrhunderts durchgemacht hatte, so wenig stand dem 1897 geborenen Vorstandsvorsitzenden Hermann Reusch bis in die letzten Jahre als Vorstandsvorsitzender der Sinn nach einer Änderung seines Habitus. Er war einer der letzten Vertreter einer Unternehmergeneration, die ihre Legitimität nicht alleine aus wirtschaftlichem Erfolg, sondern auch aus einer distinkten, wirtschaftsbürgerlichen Lebensführung zog.

Von Zeitgenossen wurde dieser Habitus eher anhand seiner schrulligen Seiten wie etwa dem Umstand beschrieben, dass Hermann Reusch die Hauptversammlung der GHH nicht nur, aber immer wieder auf „Kaisers Geburtstag“ am 27. Januar einberief.[4] Desgleichen war 1966 in der Wochenzeitung „Die Zeit“ zu lesen, dass der Mann, der sich stets als „Herr Bergassessor“ anreden ließ, Bilanzgespräche mit Vertretern der Wirtschaftspresse „nicht nur mit dem Zeremoniell des verwöhnten Zigarrenrauchers und dem in konzerneigenen Weinbergen gewachsenen Wein zu beleben (pflegte), sondern auch durch nicht gerade übertrieben exakte Auskünfte wie etwa ‚Die Gewinnmarge wird immer kleiner…'“.[5]

In der Tat pflegte Reusch bis zum Ende seiner Zeit an der Spitze der GHH im Herbst 1966 eine Weinkultur, deren Ursprünge im frühen 19. Jahrhundert lagen: Was in den 1960er Jahren bei Anlässen wie Aufsichtsratssitzungen oder Besuchen von Unternehmensdelegationen aus dem In- und Ausland mitten im Ruhrgebiet aufgetragen oder ausgeschenkt wurde, unterschied sich in nichts von dem, was etwa im Berlin der 1880er Jahre bei kaiserlichen Frühstücken, bei Diners im Hause der Bankiers-Familien wie den Bleichröders oder den Mendelssohns und auch bei den Jagdessen des bayerischen Prinzregenten Luitpold aufgetragen wurde.[6]

Nur in einer Hinsicht lässt ein Vergleich von Menüvorschlägen jüngeren und älteren Datums einen Unterschied erkennen: Anders als in den frühen fünfziger wurden seit den späten fünfziger Jahren Weine aus dem unternehmenseigenen Weingut regelmäßig als Speisenbegleiter vorgeschlagen – was angesichts der enormen Qualitätssteigerung, die mit dem Jahrgang 1953 eingesetzt hatte, nicht verwundern sollte.

Wahlweise ein guter Niersteiner

Allerdings kamen „unsere" Niersteiner Weine nicht automatisch zum Zug. Hermann Reusch war stets darauf bedacht, einen Wein so auszuwählen, dass er mit dem entsprechenden Gang optimal harmonierte. So hatte am 26. September 1960 ein 1958er Niersteiner Auflangen Riesling aus dem eigenen Weingut das Nachsehen gegen einen 1957er Rüdesheimer Berg Mühlstein aus dem Weingut Reichsfreiherr von Ritter zu Groenesteyn. Denn nicht „Hühnerbrüstchen Indische Art" wurden serviert, sondern „Milchmasthähnchenbrust auf Kalbsmedaillon".[7]

Nicht zu erkennen ist indes, ob den Vertretern der japanischen Firma Mitsubishi, die sich am 11. September 1962 zu einem „Mittagessen" in Oberhausen einfanden, eine 1959er Niersteiner Rote Schmitt Spätlese kredenzt wurde. Denn den Akten ist nicht zu entnehmen, für welches der drei Menüs, die der Pächter des Werksgasthauses Blumenthal vorgeschlagen hatte, sich Hermann Reusch am Ende entschied. Wäre seine Wahl auf das Menü Nummer eins gefallen, dann wäre ein Niersteiner Wein im Glas gewesen, während die Herren „Huhn mit Hummer in Whiskysauce (Fleisch von Hühnerbrust und frischem Helgoländer Hummer) – Spargelspitzen – Tomatenkokasser – Butterreis" auf den Tellern gehabt hätten.[8]

An kulinarischen Standards wie diesen hielt Hermann Reusch eisern fest. Eigener Wein war kein Selbstzweck, sondern musste mit den Speisen ebenso harmonieren wie mit dem jeweiligen Anlass. So schrieb Reusch am 25. November 1963 im Blick auf eine bevorstehende Jagdgesellschaft, zum Abschluss der Veranstaltung sollte im Werksgästehaus

„Westfälischen Pfefferpotthast mit Gewürzgurken und Dampfkartoffeln" gereicht werden. „Dazu wäre Bier zu servieren, wahlweise ein guter Niersteiner und ein einfacher Bordeaux".[9] Welcher gute Wein aus dem eigenen Keller an jenem Abend ausgeschenkt wurde, ist den Akten nicht zu entnehmen. Fest steht nur, dass Hermann Reusch mit der Auswahl Blumenthals nicht einverstanden war. „Der gestrige Niersteiner war reichlich schwer. Ich bitte, für das Jagdessen eine leichtere Lage auszuwählen", hieß es am Tag nach der Veranstaltung.[10]

Mit dieser Bitte geht in den Akten das Kapitel „Hermann Reusch, das Werksgästehaus und die Niersteiner Weine" allmählich zu Ende. Denn bei der letzten Veranstaltung, für die Menüvorschläge dokumentiert sind – es handelt sich um Aufsichtsratssitzungen am 23. und 24. November 1965 – entschied er sich zum Mittagessen für „1963er Paulinshofberger", einen exzellenten Wein von der Mittelmosel, sowie einen 1962er Château Kirwan, also einen Troisième Cru classé aus dem Médoc (Margaux).[11]

Von Rekord zu Rekord

Eine Weinauswahl wie diese sollte jedoch nicht als Geringschätzung der unternehmenseigenen Weine interpretiert werden – genauso wenig wie die oben beschriebene Sitte, Pressegespräche mit GHH-Weinen zu garnieren. Eine breite Weinauswahl war in den gehobenen Unternehmerkreisen in den fünfziger und sechziger Jahren ebenso „normal" wie Weingenuss bei Anlässen, an denen heute Wein zu servieren undenkbar wäre.[12]

Sollte das Porträt von Hermann Reusch in der „Zeit" jedoch den Eindruck erweckt haben wollen, dass der 1896 geborene Unternehmerpatriarch mit sich im Reinen war, so dürfte sich diese Wahrnehmung auch auf das von ihm stets geförderte Weingut in Nierstein beziehen. Die Berichte, die Reusch in seinen letzten Jahren an der Spitze der Gutehoffnungshütte zu lesen bekam, waren mehr als nur eine Bestätigung dessen, was sich die Unternehmensführung in den fünfziger Jahren mit dem Engagement in Nierstein erhofft hatte: Aus einer Einrichtung der „betrieblichen Selbstversorgung" der dreißiger Jahre war Mitte der sechziger Jahre eines der größten und mutmaßlich besten Weingüter am Rhein geworden.

Freilich verloren Michalsky und Vygen über den Weinen aus den Spitzenlagen nicht das Gespür dafür, dass das Weingut ursprünglich dazu gedacht war, einfache und preisgünstige Weine für die Betriebsangehörigen der Gutehoffnungshütte zu erzeugen. So konnte Vygen in dem Geschäftsbericht für das Jahr 1962/63 nicht nur abermals Rekorde vermelden, was die Vermarktung von Flaschenweinen innerhalb des Konzerns betraf. In jenem Jahr wurde die Grenze von 100.000 Flaschen noch knapp verfehlt. Zusammen mit dem

Einzelverkauf in Oberhausen (mehr als 21.000 Flaschen) nahmen die Gutehoffnungshütte und ihre Unternehmensbeteiligungen aber weit mehr als 70 Prozent der Weine auf, die in Nierstein abgefüllt wurden.[13]

Zum Stichtag 30. Juni 1963 wartete Vygen mit einer weiteren Neuerung auf: „Mit der Verkaufsanstalten Oberhausen GmbH wurden Absprachen über die Lieferung von eigens für diese Gesellschaft in großen Gebinden ausgebauten Konsumwein getroffen, die in den Verkaufsanstalten sehr guten Absatz fanden." Vygen nannte die Zahl von gut 12.000 Flaschen, die an die Verkaufsanstalten geliefert worden seien, und sprach die Hoffnung aus, „dass dieses Geschäft in Zukunft noch wächst, wodurch sich die Kostenrechnung des Weingutes weiter verbessern würde".[14]

Der Jurist hätte auch formulieren können: „... noch weiter verbessern würde". Denn nach Abzug aller Kosten, darunter annähernd 48.000 Mark für eine Erweiterung des Fasslagerkellers um 85.000 Liter auf eine Kapazität von nunmehr 205.000 Litern, konnte das Weingut in dem fraglichen Geschäftsjahr einen Gewinn von gut 58.000 Mark verbuchen. Beeindruckend war auch wieder einmal die Liste mit den Auszeichnungen, die die mittlerweile auf Flaschen gefüllten Weine des Jahrgangs 1959 bei der Landwirtschaftskammer Rheinhessen sowie der Deutschen Landwirtschaftsgesellschaft in Frankfurt erhalten hatten. Zwei Riesling Spätlesen, die eine aus der Lage Niersteiner Auflangen, die andere aus der Lage Niersteiner Hipping, waren von der DLG mit einem Großen Preis bedacht worden.

Im folgenden Jahr konnte Vygen mit ähnlich guten Nachrichten aufwarten. Denn durch die Erweiterung des Lagerkellers hatte man die Voraussetzungen dafür geschaffen, eine neuerliche Rekordernte selbst verarbeiten zu können. Mit gut 121.000 Litern – weit mehr als doppelt so viel wie im Vorjahr – schlug der Jahrgang 1963 abermals alle Rekorde. Allerdings waren die Weine besser ausgefallen als im Jahr zuvor, weshalb Vygen von einem „guten Mittelwein" schrieb.[15] Bei dieser Gelegenheit sprach er aber auch selbst jene beiden entscheidenden Parameter an, die in Nierstein wie auch andernorts seit den fünfziger Jahren zu einer signifikanten Erhöhung der Durchschnittserträge geführt hatten: „... die in den vergangenen Jahren durchgeführte Verjüngung unserer Weinbergsanlagen und deren nachhaltige Düngung".[16]

Vygen gab sich selbst mit dieser Rekordernte nicht zufrieden. In Anbetracht der allgemein guten Erntemengen hätte das Weingut größere Mengen Maische und junge Weine zu günstigen Bedingungen zukaufen „und in unserem Keller wie die eigenen Weine ausbauen" können, hielt er im Sommer 1964 fest.[17] Hatten zehn Jahre zuvor größere Erntemengen dazu geführt, dass Trauben beziehungsweise Maische verkauft wurden, hatte sich der Wind um 180 Grad gedreht: „Nur auf diesem Wege können wir der steigenden Nachfrage nach unseren Weinen gerecht werden", schrieb Vygen. Im gleichen Atemzug deutete er an, dass man den Begehrlichkeiten wohl auch dadurch begegnen könnte, dass man die eigene Weinbergsfläche vergrößere. Doch dieser Wunsch erschien ihm kaum zu verwirklichen, obwohl das Weingut mittlerweile fünfzehn Arbeiter beschäftigte. Alleine wegen der „äußerst kritischen Lage auf dem Arbeitsmarkt im rheinhessischen Weinbaugebiet" sei eine Ausweitung der eigenen Rebflächen nicht möglich.[18]

Im Ergebnis setzten Michalsky und Vygen je länger, desto mehr auf den Zukauf von Weinen aus der näheren Umgebung.[19] In der Bilanz schlug sich diese Strategie zunächst durchweg positiv nieder. Der kostengünstig wirtschaftende „Handelsteil" finanzierte den aufwendigeren „Weinbergsteil" des Weingutes mit.

Ausgezeichnete Weine

Ansonsten sprachen die Zahlen für sich. Bei der Zahl der Flaschen, die an Konzernwerke und deren Angestellte veräußert wurden, war 1963/64 zum ersten Mal die Marke von 100.000 überschritten worden, und dies mehr als deutlich: 113.000 Flaschen schlugen auf diesem Weg zu Buche. Hinzu kamen mehr als 21.000 Flaschen, die im Auslieferungslager der Hauptverwaltung den Besitzer wechselten, sowie 25.500 Flaschen, die an die Verkaufsanstalten Oberhausen geliefert wurden – ein Plus von 110 Prozent.[20]

Das Betriebsergebnis stellte Vygen 1964 erstmals in einer Form dar, die es mit dem anderen Konzernunternehmen vergleichbar machte. Nach gut 58.000 Mark im vorangegangenen Geschäftsjahr wurden nun 144.000 Mark als Gewinn ausgewiesen – und das trotz abermals hoher Pachtzahlungen an den GHH Aktienverein, der die Anlagen des Weingutes in seinen Büchern führte, und hoher Investitionen in den Gebäudebestand. Das Kelterhaus war aufgestockt worden, so dass eine große Packhalle entstanden war. Von dort wurden die Weinkisten über ein neues Förderband zu den Lastwagen transportiert, die dort vorfahren konnten.[21]

Routine wie die erheblichen Gewinne waren inzwischen auch die Auszeichnungen für die GHH-Weine durch die Landwirtschaftskammer in Rheinhessen. Goldene Preismünzen waren 1964 zu vermelden für eine 1962er Riesling Beerenauslese aus der Lage Orbel sowie für eine Auslese aus dem Hipping. Dieser Wein ist rückblickend insofern bemerkenswert, als es sich bei ihm abermals nicht um einen rebsortenreinen Wein handelte. Wie zwei andere Spätlesen auch war der ausgezeichnete Wein ein Verschnitt aus Riesling und Silvaner. Bemerkenswert ist auch ein Wein, der eine „lobende Anerkennung" erhalten hatte. Er stammte aus der Lage Galgenberg und war ein Verschnitt von gleich drei Rebsorten: Riesling, Silvaner und „S. 88".[22] Hinter diesem Kürzel, das für „Sämling 88" und damit für die Zuchtnummer einer Neuzüchtung stand, verbarg sich eine Rebsorte, die heute in Deutschland nur noch als „Scheurebe" bekannt ist. In Österreich firmiert sie nach wie vor als Sämling 88. Warum sich der Name Scheurebe dort nicht durchgesetzt hat, wäre noch zu ergründen. In Deutschland war die neue Rebsorte 1950 in Anerkennung der Verdienste ihres kurz zuvor verstorbenen Züchters Georg Scheu so genannt worden. Scheu selbst hatte seine vielversprechende Neuzüchtung in den dreißiger Jahren „Dr. Wagner-Rebe" genannt, zu Ehren des Landesbauernführers von Hessen-Nassau, Dr. Richard Wagner. Daher musste sie nach 1945 buchstäblich entnazifiziert werden.[23]

Wie groß die Fläche war, die 1963 mit Scheurebe bestockt war, lässt sich den erhalten gebliebenen Unterlagen nicht entnehmen. In den Preislisten späterer Jahre tauchen Weine, die aus Trauben dieser Rebsorte gekeltert wurden, nur sporadisch auf. Allerdings mehren sich von den später sechziger Jahren an die Weine, die aus anderen Rebsorten als den klassischen Sorten Riesling, Silvaner und Traminer gekeltert wurden. Die Neuzüchtungswelle, die den deutschen Weinbau erfasst hatte, machte vor dem Weingut Nierstein der Gutehoffnungshütte nicht halt.

Der Jahrgang 1964, der gemeinhin als der beste der sechziger Jahre angesehen wird, fiel im Weingut Nierstein durchwachsen aus. In den Hanglagen machten sich erhebliche Trockenschäden bemerkbar, während in den Flachlagen der Nieder- wie der Hochterrasse überdurchschnittlich gute Weine erzeugt werden konnten. Die Menge war wieder einmal überragend. Fast 115.000 Liter eigenen Weins gärten im Winter 1964/65 in dem immensen Lagerkeller. Ein etwas durchwachsenes Bild boten auch die Verkaufszahlen. Insgesamt wurden im Geschäftsjahr fast 230.000 Flaschen abgesetzt, davon mehr als die Hälfte an Konzernwerke und deren Angestellte, was ein Plus gegenüber dem Vorjahr von insgesamt 15 Prozent ausmachte.[24]

Die Menge der Konsumweine, die an die Verkaufsanstalten Oberhausen geliefert wurden, entwickelte sich weniger erfreulich. Die Zahl der verkauften Flaschen ging um fast 30 Prozent zurück, ohne dass Vygen dafür eine Erklärung bot – warum auch? Der Jahresgewinn und auch die Auszeichnungen für die Weine sprachen mehr denn je für sich. Mit mehr als 200.000 Mark Gewinn wurde das Geschäftsjahr 1964/65 das bislang erfolgreichste in der Geschichte des Weinguts, und gleich zehn Weine von Spätlesen bis hin zur Beerenauslese wurden von der Landwirtschaftskammer prämiert, allen voran eine 1963er Niersteiner Auflangen Riesling Beerenauslese mit einem Staatsehrenpreis. Eine Silberne Preismünze erhielt ein Wein, der ähnlich wie die lobend erwähnte Cuvée aus Scheurebe, Riesling und Silvaner des Vorjahres ein wenig aus dem Rahmen fiel: es handelte sich um eine 1963er Spätlese Niersteiner Gutes Domtal, die aus „Ruländer S. B. L." gekeltert worden war.[25]

Nicht mehr an Reusch adressiert

Nach vielen guten und sehr guten Weinjahren fiel der Jahrgang 1965 deutlich schwächer aus, und dies qualitativ wie quantitativ. Nur knapp 80.000 Liter waren geerntet worden, und das bei einem durchschnittlichen Säuregehalt von 12,5 Promille und einem durchschnittlichen Mostgewicht von nur 65 Grad Oechsle.[26] In der Jahresbilanz 1965/66 schlugen sich diese Weine jedoch noch nicht sonderlich negativ nieder.

In dem Geschäftsbericht vom 1. September 1966, der schon nicht mehr an den scheidenden Vorstandsvorsitzenden Hermann Reusch adressiert war, sondern an dessen designierten Nachfolger Dietrich von Menges sowie an Hilberts Nachfolger Rudhart und die Abteilung G, konnten stattdessen neue Rekorde vermeldet werden: fast 250.000 Mark Gewinn bei einer Gesamtzahl von gut 272.000 verkauften Flaschen. Das Weingut Nierstein verdiente an jeder verkauften Flasche somit nach Abzug aller Kosten fast eine Mark. Da fiel es nicht weiter ins Gewicht, dass von den 1964er Weinen erst fünf prämiert worden waren, und davon nur einer, eine Ruländer (Grauburgunder) Auslese aus der Lage Niersteiner Gutes Domtal, eine Goldene Kammerpreismünze erhalten hatte. Im folgenden Jahr wurden indes weitere vier Weine aus dem großen Jahrgang 1964 ausgezeichnet, hinzu kamen eine Silberne und eine Bronzene Kammerpreismünze für zwei 1965er.[27]

Mit dem Bericht für das Geschäftsjahr 1966/67 endet die in den dreißiger Jahren einsetzende und nur während der Kriegszeit unterbrochene jährliche Darstellung der Geschäftsergebnisse des Weingutes Nierstein. Auf wen dieses Ende zurückging, geben die Akten nicht preis. Es liegt jedoch nahe zu vermuten, dass Reuschs Nachfolger im Vorsitz Dietrich von Menges die seit den ersten Tagen von Paul Reusch gängige Praxis beendete, dass alle Abteilungen Wochen-, Monats- und Jahresberichte zu Händen des Vorstandes verfassen mussten. Doch wie auch immer: Der letzte Bericht trug schon auf der Titelseite nicht mehr die Namen derer, denen er vorzulegen war. Ansonsten nochmals Berichtsroutine: Quantitativ war auch der Jahrgang 1966 eher enttäuschend ausgefallen. Nicht einmal 70.000 Liter waren gekeltert worden, was abermals zur Folge hatte, dass die Nachfrage nach Wein aus Nierstein nur durch den Zukauf von Maische, Most und sogar anderen Weinen gedeckt werden konnte. Bei den selbsterzeugten Weinen ließen ein durchschnittliches Mostgewicht von 82 Grad Oechsle bei mehr als moderaten durchschnittlichen Säurewerten von 7,9 Promille auf Weine hoffen, die durch „überdurchschnittliche Qualität" bestechen sollten.[28]

Erstmals seit vielen Jahren nicht mehr gestiegen war im Geschäftsjahr 1966/67 die Zahl der verkauften Flaschen. Stattdessen war ein Rückgang um gut sieben Prozent auf 252.000 Flaschen zu verbuchen. Diese Entwicklung war jedoch nur zum kleinsten Teil auf den Verkauf an Konzernwerke (86.000 Flaschen) und deren Angestellte (78.000 Flaschen) zurückzuführen. Einem Minus von 1,5 Prozent auf diesem Geschäftsfeld stand ein Rückgang der über die in Oberhausen abgesetzten Flaschen um mehr als 40 Prozent auf nur noch gut 13.000 Flaschen gegenüber. Zur Erklärung hieß es: „Der Rückgang der Abnahme der Verkaufsanstalten ist in den Umsatzrückgang dieser Gesellschaft begründet.“[29] Anscheinend neigte sich die Ära dem Ende zu, in der sich die Belegschaftsmitglieder auf das Angebot der Verkaufsanstalten angewiesen waren, um zu günstigen Preisen einzukaufen. Discounter wie Albrecht und Handelsketten wie coop ließen die einst wegweisenden Institutionen womöglich nach und nach überflüssig werden.[30]

Und noch etwas zeichnete sich 1966 ab: Die „langen 50er Jahre“ mit ihrer gewaltigen Steigerung der Wirtschaftsleistung und des allgemeinen Wohlstandes waren im Begriff, von der ersten Rezession der Nachkriegszeit abgelöst zu werden.[31] Die Anzeichen dieser Entwicklung waren mittlerweile unübersehbar – auch von der Warte des Weinguts Nierstein aus. „Obwohl allgemein im Weingeschäft die Umsätze infolge der abfallenden Konjunktur rückläufig waren, konnten wir unsere Umsätze weitgehend halten, aber nicht mehr steigern.“[32] Auf Kosten des Gewinns ging dies aber nicht. Trotz gestiegener Ausgaben, vor allem für Personal, lag der Gewinn um nur annähernd 8000 Mark unter dem Rekorderlös des Vorjahres.

Dabei hatte Michalsky im abgelaufenen Geschäftsjahr wieder einmal erheblich investiert. Die Terrasse über dem Weinkeller war ausgebaut worden, außerdem waren mehrere neue Maschinen angeschafft worden, darunter ein Schmalspurschlepper. Eine kleine Revolution verbarg sich indes hinter der nüchternen Auflistung, dass 14 Edelstahltanks angeschafft worden seien.[33] Unter der Voraussetzung, dass alle älteren Berichte vollständig gewesen waren, wäre 1966 das Jahr, in dem der technische Fortschritt in Gestalt dieser neuen, auf reduktive Vergärung großer Mengen Mostes ausgelegten Gebinde in Nierstein Einzug hielt. Damit wurde die Lagerkapazität auf einen Schlag nochmals erheblich erweitert. Nunmehr wurden 250.000 Liter Fassraum vorgehalten.

Lieber alter Bekannter

Hermann Reusch dürfte von diesen jüngsten Entwicklungen nicht mehr allzu viel erfahren haben, jedenfalls nicht in seiner Eigenschaft als Vorstandsvorsitzender. Das gilt auch für den Übergang des Weingutes zum 1. Juli 1967 von der Gutehoffnungshütte Aktiengesellschaft auf die Gutehoffnungshütte Grundstücksgesellschaft.[34] Zu diesem Zeitpunkt war Reusch schon ein halbes Jahr im Ruhestand. Ob bei den Feierlichkeiten aus diesem Anlass des Weingut Nierstein oder auch Niersteiner Weine eine Rolle spielten, erschließt sich aus den Akten aus dem Umfeld des Weingutes nicht. Allerdings kann anhand des

Nachlasses von Hermann Reusch recht gut rekonstruiert werden, wie er sich langsam, aber sicher von Nierstein verabschiedete.

Eine Weinprobe, zu der Reusch den Verwaltungsrat der Maschinen-Aktien-Gesellschaft (MAG) Bern an den Rhein geladen hatte, dürfte einer der Anlässe eines der letzten Besuche des scheidenden Patriarchen gewesen sein. Man traf sich am 8. September 1965 im Weingut, wo das Ehepaar Michalsky Schnittchen und eine Weinprobe vorbereitet hatte, die keine Wünsche übriglassen sollte. Die Spanne der Weine reichte von einem 1963er Niersteiner Rote Schmitt Riesling und Silvaner über mehrere Spätlesen (davon nach wie vor mehrere Verschnitte von Riesling mit Silvaner), einiger Riesling Auslesen der Jahrgänge 1961 bis 1964 bis zu einer Riesling feinsten Spätlese aus dem Jahrgang 1959 und – als Krönung – der 1963er Niersteiner Auflangen Riesling Beerenauslese, die mit einer Goldenen Kammerpreismünze und dem Staatsehrenpreis 1965 sowie einem großen Preis der DLG ausgezeichnet worden war.[35]

Da sich in den Akten der Forstverwaltung eine Probenliste samt handschriftlicher Notizen Hermann Reuschs erhalten hat, gewährt diese Veranstaltung einen letzten Einblick in die zeittypische Verbindung von Weinkultur und Unternehmerwelt. So zeugen Reuschs Urteile über die einzelnen Weine wie „schöner Tischwein", „zu jung. Kann etwas werden" oder „gut. Wieder proben" nicht nur von großer Kennerschaft. Zudem scheint er eine nachgerade starke emotionale Beziehung zu den eigenen Creszenzen entwickelt zu haben. Die 1959er Orbel feinste Spätlese ist für ihn ein „lieber alter Bekannter", die Beerenauslese nur noch „Spitze".[36]

Tatsächlich dürften die GHH-Weine zu denjenigen gehört haben, die Mitte der sechziger Jahre das *non plus ultra* der deutschen Weinkultur darstellten. Als solche standen sie aber auch für eine Bundesrepublik, die ihren Platz in der internationalen Gemeinschaft gefunden hatte. So lässt sich jedenfalls das Dankschreiben lesen, das Reusch am Tag nach der Weinprobe in Nierstein an Michalsky und seine „verehrte Gattin" aufsetzte, um ihnen „noch einmal schriftlich für die reizende Aufnahme zu danken".

„Die Eidgenossen sind an Wein und seiner Kultur traditionsgemäss ausserordentlich interessiert", erläuterte Reusch. „Ich war infolgedessen sehr stolz darauf, dass sie die Kreszenzen ohne Vorbehalt anerkannten und lobten."[37] Mochte das Lob seitens der Gäste vielleicht auch ein wenig der gebotenen Höflichkeit geschuldet sein, so wollte Reusch sein persönliches Erleben verstärkend in die Waagschale werfen. „Mir persönlich hat die Himmelsleiter, die Sie uns gestern bewilligt haben, erneut zum Bewusstsein gebracht, welche Fortschritte unser Weingut in Nierstein in den letzten Jahren gemacht hat." Und als ob es dafür noch eines weiteren Beweises bedurfte hätte, fügte Reusch die Bemerkung an: „Die Tatsache, dass wir am Vorabend unsere besondere Aufmerksamkeit dem Rheingauer gewidmet hatten, hat unserer Freude an den gestrigen Kostproben auf jeden Fall keinen Abbruch getan."[38]

Betreff: *Ihr Osterangebot 1966*

Hiermit bestelle ich zur alsbaldigen Lieferung

.... Packungen aus Ihrem Osterangebot

(je Packung 12 Flaschen Wein
zum Preise von DM 40,- frei Empfangsstation)

....
Unterschrift

Die Sortierung besteht aus je zwei Flaschen

Faß-Nr.	Lage	DM/Fl.	insgesamt DM
8	**1965er Niersteiner Oelberg Müller-Thurgau u. Riesl.**	3,00	6,00
6	**1964er Niersteiner Rote Schmitt Riesling u. Sylvaner** Deutsches Weinsiegel	3,30	6,60
76	**1964er Oppenheimer Krötenbrunnen Riesling . . .** Deutsches Weinsiegel	4,20	8,40
26	**1964er Niersteiner Auflangen Riesl. u. Sylv. Spätl.** bronzene Kammerpreismünze	5,00	10,00
31	**1963er Niersteiner Galgenberg Riesling u. Sylvaner** Deutsches Weinsiegel	2,80	5,60
61	**1962er Niersteiner Domtal Riesling und Sylvaner .** Deutsches Weinsiegel	3,50	7,00
			43,60

Vorzugspreis DM 40,-; Versand frei Empfangsstation

Abb. 33 Ihr Osterangebot 1966: Nicht nur in den 1960er Jahren waren die besten Weine an der Rheinfront Cuvées aus Riesling und Silvaner.

Tatsächlich hatte Michalsky dem Vorstandsvorsitzenden und dessen Gästen aus der Schweiz Weine präsentiert, die belegen sollten, dass das Weingut der GHH zu den mutmaßlich besten Betrieben am Rhein und damit ganz Deutschlands gehörte. Und trotz der großen Ernten der zurückliegenden Jahre handelte es sich schon um Raritäten. Denn Zeit war über diese mittlerweile gereiften Weine schon fast hinweggegangen. 1966 waren längst jüngere Weine im Verkauf – abzulesen an der vorletzten oder vielleicht auch letzten Weinpreisliste der Ära Reusch, die Ende 1966 zu Ende ging.

Was den Kunden des Weingutes Nierstein im März 1966 an Weinen offeriert wurde,[39] deckte die ganze Spannweite der Jahrgänge 1962 bis 1965 ab, angefangen mit drei jungen 1965ern, davon ein Riesling und Sylvaner („mild-harmonisch"), ein Riesling und Müller-Thurgau („markant, frisch") und ein rebsortenreiner Sylvaner („mundig, pikante Säure"). Mit gleich zehn Weinen war der überdurchschnittlich gute Jahrgang 1964 vertreten. Wer sich mit einer Auswahl von einem halben Dutzend Spätlesen, davon die meisten Riesling und Sylvaner, zum Preis von vier bis sechs Mark nicht zufriedengeben wollte, der konnte zum Preis von zwölf Mark eine Niersteiner Gutes Domtal Auslese erstehen und erhielt einen „sehr großen Wein mit allen edlen Eigenschaften, Frucht, Gehalt und edle Süße". Fünf leicht gereifte Weine standen ebenfalls zur Auswahl, nicht zu vergessen zwei Rotweine: Diesmal war es nicht nur der aus zugekauftem Most entstandene „Mommenheimer Silbergrube Portugieser" zum Preis von 2,60 Mark, sondern auch ein geringfügig teurerer „Ingelheimer Rotwein".

Wer nicht aus dieser Liste auswählen oder auch anderen eine Freude machen wollte, der konnte auch zu Ostern 1966 wieder von einem Weinangebot Gebrauch machen: 12 Flaschen zum Preis von 40 Mark waren vom Preis-Leistungsverhältnis her nicht zu verachten. In welchem Umfang von diesem und den anderen Angeboten Gebrauch gemacht wurde, lässt sich wie immer nicht rekonstruieren.

Dietrich von Menges: ein charakterliches Gegenbild

Der Nachfolger von Hermann Reusch, Dietrich von Menges, übernahm zum 1. Januar 1967 nicht nur ein wohlbestelltes Unternehmen,[40] sondern mit dem Weingut der GHH ein mehr als wohlbestelltes Unikat in der deutschen Unternehmenswelt. Gleichwohl deutet nichts darauf hin, dass Menges der Weiterentwicklung des Niersteiner Engagements irgendeine Bedeutung beimaß – was womöglich nicht nur mit dem Fehlen aussagekräftiger Akten zu erklären ist. Denn warum sollte Menges nicht anderen Unternehmensfeldern seine ganze Kraft widmen? Der Mann, der während des Zweiten Weltkriegs sechs Jahre lang als Offizier gedient, eine zeitlang Kontakt zu den führenden Männern des militärischen Widerstands gegen Hitler gehabt hatte und unmittelbar nach dem Krieg auf Betreiben Hermann Reuschs in den Vorstand der GHH-Handelsgesellschaft Ferrostaal aufgestiegen war,[41] konnte das Weingut bei Hans Vygen und Horst Michalsky in den besten Händen wissen.

Freilich ist die Überlieferungsbasis aus der Ära Menges nicht nur hinsichtlich des Weingutes äußert schmal.[42] Dasselbe gilt für den Komplex Werksgästehaus. Mangels Menüvorschlägen oder Speisekarten ist es nicht möglich, auch nur Spekulationen über die Weinaffinität des neuen Vorstandsvorsitzenden anzustellen. Gut dokumentiert ist nur, dass Mengesvon , der 1966 in der Wochenzeitung „Die Zeit" in hämischem Ton als „glatter und wendiger Ostelbier" beschrieben wurde,[43] bis zu seinem Ausscheiden aus dem Unternehmen im Jahr 1975 immer wieder von der Möglichkeit Gebrauch machte, Familienmitglieder, Verwandte und Freunde sowie Politiker mit Weingeschenksendungen aus Nierstein zu bedenken.

Ausweislich der Adressenlisten, die die Sekretärin des Vorstandsvorsitzenden dann und wann zusammen mit einem kleinen Vorrat an Visitenkarten nach Nierstein übermittelte, bestand die Verwandtschaft beziehungsweise der Freundeskreis des 1909 in Ostpreußen geborenen Industriellen im Wesentlichen aus Personen, die ebenfalls ein „von" als Bestandteil ihres Familiennamens führten.[44] Ansehnliche Weinsendungen erhielten aber auch Politiker wie Bundespostminister Werner Dollinger (zu seinem 60. Geburtstag am 10. Oktober 1968), der vormalige Staatssekretär Theodor Sonnemann (70. Geburtstag)[45] sowie Unternehmer, darunter ein RWE-Vorstandsmitglied namens Prof. Dr. Dr. Heinrich Mandel.[46]

Nichts ist hingegen dahingehend überliefert, dass sich Menges wie sein Vorgänger Reusch persönlich um die Auswahl von Speisen und Getränken anlässlich von Aufsichtsratssitzungen oder anderen Veranstaltungen gewidmet hätte. Im Weingut Nierstein war der Vorstandsvorsitzende nachweislich nur ein einziges Mal: am 27. Juli 1973. An diesem Tag fand dort eine Weinprobe statt, zu der außer einigen leitenden Mitarbeitern der GHH vor allem Persönlichkeiten aus dem Maschinen- und Anlagenbau geladen waren, seien es Vorstände von konzerneigenen Unternehmen oder von solchen, in denen die GHH als Mehrheitsaktionär das Sagen hatte.[47]

Bis dahin war Menges im Blick auf das Weingut Nierstein nur ein einziges Mal in Erscheinung getreten, und dies im November 1970. Damals feierte man in Nierstein nicht nur den Abschluss der Weinlese, sondern das 50-jährige Bestehen eines der denkwürdigsten Weingüter der Bundesrepublik.

Ein neues Weingesetz

Es ging auf das Jahr 1970 zu. Im deutschen Weinbau zeichneten sich große Veränderungen ab. Eine erste Fassung eines neuen, nunmehr fünften Weingesetzes, dass das zuletzt 1930 gründlich novellierte Weingesetz ersetzen sollte, war im Deutschen Bundestag am 23. April 1969 verabschiedet und am 16. Juli jenes Jahres verkündet worden.[48] In Kraft treten sollte es zum 20. Juli 1971. Doch da war die EWG-Kommission in Brüssel vor. Das deutsche Gesetz stand zu einigen Bestimmungen im Widerspruch, die im Rahmen der 1970 in Kraft getretenen neuen Gemeinsamen Marktordnung für Wein erlassen wurden. Da diese Bestimmungen unmittelbar geltendes Gemeinschaftsrecht waren, war das Weingesetz schon vor seinem Inkrafttreten unanwendbar geworden. Für den Fall der Zuwiderhandlung stand eine Klage vor dem Europäischen Gerichtshof im Raum. Das Weingesetz wurde überarbeitet, in einer europarechtskonformen Version abermals vom Bundestag verabschiedet und im Juli 1971 in Kraft gesetzt. Doch lange vor diesem Datum war klar, welch einschneidende Veränderungen damit verbunden sein würden.

Längst war das Konzept der sogenannten Originalabfüllung wie das der Prädikate von Spätlese bis Hochgewächs und Edelwein in Verruf geraten. Einen Wein mit einem Prädikat zu versehen war mehr oder weniger komplett der Beliebigkeit des Produzenten anheimgestellt. Allgemeinverbindliche und auch überprüfbare Kriterien für eine Unterscheidung zwischen den verschiedenen Prädikatsstufen, die zum letzten Mal in dem Weingesetz von 1930 festgelegt worden waren, gab es faktisch nicht.

Als Ausweg aus der Beliebigkeit erschien allen maßgeblichen Kräften im Weinbau die Umstellung auf ein System, das die Verwendung von Prädikaten an objektive Maßstäbe band: Künftig, so die Idee, sollten alle, aber auch nur jene Weine mit einem Prädikat ausgezeichnet werden dürfen, die nicht durch Zusatz von Trocken- oder Flüssigzucker verbessert worden waren. Welches Prädikat ein Wein künftig tragen sollte, würde sich allein am Ausgangsmostgewicht festmachen lassen. Außerdem sollte jeder Wein, bevor er als Qualitätswein auf den Markt käme, eine amtliche Qualitätsweinprüfung durchlaufen.

Was diese Änderungen in der Praxis für das Weingut der Gutehoffnungshütte bedeuten sollten, lässt sich im Rückblick nicht rekonstruieren. Es fehlt nicht nur an Archivalien aus der zweiten Hälfte der sechziger Jahre, die Rückschlüsse auf einschlägige Überlegungen in Oberhausen oder in Nierstein zuließen. Es ist jedoch bezeichnend, dass aus den Preislisten, die sich aus jener Zeit erhalten haben, nicht hervorgeht, nach welchem Prinzip Horst Michalsky die Weine bezeichnete.

So hatte sich Ende der sechziger Jahre zwar eingebürgert, bei den einzelnen Positionen die entsprechenden Rebsorten anzugeben. Dass einige Weine mit und andere ohne Prädikat in der Preisliste standen, könnte darauf hindeuten, dass man sich im Weingut Nierstein an die Unterscheidung zwischen verbesserten und sogenannten Naturweinen hielt. Nur diese durften nach dem Weingesetz von 1930 Bezeichnungen wie Spät- oder Auslese tragen. Dann aber hätte es nahegelegen, diese Weine als „Naturwein" zu bezeichnen, um ihre Güte herauszustellen. Dieser Begriff oder, wie es in den zwanziger Jahren hieß, die Formulierung „naturrein eingelegt", tauchen in der Korrespondenz aus den fünfziger und sechziger Jahren so gut wie gar nicht mehr auf. In den Preislisten der sechziger Jahre finden sich „naturreine" Weine nicht. Auch geht aus den Listen nicht hervor, welche Weine zugekauft oder aus zugekauften Trauben oder zugekaufter Maische erzeugt worden waren.

Im Fall der Weinpreisliste vom März 1969 könnte dies am ehesten bei einem Wein aus dem Jahrgang 1968 sowie einem aus dem Jahr 1967 der Fall gewesen sein, einen Niersteiner Dalheimer Brunnen Sylvaner zum Preis von 2,70 Mark sowie einen Oppenheimer Krötenbrunnen Riesling und Sylvaner (3,10 Mark). Ohne dass dies kenntlich gemacht wurde, handelte es sich bei diesen und vielen anderen Weinen aus sogenannten „Zukaufweinen", die unter Angabe der Lagenbezeichnung von dem Weingut der GHH in Verkehr

BESTELL-LISTE ZUR

WEINPREISLISTE MÄRZ 1969

DES WEINGUTES DER GUTEHOFFNUNGSHÜTTE

NIERSTEIN AM RHEIN

Anzahl der Flaschen	Faß-Nr.	1968er	einschl. Mehrwertsteuer Glas und Verpackung ab Kellerei Nierstein pro Flasche DM	zusammen DM
	10	Niersteiner Dalheimer Brunnen Sylvaner	2,70	
	16	Niersteiner Gutes Domtal Müller-Thurgau	2,90	
	41	Niersteiner Rote Schmitt Riesling und Sylvaner	3,10	
		1967er		
	6	Niersteiner Hummertal Riesling und Müller-Thurgau	2,80	
	34	Niersteiner Galgenberg Sylvaner und Morio-Muskat	2,90	
	11	Oppenheimer Krötenbrunnen Riesling und Sylvaner	3,10	
	45	Niersteiner Rote Schmitt Riesling und Morio-Muskat	3,30	
	28	Niersteiner Findling Riesling	3,50	
	23	Niersteiner Gutes Domtal Riesling und Sylvaner	3,80	
	61	Niersteiner Rehbacher Steig Riesling und Sylvaner	4,00	
	46	Niersteiner Fritzenhölle Riesling und Sylvaner Spätlese	4,50	
	70	Niersteiner Fockenberg Riesling Spätlese	5,00	
	56	Niersteiner Orbel Riesling Spätlese	5,50	
	40	Niersteiner Hipping Riesling u. Sylvaner feine Spätlese	6,00	
		1966er		
	45	Niersteiner Findling Riesling und Sylvaner Spätlese	4,80	
	64	Niersteiner Fritzenhölle Riesling Spätlese	5,50	
	63	Niersteiner Auflangen Riesling Auslese	10,00	

Bitte wenden!

Abb. 34 Lagen-Potpourri: Die Rieslinge aus dem „Auflangen" war kaum zu übertreffen.

gebracht wurden. Die beiden anderen Jungweine dürften aus eigenem Lesegut erzeugt worden sein: ein Müller-Thurgau aus der Lage Gutes Domtal sowie eine Cuvée aus Riesling und Sylvaner aus der Lage Rote Schmitt, letztere zum Preis von 3,10 Mark.

Damit war dieser Wein geringfügig teurer als die beiden günstigsten Weine aus dem Jahr 1967. Auch bei diesen handelte es sich um einen Verschnitt zweier Weine: Riesling und Müller-Thurgau unter der Lagenbezeichnung Niersteiner Hummertal sowie Silvaner und Morio-Muskat aus dem Niersteiner Galgenberg. Diese Weinbergslage war auch nach fast fünfzig Jahren noch immer nicht gänzlich dem Kalksteinbruch zum Opfer gefallen.

Die Neuzüchtung Morio-Muskat stand mittlerweile auch in der Lage Rote Schmitt. Eine Cuvée aus dieser Rebsorte und Riesling kostete 3,30 Mark, andere Cuvées, diesmal aus Riesling und Silvaner, kosteten bis zu vier Mark. Spätlesen, seien es rebsortenreine Riesling-Weine oder Verschnitte aus Riesling und Silvaner, kosteten bis zu 5,50 Mark, eine feine Spätlese sechs Mark. Damit war der Preiskorridor abgesteckt, in dem sich bis auf zwei die insgesamt 19 Weißweine des Frühjahrsangebots 1969 bewegten. Bei den beiden Weinen, die aus diesem Format herausstachen, handelte es sich um eine Riesling Auslese aus der Niersteiner Spitzenlage Auflangen des Jahrgangs 1966 zum Preis von zehn Mark sowie um eine weitere Auslese aus der Lage Hipping des mittlerweile legendären Jahrgangs 1959, allerdings zum Preis von nur acht Mark.

Zu ergänzen wäre noch, dass das Weingut Nierstein auch Rotweine im Angebot hatte. Zusätzlich zu dem Portugieser aus dem eigenen Weingut, der in den zurückliegenden Jahren immer in kleinen Mengen verfügbar war, hatte sich Michalsky mit Portugieser aus dem rheinhessischen Hinterland eingedeckt und verkaufte ihn unter dem Lagenamen Mommenheimer Silbergrube zum Preis von 2,80 Mark. Aus Österreich stand ein „Qualitätsrotwein" aus dem Burgenland für 3,50 Mark zum Verkauf, der aus der Rebsorte Blaufränkisch gekeltert worden war. Liebhaber des französischen Rotweins konnten zu „Cramoisey Grande Réserve" greifen – Preis 3,80 Mark.

50 Jahre Weingut Nierstein

Das einzige Angebot für Weinliebhaber aus dem Umfeld der Gutehoffnungshütte war diese Liste nicht. Das Werksgasthaus in Oberhausen verfügte nach wie vor über Weinbestände, die heute jede Sommelière und jeden Sommelier vor Neid erblassen ließen.[49] Doch nicht diese, als Selbstverständlichkeit hingenommene Tatsache stand Hans Vygen seit März 1969 vor Augen, sondern ein denkwürdiges Jubiläum. Längst hat es sich eingebürgert, das Jahr 1920 als das Gründungsjahr des Weingutes der Gutehoffnungshütte anzusehen. Dass der erste GHH-Wein auf dem Etikett das Jahr 1918 angab, wog weniger schwer als der Umstand, dass das Unternehmen seit 1920 über Wein verfügte, der in einem eigenen Weingut ausgebaut und auf Flasche gefüllt worden war. Dieser Chronologie entsprechend war das Jahr 1970 dasjenige, in dem das Weingut am Rhein auf eine 50-jährige Geschichte zurückblicken konnte.

Vygen, der von Oberhausen aus seit den frühen fünfziger Jahren für das Weingut verantwortlich war, ließ sich diese Gelegenheit nicht entgehen: Im Jubiläumsjahr sollte das Weingut noch besser dastehen als ohnehin. Im Frühjahr 1969 begann er mit Hilfe des Historischen Archivs der GHH, Material über die Geschichte dieser einzigartigen Unternehmung zusammenzutragen, um in der Werkszeitung über die Entstehung und die Geschichte des Weingutes zu berichten. Diese Beilage, so schwebte es ihm vor, sollte auch als Sonderdruck „für die außerhalb der GHH stehenden Kunden und Freunde des Weingutes erscheinen können".[50]

So kam es auch. Schon früh im Jahr 1969 hatte ein Mitarbeiter des Historischen Archivs der GHH namens Mattheier auf der Basis der vorliegenden Akten einen „recht interessanten Bericht“ (Vygen) über die Entstehungsgeschichte und die Führung des Weingutes bis zu der Entflechtung der GHH im Jahr 1953 zusammengestellt.[51] Dieser Bericht war Vygen allerdings viel zu ausführlich geraten, so dass er ihn zusammenstrich. Schließlich galt es, auch aus eigenem Erleben die jüngere Geschichte des Weingutes bis in die Gegenwart hinein zu erzählen. Vygen wollte zeigen, wie der Betrieb bis 1953 mit Verlusten gekämpft hatte. Ab 1954 und damit in seiner Verantwortung war es dann stetig bergauf gegangen, bis dahin, dass der Umsatz zuletzt knapp unter einer Million Mark gelegen habe.

Der Gewinn habe sich „entsprechend entwickelt“, so Vygen. „Zahlen darüber möchte ich nicht angeben.“[52] Was allerdings Vygen zu berichten gedachte war, dass die Lagerkapazität für Flaschen mittlerweile auf 320.000 Flaschen ausgelegt war – und dass selbst diese Größenordnung nicht mehr ausreichte. Seit einigen Jahren befänden sich 60.000– 80.000 Flaschen in einem angemieteten Keller. Allerdings betrage der Umsatz etwa 300.000 Flaschen im Jahr, was dafürsprach, dass nahezu alle Weine im Jahr nach der Ernte oder nicht viel später verkauft wurden.

Tatsächlich erschien im Jubiläumsjahr 1970 eine kleinformatige Broschüre, wie sie Vygen sich vorgestellt hatte.[53] Illustriert durch zahlreiche Fotos, auf denen die Kellerei in Nierstein sowie die Arbeiten in den Weinbergen zu sehen waren, aber ohne (wie 1969 noch erwogen) Porträts einiger der in der Geschichte erwähnten Personen wie Paul Reusch, Strässer oder Reinhold Senfter,[54] war die „publizistisch wirksame Darstellung“ dazu gedacht, „nicht nur die Belegschaft, sondern … auch die außerhalb der GHH stehenden Kunden und auch die Konzernwerke“ anzusprechen.[55] Tatsächlich enthielt sie einen gut lesbaren Abriss der Entstehungsgeschichte des Weingutes und der wichtigsten Etappen der zurückliegenden 50 Jahre, frei von der jeder schwülstigen Sprache wie auch den klischeehaften Beschwörungen der Wein- und Rheinromantik jener Zeit.

In welcher Auflage diese Broschüre gedruckt und an wen sie verteilt wurde, geht aus den vorhandenen Überlieferungen nicht hervor. Doch wer auch immer sie in die Hände bekam, der konnte sich nicht nur im übertragenen Sinn ein Bild der beiden Männer machen, die das Weingut der GHH innerhalb von 17 Jahren zu einem der größten und mutmaßlich auch profitabelsten Weingüter nicht nur Rheinhessens, sondern ganz Deutschlands gemacht hatten. Auf der drittletzten Seite der Jubiläumsschrift, die von dem „Weingut Gutehoffnungshütte in Nierstein am Rhein, dem kleinsten Betrieb im GHH-Konzern“ handelte, waren drei Herren bei einer Weinprobe auf der Terrasse des Weingutes zu sehen. Ganz links saß „Herr Dr. Vygen,“ Geschäftsführer der Gutehoffnungshütte Grundstücksgesellschaft mbH, Leiter der Abteilung Recht und Steuern der Gutehoffnungshütte Aktienverein und Verfasser der Broschüre. Der ließ den Leser am Ende des Textes wissen: „Ich

Abb. 35 Publizistisch wirksam: Werbebroschüre aus Anlass des 50jährigen Bestehens des Weingutes der GHH.

freue mich, neben meiner etwas trockenen wirtschafts- und steuerrechtlichen Tätigkcit diesem kleinen Produktionsbetrieb vorzustehen und damit für viele Freunde des Niersteiner Weines die harte Welt der Arbeit durch ‚köstliches Naß' zu erleichtern."[56] Ebenfalls zu sehen, mit einer Flasche in der Hand, war Horst Michalsky, der als „Leiter des Betriebes" vorgestellt wurde. Vygen bescheinigte ihm sowie dem „bewährten Kellermeister" Ludwig Scholz und der Belegschaft „hervorragenden Einsatz" in Weinbergen und Kellern. Der dritte Mann wurde als einer der ältesten Kunden des Niersteiner Weingutes vorgestellt, Bergassessor a. D. Mogk.

Den Lesern dieser Broschüre gab Vygen im Übrigen eine Lesefrucht aus einem Spanien-Aufenthalt im vergangenen Jahr mit auf den Weg, und dies gleich auf Spanisch und in deutscher Übersetzung: „Wer trinkt, betrinkt es sich/Wer sich betrinkt, schläft,/Wer schläft, sündigt nicht,/Wer nicht sündigt, kommt in den Himmel/Willst du den Himmel, trink!

Abb. 36 Seit 1953 ein Gespann: Heinz Vygen (links) und Horst Michalsky (mit Weinflasche).

Schwarz, weiß, grün

Die auf edlem Papier gedruckte und von einer schmalen Kordel in den drei GHH-Farben Schwarz, Weiß und Grün zusammengehaltene Broschüre war nicht die einzige Aufmerksamkeit des Konzerns für seine Kunden. Die Weinpreisliste vom Oktober 1970 wartete ebenfalls mit Besonderheiten auf. Auf der Innenseite eines Deckblatts, auf dem sich Zeichnungen des Kellereigebäudes in Nierstein sowie eines Blickes vom Niersteiner Oelberg auf die Rheinschleife befanden, waren allerlei Nettigkeiten über das Weingut zu lesen, etwa die, dass viele Auszeichnungen und Belobigungen durch Staat und Fachverbände zeigten, „daß wir auf dem richtigen Wege sind".[57] Mit dem Dank an die Kunden für „langjährige Treue" und „Werbung für die Weine der GHH im Freundes- und Bekanntenkreis" wurden aus Anlass des 50-jährigen Bestehens Weine „teils als Jubiläumsweine, teils zu besonders günstigen Preisen" angeboten.[58]

In der Tat kosteten die meisten Weine zwischen 2,90 Mark und 4,50 Mark. Nur zwei waren teurer: eine 1969er Niersteiner Auflangen Riesling („Frucht und Rasse") zum Preis von neun Mark und ein 1967er Niersteiner Rehbacher Steig Riesling Cabinet („geschliffene Eleganz und Reife) zum Preis von sechs Mark. Was Michalsky veranlasste, den einen Wein „Riesling" und den anderen als „Riesling Cabinet" zu bezeichnen, lässt sich weder

Abb. 37 50 Jahre GGH-Wein: Deckblatt der Jubiläums-Preisliste.

der Weinliste entnehmen noch aus dem Kontext erschließen, zumal noch zwei andere Weine dieses Prädikat erhielten: Ein 1969er Niersteiner Gutes Domtal Müller-Thurgau („weinig, mundig, Diabetikerwein; vier Mark) und ein 1969er Niersteiner Rote Schmitt Riesling und Sylvaner („vornehmer, erlesener Wein", 4,50 Mark).

Handelte es sich vielleicht um eine Marketingidee aus Anlass des 50-jährigen Bestehens des Weingutes? Für diese Hypothese könnte sprechen, dass „Cabinet"-Weine niemals zuvor angeboten worden waren – die Weinpreisliste vom März 1969 etwa verzeichnete Weine wie eine 1966er Niersteiner Auflangen Auslese zum selben Preis von zehn Mark wie die 1969er im Jahr 1970, aber nicht als „Cabinet". Zudem ließ sich in der Preisliste nicht erkennen, was diese drei Weine derart von den anderen unterschied, dass man nur sie mit dem Begriff „Cabinet" hätte adeln können oder müssen und andere nicht.

Tatsächlich war die Verwendung des Begriffs „Cabinet" im geltenden Weinbezeichnungsrecht nicht geregelt. Und was die gängigen Bezeichnungen anging, so war es längst üblich, mit ihnen recht spielerisch umzugehen – was wiederum den Anlass gab, das Weinbezeichnungsrecht 1969/71 gründlich zu reformieren. Was nämlich eine Spätlese ausmachte, war bis auf den Umstand, dass dieser Wein nicht mit Zucker hatte angereichert werden dürfen, selbst für Fachleute weder erkenn- noch überprüfbar.

Zwar hatte das Weingesetz von 1930 bestimmt, dass als Spätlese nur ein „ungezuckerter Wein von solchen Trauben" bezeichnet werden dürfe, „die erst nach der allgemeinen Lese in vollreifem Zustand geerntet worden sind" (§ 5 Art. 5 Abs. 6 WeinG 1930). Doch diese Bestimmung war recht interpretationsfähig, wie sich seit den fünfziger Jahren in einer Flut von weinrechtlichen Gutachten und Prozessen gezeigt hatte. „Mit der Bezeichnung Spätlese ist in den letzten Jahren viel Missbrauch getrieben worden", hatte Hans-Jörg Koch schon 1958 in seinem Kommentar zum Weingesetz festgestellt, vor allem was das Erfordernis der „Vollreife" anging. Dieser Zustand, so der Weinrechtler, würde sich faktisch alleine an der äußerlichen Erscheinungsform des Lesegutes bemessen und nicht einmal an einem über dem Durchschnitt guter Jahrgänge der betreffenden Lage oder Gemarkung liegenden Mindestalkoholgehalt.[59]

Damit waren seit den fünfziger Jahren der Willkür auf Seiten von Weingütern, Genossenschaften, Kellereien und Weinhandlungen Tür und Tor geöffnet, was immer wieder auch zu Scherereien mit der Weinkontrolle bis hin zu Strafverfahren führte. Vor dem Hintergrund dieser allgemein verbreiteten Praktiken konkretisierten sich in den sechziger Jahren Überlegungen, das Weinbezeichnungsrecht fundamental zu reformieren. Dass man in dem neuen Weingesetz aus dem Jahr 1971 die Verwendung von Prädikaten wie Spät- oder Auslese an das einzige „objektive" Kriterium glaubte binden zu müssen, nämlich das Mostgewicht, wird vor diesem Hintergrund nicht nur verständlich, sondern erscheint rückblickend vielleicht als einzig möglicher Ausweg. Dass dieser Ausweg schon bald in neue Sackgassen führte, steht auf einem anderen Blatt, das im Rahmen dieser Untersuchung nicht weiter betrachtet werden soll.

Wenn es aber 1970 noch eines weiteren Beweises bedurft hätte, wie „kreativ" man auch in hohen Idealen verpflichteten Betrieben wie dem Weingut der GHH mit Weinbezeichnungen umging, so bot die Jubiläumspreisliste dafür unfreiwillig gutes Anschauungsmaterial. So konnte nicht nur die ausgiebige Verwendung der Bezeichnung „Spätlese" für Weine aus den Jahrgängen 1967, 1968 und 1969 stutzig machen – allesamt Jahrgänge, die in Rheinhessen allgemein und auch an den Rheinfront bestenfalls zu den mittleren Jahrgängen gezählt wurden. Nicht minder diffus war die Verwendung des Begriffs „Cabinet".

Cabinet? Kabinett?

Fachleuten signalisierte diese Bezeichnung einen Anspruch, wie er ursprünglich höher nicht hätte sein können: Als „Cabinet"-Weine wurden im 18. Jahrhundert nur die besten Weine aus denjenigen Weingütern im Rheingau bezeichnet, die auf eine jahrhundertelange, bis in das Mittelalter zurückgehende Weinbautradition zurückblicken konnten, nämlich aus Schloss Vollrads, der Abtei (dem späterem Schloss) Johannisberg und der Zisterze Kloster Eberbach. Deren beste Weine wurden in einem besonderen Keller gelagert und konnten dort so lange auf der Flasche reifen, bis sie ihrem Ruf gerecht werden konnten, die besten Weißweine der Welt zu sein.[60] Im 19. Jahrhundert blieb der Begriff „Cabinet" (nach dem Kenntnisstand des Verfassers) auf den Rheingau beschränkt und wurde nur von wenigen Weingütern verwendet, um besondere Weine als „grand crus" herauszustellen. An Mosel, Saar und Ruwer kam dieser Begriff hingegen nicht vor. Dort wurden die Spät- und Auslesen im 19. Jahrhundert durch die Hinzufügung von „feine" und „feinste" differenziert. Allerdings war diese Klassifikation wie auch Verwendung des Begriffs „Cabinet" in das Belieben des jeweiligen Weingutes gestellt.

Dieser Linie folgten alle Weingesetze, beginnend mit dem ersten Weingesetz aus dem Jahr 1892 über das zweite aus dem Jahr 1901 und das dritte aus dem Jahr 1909 bis zu dem vierten von 1930. Alle ließen bei der Verwendung fast aller Weinbezeichnungen (außer Naturwein) viel Spielraum. Der Begriff „Cabinet" hingegen wurde 1930 nicht mehr aufgeführt. Stattdessen war von „Kabinettwein" als einer Spielart „ungezuckerter" Weine die Rede, die „auf Reinheit des Weins oder auf besondere Sorgfalt bei der Gewinnung der Trauben" deutete.

Unstrittig war damit nur, dass ein „Kabinettwein" ein „Naturwein" sein musste. 1958 konnte indes Hans-Jörg Koch in seinem als Standardwerk geltenden Kommentar zum Weingesetz ausführen, „Cabinet" sei ein „Freizeichen für die qualitativ besten Weine eines Weingutes". An nachprüfbare Kriterien sei die Verwendung dieses Begriffes aber nicht gebunden. Vielmehr, so Koch, liege in dieser Benennung eine „persönliche, firmengebundene Gütegarantie des Erzeugers, nicht nur eine Naturreinheit- und Abfüllgarantie".[61] Doch gleich was Koch in den entsprechenden Artikel 5 Absatz 4 WeinG 1930 hineininterpretierte: Vom Wortlaut des Gesetzes war „Cabinet" nicht erfasst. Erst das Weingesetz von 1971 machte mit dieser Praxis Schluss – allerdings auf eine absurde Weise. Bei der Umstellung des Bezeichnungsrechts wurde „Kabinett" zur niedrigsten der Prädikatsstufen und rangiert bis heute unterhalb der „Spätlese" – eine krasse Umkehrung der bis dahin allgemein anerkannten Nomenklatur.

Ein Familienbetrieb geblieben

Jubiläumsweine bot das Weingut der GHH 1970 unter den 21 eigenen Weinen allerdings nur deren zwei an: einen 1969er Niersteiner Findling Riesling („viel Spiel, sehr feine Art") zum Preis von 3,70 Mark sowie Niersteiner Gutes Domtal Riesling („ansprechend, harmonisch") zum Preis von drei Mark. Auf Spitzenweine hatten es Michalsky und Vygen anscheinend nicht abgesehen.

Leider hat sich auch keine Nachricht darüber erhalten, welche dieser Weine am Abend des 13. November 1970 anlässlich des Jubiläumsfestes des Weingutes der Gutehoffnungshütte im Niersteiner „Sironahof" auf den Tisch kamen und wer nach Abschluss der Traubenlese zu diesem Fest eingeladen war.

Auf einem Bild, mit dem ein Zeitungsbericht vom 17./18. November 1970 illustriert war, sind zwei Frauen und sechs Männer zu sehen, die nicht mit Namen identifiziert werden. Bei einem davon handelt es sich um Horst Michalsky, beim zweiten um Hans Vygen. Bei den übrigen müsste es sich laut dem Vorspann des Artikels um „Lieser und Lieserinnen" handeln, wobei es der Fantasie der Leser überlassen blieb, was sich der Reporter bei diesen Bezeichnungen gedacht beziehungsweise was er überhaupt vom Weinbau verstanden haben mag.

Die „Lieser und Lieserinnen" dürften nämlich die Mitarbeiter des Weingutes sowie die zumeist weiblichen Lesehelfer gewesen sein, die kurz zuvor noch in der Lese gewesen waren. So zumindest war die Ansprache Vygens zu verstehen, aus der in dem Zeitungsbericht zitiert wurde: Der Geschäftsführer aus Oberhausen habe ausgeführt, „das Weingut gehöre zu einem großen Konzern, wo es sich einen festen Platz erobert habe. Trotz dieser Größe sei es in der Weinbaugemeinde ein Familienbetrieb geblieben. Dies zeige sich (sic), daß mehrere Mitarbeiter mit ihren Familien bereits über zwei Jahrzehnte dem Betrieb angehörten", hieß es in grammatisch falschem Deutsch. An der Richtigkeit des Inhaltes konnte jedoch kein Zweifel bestehen: Vygens Dank „galt allen für die Mitarbeit und den restlosen Einsatz, die Ernte 1970 gut unter ‚Dach und Fach' zu bringen".

Horst Michalsky konnte sich auf Betreiben Vygens über Lob aus noch höherer Warte freuen. Der Vorstandsvorsitzende Dietrich von Menges sprach dem Betriebsleiter und der gesamten Belegschaft unter dem Datum des 11. November 1970 schriftlich seine herzlichsten Glückwünsche aus: „Sie haben in gemeinschaftlichem Einsatz aus dem unbekannten Unternehmen einen Begriff geschaffen, der nicht nur im Konzern, sondern auch weit darüber hinaus bekannt geworden ist", hieß es in recht ungelenker Sprache. „Ich hoffe, dass es Ihnen und allen Betriebsangehörigen gelingt, diesen guten Ruf weiter zu entwickeln, und bin mit besten Grüßen, die ich auch allen Belegschaftsmitgliedern zu übermitteln bitte, stets Ihr …"[62]

9 Wein für die Wirtschaft

Wie aus großen Lagen Großlagen wurden und warum der Keller nach Weihnachten zumeist leer war

Markierte das Jahr 1970 für das Weingut Nierstein insofern den Höhepunkt seiner bisherigen Geschichte, als an die 50. Wiederkehr der Ankunft der ersten GHH-Weine am Sitz des Unternehmens in Oberhausen erinnert wurde, so erfolgte mit dem Jahr 1971 eine Zäsur. Ein neues Weingesetz trat in Kraft, und mit ihm eine fundamentale Änderung des Weinbezeichnungsrechts. Die bundesgesetzliche Neuregelung war im Wesentlichen von der Absicht geleitet, den vorhin angedeuteten Wildwuchs bei den sogenannten „allgemeinen Weinbezeichnungen" zu beenden und das bisherige, äußerst missbrauchsanfällige System durch ein klares, verbraucherfreundliches Bezeichnungsrecht zu ersetzen. Zugleich sollte mehr Klarheit in das System der Herkunftsbezeichnungen gebracht werden. Eine Verringerung der Zahl der Lagenamen und die Einführung neuer, gesetzlich definierter Bezeichnungsmöglichkeiten schienen dazu die probatesten Mittel.

Es ist hier nicht der Ort, die Vorgeschichte beider Vorhaben über das hinaus darzustellen, was im vorigen Kapitel angedeutet wurde, auch wenn es bis heute an einer seriösen, quellengestützten Studie über die Entstehung des Weingesetzes von 1969/71 fehlt. Für den Zweck dieser Studie muss es genügen, die Auswirkungen des neuen Weingesetzes auf das Weingut der Gutehoffnungshütte in Nierstein zu beschreiben.

Was die allgemeinen Weinbezeichnungen angeht, so lassen sich im Weingut der GHH für die Zeit nach dem Inkrafttreten des Weingesetzes im Sommer 1971 keine überraschenden Veränderungen ausmachen. So wurde das Angebot schon bald um zahlreiche „Kabinett"-Weine ergänzt, ohne dass erkennbar wäre, welche Kriterien zur Bezeichnung dieser Weine in Betracht gezogen wurden. Nimmt man etwa die Weinpreisliste vom Frühjahr 1977[1] zum Vergleich mit dem *status quo ante*, so ist zunächst eine Kontinuitätslinie zu erkennen. Die meisten der nun angebotenen 27 Weine gaben sich in dem Sinn als klassische „Naturweine" zu erkennen, als sie ungezuckert ausgebaut worden waren. Erkennbar war dies daran, dass die Weine außer dem neuen Prädikat Kabinett auch die klassischen Prädikate Spätlese und Auslese bis hin zur Beerenauslese trugen. In dieser Hinsicht blieb das Weingut ganz in seiner mittlerweile mehr als 50 Jahren alten Tradition.

Nachgerade klassisch war auch die Charakterisierung der einzelnen Weine durch wenige, prägnante Begriffe. Nicht nur Kunden des GHH-Weingutes, sondern eine erhebliche Zahl von Weinkennern orientierten sich damals nicht an Analysewerten, die den Gehalt an

Alkohol, Säure und Restzucker angaben. Nach wie vor ließen sie ihre Phantasie durch die Kombination von Prädikaten und Charakterisierungen wie „kräftig, voll" im Unterschied zu „viel Spiel, elegante Art" oder „hochfeine Art, große Frucht" anregen. Die „moderne", oft blumig-schwülstige Art, Weine zu charakterisieren, ist in den siebziger Jahren noch nicht zu finden. Sie ist eine eher unerwünschte Nebenwirkung der Weinkritik, die in den neunziger Jahren aufblühte und zu immer neuen Formulierungen Zuflucht nahm, um die schiere Masse an Weinen zu beschreiben, die es vorzustellen galt, ohne sich endlos zu wiederholen.

Bemerkenswert ist ferner, dass von Seiten des Weinguts 1977 nicht alleine Weine des „aktuellen" Jahrgangs 1976 und des vorherigen Jahrgangs 1975 auf die Preisliste gesetzt wurden. Ein gutes Drittel der angebotenen Weine würde man heute als leicht gereift oder sogar gereift bezeichnen, da es älteren Jahrgängen von 1974 bis zurück zu 1971 entstammte. Als „alt" oder gar gegenüber den „aktuellen" Jahrgängen minderwertig galten solche Weine damals nicht – im Gegenteil. Weil die GHH-Weine ganz oder teilweise im Holzfass ausgebaut wurden, hatten sie sich frühestens im Sommer nach der Lese so weit entwickelt, dass sie abgefüllt werden konnten. Anschließend brauchte es noch längere Zeit, ehe sie als trinkreif galten. Signifikant teurer im Vergleich zu den Weinen jüngerer Jahrgänge waren die reiferen Weine nicht. Der Preis bemaß sich alleine an der Prädikatsstufe. So stand etwa eine Beerenauslese aus dem Jahr 1975 mit 26 Mark in der Preisliste, eine Auslese aus dem Jahr 1976 zum Preis von zehn Mark und eine 1974er Spätlese zum Preis von 6,50 Mark.

Auffallend ist jedoch weiterhin die hohe Anzahl von Weinen, die verschiedene Rebsorten miteinander kombinierten. So war nicht nur der rheinhessische „Klassiker" Riesling und Silvaner recht häufig zu finden. Wer mochte, konnte sich auch eine Cuvée aus Riesling und Müller-Thurgau munden lassen. Angeboten wurden auch Riesling mit Scheurebe, Scheurebe mit Müller-Thurgau sowie Riesling und Silvaner. Damit aber waren längst noch nicht alle Möglichkeiten ausgereizt, über die Horst Michalsky und sein Kellermeister Ludwig Scholz mittlerweile verfügten.

Denn ausweislich der Preisliste hatte auch das Weingut der GHH in den sechziger Jahren seinen Rebspiegel um mindestens drei Neuzüchtungen über die mittlerweile „klassischen" Kreuzungen Scheurebe und Müller-Thurgau hinaus ergänzt. In der Spitzenlage Rehbach stand Faberrebe, die schon 1971 mit Müller-Thurgau zu einer Auslese verschnitten wurde. Im Spiegelberg und im Paterberg hatte Michalsky Optima gepflanzt. Sortenrein wurde die auf exorbitantes Mostgewicht angelegte Neuzüchtung als Beerenauslese zum Preis von 30 Mark (!) sowie als Auslese (13 Mark) angeboten. Ein Verschnitt mit Scheurebe schlug mit 6,50 Mark zu Buche. Ebenfalls im Spiegelberg stand Bacchus, mit dem es 1976 der Weißburgunder aus derselben Lage zu tun bekam.

Lob der Neuzüchtungen

Die regelmäßigen Kunden des Weingutes der Gutehoffnungshütte wurden mit dieser bunten Mischung aus neuen Rebsorten und allerlei Kombinationen umgehend vertraut gemacht. Mit der Herbstpreisliste des Jahres 1977, die wohl wie die nächstfolgende Frühjahrspreisliste in einer Auflage von 10.000 Stück versandt worden war, wurde den „verehrten Weinfreunden“ ein Einlegeblatt übersandt, das sie davon in Kenntnis setzen sollte, dass in dem Weingut in den zurückliegenden Jahren einige neue Züchtungen in den Ertrag gekommen seien. Man wolle diese Weine nun nicht anbieten, „ohne vorher etwas über ihre Herkunft und Eigenart auszusagen“.

Als Erstes hieß es über die Faber-Rebe, sie sei eine Kreuzung zwischen Weißburgunder und Müller-Thurgau, die einen frischen, fruchtigen Wein liefere, der an Riesling erinnere. Optima sei eine Kreuzung von Silvaner und Riesling, die dank eines frühen Austriebs und geringer Erträge für sehr extraktreiches Lesegut bekannt sei. Selbst im Auslesebereich zeichne sich der Wein durch markante Säure aus. Was Horst Michalsky nicht schrieb, aber sein Sohn Alexander noch in guter Erinnerung hatte: Die Optima neigte dazu, sehr früh Botrytis und damit Edelfäule zu entwickeln. Daher konnte das Weingut Nierstein fast in jedem Jahr einen edelsüßen Wein erzeugen – was erklärt, dass Optima in „vergleichsweise großer Menge“ angepflanzt wurde.[2]

Die nächste Rebe war Kerner, eine Kreuzung zwischen Trollinger und Riesling aus der Staatlichen Lehr- und Versuchsanstalt für Weinbau im württembergischen Weinsberg.[3] Dieser Wein, so Horst Michalsky, passe gut in „unser Geschmacksbild“, da es sich um einen rassigen und eleganten Wein handele. Lobende Worte fand der Betriebsleiter auch über die Bacchus genannte (aber Bachus geschriebene) Kreuzung zwischen Müller-Thurgau, Riesling und Silvaner aus der Bundesforschungsanstalt für Rebenzüchtung Geilweilerhof.[4] „Die Vorteile dieser Neuzüchtung liegen in der Weinqualität. Hervorstechender Duft, ansprechendes Bukett mit fruchtigem Geschmack. Die Blume ist stark ausgeprägt.“

Eine eigene Erwähnung verdiente auch die Scheurebe, obwohl sie schon seit den fünfziger Jahren in Rheinhessen im Ertrag stand.[5] Diese Neuzüchtung, eine Kreuzung zwischen Riesling und Silvaner, sei für die Bodenverhältnisse in Rheinhessen besonders geeignet – zumal sie in der Landesanstalt für Rebenzüchtung in Alzey von Georg Scheu ausgelesen worden sei. „Der Wein hat ein feines Bukett. In reifen Jahren können die Weine der Scheurebe als einmalige Spezialität angesehen werden.“

Es muss dahingestellt bleiben, welches Potenzial Michalsky und andere Fachleute seinerzeit den Neuzüchtungen unterstellten. Fest steht nur, dass das Weingut der GHH an der Rheinfront nicht alleine war, als es in durchaus markanter Weise auch auf Neuzüchtungen setzte. Der Rentabilität tat dies keinen Abbruch – im Gegenteil. Die Auslesen und

Beerenauslesen der auf exorbitante Mostgewichte hin gezüchteten Rebsorte Optima konnten in den siebziger Jahren nicht nur in Rheinhessen zu Preisen verkauft werden, die kaufkraftbereinigt die Preise der meisten „Großen Gewächse" von heute bei weitem übersteigen.

Allerdings war den meisten Neuzüchtungen kein langes Leben vergönnt. Die Euphorie verflog so schnell, wie sie gekommen war. Für ebenso üppig-süße wie alkoholische Weine war der Markt in den siebziger und achtziger Jahren doch kleiner als lange Zeit gedacht. Die meisten Parzellen, in denen in den sechziger Jahren die mit vielen Hoffnungen verbundenen Neuzüchtungen gepflanzt worden waren, wurden in den achtziger und neunziger Jahren nahezu überall gerodet. Dasselbe galt in Rheinhessen aber auch für fast alle Silvaner-Anlagen, obwohl Weine aus dieser Rebsorte dank niedriger Säure und mitunter höheren Erträgen einen idealen Verschnittpartner für nicht ganz harmonische Riesling-Weine abgaben. Außerdem brachte (und bringt) Silvaner an sehr guten Standorten und bei moderaten Erträgen Weine hervor, die als Essensbegleiter einen Vergleich mit weißen Burgundern und Riesling kaum zu scheuen brauchen – wenn man sie nur ließe.

Von großen Lagen und Großlagen

Was indes nicht gewiss ist, ist die Aussagekraft der 1977 verwendeten Lagenbezeichnungen. Denn wie überall in Deutschland, so war 1971 kaum ein Stein auf dem anderen geblieben. Im Zuge der Neuordnung des Weinbezeichnungsrechts und dem Versuch, durch eine Verringerung der Zahl von annähernd 40.000 Lagennamen mehr Übersichtlichkeit herzustellen, war auch in Nierstein eine Entwicklung eingetreten, die andernorts ebenfalls überall zu beobachten war: Um den Verbrauchern möglichst viele Weine möglichst schmackhaft zu machen, wurden mehrere, mitunter recht verschiedene Einzellagen zu einer neuen Einzellage zusammengefasst. Diese erhielt fast immer den Namen derjenigen „alten" Lage, die den besten Klang gehabt hatte. Auf diese Weise erstreckte sich das Pettenthal in Nierstein nach 1971 über eine etwa zehn Mal so große Fläche wie zuvor. Das Weingut der GHH tangierte dies damals allerdings nicht. 1971 besaß es weder im „historischen" Pettenthal noch in der neuen, vergrößerten Einzellage desselben Namens Parzellen.

Das Prinzip der Vergrößerung von Einzellagen war indes nicht neu. Schon vor dem Zweiten Weltkrieg war es hier und da vorgekommen, viele kleine, nur anhand ihrer Flurnamen unterscheidbare Parzellen unter einem klingenden Namen zusammenzufassen. Auf diese Weise entstand etwa in Iphofen am Steigerwald (Franken) der Julius-Echter-Berg. Auch in Nierstein, so hatte es der aus dem nahegelegenen Worms stammende, mittlerweile im Londoner Exil lebende Weinhändler Alfred Langenbach in seinem 1951 erschienenen

Buch „The Wines of Germany" festgehalten, hatte man diesen Weg schon einmal beschritten. „Eleven of the following (sc. Lagenbezeichnungen) are collective names bestowed by the ‚commune-council' for the sake of simplification, but this does not exclude the right to use their other time-honoured names: (...) Auflangen, Bildstock, Fockenberg, Heiligenbaum, Hipping, Mersch, Ölberg, Paterberg, Rehbach, St. Kiliansberg, Spiegelberg."[6] Dass der Orbel nicht in dieser Aufzählung erschien, sollte nicht verwundern. Die Weine aus dieser Lage wurden lange Zeit zumeist unter dem anscheinend würdiger klingenden Namen Heiligenbaum vermarktet.

Bei dem Versuch, in das unbestreitbare Bezeichnungsdickicht wenigstens ein paar Schneisen zu schlagen, hatte der Gemeinderat von Nierstein auf einen mehr oder weniger einheitlichen Charakter der neuen Lagen Rücksicht genommen. Doch schon bald nach dem Zweiten Weltkrieg gab es unter den Weingütern und Kellereien kein Halten mehr. Jede auch noch so kleine Lücke des Bezeichnungsrechts wurde ausgenutzt, um die eigenen Weine möglichst gewinnbringend zu kapitalisieren. Die qualitative Talfahrt und die Beeinträchtigung des guten Rufs der Niersteiner Weine war schon Mitte der sechziger Jahre auffällig. In der deutschen Ausgabe von Frank Schoonmakers „Encyclopedia of Wine" hieß es 1967: „Einer Flasche Niersteiner sollte man sehr genau aufs Etikett schauen, da die Auslegungsmöglichkeiten des bisherigen Deutschen Weingesetzes es in diesem Fall zulassen, daß praktisch jeder Rheinhessen-Wein als Niersteiner oder Niersteiner Gutes Domtal (letztere Bezeichnung gilt nicht als Name eines Weingutes) in den Handel gebracht werden darf ... Anders ist es bei einer Flasche, auf deren Etikett der Name eines berühmten Weinguts, die Angabe ‚Riesling' und der Vermerk ‚Originalabfüllung' stehen – sie enthält wirklich einen Edelwein, einen reifen, delikaten Tropfen voller Rane (sic)."[7]

1971 war es aber auch damit vorbei. Die mittlerweile renommierteste Einzellage Niersteins verschwand buchstäblich von der Landkarte. Aus dem in den dreißiger Jahren geschaffenen 13 Hektar großen Auflangen, der als „Uflangen" schon von Johann Philipp Bronner 1834 zu den besten Lagen Niersteins gezählt worden war,[8] wurde 1971 der Name einer sich über 156,8 Hektar erstreckenden Großlage: Als Auflangen durften fortan Weine aus den ihrerseits meist bis zur Unkenntlichkeit vergrößerten Einzellagen Ölberg, Heiligenbaum, Orbel, Glöck, Kranzberg, Bergkirche, Zehnmorgen und Schloss Schwabsburg vermarktet werden.[9]

Dasselbe Schicksal wie der Auflangen erlitt die an der Rheinfront nach Nackenheim hin gelegene Einzellage Rehbach. Auch dieser Name verschwand als Bezeichnung einer Einzellage und tauchte als Bezeichnung einer Großlage wieder auf. Unter dem Namen Niersteiner Rehbach durften fortan (und dürfen) Weine aus den ebenfalls aufgeweiteten Spitzenlagen Pettenthal und Hipping, der Monopollage Brudersberg des Weinguts Heyl zu Herrnsheim und der Einzellage Goldene Luft (im Hipping) vermarktet werden.

Wieder andere Niersteiner Einzellagen wurden der neuen Großlage Spiegelberg zugeschlagen, darunter selbst die beiden Nackenheimer (!) Einzellagen Engelsberg und Rothenberg mit seinem (in der alten Kernlage) charakteristischen Rotschiefer-Verwitterungsboden. Unter demselben Namen Spiegelberg konnten aber auch die Weine aus den südlich (!) von Nierstein gelegenen Lagen Paterberg, Brückchen und Hölle mit ihren typischen Kalksteinmergelböden verkauft werden – und damit auch genau jenen Flächen, die 1920 bei der Gründung des Weinguts Nierstein noch Galgenberg, Galgenhohl oder Wiesengewann hießen.

„It is no accident that the names of the Grosslagen in this area originally belonged to individual vineyards that were consolidated in the great regrouping of 1971", schrieb der 1923 in Mainz geborene, längst in den Vereinigten Staaten lebende jüdische Weinhändler Peter M. F.Sichel in einer neuen, von ihm überarbeiteten Auflage des Standardwerkes „The Wines of Germany", die 1983 in England erschien.[10] „Spiegelberg, Rehbach, Auflangen und Güldenmorgen were proud names of famous vineyards that today lend their names to the best Grosslagen."[11] Die Logik hinter diesem offenkundig leicht durchschaubaren Vorgehen war eine recht schlichte: Im Ausland hatten diese Lagen einen exzellenten Klang.[12] Je mehr Wein unter Lagenbezeichnungen wie diesen vermarktet werden könnte, umso besser für große exportstarke Niersteiner Betriebe wie die Weingüter Franz Karl Schmitt und Gustav Adolf Schmitt, die bei dem Zuschnitt der neuen Lagen den Ton angaben.

Um dieses Kalkül zu verstehen, musste und muss man nicht in dunkle Archive herabsteigen. Es braucht nur einen Blick in die englischsprachige Weinliteratur: „Perhaps the greatest mark of Niersteiners is that the are more often shipped under the name oft he famous Grosslagen Spiegelberg, Rehbach and Auflangen than under their Einzellagen names and therefore their marketing is simpler."[13] Dabei galt und gilt für einen Großteil dieser Flächen noch immer das, was Bronner hundertfünfzig Jahre zuvor über die Rebflächen hinter der Rheinfront geschrieben hatte: „Noch weit geringer (sc. als die Lagen nach Schwabsburg zu) sind die Lagen auf der Hochebene, die Schmitt genannt, wo ungeheuer viel Wein gepflanzt wird; diese sind gar allen Winden preiß gegeben, und liefern auch nur geringes Produkt; denn in gewöhnlichen Weinjahren ist der Preiß eines Stücks Wein circa 150 fl., während zweyhundert Schritte davon, am östlichen Bergabhange, das Stück zu 800–2000 fr. bezahlt wird."[14]

Eine ähnlich fatale Wendung wie zu Großlagen mutierten Einzellagen nahm es mit der Bezeichnung Niersteiner Domtal. Dieser Name hatte sich in den fünfziger Jahren ähnlich wie Liebfraumilch,[15] Binger Rosengarten oder Oppenheimer Krötenbrunnen als Gattungsname eingebürgert. Einige Niersteiner Winzer glaubten daraufhin, den guten Ruf ihres Ortes dadurch bewahren zu können, dass sie einen neuen, ähnlich vertraut klingenden Gattungsnamen erfanden, nämlich Niersteiner Gutes Domtal. Dieser Name wurde namens

Abb. 38 Typisch: In Nierstein gaben lange Zeit exportstarke Weingüter wie Gustav Adolf Schmitt den Ton an. Außer eigenen Gewächsen vermarkteten sie auch Weine aus anderen Anbaugebieten.

der Gemeinde Nierstein am 22. Dezember 1959 beim Deutschen Patentamt in München unter der Nummer 732285 eintragen. Wer seine Weine unter diesem Namen in Verkehr bringen wollte, musste als Weinbergsbesitzer oder Gewerbetreibender nachweisen, dass dieser Wein ausschließlich aus der Gemarkung Nierstein stammte.[16]

1971 war es auch um diesen Gattungsnamen geschehen. Es wurde eine neue Großlage geschaffen, die auf den Namen Niersteiner Gutes Domtal hörte. Deren Zweck war einzig und alleine, die Weine aller minderwertigen Lagen hinter der Rheinfront beziehungsweise aus insgesamt zwölf weiteren Gemarkungen wie Zornheim, Friesenheim oder Dexheim mit der Kombination aus Nierstein und Domtal zu adeln. Alles in allem umfasste die neue Großlage 31 Einzellagen mit einer Fläche von insgesamt 1222 Hektar. Aus Nierstein selbst gehörte nur die Einzellage Pfaffenkappe dazu.

Ob sich Horst Michalsky als Betriebsleiter des Weingutes der GGH an den Beratungen innerhalb der Stadt beteiligt hatte, die zu diesen Ergebnissen führte, ist weder mündlich noch schriftlich überliefert. Die Akten des Unternehmens geben darüber nichts preis. Sicher gehörte das Weingut der Größe und der Qualität seiner Weine nach in die Spitzengruppe der Niersteiner Betriebe. Doch waren die Weine bei weitem nicht so bekannt wie die anderer Erzeuger, etwa von Reinhold Senfter, oder von der auch mit fremden Weinen handelnden Firma Gustav Adolf Schmitt.[17] Auch zu Beginn der siebziger Jahre wurden die GGH-Weine noch immer größtenteils innerhalb des Konzerns abgesetzt. Der Vorstand in Oberhausen legte aber keinen Wert darauf, in Weinbauorganisationen jedweder Art in Erscheinung zu treten.

1972 wurde die „Gute Hoffnungshütte" in einem Buch, in dem unter anderem die Weinlagen Niersteins charakterisiert wurden, immerhin zum ersten Mal erwähnt, und zwar als Teil der Gruppe der renommiertesten Besitzer von Flächen im alten Ölberg.[18] Knapp zehn Jahre zuvor, in dem 1963 erschienenen Buch „Die Spitzenweine Europas" von Ernst Hornickel, war das Weingut bei der Aufzählung der Betriebe, die in den Niersteiner Spitzenlagen begütert waren, nicht berücksichtigt worden.[19] Auch 1972 und damit knapp zehn Jahre später dominierten in Nierstein nach Darstellung Hornickels – wie zehn Jahre zuvor – in allen Lagen noch Weingüter wie Franz Karl Schmitt, Gustav Adolf Schmitt oder Louis Guntrum und Freiherr Heyl zu Herrnsheim nicht zu vergessen die Hessische Staatsdomäne mit ihrer 2,10 Hektar großen Monopollage Glöck. Von dem Weingutsbesitz der GHH in der alten Einzellage Auflangen und dem Orbel war bei Hornickel auch 1972 nicht die Rede.

Gar nicht anstößig

Doch ganz gleich welche Rolle Horst Michalsky bei dem manipulativen Spiel mit den Lagennamen gespielt haben könnte: Der neue Zuschnitt macht es schwierig, die Preislisten des Weingutes aus der Zeit vor 1971 mit denen aus der Zeit danach zu vergleichen. Michalsky aber hatte keine Scheu, den neuen Verhältnissen Tribut zu zollen: Die meisten GHH-Weine wurden schon bald nicht mehr unter dem Namen von Einzellagen vermarktet, so gut diese auch klangen, sondern unter den weithin bekannten Namen der Niersteiner Großlagen. 1977 waren es von vier „jungen" Weinen des Jahrgangs 1976 gleich zwei: eine Müller-Thurgau Spätlese aus der Großlage Niersteiner Gutes Domtal (sechs Mark) sowie die bereits erwähnte Cuvée aus Bacchus und Weißburgunder aus der Großlage Niersteiner Spiegelberg.[20] Bei den zwölf Weinen aus dem Jahrgang 1975 betrug das Verhältnis fünf zu sieben. Das Gute Domtal war mit einer Cuvée aus Scheurebe und Müller-Thurgau vertreten (vier Mark), unter dem Namen Spiegelberg wurde eine Cuvée aus Silvaner und Müller-Thurgau angeboten (4,40 Mark). In der Rehbach waren ein Riesling Kabinett (fünf Mark) und eine Ruländer Beerenauslese (25 Mark) gewachsen, und aus der nunmehrigen Großlage Auflangen stammte eine Riesling Spätlese (sieben Mark).

Nicht feststellen lässt sich anhand dieser Preisliste wie auch aller anderen nicht, wie viele der Weine, die das Weingut Nierstein der GHH in Verkehr brachte, aus eigenen Weinbergen stammten beziehungsweise wie viele Weine vor 1971 wie auch danach zugekauft wurden. Im Ergebnis machte es neue Bezeichnungsrecht auch dem Weingut der GHH einfacher, viel mehr Weine über wohlklingenderen Lagennamen zu verkaufen als es bis anhin möglich gewesen war.

So waren etwa 1977 gleich neun der elf gereifteren Weine „Großlagenweine“. 1997 und damit zwanzig Jahre später hatte sich an diesen Relationen kaum etwas geändert. Unter den sechs Weinen des Jahrgangs 1997 etwa, die in dem GaultMillau Weinguide des Jahres 1999 bewertet wurden, waren gleich drei in der Großlage Auflangen gewachsen.[21] Bei der Preisstellung scheint dieser Umstand keine Rolle gespielt zu haben. Der günstigste Wein aus dieser Großlage, ein Riesling Kabinett trocken, stand mit 13 Mark in der Liste, der teuerste, eine Riesling Spätlese trocken, mit 18 Mark. Teurer waren nur noch die trockene Spätlese aus den Parzellen im Pettenthal, die mittlerweile hinzugekommen waren (24 Mark), sowie ein Riesling trocken „Erstes Gewächs“ aus dem Niersteiner Oelberg mit dem stolzen Preis von 33 Mark.

Doch gleich was man im Abstand von einigen Jahrzehnten über diese Praktiken sagen mag: Als anstößig galten sie zunächst nur kaum. Selbst die Mitglieder des Verbands der Prädikatsweinversteigerer (VDP), wie der 1910 als „Verband deutscher Naturweinversteigerer“ (VDNV) gegründete Zusammenschluss von angesehenen Weingütern aus damals vier Regionen seit 1972 hieß, vermarkteten anfangs auch Weine unter dem Namen von Großlagen.[22]

So war Horst Michalsky keineswegs der einzige, der dem neuen Weinbezeichnungsrecht viel abgewinnen konnte. Er versuchte auch, seine Kunden von dem neuen System zu überzeugen: Diese fanden als Beilage zu der Frühjahrspreisliste 1977 ein weiteres Einlegeblatt vor.[23] Diesmal wurden unter der Überschrift „Weincharakteristik zur Weinpreisliste“ vier Niersteiner Lagen vorgestellt. Über den Hipping war zu lesen: „Eingebettet in einer Mulde des roten Rebhanges an der Rheinseite reifen hier, geschützt vor Temperaturschwankungen, hocharomatische, bukettreiche Weine“. Die zweite Lage war die Rehbach. „Steil abfallend zum Rhein, ganz der Sonne die Trauben weisend, haben wir hier die besten Bedingungen für die Ernte hochgradiger Spitzenweine. Der rote Schiefer, auf dem sie wachsen, ist ein guter Wärmeregulator.“ Dass es sich im Unterschied zum Hipping um eine Großlage handelte, erfuhr der Leser nicht.

Die nächste Lage war die Einzellage Oelberg: „Auf einem sanften Hang, der bis in die Rheinebene verläuft, wachsen hier auf rotem Verwitterungsgestein leichte, gefällige Weine, die besonders durch ihre Harmonie überzeugen.“ Den Schlusspunkt bildete das Lob des Spiegelberg: „Die Großlage Spiegelberg ist nach der Flurbereinigung das Aushängeschild

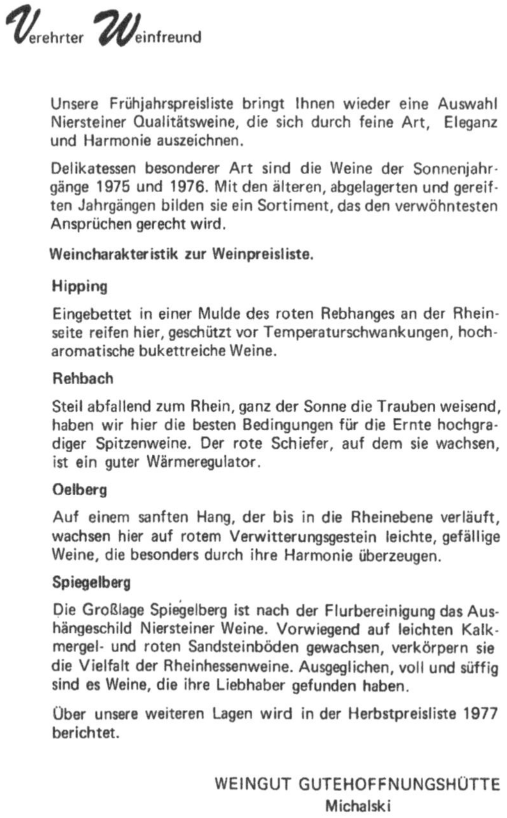

Verehrter Weinfreund

Unsere Frühjahrspreisliste bringt Ihnen wieder eine Auswahl Niersteiner Qualitätsweine, die sich durch feine Art, Eleganz und Harmonie auszeichnen.

Delikatessen besonderer Art sind die Weine der Sonnenjahrgänge 1975 und 1976. Mit den älteren, abgelagerten und gereiften Jahrgängen bilden sie ein Sortiment, das den verwöhntesten Ansprüchen gerecht wird.

Weincharakteristik zur Weinpreisliste.

Hipping

Eingebettet in einer Mulde des roten Rebhanges an der Rheinseite reifen hier, geschützt vor Temperaturschwankungen, hocharomatische bukettreiche Weine.

Rehbach

Steil abfallend zum Rhein, ganz der Sonne die Trauben weisend, haben wir hier die besten Bedingungen für die Ernte hochgradiger Spitzenweine. Der rote Schiefer, auf dem sie wachsen, ist ein guter Wärmeregulator.

Oelberg

Auf einem sanften Hang, der bis in die Rheinebene verläuft, wachsen hier auf rotem Verwitterungsgestein leichte, gefällige Weine, die besonders durch ihre Harmonie überzeugen.

Spiegelberg

Die Großlage Spiegelberg ist nach der Flurbereinigung das Aushängeschild Niersteiner Weine. Vorwiegend auf leichten Kalkmergel- und roten Sandsteinböden gewachsen, verkörpern sie die Vielfalt der Rheinhessenweine. Ausgeglichen, voll und süffig sind es Weine, die ihre Liebhaber gefunden haben.

Über unsere weiteren Lagen wird in der Herbstpreisliste 1977 berichtet.

WEINGUT GUTEHOFFNUNGSHÜTTE
Michalski

Abb. 39 Hauptsache Niersteiner: Die Unterscheidung zwischen Groß- und Einzellagen spielte keine Rolle.

Niersteiner Weine. Vorwiegend auf leichten Kalkmergel- und roten Sandsteinböden gewachsen, verkörpern sie die Vielfalt der Rheinhessenweine. Ausgeglichen, voll und süffig sind es Weine, die ihre Liebhaber gefunden haben.“[24]

In demselben unbekümmerten Tonfall ging es in einer weiteren Beilage, diesmal zur Herbstpreisliste, weiter. Nun wurden Orbel, Rosenberg, Findling, Klostergarten, Paterberg und Gutes Domtal beschrieben, letztere mit Worten, die bis heute erstaunen lassen, dienen sie doch zur Camouflage einer Entwicklung, das den Ruf des deutschen Weins bis heute nachhaltig beschädigt hat: „Im Westen verliert sich die Gesteinsformationen des Rotliegenden allmählich im Untergrund. Bodenbildend sind dort überwiegend tertiäre Ablagerungen. Diese Region mit ihrem tiefgründigen Erdreich ist für ihren blumigen und ausdrucksreichen Weine bekannt.“[25]

Mit demselben Recht hätte man auch schreiben können, dass es sich bei den Weinen, die unter dem Namen Gutes Domtal vermarktet wurden, in der Regel um solche handelte, die auf fetten Lößböden wuchsen, die noch vor einer Generation nicht im Ansatz als anbauwürdig gegolten hatten. Doch die deutsche Agrarpolitik im Allgemeinen und die rheinland-pfälzische im Besonderen hatte sich dem Wunsch vieler Landwirte nicht verweigert, Weinbau zu betreiben und damit die Wertschöpfung ihres Betriebes zu erhöhen. Der Widerstand gegen die Ausdehnung der Rebflächen war schwach, weil die Landwirtschaft in der CDU, aber vor allem der FDP, über einflussreiche Verbündete verfügte.

Überdies lief manche Kritik an der Ausdehnung der Rebflächen gemessen an der herkömmlichen Logik ins Leere. Dank ihrer höheren Zuckerleistung waren die meisten Neuzüchtungen gegen die klassische Kritik an dem „Quantitätsweinbau" gefeit. Auch die reichtragende Rebsorte Müller-Thurgau hatte sich dort als rentabel erwiesen, wo sich Betriebe auf die Fassweinerzeugung eingestellt hatten. Die vorwiegend im Rheinhessischen, aber auch an der Mosel angesiedelten Großkellereien kauften, was die Äcker hergaben. Dass diese Weine vom Typ „sweet and cheap" waren, störte zunächst nicht. Im Gegenteil. Mochten diese zum Teil schon in den sechziger Jahren nicht mehr in jeder Menge in Deutschland abgesetzt werden können, so erweisen sich Auslandsmärkte wie Britannien und die Vereinigten Staaten noch bis in die achtziger Jahre als nahezu unbegrenzt aufnahmefähig. Erst der Glykolskandal Mitte der achtziger Jahre setzte dieser Entwicklung ein Ende.[26]

Nach Weihnachten war der Keller leer

Mit dem Ende der Ära Reusch und der Übernahme des Vorstandsvorsitzes durch Dietrich von Menges brach die Aktenüberlieferung über die Geschehnisse im Weingut Nierstein fast vollständig ab. Ließ sich das Engagement Reuschs und Vygens zumindest auf der Basis der Jahresberichte noch halbwegs rekonstruieren, so ist aus den zehn Jahren der 1976 dauernden Amtszeit Menges' im Rheinisch-Westfälischen Wirtschaftsarchiv in Köln nur eine einzige Akte überliefert, die für die Geschehnisse im Weingut Nierstein von Bedeutung ist. Diese enthält im Wesentlichen die Anschriften von Personen, denen er Weinpräsente zukommen ließ. Auf die einzige Weinprobe in Nierstein soll später in einem anderen Zusammenhang eingegangen werden.

Allerdings sind mit der Verschmelzung der Gutehoffnungshütte auf die M.A.N. AG und der damit einhergehenden Verlegung des Firmensitzes nach München im Jahr 1985 einige Akten aus Beständen der Gutehoffnungshütte in das Unternehmensarchiv der bald sogenannten MAN SE übernommen worden. Wie systematisch dies geschah, ist nicht

Abb. 40 Alltag im Weingut: Verkosten, etikettieren, einlagern, ausliefern, Trauben anliefern, von Hand lesen.

mehr zu rekonstruieren. So haben sich in Augsburg immerhin zwei Akten erhalten, die einigen Aufschluss über das Geschehen in Nierstein in den siebziger Jahren und auch die letzten Jahre der Ära Vygen geben können. In diese Zeit fällt auch das Ende des Wirkens von Horst Michalsky als Betriebsleiter des Weingutes der GHH. Sein Nachfolger wurde sein Sohn Dr. Alexander Michalsky, dessen Arbeit von Beginn an durch seine Frau Dr. Ute

Michalsky unterstützt wurde. Beide waren so freundlich, dass sie dem Verfasser zu mehreren Gesprächen zur Verfügung standen und ihm in großem Umfang persönliche Unterlagen zur Verfügung gestellt haben.

So hat sich im Archiv der MAN insofern ein äußerst bemerkenswertes Dokument erhalten, als auf zwei maschinengeschriebenen Seiten jenes Netzwerk aus Konzernwerken der Gutehoffnungshütte sowie befreundeten Unternehmen beschrieben ist, über das damals mehrere 10.000 Flaschen GHH-Wein im Jahr abgesetzt wurden. Dieses Netzwerk bestand im Wesentlichen aus Unternehmen der metallverarbeitenden Industrie. Mit der Gutehoffnungshütte, damals eines der weltweit führenden Unternehmen auf dem Feld des Maschinen- und des Anlagenbaus, aber auch der Ausrüstungsinvestitionen und der Fahrzeugherstellung, waren sie mittelbar oder unmittelbar verbunden. Namen wie Schloemann-Siemag in Hilchenbach (Siegerland), MTU (München), die M. A. N. mit ihren Standorten in Augsburg und Nürnberg oder auch die Schwäbischen Hüttenwerke (SWH) repräsentierten damals noch mehr als die deutsche Automobilindustrie die Stärke des Wirtschaftsstandorts Deutschland. Über Unternehmen wie Ferrostaal (Essen) und die in den Niederlanden ansässige Rollo B. V. wurden die Produkte und Dienstleitungen des GHH-Konzerns „made in Germany" weltweit vertrieben.[27]

Vygen hatte in allen diesen Unternehmen Ansprechpartner, bei denen er seine Weinofferten platzieren konnte. Über gute Kontakte verfügte der Jurist aber auch im Bankensektor (Nord LB), der Versicherungsbranche (Haftpflichtverband) und dem Konglomerat der Firmen, an denen die Nachkommen der Gründerfamilie Haniel beteiligt waren. Jeweils rechtzeitig vor Weihnachten wurden an alle diese Adressen Preislisten des Weingutes sowie Informationen über spezielle Weinpakete als „Weihnachts- und Neujahrsangebote" verschickt – ein schnörkelloser Bestellzettel eingeschlossen. So wurden in den Hochzeiten der siebziger Jahre 10.000 Weinpreislisten gedruckt,[28] von denen alleine 400 an die Kabel- und Metallwerke Gutehoffnungshütte AG, Kabelmetal in Hannover und 450 Listen an Ferrostaal in Essen auf den Weg gebracht wurden.

Wie viele Bestellungen daraufhin in Nierstein eingingen, lässt sich nicht rekonstruieren. Jedoch dürfte dieser Vertriebsweg erheblich zum Umsatz und wohl auch zu dem Gewinn des Weingutes beigetragen haben. Für die Mitarbeiter in Nierstein waren mit diesem Vertriebsweg jedoch Arbeitsspitzen verbunden, die sich immer wieder mit den Belastungen durch die Weinlese überschnitten. Diese dauerte damals oft bis weit in den November hinein. Ab August, so erinnerte sich Alex Michalsky, war Hektik ein Dauerzustand. Zunächst galt es, den Keller für die Kelterung der Trauben und die Aufnahme der neuen Moste fertig zu machen. Aber schon während der Lese musste mit dem Packen der Weinpräsente begonnen werden. Und fast täglich kam ein Postauto vorbei, um die Pakete mitzunehmen. Das Ergebnis konnte sich buchstäblich sehen lassen. „Nach Weihnachten war der Keller leer", so Michalsky – jedenfalls so lange, bis die Weihnachtspräsente noch nicht als geldwerter Vorteil besteuert wurden.

Bei den Mitarbeitern sehr beliebt

Mit welcher Energie Hans Vygen auf diesen Vertriebsweg setzte, geht auch aus einer Reihe von Schriftwechseln hervor, die aus der Zeit nach dem 30. Juni 1976 stammen. Zu diesem Zeitpunkt war der Jurist als leitender Angestellter der Gutehoffnungshütte in den Ruhestand getreten, wie er unter anderem dem Vizepräsidenten der Mercedes-Benz do Brasil S. A. Werner A. Jessen nach São Paulo mitteilte.[29] Nun sei er „nur im Wege eines Beratervertrages im Rahmen seiner Anwaltstätigkeit" für die Gutehoffnungshütte tätig. „Aber einige Aufgaben sind mir geblieben, so u. a. auch das mir sehr ans Herz gewachsene Weingut, für das ich mich seit 25 Jahren mehr oder minder in meiner Freizeit eingesetzt habe."

Der folgende Satz las sich so, als sei der Mercedes-Manager ein langjähriger Kunde des Weingutes Nierstein: „Es ist schade, daß Sie so weit weg sind und daß wir Sie nicht wie früher mit Wein beliefern können. Geht das nicht vielleicht doch über Daimler und die Sendungen an Materialersatzteilen oder dergleichen, die Sie von dort erhalten? Ich vermag es nicht zu übersehen, vielleicht kommt der Wein aber auch im Hinblick auf die klimatischen Verhältnisse und dem (sic) langen Transport ‚kaputt' an." Vygen setzte alles daran, Jessen als Kunden nicht zu verlieren: „Ich übersende Ihnen zu Ihrer Unterrichtung auch die jetzt gerade herausgekommene Preisliste, damit sie einmal sehen was wir inzwischen dort tun und wie wir uns fortentwickelt haben. Hoffentlich läuft ihnen nicht das Wasser im Munde zusammen."

Gut möglich, dass Jessen daraufhin alle Hebel in Bewegung setzte, um GHH-Wein nach São Paulo zu schaffen. Welchen anderen Anlass sollte der deutsche Generalkonsul in der brasilianischen Industriemetropole gehabt haben, um Vygen unter dem Datum des 2. Mai 1977 zu berichten, dass „der Wein" – es handelte sich um eine Sonderabfüllung in Einliterflaschen – bei einer Wohltätigkeitsveranstaltung „mit viel Anklang" verkauft worden sei?[30] Im November desselben Jahres erhielt Vygen abermals Nachricht aus Brasilien. Eine Mitarbeiterin aus der Konzernzentrale in Stuttgart übermittelte auf der Basis des Weihnachts- und Neujahrsangebotes 1977, das Jessen im November während eines Deutschland-Besuches erhalten hatte, eine „Weinbestellung für Mercedes-Benz do Brasil S. A." – insgesamt 17 Weinpakete.[31]

Korrespondenz dieser Art ist typisch für das Vorgehen Vygens. Auch nach dem Ende seiner Festanstellung im Juni 1976 in Oberhausen wurde er nicht müde, alte Kontakte zu pflegen und neue anzubahnen. So sind aus den Jahren 1976 und 1977 Bemühungen dokumentiert, die GHH-Weine bei der Hauptverwaltung der Allianz A. G.. in München, dem Pharmagroßhandel GEHE, der Stadtsparkasse Essen sowie einzelnen „Herren aus der Wirtschaft" einzuführen. Auch in den einzelnen Konzernwerken sah Vygen Optimierungspotenzial.[32]So veröffentlichte er 1976 in der Werkszeitung von Ferrostaal einen mit Bildern

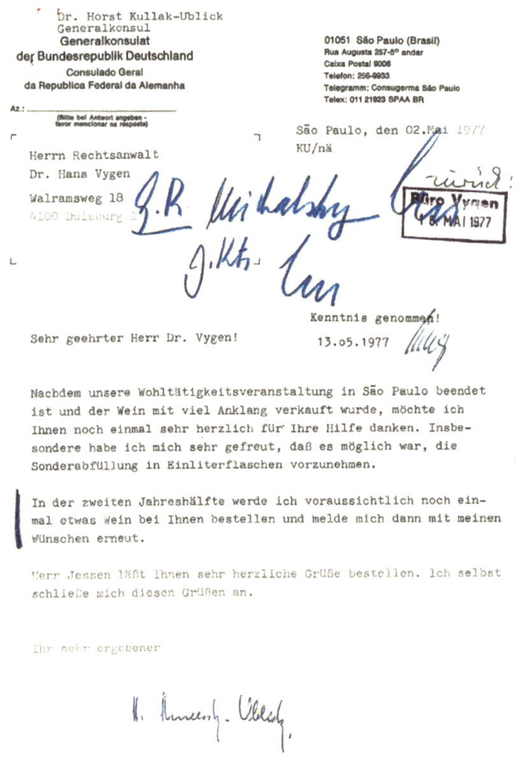

Dr. Horst Kullak-Ublick
Generalkonsul
Generalkonsulat
der Bundesrepublik Deutschland
Consulado Geral
da Republica Federal da Alemanha

01051 São Paulo (Brasil)
Rua Augusta 257-5º andar
Caixa Postal 9006
Telefon: 256-9933
Telegramm: Consugerma São Paulo
Telex: 011 21923 SPAA BR

Az.:
(Bitte bei Antwort angeben - favor mencionar na resposta)

São Paulo, den 02.Mai 1977
KU/nä

Herrn Rechtsanwalt
Dr. Hans Vygen
Walramsweg 18
4100 Duisburg 1

Büro Vygen 16. MAI 1977

Kenntnis genommen!
13.05.1977

Sehr geehrter Herr Dr. Vygen!

Nachdem unsere Wohltätigkeitsveranstaltung in São Paulo beendet ist und der Wein mit viel Anklang verkauft wurde, möchte ich Ihnen noch einmal sehr herzlich für Ihre Hilfe danken. Insbesondere habe ich mich sehr gefreut, daß es möglich war, die Sonderabfüllung in Einliterflaschen vorzunehmen.

In der zweiten Jahreshälfte werde ich voraussichtlich noch einmal etwas Wein bei Ihnen bestellen und melde mich dann mit meinen Wünschen erneut.

Herr Jessen läßt Ihnen sehr herzliche Grüße bestellen. Ich selbst schließe mich diesen Grüßen an.

Ihr sehr ergebener

Abb. 41 Mit viel Anklang verkauft: Auf einer Wohltätigkeitsveranstaltung im brasilianischen São Paulo war die GHH im Jahr 1977 mit Wein aus Nierstein vertreten.

illustrierten Bericht über das Weingut. Dieses Heft sandte er wiederum einer Dame in der Presse- und Informationsabteilung der Kabelmetal in Hannover mit dem Hinweis zu, dass er „nach Rücksprache mit mehreren Herren von Kabelmetal bzw. Kabelmetal-Töchtern" gerne einen Bericht in der Werkszeitung auch dieses Unternehmens unterbrächte. Die Begründung lautete so: „Bei den Mitarbeitern von Kabelmetal und allen Tochtergesellschaften ist der Wein äußerst beliebt, so daß das Weingut dort hinreichend bekannt ist; aber für die jüngeren Mitarbeiter wäre es doch vielleicht interessant, einmal etwas über diesen Betrieb zu erfahren." Vygen schloss den Brief mit der Ankündigung: „Ich bin am nächsten Freitag anlässlich der Konzerntagung bei Ihnen im Hause und werde versuchen, Sie zwischendurch immer kurz zu besuchen, wenn Sie im Hause sind."[33]

Wie häufig solche „Vertreterbesuche" von Erfolg gekrönt waren, muss dahingestellt bleiben. Immerhin entfielen auch in der zweiten Hälfte der siebziger Jahre auf den Bereich der Unternehmensgruppe GHH/Haniel erhebliche Umsätze – wenngleich mit charakteristischen Unterschieden. Den größten Durst hatten die Mitarbeiter des MAN-Konzerns. Sie kauften im Geschäftsjahr 1975/76 insgesamt annähernd 15.400 Flaschen, wovon allerdings nur 6300 Prädikatsweine waren. Ganz anders das Verbrauchsmuster bei den Mitarbeitern der Gutehoffnungshütte AG in Oberhausen. Sie nahmen 1975/76 annähernd 11.800 Flaschen ab, davon alleine 8000 über das Werksgästehaus. Von diesen wiederum waren gut 5600 Prädikatsweine. Im Bereich Ferrostaal waren fast 14.000 Flaschen angefallen, darunter aber nicht einmal 5000 Prädikatsweine. Ein ausgeglichenes Bild boten hingegen die Mitarbeiter aus dem Bereich Kabelmetal. Dort wurden gut 11.500 Flaschen abgesetzt, je zur Hälfte Qualitäts- und Prädikatsweine, nicht zu vergessen annähernd 1000 Flaschen Sekt.[34]

Unterschiedlich waren auch die Durchschnittspreise pro Unternehmensbereich beziehungsweise Betriebsstätte. Bei der MAN Augsburg betrug der Durchschnittspreis 3,10 Mark, bei der MAN München waren es 4,90 Mark. Im Gästehaus in Oberhausen wurden die Weine zu einem durchschnittlichen Preis von 4,50 Mark abgesetzt, in der Verwaltung waren es fünf Mark. Mit 5,45 Mark lag der durchschnittliche Preis bei Kabelmetal schon höher. Die Mitarbeiter der Ferrostaal hingegen legten im Durchschnitt 6,50 Mark pro Flasche Wein an – ein Preisniveau, das für die Mitte der siebziger Jahre durchaus beachtlich war.[35]

Die Wirtschaftlichkeitsberechnung, die Vygen im Herbst 1976 bezüglich der Weine für den Großhandel anstellte, las sich indes nicht allzu optimistisch. Stelle man für diese Weine anteilig Verwaltungs- und Vertriebskosten in Rechnung, käme selbst im günstigsten Fall ein negativer Deckungsbeitrag zustande. Daher, so seine Empfehlung, sollten alle Verwaltungs- und Vertriebskosten, die in Nierstein anfielen, von den „übrigen Rohergebnissen" abgedeckt werden. Nur dann könne als „Ergänzungsgeschäft" aus dem bisherigen Umsatz mit Großabnehmern ein positives Ergebnis erzielt werden.[36]

Noch größerer Änderungsbedarf bestand jedoch bald im Weihnachts- und Neujahrsgeschäft. Aus einem Gespräch mit Geschäftsführern der Eisenhandel Gutehoffnungshütte GmbH hatte Vygen im November 1976 den Eindruck mitgenommen, dass die Weihnachtspakete, die in Nierstein zusammengestellt wurden, nicht mehr ganz den Geschmack der Kunden träfen: Viele hätten nicht von den Angebotspaketen des Weingutes Gebrauch gemacht, sondern andere und kleinere Zusammenstellungen ausgesucht. Michalsky solle sich im kommenden Jahr darauf einstellen und das Sortiment an Weihnachtspräsenten um ein Extraangebot für Firmenkunden ergänzen.[37] Inwieweit dieses geschah, lässt sich anhand der schmalen Überlieferung ebenso wenig rekonstruieren wie die möglichen Veränderungen der Bilanz.

Gleichwohl hatte Vygen im Sommer 1976 abermals mit einem Rekord aufwarten können. Der Nettoumsatz betrug bei gut 185.000 Flaschen fast 1,3 Millionen Mark. Nur annähernd 260.000 Mark entfielen auf die sogenannten Großabnehmer. Mehr als eine Million Mark setzte das Weingut im Geschäft mit Personen aus dem Umfeld des Konzerns sowie anderen Privatkunden um. Der Deckungsbeitrag, den das Weingut erwirtschaftet hatte, lag mit 169.000 Mark um mehr als 50.000 Mark über dem Ergebnis des Vorjahres.[38]

Weine im Dienst der deutschen Wirtschaft

Wie bisher verzichtete der Jurist auch in den siebziger Jahren nicht darauf, die prämierten Weine eines jeden Jahrgangs einzeln herauszustellen. Es ist daher auch ein treffender Spiegel der Zeit, wenn sich unter den herausgehobenen Weinen des Jahrgangs 1974 ebenso viele Weine aus Einzel- wie aus Großlagen befanden.[39] Insgesamt gab es Kammerpreismünzen für vier Kabinettweine, drei Spätlesen, darunter eine Cuvée aus Kerner und Gewürztraminer, und eine Optima-Auslese. Die Verkoster der Landwirtschaftskammer hatten an den Neuzüchtungen offensichtlich Gefallen.

Das Weingut der Gutehoffnungshütte der GHH selbst diente in den siebziger Jahren noch stärker als zuvor als Ort der Geselligkeit, aber auch der Geschäftsanbahnung. Hatte Hermann Reusch in den sechziger Jahren dann und wann in das am Rhein gelegene Weingut mit seiner teils überdachten Terrasse zu Weinproben eingeladen, so scheint diese Sitte in den siebziger Jahren auch außerhalb des engsten Führungszirkels auf Anklang gestoßen zu sein. Auch hinter dieser Dynamik ist zu einem wesentlichen Teil Hans Vygen zu vermuten, finden sich doch in der Korrespondenz der Jahre 1976 und 1977 zahlreiche Spuren, die von seinem Büro aus nach Nierstein weisen.

Der älteste Hinweis ist indes in den einschlägigen Akten nicht überliefert. 1972 trennte sich der GHH AV von seinen Anteilen an der Howaldtswerke-Deutsche Werft AG. Mit dem Erlös übernahm er dafür je zur Hälfte zugunsten der GHH AV und der M.A.N. AG die Beteiligung der Salzgitter-Werke an dem Nutzfahrzeughersteller Büssing (Braunschweig).[40] Einer mündlichen Überlieferung nach war die Terrasse des Weingutes Nierstein einer der Orte, wenn nicht der Ort, an dem die Unternehmensvorstände in fast familiärer Atmosphäre die entscheidenden Gespräche führten. Welche Rolle der ebenfalls anwesende vormalige Bundestagspräsident Eugen Gerstenmeier (CDU) spielte, ist nicht überliefert.

Auf sicherem Boden ist man im Jahr 1976. Ein Geschäftsführer von Kabelwerk Berlin avisierte Vygen im August jenes Jahres den Wunsch, Ende Oktober oder Anfang November in Nierstein eine Weinprobe abzuhalten.[41] Der Kreis der Personen, die er einzuladen gedachte, rekrutierte sich aus derselben Gruppe sogenannter Geschäftsfreunde, die auch wegen „Weinbezugs“ angeschrieben werden sollten. Führende Mitarbeiter der Quandt-Gruppe waren ebenso darunter wie ein Vorstand der Berliner Commerzbank, die Firma

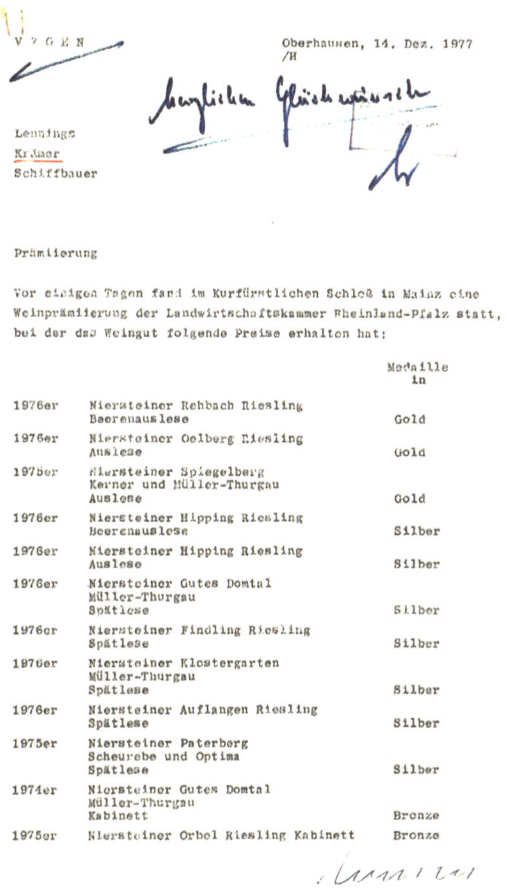

V [illegible] G E N

Oberhausen, 14. Dez. 1977
/H

herzlichen Glückwunsch

Lennings
Krämer
Schiffbauer

Prämiierung

Vor einigen Tagen fand im Kurfürstlichen Schloß in Mainz eine Weinprämiierung der Landwirtschaftskammer Rheinland-Pfalz statt, bei der das Weingut folgende Preise erhalten hat:

		Medaille in
1976er	Niersteiner Rehbach Riesling Beerenauslese	Gold
1976er	Niersteiner Oelberg Riesling Auslese	Gold
1975er	Niersteiner Spiegelberg Kerner und Müller-Thurgau Auslese	Gold
1976er	Niersteiner Hipping Riesling Beerenauslese	Silber
1976er	Niersteiner Hipping Riesling Auslese	Silber
1976er	Niersteiner Gutes Domtal Müller-Thurgau Spätlese	Silber
1976er	Niersteiner Findling Riesling Spätlese	Silber
1976er	Niersteiner Klostergarten Müller-Thurgau Spätlese	Silber
1976er	Niersteiner Auflangen Riesling Spätlese	Silber
1975er	Niersteiner Paterberg Scheurebe und Optima Spätlese	Silber
1974er	Niersteiner Gutes Domtal Müller-Thurgau Kabinett	Bronze
1975er	Niersteiner Orbel Riesling Kabinett	Bronze

Abb. 42 Angestellt: Bis zu dem Aufkommen der Punktesysteme der Weinkritik in den 1980er Jahren waren Preismünzen die wichtigste Währung.

Eternit, die Aluminium Norf GmbH sowie eine Bauunternehmung. Hinzu kam der Hausjurist.

Wer schließlich an der Weinprobe teilnahm, die für den 29. Oktober anberaumt wurde, geht aus den Akten nicht hervor. Jedoch dürfte sich unter den Anwesenden schon angesichts der Liste der Weine, die an jenem Abend verkostet werden sollten, Genugtuung breitgemacht haben: Ein Qualitätswein, zwei Kabinettweine, drei Spätlesen, eine Auslese sowie zwei Beerenauslesen, eine davon aus dem Jahrgang 1962, warfen das hellstmögliche Licht auf die Leistungen des Weingutes und damit auch auf den gesamten Konzern.[42]

Probenlisten dieser Art liegen aus jenen Jahren mehrere vor. Kein Wunder, dass sich mit solchen Veranstaltungen die Erwartung verknüpfte, dass sich der gute Ruf der Weine aus dem Weingut der GHH noch mehr verbreitete und die Umsätze entsprechend stiegen.

Michalsky

H / 272 17.12.76

Weinsendung nach Moskau

Wir bitten Sie, im Auftrag von Dr. Lennings (Vorstand) an folgende Herren Wein zu senden:

je 20 Flaschen Wein, gemischt, aber überwiegend gute Sorten

an 1. Herrn Dieter Wulff
2. Herrn von Merfeld
Anschrift für beide Herren:
Moskau, Uliza Lunatscharskowo 7
Quartier 6
(siehe auch Anlage)

5 Flaschen recht guten Wein an

Herrn
D.W. Kosjmin
Leiter der Handelsvertretung der
UdSSR in der Bundesrepublik Deutschland
Aachener Straße 240 - 244

5000 Köln 41

Visitenkarten anbei.

Abb. 43 Grüße nach Moskau: Noch in den siebziger Jahren dienten GHH-Weine zur Pflege des unternehmerischen Netzwerks.

Wie viel auf dem Spiel stand, zeigte sich an zwei dicht aufeinanderfolgenden Weinproben im Sommer 1977, die ebenfalls von Vygen arrangiert wurden. Im Juni jenes Jahres wurden neben leitenden Mitarbeitern der GHH Herren von der Deutschen Bundesbahn in Frankfurt, der Deutschen Gesellschaft für Bauplanung und der M. A. N. nach Nierstein gebeten.[43]

Treffpunkt der illustren Gesellschaft war wie üblich das Rheinhotel in Nierstein, in dem für die Gäste ein Zimmer reserviert worden war. Man traf sich dort um 16 Uhr und absolvierte – so war es jedenfalls geplant – einen Gang durch die Weinberge. Um 18 Uhr wurde die Gruppe im Weingut erwartet, wo sie sich mit einem kalten Buffet stärken und vor dem Kamin auf der Terrasse zum Weingenuss übergehen konnte. Ein Schelm, wer Böses dabei denkt, dass sich das Einvernehmen der Herren mit großer Wahrscheinlichkeit nicht nur in Weinbestellungen niedergeschlagen haben könnte, sondern auch in dem

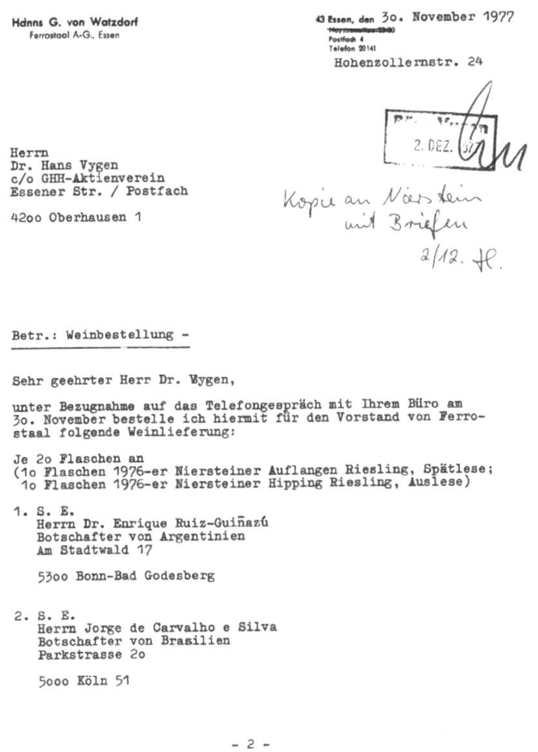

Hdnns G. von Watzdorf
Ferrostaal A-G., Essen

43 Essen, den 30. November 1977
Postfach 4
Telefon 20141
Hohenzollernstr. 24

Herrn
Dr. Hans Vygen
c/o GHH-Aktienverein
Essener Str. / Postfach

42oo Oberhausen 1

Kopie an Nierstein mit Briefen 2/12. Fl.

Betr.: Weinbestellung -

Sehr geehrter Herr Dr. Vygen,

unter Bezugnahme auf das Telefongespräch mit Ihrem Büro am 3o. November bestelle ich hiermit für den Vorstand von Ferrostaal folgende Weinlieferung:

Je 2o Flaschen an
(1o Flaschen 1976-er Niersteiner Auflangen Riesling, Spätlese;
1o Flaschen 1976-er Niersteiner Hipping Riesling, Auslese)

1. S. E.
Herrn Dr. Enrique Ruiz-Guiñazú
Botschafter von Argentinien
Am Stadtwald 17

53oo Bonn-Bad Godesberg

2. S. E.
Herrn Jorge de Carvalho e Silva
Botschafter von Brasilien
Parkstrasse 2o

5ooo Köln 51

- 2 -

Abb. 44 Grüße nach Lateinamerika: Auch zur Zeit der Militärdiktaturen war das Tochterunternehmen Ferrostaal an guten Beziehungen mit Argentinien und Brasilien lebhaft interessiert.

einen oder anderen Auftrag für Unternehmen der GHH. Dass schon gut sechs Wochen später eine ähnliche Probe stattfand, diesmal mit leitenden Mitarbeitern des Versicherungskonzerns HDI Hannover, den Vorstandsvorsitzenden eingeschlossen,[44] dürfte für die hohe Frequenz solcher Veranstaltungen und die ihnen beigelegte Bedeutung sprechen.

Wie die Proben, so waren auch Geschenksendungen Investitionen, die sich über lange Zeiträume amortisierten sollten, war doch der GHH mit ihren vielen Konzerngesellschaften an möglichst langfristigen Beziehungen gelegen – und dies ohne kurzsichtige Rücksichten auf ideologische Gegensätze und womöglich kurzlebige politische Konjunkturen. Denn schon seit dem 19. Jahrhundert hatte die GHH, wenn möglich, einen erheblichen Teil ihres Umsatzes mit Geschäften in Asien und Süd- und Nordamerika gemacht. 1977/78 betrug der Exportanteil, der die Gutehoffnungshütte mit Staaten in Übersee machte, sogar rund 55 Prozent. Nach Europa einschließlich der Länder des Ostblocks gingen dagegen nur 34 Prozent aller Ausfuhren, wobei sich Menges schon in den sechziger Jahren darum bemüht hatte, den Anteil des Handels mit den Staaten des „Rats für gegenseitige Wirtschaftshilfe" (RGW) zu steigern.[45] Dem Wein der GHH kam dabei anscheinend eine kleine, aber durchaus feine Rolle zu.

Nähme man den lapidaren Ton einer Versandanweisung als Ausweis von Routine, dann dürfte es kein einmaliges Ereignis gewesen sein, dass wenige Tage vor dem Weihnachtsfest des Jahres 1976 fünf Flaschen „recht guten" Weins an den Leiter der in Köln ansässigen Außenhandelsvertretung der UdSSR auf den Weg gebracht werden sollten. Mit gleicher Post ließ Manfred Lennings, der neue Vorstandsvorsitzende der GHH, je zwanzig Flaschen „gemischt, aber überwiegend gute Sorten" packen. Diese Sendungen waren für zwei in Moskau wohnende Deutsche bestimmt. Mutmaßlich handelte es sich hier wie dort um Personen, die bei der Anbahnung beziehungsweise der Abwicklung von Ausrüstungsinvestitionen in die marode Wirtschaft der Sowjetunion gute Dienste leisten konnten.[46]

In dieselbe Richtung weist eine Einladung aus dem Jahr 1977, mit der Botschafter mehrerer lateinamerikanischer Länder zu einer Weinprobe in Nierstein gebeten wurden. Ausgesprochen wurde die Einladung vom Vorstand der Ferrostaal in Essen, also einem Unternehmen der GHH, das in Lateinamerika seit Jahrzehnten aktiv war.[47] Dass die Deutschen es Mitte der siebziger Jahre in Argentinien, Brasilien, Chile und Uruguay mit Militärdiktaturen zu tun hatten, war (nicht nur) aus dieser Perspektive eine zu vernachlässigende Größe.

Oder sollte man sich rückblickend vielleicht darüber empören, dass der Vorstand von Ferrostaal unter dem Datum des 30. November 1977 nichts dabei fand, je zehn Flaschen 1976er Niersteiner Auflangen Riesling Spätlese und 1976er Niersteiner Hipping Riesling Auslese zu Händen zahlreicher Botschafter amerikanischer, asiatischer und osteuropäischer Länder zu ordern, darunter die Botschafter auch vieler Länder Süd- und Mittelamerikas.[48] Im folgenden Jahr wurde unter den Augen der Weltöffentlichkeit die Fußball-Weltmeisterschaft in Argentinien ausgetragen – und damit in einem Land, in dem die Militärs seit Jahren missliebige Personen folterten, töteten und verschwinden ließen. Die meisten Bürger in Deutschland nahmen daran keinen Anstoß, von den Fußballfunktionären gar nicht erst zu reden.

10 Auf sehr hohes Niveau gebracht

Warum ein Wein aus Nierstein zu den hundert besten Rieslingen der Welt gezählt wurde und wie die MAN sich dennoch von dem Weingut St. Antony trennte

Man schrieb den 6. Mai 1995. Im festlich geschmückten Innenhof des Weingutes St. Antony in Nierstein wurden zu einem abendlichen Menü Weine serviert, wie sie so unterschiedliche Charaktere wie den englischen Weinkritiker Stuart Pigott und den „Vinum"-Redakteur und „GaultMillau-WeinGuide"-Verkoster Rudolf Knoll ins Schwärmen gebracht hatten: Sieben Weine wurden präsentiert, angefangen mit dem einfachsten und jüngsten, einem 1993er Niersteiner Auflangen Riesling Kabinett, über mehrere trockene Spätlesen der Jahrgänge 1993, 1992 und 1991 aus dem Orbel, dem Oelberg, dem Hippingsowie dem Pettenthal bis zu einer leicht gereiften edelsüßen Auslese des Jahrgangs 1989 aus dem Oelberg und einer 1992er Pettenthal Riesling Trockenbeerenauslese.[1]

„Anfang der 90er Jahre gab es hier großartige Weine", hieß es rückblickend im WeinGuide für das Jahr 2001.[2] Wer es genauer wissen wollte, der konnte in einem Buch nachschlagen, das 1997 erschienen war. Unter den Probiernotizen aus dem Weingut St. Antony war über die 1992er Spätlese trocken aus dem Orbel zu lesen: „Ein großzügiger Prunksaal ohne jegliche Übertreibung in der Inneneinrichtung, in dem überall Stoffe, Messing und Silber glänzen" (93 Punkte).[3] Wer dieser Sprache nicht traute, dem bot Stuart Pigott einen anderen Schlüssel zum Verständnis der Klasse dieses Weines. 1994 seien auf der Wiener Weinmesse VINOVA mehr als 70 trockene Rieslinge aus der ganzen Welt verkostet worden – und die Orbel Spätlese auf den dritten Platz gesetzt worden. Auch Rudolf Knoll hatte schon früh nicht mit Lob für diesen Wein gespart: „Rauchiger Stachelbeerduft, generöse Fruchtfülle, nachhaltige Pikanz (16/20)", so beurteilte er diese trockene Spätlese im WeinGuide des Jahres 1994.[4]

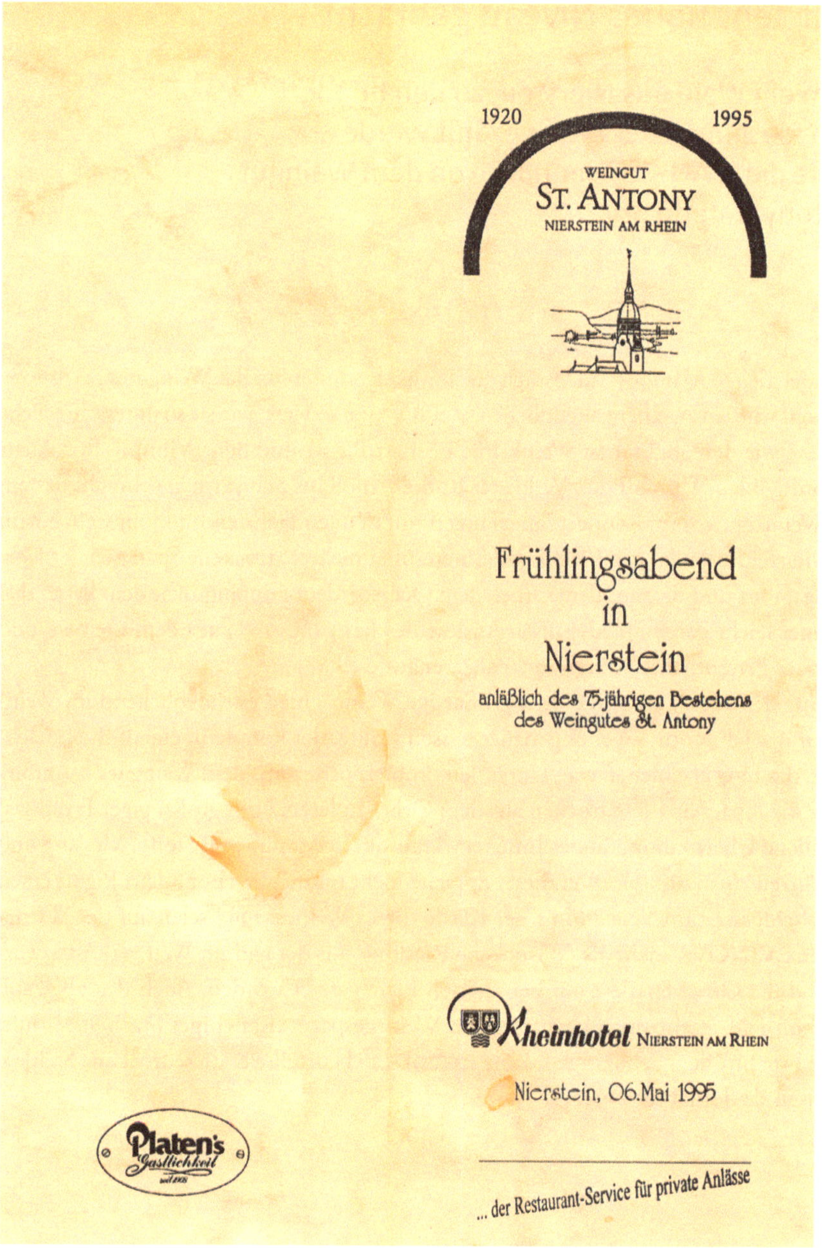

Abb. 45 Unter dem Bogen der MAN: Menü aus Anlass des 75jährigen Bestehens des nunmehrigen Weingutes St. Antony.

1986er Niersteiner Paterberg
-Silvaner Sekt Extra brut-

Weine

1993er Niersteiner Auflangen
Riesling Kabinett
-trocken-

1991er Niersteiner Oelberg
Riesling Spätlese
-trocken-

1992er Niersteiner Orbel
Riesling Spätlese
-trocken-

1993er Niersteiner Hipping
Riesling Spätlese
-trocken-

1989er Niersteiner Oelberg
Riesling Auslese
-edelsüß-

1991er Niersteiner Pettenthal
Riesling Spätlese
-trocken-

1992er Niersteiner Pettenthal
Riesling
Trockenbeerenauslese

1920 1995
Weingut
St. Antony
Nierstein am Rhein

Menü

Terrinenduett
von
Lachs und Zander
-aus eigener Fertigung-
französisches Weißbrot
Buttersternchen

Niersteiner Sauerampfersuppe

Glacierter Kalbsrücken
Frischer heimischer Stangenspargel
Neue Kartoffeln
Sauce Hollandaise

Kleine Käsevariation
Brot und Butter

Halbgefrorenes von „St. Antonys"
Trockenbeerenauslese

Kaffee

Friandises

Ein Frühlingsabend am Rhein

Ähnliche Geschmackseindrücke dürften die Gäste von jenem heiteren Abend in Nierstein davongetragen haben, darunter der gesamte Vorstand der MAN, der nach einer Sitzung in Oberhausen am Rhein Station gemacht hatte – und das aus gutem Grund, war es doch „ihr" Weingut, das 1995 stolze 75 Jahre alt geworden war. Das musste gefeiert werden. Rudolf Knoll, der Herausgeber von „Vinum", die Vizepräsidentin von Slow-Food Deutschland Gisela Pöhler und Michalskys akademischer Lehrer Professor Wilhelm Kiefer, der Leiter des Instituts für Weinbau an der Fachhochschule Geisenheim, hielten Festvorträge, die Gäste erkundeten den Roten Hang zu Lande und vom Wasser aus, der Vorstandsvorsitzende der MAN Dr. Klaus Götte stiftete als „Jubiläumsfass" ein mehr als 2400 Liter fassendes sogenanntes Doppelstück – und es wurde getafelt und getrunken, was der Keller des Weinguts und die Küche des Rheinhotels hergaben. Doch St. Antony war nicht nur schon so alt, sondern auch jünger denn je.

Dies hatte nicht alleine damit zu tun, dass das ehemalige Weingut Nierstein der GHH wenige Jahre zuvor den Namen gewechselt hatte. Die Tage der Gutehoffnungshütte in Oberhausen, unter deren Namen das Niersteiner Weingut seit 1920 firmiert hatte, waren gezählt. Anfang der achtziger Jahre hatte die GHH-Gruppe noch Anteile an rund 260 Unternehmen im In- und Ausland gehalten und alleine in der Bundesrepublik mit etwa 87.000 Beschäftigten einen Umsatz von fast 19 Milliarden Mark erwirtschaftet.[5] Doch der „föderale" Aufbau des Konzerns, der viele Doppelstrukturen mit sich brachte, erwies sich in den Augen neuer Großaktionäre wie dem Versicherungskonzern Allianz und der Commerzbank als nicht mehr zeitgemäß. Nach mehrjährigen Vorbereitungen durch den seit 1983 amtierenden Vorstandsvorsitzenden Klaus Götte waren der GHH Aktienverein zum 1. Januar 1986 auf die seit den 1920er Jahren zu dem Konzern gehörende MAN verschmolzen und der Sitz der neuen Obergesellschaft von Oberhausen nach München verlegt worden.[6]

In der Folge musste für das alte Weingut ein neuer Name gefunden werden. In Erinnerung an die erste Eisenhütte des späteren Ruhrgebiets namens St. Antony, aus der im 19. Jahrhundert die GHH hervorgegangen war, sollte das Weingut fortan „St. Antony" heißen – so hatte es laut Auskunft von Alexander Michalsky ein ehemaliger Thyssen-Manager namens Dr. Friedrich Clever entschieden, der in den achtziger Jahren bei der MAN für das Weingut zuständig war. Das Musteretikett zeigte aber nicht die Silhouette der ältesten Eisenhütte des Ruhrgebiets, aus der die GHH hervorgegangen war, sondern den Turm der evangelischen Martinskirche in Nierstein, der von dem MAN-Bogen überwölbt wurde.

Wie es zu diesen Entscheidungen kam, lässt sich anhand der in Köln und Augsburg archivierten Akten nicht rekonstruieren. Auch schriftliche und mündliche Überlieferungen

Abb. 46 Namensgebend: Die älteste Eisenhütte des Ruhrgebiets

lassen sich für diese Zeit nicht vollumfänglich heranziehen – zumal sich diese Vorgänge weitgehend unterhalb der Wahrnehmungsschwelle der Öffentlichkeit abspielten. Das lag nicht nur daran, dass es in den achtziger Jahren erst wenige Weinzeitschriften gab, die über die Fachwelt hinaus eine breite, weinaffine Leserschaft ansprachen. Auch die Zeit der Weinführer wie dem „GaultMillau WeinGuide", von „Eichelmann" oder „Falstaff" war noch nicht gekommen. Diese sollten erst in den neunziger Jahren Furore machen, wenn nicht noch später. Und wenn es sie gegeben hätte, so wären die Weine des Weingutes St. Antony womöglich unbeachtet geblieben. Denn auch nach dem altersbedingten Ausscheiden Vygens in den achtziger Jahren wurden sie weiterhin überwiegend innerhalb des Konzerns abgesetzt.

Zu dieser Binnenorientierung passte es, dass sich das Weingut der GHH in den siebziger und achtziger Jahren keiner jener Vereinigungen anschloss, die sich eine Rückbesinnung auf jene Weinkultur auf die Fahnen geschrieben hatten, in der Spitzenweine aus Deutschland vor noch nicht allzu langer Zeit auf Augenhöhe mit den besten Gewächsen aus Frankreich gesehen worden waren. Weder war das Weingut der GHH Mitglied der 1974 von dem Niersteiner Weingutsbesitzer Peter von Weymarn (Weingut Heyl zu Herrnsheim) ins Leben gerufenen „Vereinigung Rheinhessischer Riesling-Erzeuger", aus der die „Mainzer Weinbörse" hervorgehen sollte,[7] noch hatte sich Horst Michalsky um die Mitgliedschaft in dem Regionalverband Rheinhessen des Verbands der Prädikatsweingüter (VDP) bemüht, der in den frühen siebziger Jahren aus den Überresten des traditionsreichen, 1910 gegründeten „Verbands deutscher Naturweinversteigerer" (VDNV) entstanden war.[8] Die Gutehoffnungshütte wollte mit ihrem Weinen nicht auf den Markt gehen. Erst 1990 und damit in der Ära der MAN/Clever wurde das nunmehrige Weingut St. Antony in den VDP Rheinhessen aufgenommen.

All dies trug dazu bei, dass die GHH-Weine noch lange über die Mitte der achtziger Jahre hinaus nicht in den Blick gerieten, wenn von deutschen Spitzenweinen im Allgemeinen oder von rheinhessischen oder gar Niersteiner Rieslingen im Besonderen die Rede war.

So bot die zweite, von Serena Sutcliffe verantwortete Auflage des voluminösen Klassikers „Wines of the World" von André Simon im Jahr 1981 zwar Informationen über den Weinbau in allen deutschen Anbaugebieten von der Ahr bis nach Württemberg, die ausführlicher und präziser waren als alles, was von deutschen Autoren damals publiziert wurde. Doch auf den sechs Seiten, die Rheinhessen gewidmet waren, fehlte jeder Hinweis auf das Weingut der GHH beziehungsweise nunmehr der MAN. Dabei widmete sich Ian Jamieson, der Verfasser des 84 Seiten umfassenden Kapitels über deutschen Wein, im Abschnitt Rheinhessen ausschließlich Weingütern von der Rheinfront. Folgt man seiner Darstellung, dann gab es Qualitätswein fast nur in Nierstein: Auf sieben Betriebe aus Nierstein (Gustav Adolf Schmitt, Geschwister Schuch, Louis Guntrum, Strub, Balbach Erben, Franz Karl Schmitt, Seip) nur ein Betrieb aus einem anderen Ort, nämlich aus Oppenheim (Sittmann).[9]

Einen ähnlichen Akzent setzte Hugh Johnson in seiner 1985 auf Deutsch erschienenen ersten Auflage des „Atlas of German Wines". Er führte zwar deutlich mehr Weingüter der Anbauregion Rheinhessen auf als Jamieson vier Jahre zuvor. Doch fehlten auch bei ihm das Weingut Gunderloch in Nackenheim und die Niersteiner Weingüter Heyl zu Herrnsheim und GHH/St. Antony. Den traditionsreichen Weinbau in Nierstein repräsentierten nach wie vor die Weindynastien Schmitt und Senfter.[10] In Weinzeitschriften war um diese Zeit mitunter von den Weingütern Heyl zu Herrnsheim, Heinrich Braun, Balbach Erben sowie Weingut/Weinkellerei Louis Guntrum zu lesen.[11]

Die Rheinfront im Allgemeinen und Nierstein im Besonderen dominierten auch noch die Wahrnehmung Rheinhessens später bei der Versteigerung deutscher Spitzenweine, die der VDP am 28. September 1991 im Kurhaus in Wiesbaden abhielt. Das Weingut Reinhold

Abb. 47 Anschaulich: Vitrine im Lesesaal des Rheinisch-Westfälischen Wirtschaftsarchivs in Köln.

Senfter zeigte eine 1969er Niersteiner Auflangen Riesling und Ruländer feinste Auslese sowie als Rarität eine 1915er Niersteiner Rehbach Spätlese mit einem Original Steindruck-Etikett. Immerhin war Heyl zu Herrnsheim mit dem „letzten Bestand" der 1971er Niersteiner Auflangen Riesling Beerenauslese vertreten.[12]

Dabei hatten sich an der gesamten Rheinfront längst grundstürzende Veränderungen abgezeichnet. Die Flurbereinigung, die in den siebziger Jahren eingesetzt hatte, war für viele Traditionsbetriebe das Signal, sich von vielen arbeitsintensiven Parzellen in dem Steilhang zwischen Schwabsburg und Nackenheim zu trennen. Für den wirtschaftlichen Erfolg garantierten überall in Rheinhessen die ergiebigen Flachlagen und die dort erzeugten Weine, die als Niersteiner Gutes Domtal, Oppenheimer Krötenbrunnen oder auch Liebfraumilch/Liebfrauenmilch um die Welt gingen. Die Niersteiner Traditionsbetriebe konnten überdies die klingenden Lagennamen Auflangen und Rehbach mit Weinen kapitalisieren, die nur zu einem Bruchteil aus den eigentlichen Niersteiner Spitzenlagen kamen. Doch was in den siebziger Jahren als wirtschaftlicher Königsweg galt, erwies sich kaum zehn Jahre später als Sackgasse. Als in der zweiten Hälfte der achtziger Jahre deutscher Billigwein nach mehreren Massenernten und zahlreichen Weinskandalen immer schwerer verkäuflich wurde, war es um dieses Geschäftsmodell und dessen Protagonisten auch in Nierstein geschehen.

Versuch und Irrtum

Unter dem Eindruck des Glykol-Skandals des Jahres 1985[13] ging auch im Weingut der GHH/MAN der Absatz zunächst zurück. „Als Reaktion verschickten wir ein Schreiben, in dem wir unsere Weinerzeugung darstellten und unsere Gesetzestreue beteuerten", erinnert sich Alex Michalsky. Doch das reichte nicht aus. „Auf Wunsch unserer vorgesetzten Stelle druckten wir für eine gewisse Zeit ein Reinheitsetikett. Dieses war auf weißem Hochglanzpapier schwarz bedruckt und hatte einen schmalen grünen Rand, wie es den Konzernfarben der GHH schwarz, weiß, grün entsprach."

Wenn sich die Auswirkungen des Skandals auf das dem Namen nach junge Weingut St. Antony insgesamt in engen Grenzen hielten, so lag dies aber auch daran, dass die Weine nicht mehr ausschließlich innerhalb des Mutterunternehmens abgesetzt wurden. Bald nach dem Übergang an die MAN wurde es möglich, die Niersteiner Weine auch in Nierstein selbst zu erstehen. Der Weinfachhandel tat sich indes noch lange schwer damit, St-Antony-Weine in sein Sortiment aufzunehmen. „Wir galten immer als Außenseiter", sagt Alex Michalsky rückblickend.

Ein Außenseiter war der promovierte Agrarwissenschaftler auch dahingehend, dass er den Sirenengesängen der „sweet-and-cheap"-Propagandisten nie erlegen war. Im Laufe des Jahres 1977 hatte Michalsky, der bis zu seinem sechsten Lebensjahr im rheinhessischen Eimsheim gelebt und seine Schulzeit in Nierstein verbracht hatte, die Verantwortung für das Weingut der GHH übernommen. Alex, wie der hochgewachsene, 1946 geborene Betriebsleiter genannt wurde, wollte von Beginn an neue Wege beschreiten – aber keine, die in die Irre führten: „Trocken" ausgebaute Weine sollten das Spektrum der großen Weine vom Rhein erweitern – aber nicht auf Kosten, sondern auf demselben Qualitätsniveau wie dem des „klassischen" frucht- und edelsüßen Rheinweins.

Alleine auf dieser Reise ins Ungewisse war Michalsky nicht. Ohne seine Frau Ute, einer aus dem Vogelsberg stammenden, promovierten Ernährungswissenschaftlerin, die in den Räumen des Weingutes bald ein eigenes Weinlabor betrieb, wäre er diesen Weg kaum gegangen. Gemeinsam mussten sie durch Versuch und Irrtum herausfinden, wie man Riesling trocken ausbaut, ohne dass schlecht eingebundene Säure das Geschmackserlebnis dominierte.

Viele Vorbilder, an denen die Michalskys sich ausgangs der siebziger Jahre hätten orientieren können, gab es im deutschen Weinbau nicht. So hatte auch Erwein Graf Matuschka-Greiffenclau, seit 1974 Vorsitzender des Verbands der Prädikatsweingüter, verstanden, dass auf der bisherigen Weise, deutsche Weine zu erzeugen, nicht der größtmögliche Segen lag. Vor allem als Essensbegleiter taugten schwere Weine mit viel Restzucker nicht. Der Eigentümer von Schloss Vollrads im Rheingau versuchte daraufhin von den späten siebziger Jahren an als einer der ersten, wenn nicht als erster namhafter Weingutsbesitzer in Deutschland, trocken ausgebaute Rieslinge salonfähig zu machen. Aber die Rheingauer Rieslinge mit ihrer oft spitzen Säure waren für Experimente dieser Art nur bedingt geeignet.

Auf den roten, stark eisenhaltigen Böden der Rheinfront in Rheinhessen waren die Voraussetzungen für Experimente dieser Art besser. Peter von Weymarn etwa, der Vorgänger Matuschka-Greiffenclaus im Amt des VDP-Präsidenten und Inhaber des Weingutes Heyl zu Herrnsheim hatte schon in den frühen siebziger Jahren mit trocken ausgebauten Weinen aus „großen Lagen" experimentiert. Dass diese Versuche unter den Bedingungen der zweiten Hälfte der siebziger und auch der achtziger Jahre mit ihren oft qualitativ geringen Jahrgängen nur begrenzt erfolgreich waren, gehört zur Tragik dieser Zeit und ihrer Protagonisten. Umso mehr nötigt die Weitsicht der beiden Männer bis heute Bewunderung ab.

Doch während Matuschka-Greiffenclau und Peter von Weymarn über beste Rebflächen verfügten, um zumindest in den wenigen guten Jahren trockene Rieslinge zu erzeugen, die es mit dem klassischen frucht- und edelsüßen Weinen hatten aufnehmen können, fehlte es dem Weingut der GHH bis in die siebziger Jahre hinein an „terroir", jedenfalls in nennenswertem Umfang. Daher sann Alex Michalsky früh darauf an, den Weinbergsbesitz der Gutehoffnungshütte über die wenigen Parzellen in den Spitzenlagen Orbel, Oelberg und Auflangen hinaus, die in den fünfziger Jahren erworben worden waren, um beste Flächen in den Hanglagen entlang der Rheinfront zu vergrößern. Die Flurbereinigung, die Mitte der siebziger Jahre an der Rheinfront einsetzte, kam dabei wie gerufen. „Die Niersteiner taten nichts lieber, als Steillagen abzugeben", erinnert sich Michalsky.

Die alten und neuen Eigentümer des Weinguts standen dieser Strategie nicht im Weg. Unter Vygens Nachfolger Jürgen Grewe, der noch bei der GHH in Oberhausen angestellt war, wurden beste Parzellen in der Lage Oelberg erworben. Als sich Friedrich Clever von München aus um das nunmehrige Weingut St. Antony kümmerte, war es für Michalsky ein Leichtes, ihn für großzügige Erweiterungen der Rebflächen zu gewinnen. Neben Parzellen, mit denen die angestammten Flächen in den Spitzenlagen arrondiert werden konnten, hatte es dem Betriebsleiter auch die die an Nackenheim grenzende und damit am weitesten entfernten Lage Pettenthal angetan.

Dass Michalsky gezielt nach Rebflächen unmittelbar an der Rheinfront sowie in den ebenfalls aus Rotliegendem bestehenden Hängen im Ortsbereich suchte, war ihm nicht in die Wiege gelegt. Während des Studiums der Oenologie in Geisenheim hatte er gelernt, dass agrarmetereologischen Untersuchungen zufolge die Lage keinen Einfluss auf das Geschmacksbild eines Weines haben könne. Diese Lehrmeinung schien ihm schon beim Verkosten der Weine, die sein Vater in den Lagen Orbel und Oelberg erzeugte, nicht plausibel. Auch die Weine aus klassifizierten Lagen aus der Bourgogne, die in dem französischen Carrefour-Supermarkt in Mainz zu erstehen waren, sowie die Pinots aus Gevrey-Chambertin, die in der Partnerstadt Niersteins während der Winzerfeste verkostet werden konnten, sprachen eine andere Sprache. Doch nach der Übernahme des Weingutes im Jahr 1977 galt es erst einmal, die neu erworbenen Parzellen zu arrondieren beziehungsweise so umzubauen, dass möglichst moderne Schmalspurschlepper eingesetzt werden konnten. Die Bewirtschaftungskosten konnten auf diese Weise erheblich gesenkt werden.

Doch Rebflächen waren das eine, der Wille und auch die Mittel und Wege, Spitzenweine zu erzeugen, waren das andere. So war es im Weinbau in Deutschland in den siebziger und verstärkt in den achtziger Jahren in Mode gekommen, auch Weine aus Spitzenlagen nicht mehr langsam im Holzfass auszubauen, sondern in Edelstahltanks. Dahinter stand die Idee, mit Hilfe von Reinzuchthefen primärfruchtbetonte Weine zu erzeugen, die früh trinkreif waren. Unplausibel war diese Strategie nicht, konnten die sich im Edelstahl ausgebauten Weine mal mehr, mal weniger wohltuend von uninspirierten, nach übermäßig langem Ausbau im Holzfass spannungsarmen und nicht selten unsauberen, wenn nicht mit Fehltönen behafteten Weinen abheben.

Vor diesem Hintergrund hatte sich auch Horst Michalsky in den letzten Jahren als Betriebsleiter mit der Idee getragen, den langsamen Ausbau im Holzfass zugunsten der schnellen Vergärung in Edelstahltanks aufzugeben – zumal er als gelernter Landwirt ohnehin auf die Arbeit im Weinberg mehr Wert legte als auf den Ausbau der Weine, für den ein bewährter Kellermeister die Verantwortung trug. Ganz aber wollte Michalsky sich nicht von den Holzfässern trennen, weil er Gästen einen Keller zeigen wollte, der mit schmucken Stück- und Doppelstückfässern zu beeindrucken wusste – zum Glück.

Die erste Lehrstunde für Alex und Ute Michalsky kam mit dem Herbst des Jahres 1980. Die Mostgewichte waren niedrig, die Erträge ebenso. Gleichwohl wurden die Moste so vergoren, dass kein Zucker übrigblieb. Einige Zeit nach der Flaschenfüllung stellte sich zu beiderseitigem Erstaunen heraus, dass die Weine sich sehr konzentriert und dabei gar nicht unharmonisch probierten. Bald entstand aus diesem Zufallsergebnis der Plan, die Erntemenge durch geringen Anschnitt und das Entfernen eines Teils der Trauben im Sommer gezielt zu reduzieren. In den Spitzenlagen, so die Idee, sollte der Ertrag auf

5000 Liter je Hektar begrenzt werden – so ließen sich womöglich trockene, aber extraktreiche Weine erzeugen, denen es nach einem langsamen Ausbau und längerem Flaschenlager an nichts fehlte.

Als Michalsky Ende der achtziger Jahre mit dieser sogenannten grünen Lese begann und gezielt Trauben abscheiden ließ, war er der erste Winzer in Nierstein, der diesen Weg ging. Noch heute erinnert er sich daran, dass er damals von nicht wenigen Kollegen für nicht ganz zurechnungsfähig erklärt wurde. Rückblickend verkörperte Michalsky indes zusammen mit Peter von Weymarn die erste Generation von Niersteiner Winzern, die den Wein nicht im Keller „machten", sondern die die Weinberge „machen ließen".

Der Jahrgang 1982 brachte eine weitere extreme Erfahrung mit sich. Die Erträge waren enorm hoch, zugleich fanden sich im Lesegut viele faule Trauben. Michalsky bewog einen Installateur dazu, die Edelstahltanks, in denen die Moste in einer ersten Phase vergoren wurden, mit einer Wasserkühlung zu versehen. Durch die Senkung der Temperatur des Mostes sollte die Gärung weniger stürmisch verlaufen und das Wenige, was an Frucht möglich war, zur Geltung gebracht werden. Nach der Füllung boten die 1982er mit einer für den Jahrgang vollkommen untypischen Frucht ein erstaunliches Geschmacksbild. Für die alten Kellermeister war dieser Schritt eine Revolution, aber eine, die ein glückliches Ende nahm. Später mündete diese Zufallsanordnung in den Plan, die Moste zunächst im Edelstahl und damit gezügelt zu vergären. Nach dem ersten Abstich wurden sie mit 20 bis 30 Gramm Restzucker in Holzfässer umgelagert, wo sich die Jungweine langsam klären und durch das lange Lager auf der Feinhefe den Schliff bekommen konnten, den sie brauchten, um das Potenzial der Niersteiner Spitzenlagen in vielleicht nie dagewesener Weise zu realisieren.

Neue und unerwartete Dimensionen

Unter der angestammten Kundschaft des Weingutes stieß die neue Stilistik zunächst nicht auf große Gegenliebe. Doch Weinkritik war bald zur Stelle – und vollkommen überrascht. „Die St.-Antony-Weine des Jahrgangs 1989, die ich bei meinem ersten Besuch verkostete, eröffneten mir eine vollkommen neue und unerwartete Dimension des trockenen deutschen Rieslings", erinnerte sich Stuart Pigott einige Jahre später.[14] Der Engländer, der an der Mosel seine Liebe zum Riesling entdeckt hatte, fühlte sich im Weingut St. Antony an die schon damals legendären Rieslinge aus der Wachau erinnert. Diese Weine von der Donau standen in „dramatischem Gegensatz zu den oft mageren, säurebetonten Weinen … die damals für trockene deutsche Rieslinge typisch waren. Die Wachauer waren reichhaltige Weine mit seidiger Säurestruktur, die ihnen eine verführerische Harmonie verlieh und sie über nahezu alles stellte, das in dieser Art in Deutschland geboten wurde". Michalskys Rieslinge waren in Deutschland die Ausnahme: „Plötzlich fand ich mit den St.-Antony-Rieslingen des Jahrgangs 1989 weit von der Wachau entfernt Weine, die eine ähnliche Harmonie besaßen."[15]

Doch wie war Alexander Michalsky angesichts der Jahrgangskapriolen der achtziger Jahre und der eher schlechten Erfahrungen mit trockenen Weißweinen überhaupt dazu gekommen, in den achtziger Jahren auf durchgegorene Rieslinge zu setzen? Sicher war er akademisch für die Leitung des Weingutes der Gutehoffnungshütte bestens ausgebildet. Auch hatte er seit seinem sechsten Lebensjahr unmittelbar neben dem Weingut in dem Haus gewohnt, das für den Betriebsleiter vorgesehen war. Dort sah er nicht nur viele kommen und gehen, die sich für die Weine interessierten, für die sein Vater Horst seit 1953 verantwortlich zeichnete. Auch die Rheinweine selbst lernte Alexander schon früh kennen, nicht zuletzt im Haus seines Schwiegervaters Hans Herberg. Der schätzte, so erinnert sich Alexander Michalsky, Riesling aus dem Rheingau über alles. Die Weine des Rotliegenden liebte er aber fast ebenso. „Bei Familienfeiern musste immer ein Auflangen aus dem Weingut F. J. Sander aufgetischt werden, in dem Herberg einst gearbeitet hatte und in dem er seine Frau kennengelernt hatte. Dieser wurde dann mit großem Weinsachverstand beschrieben. Meist waren diese Weine allerdings edelsüß."

Die Aussicht, nach einer ersten Phase der krankheitsbedingten Unterstützung seines Vaters vielleicht ganz in dessen Fußstapfen zu treten, schreckte Michalsky nicht, auch wenn er lange Zeit davon geträumt hatte, nach dem Studium zunächst in die Entwicklungshilfe zu gehen. Allerdings war ihm von Beginn klar, dass er vieles anders machen würde und wohl auch müsste als sein Vater. Dieser hatte bis zum Ende an dem Prinzip festgehalten, die Weine bis auf ganz wenige Ausnahmen restsüß auszubauen. Doch so sehr die „harmonischen", will sagen mehr oder weniger fruchtigen Weine in den fünfziger und sechziger Jahren gefragt waren und dem Weingut der GHH sagenhafte Gewinne beschert hatten, so sehr hatte sich der Wind schon zu Beginn der siebziger Jahre zu drehen begonnen. Die „Zuckerzeiten" neigten sich ihrem Ende zu.[16]

Wenn es in der Literatur über die jüngste Geschichte des deutschen Weinbaus an Belegen für diese Trendwende fehlt, so sind sie in den Akten zu finden, die über die Geschicke des Weinguts der GHH Auskunft geben können. Aus der Mitte der siebziger Jahre etwa haben sich mehrere Erfahrungsberichte erhalten, in denen Vygen seine Bemühungen schilderte, den Verkauf der Niersteiner Weine innerhalb des Konzerns zu forcieren – etwa bei der Schloemann-Siemag im siegerländischen Hilchenbach. Von dort aus ließ ihn Ende Oktober 1976 der Werksdirektor Helmut Kohlrausch wissen: „Die Aufnahme des Erzeugnisses des Weingutes Nierstein in unser hiesiges Casino habe ich schon mehrfach mit dem Leiter unserer Werksküche, Herrn Günter Hinz, besprochen. Bisher bin

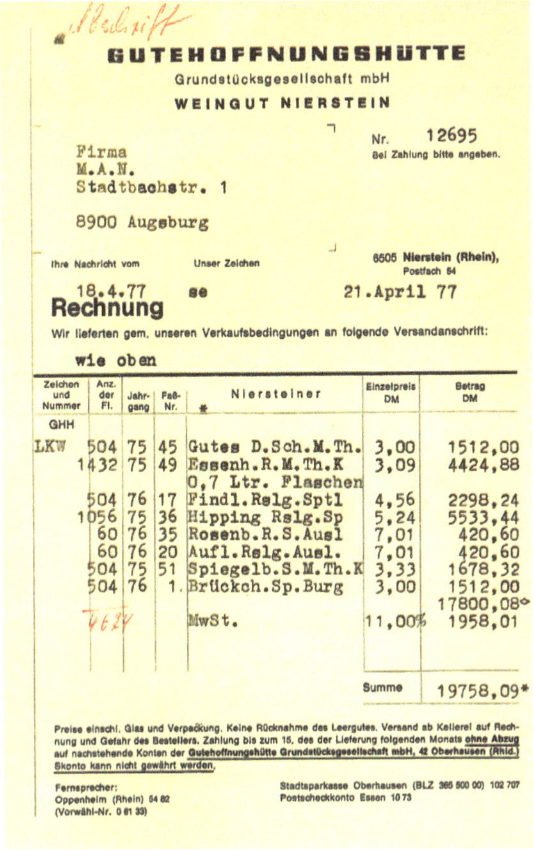
Abschrift

GUTEHOFFNUNGSHÜTTE
Grundstücksgesellschaft mbH
WEINGUT NIERSTEIN

Nr. 12695
Bei Zahlung bitte angeben.

Firma
M.A.N.
Stadtbachstr. 1

8900 Augsburg

6505 Nierstein (Rhein),
Postfach 54

Ihre Nachricht vom 18.4.77 Unser Zeichen se 21.April 77

Rechnung

Wir lieferten gem. unseren Verkaufsbedingungen an folgende Versandanschrift:

wie oben

Zeichen und Nummer	Anz. der Fl.	Jahrgang	Faß-Nr.	Niersteiner	Einzelpreis DM	Betrag DM
GHH						
LKW	504	75	45	Gutes D.Sch.M.Th.	3,00	1512,00
	1432	75	49	Essenh.R.M.Th.K	3,09	4424,88
				0,7 Ltr. Flaschen		
	504	76	17	Findl.Rslg.Sptl	4,56	2298,24
	1056	75	36	Hipping Rslg.Sp	5,24	5533,44
	60	76	35	Rosenb.R.S.Ausl	7,01	420,60
	60	76	20	Aufl.Rslg.Ausl.	7,01	420,60
	504	75	51	Spiegelb.S.M.Th.K	3,33	1678,32
	504	76	1.	Brückch.Sp.Burg	3,00	1512,00
						17800,08◇
				MwSt.	11,00%	1958,01
					Summe	19758,09*

Preise einschl. Glas und Verpackung. Keine Rücknahme des Leergutes. Versand ab Kellerei auf Rechnung und Gefahr des Bestellers. Zahlung bis zum 15. des der Lieferung folgenden Monats ohne Abzug auf nachstehende Konten der Gutehoffnungshütte Grundstücksgesellschaft mbH, 42 Oberhausen (Rhld.) Skonto kann nicht gewährt werden.

Fernsprecher:
Oppenheim (Rhein) 54 82
(Vorwähl-Nr. 0 61 33)

Stadtsparkasse Oberhausen (BLZ 365 500 00) 102 707
Postscheckkonto Essen 10 73

Abb. 48 Süßweine: Auch in den Werkskantinen der MAN wurde GHH-Wein in großen Mengen umgesetzt.

ich dort – um ganz ehrlich zu sein – nicht auf sehr viel Gegenliebe gestoßen.“[17] Erstens, so Kohlrausch, werde im Siegerland grundsätzlich mehr Bier als Wein getrunken. Die Weintrinker wiederum bevorzugten zu rund 90 Prozent die etwas herberen (!) Weine von der Mosel. Dorthin bestünden langjährige enge Geschäftsbeziehungen, so dass das Casino des Unternehmens zu Preisen beliefert werde, die deutlich unter denen des Weingutes Nierstein lägen.

Auch in Nürnberg wurde in der Kantine der MAN anfangs der 1970er Jahre viel Wein umgesetzt, auf dessen Flaschen der Name des Weingutes Nierstein der Gutehoffnungshütte zu lesen war. „Sie wissen, dass wir in unserer Kantine an die Belegschaft des Werkes Nürnberg jährlich etwa 8 000 bis 10.000 Flaschen Wein GGH-Weingutes Nierstein verkaufen“, schrieb Werner Weingarten unter dem Datum des 1. Februar 1977 an Vygen. „Der Wein ist hier gut eingeführt und erfreut sich wegen seines harmonischen

Geschmacks großer Beliebtheit. Wir wollen an diesem Zustand auch nichts ändern, solange wir preislich zurechtkommen." Vygen war dieser Absatzkanal aber offenbar nicht ausreichend. „Um nun auf Ihren Vorschlag einzugehen," schrieb Weingarten, „bitte ich um Überlassung von etwa 200 Preislisten, die wir an die leitenden Angestellten des Werkes Nürnberg weitergeben werden ... Wir wären bereit, in beschränktem Umfang eine Zwischenlagerung vorzunehmen und die Empfänger zu verständigen, damit der Wein abgeholt wird ... In dieser Weise könnte ich mir eine Unterstützung ihrer Bestrebungen vorstellen."[18]

Im Hintergrund dieser „Bestrebungen" stand eine durchaus unerfreuliche Entwicklung. Großabnehmern wie etwa der MAN bot das Weingut der Gutehoffnungshütte Weine zu Großhandelspreisen und mit entsprechenden Mengenrabatten an. Nicht immer handelte es sich dabei um Weine aus eigenen Weinbergen. Fehlte es in einem Jahr wie 1975 an ausreichenden Mengen, wurden vermehrt oder auch ausschließlich zugekaufte Weine eingesetzt. Um die Rentabilität dieses Geschäftes stand es jedoch nicht immer zum Besten, wie Vygen im November 1976 eingestand. So habe der Umsatz mit Großabnehmern, also solchen Betrieben, die für mehr als 3000 Mark Aufträge erteilt hätten, in den Monaten Juli bis Oktober 1976 annähernd 80.000 Mark betragen, was ein Viertel des Gesamtumsatzes ausgemacht habe. Allerdings liege der mengenmäßige Anteil bei etwa ein Drittel der insgesamt gut 75.000 verkauften Flaschen. Will sagen: Über die Großabnehmer wurden überwiegend Weine der unteren Preisgruppen verkauft, und dies über alle drei Jahrgänge von 1973 bis 1975 hinweg. Tatsächlich, so erinnert sich Alexander Michalsky, musste sich das Weingut besonders bei dem wichtigen Kantinengeschäft gegen „Billiganbieter" behaupten – was kleine, flexible Familienbetriebe ihm gegenüber in Vorteil brachte: „Langwieriges Feilschen mit den Einkäufern war keine Seltenheit."

Fast 50 Prozent der verkauften Flaschen, so war einer detaillierten Auflistung Vygens zu entnehmen, kosteten zwischen 2,50 und 2,99 Mark[19] – was rückblickend mit dem Mythos aufräumen könnte, dass es die Discounter gewesen seien, die immer schon Weine über niedrige Preise in den Markt gedrückt hätten: Wenn dort, wo Weintrinker eine Auswahl hatten, die von einfachen Trinkweinen bis zu gereiften Auslesen reichte, gut die Hälfte des Umsatzes auf Weine der billigsten Preisgruppe entfiel, dann sollten allen Beschwörungen angeblich guter Zeiten zumindest insofern der Boden entzogen sein, als diese wohl spätestens in den frühen siebziger Jahren Geschichte waren.

Wie aber Abhilfe schaffen? Im Dezember 1976 kehrte Vygen von einer Dienstreise nach Nürnberg mit dem Eindruck zurück, dass die „harmonische" Stilistik der Niersteiner Weine einem besseren Absatz im Wege stand, und das nicht nur im Siegerland. In Nürnberg hatte man ihm wohl Ähnliches bedeutet: „Weingarten brachte zum Ausdruck, ob wir nicht einen Teil unserer Weine auf einen herben Geschmack bringen könnten, und zwar durch entsprechende Durchgärung“, teilte er unter dem Datum des 9. Dezember 1976 Horst Michalsky mit. Es folgte ein kurzer Satz, der weit in die Zukunft weisen sollte: „Auch darüber haben wir neulich einmal – auch mit Alex – gesprochen.“

Die Stilistik der Weine war demnach auch in Nierstein schon einmal Gegenstand von Diskussionen gewesen. In diese aber war nicht alleine der langjährige Betriebsleiter einbezogen, sondern auch der designierte Nachfolger. Auch auf Alexander Michalsky selbst traf wohl die Beobachtung zu, die Vygen dem Senior anvertraute: „Ich habe den Eindruck, daß die jungen Leute mehr für durchgegorene Weine sind.“[20]

Vom süssen deutschen Wein

Mit der Verunsicherung hinsichtlich der traditionellen Weinstilistik war Vygen indes nicht alleine. Mitte Dezember 1976 heftete er einen langen Artikel aus der „Neuen Zürcher Zeitung“ (NZZ) ab, der unter der Überschrift „Vom süssen deutschen Wein“ hart mit den vorherrschenden Tendenzen im deutschen Weinbau ins Gericht ging. Der Verfasser mit dem Autorenkürzel C. K., bei dem es sich um den Bonner Korrespondenten Christian Kind der deutschschweizer Qualitätszeitung handelte, führte beredte Klage über die Sitte in Deutschland, aus den besten Trauben der besten Lagen süße Weine von der Spätlese bis zur Trockenbeerenauslese herzustellen. Über den für diese Art der Weinerzeugung prädestinierten Jahrgang 1976 schrieb der Korrespondent: „Die Kehrseite dieses Verfahrens ist, dass dieses Jahr ein Mangel an einfachen Qualitätsweinen herrscht und dass der Weintrinker, der sich nichts aus den übersüßen Spitzenprodukten macht, von dem besonders guten Jahrgang wenig zu spüren bekommt. Spätlesen und Auslesen des Jahres 1976 werden dagegen reichlich vorhanden sein.“[21]

Den Schweizer Lesern erklärte Kind den Hintergrund dieses Problems mit folgenden Worten: „In der Weinwirtschaft unseres nördlichen Nachbarlandes herrscht ganz überwiegend die Auffassung vor, dass der deutsche Weinkonsument milde bis süße Weine haben will, dass die starke Ausweitung des Verbrauchs seit dem Zweiten Weltkrieg nur durch Konzessionen an diesen Geschmack – und die entsprechenden technischen Mittel – zu erzielen war und dass die Liebhaber nicht gesüßter Weine eine hoffnungslose Minderheit darstellen, die in kaufmännischen Ueberlegungen keine Beachtung verdienen.“

Den Rat, den der Korrespondent seinen Lesern gab, wollte nicht nur Vygen beherzigen. Auch Alex Michalsky war längst entschlossen, einen Zustand zu ändern, den der NZZ-Korrespondent so beschrieb: „Liebhaber trockener Weine sind auf gute Beziehungen angewiesen und unternehmen oft weite Reisen zu einem Winzer ihres Vertrauens, der das Gewünschte für sie bereithält. Der sicherste Tipp für den Ausländer ist leider immer noch, einen Riesling oder Pinot blanc aus dem *Elsass* zu erstehen, die fast überall zu haben sind. Wer sich dem deutschen Geschmack schon etwas angenähert hat und ‚halbtrockene' Weine mit einer Mischung von Säure und Süße mag, fährt am besten, wenn er um alle Weine vom Rhein einen Bogen macht, jenen von der Mosel mit Vorsicht begegnet und sich im Übrigen an die *fränkischen, württembergischen* und *badischen* Weine, allenfalls noch jene von Saar und Ruwer (in der Gegend von Trier) hält." Doch sind Ideen im Weinbau das eine, die Wege, die zu ihrer Verwirklichung führen, aber oft lang und steinig. Im Jahr 1995, als man in Nierstein auf das 75-jährige Bestehen des Weingutes St. Antony zurückschaute, war das Eis jedoch unwiderruflich gebrochen.

Jenes Jahr sah nicht nur das Ende der Flurbereinigung in Nierstein, die Michalsky dazu genutzt hatte, dass das Weingut St. Antony ausgangs des 20. Jahrhunderts mehr Parzellen in den Spitzenlagen der Rheinfront besaß als jeder andere Betrieb weit und breit. Außerdem hatte Michalsky im Zuge der Flurbereinigung auch den Anteil der Rebsorte Riesling in den Steillagen auf weit mehr als 50 Prozent signifikant erhöht. Dem Trend der Zeit entsprechend stand Silvaner – wenn überhaupt – nur noch in den Randbereichen der einzelnen Lagen, obwohl diese Rebsorte gerade in schwierigen Jahren und gerade in den Steillagen immer ein Garant für herausragende Qualitäten gewesen war. Als Brot-und-Butter-Sorte in den einfacheren Lagen war Silvaner längst durch den weitaus ertragsreicheren Müller-Thurgau ersetzt worden. Von den jüngeren Neuzüchtungen wie Optima oder Morio-Muskat, denen in den siebziger Jahren noch ein immenses Qualitätspotenzial zugesprochen worden war, war mit Ausnahme einiger mit Scheurebe bestockter Parzellen keine Rede mehr. Auch auf Zukauf, der in den sechziger Jahren noch hohe Renditen abgeworfen hatte, gab Michalsky nichts mehr.

Jahr für Jahr holte Michalsky aus den Parzellen des Weingutes heraus, was noch niemandem vor ihm gelungen war: überwiegend trockene und manch halbtrockene Rieslinge, die das „terroir" der Niersteiner Lagen so präzise widerspiegelten wie es nur irgend ging. In jedem Jahrgang zeigte sich nicht nur der Unterschied zwischen den Rotliegendhängen im Ortsbereich und denen entlang der Rheinfront zwischen Nierstein und Nackenheim, sondern auch der Unterschied zwischen den jeweiligen Lagen. „Feinheit, Eleganz, Mineralität in Ortsnähe, Körper, Fülle und Nachhaltigkeit am Rhein", so beschreibt Michalsky die Verschiedenheit der Charaktere der Weine. Und: „Auch zwischen Orbel und Oelberg einerseits und Hipping und Pettental andererseits ließen sich Unterschiede mit regelmäßiger Wiederholbarkeit herausarbeiten."

Signifikant zugenommen hatte in den neunziger Jahren der Anteil der Rotweine. Waren diese unter seinem Vater noch in der Umgebung zugekauft worden und als Ergänzung des Sortimentes gedacht gewesen, hatte Alex Michalsky umgehend den Ankauf von fremden Weinen eingestellt und etwa zwei Hektar eigener Rebflächen mit

Dornfelder angelegt. Diese Rebsorte war in den fünfziger Jahren als sogenannter Deckrotwein gezüchtet worden, um nach dem absehbaren Verbot des Verschnitts ausländischer und inländischer Weine den Ausfall der hochfarbigen südfranzösischen und vor allem der algerischen Rotweine zu kompensieren.[22]

Seit dem Ende der siebziger Jahre beschränkte sich die Verwendung des süffigen Weines aber nicht nur darauf, blasse Spätburgunder und ebenso blasse Portugieser aufzuhübschen. Kellereien, aber zunehmend auch einzelne Weingüter versprachen sich von rebsortenrein ausgebautem, im Idealfall mit Holznoten aromatisiertem Dornfelder einen eigenen Markt – und sollten nicht enttäuscht werden. Zwar spielte sich diese Entwicklung vor allem in der Pfalz und im rheinhessischen Hinterland ab. Aber St. Antony wollte sich diesem Trend nicht entziehen. Gefälliger als die anämischen Portugieser, wie sie noch in den neunziger Jahren selbst an der Ahr vorherrschten, waren die Dornfelder allemal.

Wein am Strom

Doch Rotweine waren allenfalls Beiwerk. Michalskys Leidenschaft galt den lagenspezifisch ausgebauten Rieslingen, wie sie inzwischen auch in einigen Betrieben in der Pfalz und im Rheingau wiederentdeckt worden waren. Darin traf er sich mit dem Weinkritiker Mario Scheuermann (1948–2015), einem aus der Pfalz stammenden Winzersohn, dem in den achtziger Jahren eine Klassifizierung der rheinhessischen Spitzenlagen vorschwebte. Ein Mitstreiter war auch Peter von Weymarn, der 1971 den VDNV vor der Selbstauflösung bewahrt hatte, in den unruhigen siebziger Jahren der erste Präsident des aus dem VDNV hervorgegangenen VDP gewesen war und 1974 die Rheinhessische/Mainzer Weinbörse mitbegründet hatte.[23] Mitte der achtziger Jahre stand die Idee im Raum, dass sich namhafte Weingüter von der Rheinfront mehr oder weniger konsequent einer Klassifizierung ihrer Lagen nach dem französischen System der kontrollierten Herkunftsbezeichnungen (AOC) verschreiben könnten. „Wir vom Weingut der GHH/MAN ordneten uns mit dem Leitsatz ‚die Lage über allem' ein", erinnert sich Michalsky.

Die Bemühungen mündeten 1990 in eine gemeinsame Präsentation „Wein am Strom". Zusammen mit den Niersteiner Gütern Balbach, Braun, Guntrum, Heyl zu Herrnsheim sowie dem Nackenheimer Weingut Gunderloch zeigte das Weingut St. Antony während einer schwimmenden Weinprobe zum ersten Mal seine „grands crus" und seine „Lagenweine". Scheuermann, der als „Initiator eines neuen Weinmarketingkonzeptes für Weinbaubetriebe an der Rheinfront" bezeichnet wurde,[24] und von Weymarn hatten dafür gesorgt, das namhafte Journalisten aus dem In- und Ausland aus diesem Anlass nach Nierstein kamen. Ein nachhaltiges publizistisches Echo blieb dieser Initiative jedoch versagt. Ihr selbst war kein langes Leben beschieden. „Die großartige Atmosphäre der Veranstaltung auf einem Passagierschiff auf dem Rhein konnte nicht verhindern, dass die Gemeinschaft nach Querelen auseinanderging", so Michalsky.

Im folgenden Jahr gründeten zahlreiche Niersteiner Weingüter unter dem Namen „Weine vom Roten Hang" einen neuen Verein. Er wollte den Niersteiner Weinen nach dem Zusammenbruch vieler traditioneller Absatzwege wieder mehr Sichtbarkeit verleihen. Bald fanden in jährlichem Rhythmus Weinfeste statt, bei denen nur Qualitätsweine ausgeschenkt wurden. Die selbstzerstörerische Dynamik, mit der die traditionsreichen Niersteiner Weingüter durch die Vermarktung immer schlechterer und billigerer Weine ihr eigenes Grab geschaufelt hatten, war vor allem dank des Einsatzes von Ute Michalsky als der ersten Vorsitzenden des e. V. gebrochen. Gemeinsam mit mehr als einem Dutzend weiterer Winzerfrauen steckte sie einen neuen Kurs ab, auf dem nach und nach ein neues Gemeinschaftsgefühl im Ort entstand.

Auch überregional hatte das Weingut St. Antony nach dem Übergang an die MAN breiteren Anschluss gefunden. Im Rheingau hatte sich 1984 unter Führung von Bernhard Breuer (Rüdesheim) eine Initiative namens „Charta" gebildet. Diese wollte die Rieslinge aus den Spitzenlagen des Rheingaus profilieren, ohne dass sich die interessierten Weingüter dafür dem VDP hätten anschließen müssen. Aus den „Charta"-Weingütern wiederum ging 1998 als überregionale Initiative das „Comité Erstes Gewächs" hervor, in dem Michalsky namens des Weingutes der MAN von Beginn an mitwirkte. Federführend waren vor allem Bernhard Breuer und in Nierstein Peter von Weymarn/Heyl zu Herrnsheim, dazu im Rheingau Graf Schönborn und Prinz von Hessen sowie in der Pfalz Steffen Christmann (Königsbach), Ökonomierat Rebholz (Siebeldingen) und Georg Mosbacher (Forst). „Die alljährlichen Präsentationen bei Schönborn waren großartige Veranstaltungen und man konnte allseits bestens überzeugen", so hat es Michalsky in seinen Erinnerungen festgehalten.

Als Notar des Qualitätssprungs vor allem bei den trockenen Rieslingen, den das Weingut in knapp zwanzig Jahren unter der Leitung Alex Michalsky gemacht hatte, diente indes neben zahlreichen Berichten in Weinzeitschriften und rühmenden Erwähnungen in den nunmehr omnipräsenten Weinführern eine weitere Auflage des von Hugh Johnson herausgegebenen „Atlas der deutschen Weine". Stuart Pigott, der sich Ende der achtziger Jahre in die trockenen Weine Michalskys verguckt hatte, steuerte zu dem 1995 in fünfter Auflage erscheinendem Standardwerk neben einer ausführlichen Beschreibung der Niersteiner Spitzenlagen auch einen Text über die „wichtigen Weine aus Rheinhessen" bei.[25] Drei seiner vier „wichtigen" Weine stammten von der Rheinfront, zwei davon aus Nierstein, einer davon aus dem Weingut St. Antony. Sie viel Ehre war nie. Doch es sollte noch besser kommen. Die Aufnahme in den Verband der Prädikatsweingüter (VDP) im Jahr

2000 war die späte, aber verdiente Krönung des langsamen, aber stetigen Aufstiegs des Weinguts St. Antony in die Spitzenklasse der deutschen Weingüter.

Verkanntes Genie?

Zehn Jahre waren seit dem 75-jährigen Jubiläum des Weingutes St. Antony vergangen, als Stuart Pigott die Michalskys zum zweiten Mal zur Teilnahme an den renommierten „Franklin Estate International Riesling Tasting" nach Australien einlud. Im Februar 2002 waren sie schon einmal dort vertreten gewesen, allerdings nicht persönlich, sondern „nur" mit einem 1999er Niersteiner Oelberg. Eine weitere Verkostung sollte im Februar 2006 stattfinden, und tatsächlich machten sich Alex und Ute Michalsky zu Beginn jenes Jahres mit einem 2003er Pettenthal auf den Weg in den australischen Sommer. Doch über die Verbindung zwischen dem mittlerweile langjährigen Betriebsleiter und der MAN als dem Eigentümer des Weinguts St. Antony hatten sich dunkle Schatten gelegt.

An den Weinen, die Michalsky seit Mitte der neunziger Jahre in Nierstein erzeugt hatte, lagen die Misshelligkeiten nicht, auch wenn sie bei einigen Kritikern nicht mehr auf derart stürmische Gegenliebe gestoßen waren wie die aus den frühen neunziger Jahren. Vor allem dem Verkoster des WeinGuide erschienen sie als zu alkoholisch. „Bereits im letzten Jahr waren wir nur mäßig begeistert von den mitunter recht üppigen Alkoholbomben. Da sich dieser Stil 1994 nun zu verfestigen scheint, bitten wir um Nachsicht, wenn wir dies mit einem Punktabzug quittieren", schrieb Rudolf Knoll im Herbst 1995.[26] Tatsächlich kam St. Antony in der Bewertung der Weingüter bis zum Jahr 2000 nicht über mehr als zwei Trauben (von fünf) hinaus, von den Weinen erreichte keiner mehr als 16 der höchstens 20 Punkte.

Stuart Pigott wiederum nahm Michalsky ungeachtet aller Irritationen 1997 in die Riege der „führenden Winzer" Deutschlands auf. In seinem fast gleichnamigen Buch stellte er Alexander Michalsky den Lesern unter einem etwas seltsam anmutenden Titel vor: „Verkanntes Genie"[27] – was der 1946 geborene Weinmacher noch heute mit einem ungläubigen Kopfschütteln quittiert. Er wollte nur Weine machen, wie man sie einst an der Rheinfront erzeugt hatte: Rieslinge von Weltruf.

Verkannt wurden Michalsky und seine Frau damals nirgends mehr. Im VDP Rheinhessen, in dem mittlerweile mit den Weingütern Groebe (Westhofen), Keller (Flörsheim-Dalsheim) Wittmann (Westhofen) oder auch Wagner-Stempel (Siefersheim) das rheinhessische „Hinterland" den Ton angab, war das Weingut St. Antony seit 1990 ein ruhender Pol – und neben den Weingütern Gunderloch (Nackenheim) und Heyl zu Herrnsheim

Abb. 49 Traditionsreicher Wein: Die Jahre des Signets der Gutehoffnungshütte sollten bald gezählt sein.

(Nierstein) einer der mittlerweile nur noch drei Betrieben, die die Tradition der großen Weine von der Rheinfront hochhielten.

Im „GaultMillau WeinGuide Deutschland 2000" las sich die Bewertung des Gutes, das auf einer Rebfläche von 23 Hektar rund 155.000 Flaschen produzierte, nicht mehr so skeptisch wie noch zur Mitte des Jahrzehnts: „In den vergangenen Jahren hat dieses Gut seinen Besitz in Niersteiner Spitzenlagen erweitert, als Parzellen im Orbel, Heiligenbaum, Ölberg, Hipping und Pettental dazukamen. Dort erntet der ehrgeizige Dr. Alexander Michalsky seine besten Rieslinge. Die vorwiegend trockenen Weine werden gezügelt und langsam vergoren, bei abklingender Gärung ins traditionelle Holzfass umgelagert und erst spät abgefüllt. Deswegen auch sind die feinsten Riesling eines jeden Jahrgangs nur schwer einzuschätzen. Erst nach zwei, drei Jahren Flaschenreife zeigen sie sich von ihrer besten Seite. Seit dem Jahrgang 1996 meldet der Betrieb Ansprüche an, in der Spitze mitmischen zu wollen. Die 1997er sind dafür ein wenig leicht, bzw. zart ausgefallen. Demgegenüber sind die 1998er verschlossen, mineralisch und von einer kernigen Würze geprägt. Das Potenzial ist hier noch nicht ausgereizt."[28]

Tatsächlich erhielt keiner der insgesamt sieben bewerteten Weine mehr als 89 Punkte. Diesen Höchstwert erreichte der 1998er Ölberg Riesling trocken „Erstes Gewächs", der damals mit stolzen 34 Mark in der Preisliste stand. Zweitbester Wein war mit 88 Punkten eine Pettental Riesling Spätlese trocken desselben Jahrgangs. Gleich zwei 1998er wurden unter der Lagenbezeichnung Auflangen angeboten: eine halbtrockene Spätlese für 18 Mark (87P) und ein trockener Riesling von zwölf Mark (86P). Eine Spätlese trocken aus dem Hipping für 20 Mark wurde mit 87 Punkten bewertet, ein Silvaner Kabinett trocken mit 83 Punkten, ein Weißer Burgunder trocken schließlich mit 82 Punkten.

Die drei Trauben, die der Weinführer dem Weingut St. Antony erstmals im Jahr 2000 spendierte, waren indes weit und breit die Ausnahme. Besser schnitten in Rheinhessen damals nur drei Weingüter ab, nämlich Klaus-Peter Keller in Flörsheim-Dalsheim (fünf Trauben, Winzer des Jahres 2000), sowie mit jeweils vier Trauben die Weinguter Gunderloch in Nackenheim und Heyl zu Herrnsheim in Nierstein. Letzteres sei „für viele Weinliebhaber ... nach wie vor das Flaggschiff der Region".[29] Insgesamt acht Weingüter aus Rheinhessen konnten sich mit drei Trauben schmücken. Das Weingut der MAN war eines der vier Niersteiner Betriebe. Die anderen waren Franz Karl Schmitt, Georg Albrecht Schneider und Heinrich Seebrich.

Glückwunsch und weiter so!

Ein Jahr später hatte sich die Hierarchie in Rheinhessen nur unwesentlich verändert. 2001 war das Weingut Wittmann (Westhofen) in die Gruppe der Weingüter mit vier Trauben aufgestiegen.[30] Der Text, mit dem Knoll das Weingut der MAN bedachte, war im Wesentlichen derselbe geblieben. Allerdings hatten die Weine des Jahrgangs 1999 bei ihm und anderen Verkostern deutlich mehr Anklang gefunden als die des Vorjahres. „Anfang der 90er Jahre gab es hier großartige Weine, an die sich die 99er jetzt anschließen! Seit 1993 sind die Weine hier nicht mehr so gut gewesen. St. Antony hat sicherlich eine der gelungensten Kollektionen in Rheinhessen präsentiert. Sogar der Literwein macht Spaß zu trinken. Die Spätlesen sind glasklar und werden von einer belebenden Frucht getragen. Möglicherweise werden sie noch besser heranreifen, als wir sie zurzeit einstufen. Glückwunsch und weiter so!"[31]

Tatsächlich erhielt auch in der Ausgabe 2001 kein Wein mehr als 89 Punkte. Allesamt waren sie trocken, vier der sechs trugen das Prädikat Spätlese. Bemerkenswert war diesmal, dass zwei der ausgezeichneten Weine keine Lagenbezeichnung trugen, sondern „vom Rotliegenden“ hießen: ein trockener Riesling und eine trockene Riesling Spätlese. Hinter der Veränderung der Nomenklatur stand eine auf langfristige Wirkung angelegte Idee: Michalsky wollte die Spitzenlagen des Weinguts profilieren und verzichtete mittlerweile im Einklang mit den Bestimmungen des VDP auf die Verwendung von Großlagen wie Auflangen und Rehbach. Stattdessen füllte er einfachere Qualitäten als Weine ab, wie sie bald im VDP als „Gutsweine“ klassifiziert wurden.

Signifikant erhöht hatte sich zu Beginn der neuen Dekade die Produktionsmenge. Nun war zu lesen, auf den 22,5 Hektar des Weingutes würden 190.000 Flaschen erzeugt. Unverändert geblieben war der Rebsortenspiegel: 63 Prozent Riesling, zehn Prozent Dornfelder, acht Prozent Silvaner, je fünf Prozent Weiß- und Spätburgunder, neun Prozent übrige Sorten. Der Durchschnittsertrag hatte sich bei 5800 Litern je Hektar eingependelt. Damit lag das Weingut deutlich unter dem Mittel nicht nur der Region, sondern auch der anderen Niersteiner Weingüter, die von dem WeinGuide berücksichtigt wurden.

Verkaufsabsichten in München

Am Sitz der MAN in München schmückte man sich ausgangs der neunziger Jahre wie auch zu Beginn der neuen Dekade gerne mit dem Lob, das den Weinen vom Rhein regelmäßig zuteilwurde. Nicht nur in den Preislisten des Weinguts fehlte nie der Hinweis auf den Eigentümer und auf das einhellige Lob der Weine im „Atlas der deutschen Weine“, in der Zeitschrift „Feinschmecker“, in „Vinum“ oder dem „manager-magazin“. In den Werkszeitschriften des MAN Konzerns erschienen dann und wann kurze Artikel, in denen das „konzerneigene Weingut“ gebührend herausgestellt wurde.[32] Und als hätte sich seit den fünfziger Jahren nichts geändert, wurden Geschäftsfreunde (und nun auch Wirtschaftsjournalisten) zu Weihnachten wie einst mit GGH-Wein nun mit MAN-Wein bedacht.

Dann allerdings geschah etwas, was vor dem Hintergrund des von dem shareholder-value-Denken geprägten Zeitgeistes nicht überraschen konnte. Wie viele andere Unternehmenskonglomerate trennte sich auch die MAN von vielen Beteiligungen.[33] Darunter waren nicht nur weltweit renommierte Sparten wie die erst 1979 aus dem Zusammenschluss des Druckmaschinenbaus der M.A.N. und den Roland Offsetmaschinen (Offenbach) entstandene MAN-Roland, die im März 2006 veräußert werden sollte.[34] Im Jahr davor hatte sich der Vorhang über dem Weingut St. Antony gesenkt.

Wann der Vorstand die Entscheidung traf, das Niersteiner Weingut abzustoßen, lässt sich derzeit nicht ermitteln. Mündlichen Andeutungen zufolge fiel dieser Entschluss

2003, spätestens aber 2004 unter Göttes alles andere als weinaffinem Nachfolger Rudolf Rupprecht. Als der Manager Ende 2004 vom Vorstand in den Aufsichtsrat der MAN wechselte, schien sich das Blatt nur theoretisch noch einmal wenden zu können. Doch schon im Januar 2005 gab sein Nachfolger, der Schwede Hakan Samuelsson, umgehend die Devise aus, das Unternehmen solle sich angesichts „beschleunigender Globalisierung und sich verändernder Marktbedingungen" noch stärker als bisher auf „Kernbereiche" konzentrieren.[35]

Ein Abbruch der qualitativen Erfolgssträhne kann daher als Motiv ausgeschlossen werden, um sich in München von dem Betrieb am Rhein zu trennen. Allerdings war der Stamm an Privatkunden, die seit langem etwa die Hälfte der Jahresproduktion von rund 200.000 Flaschen kauften,[36] überaltert, und die Weine hatten es schwer, im Fachhandel wahrgenommen zu werden. Gleichwohl erwirtschaftete das Weingut nach wie vor Gewinne – und zählte mehr denn jede zu den Spitzenweingütern in Deutschland. Womöglich hat dieser Umstand dazu beigetragen, dass die MAN das Weingut nicht liquidieren oder zerschlagen, sondern geschlossen veräußern wollte.

So kam etwa der renommierte Journalist Norbert Lewandowsky an dem Weingut St. Antony nicht vorbei, als er die Weine für ein Buch zusammenstellte, das 2003 unter dem Titel „Die hundert größten Rieslinge der Welt" veröffentlicht wurde. Das Foto des fraglichen Weins zeigte – zwischen einem „2001 Nackenheimer Rothenberg" aus dem Weingut Gunderloch und einem „Bacharacher Hahn" aus dem Weingut Toni Jost – einen „Oelberg 2001".[37]

Auch im GaultMillau Weinguide des Jahres 2004 hatte das Weingut eine Scharte ausgewetzt, die in den Jahren 2002 und 2003 zum Verlust der dritten Traube geführt hatte. 2002 waren die Weine des Jahrgangs 2001 als „in einer schwierigen Phase" und „teilweise" ohne klare Frucht und „etwas schwerfällig" kritisiert worden.[38] Überhaupt schien es bei vielen Weingütern in Rheinhessen eher bergab denn bergauf zu gehen, die Staatliche Weinbaudomäne in Oppenheim eingeschlossen. Sie war nur noch für eine Traube wert befunden worden.

Kontinuität mit leichtem Aufwärtstrend hingegen bei St. Antony. 2003 firmierte das Weingut der MAN schon wieder als „Aufsteiger" und konnte auf's Neue mit drei Trauben aufwarten. Zum ersten Mal stand es damit auf Augenhöhe mit Heyl zu Herrnsheim, das von den angestammten vier Trauben eine verloren hatte. „Die 2002er Kollektion lasse „an die besten Zeiten des Gutes denken", die für die Verkoster des WeinGuides die frühen 1990er Jahre gewesen waren. „Beeindruckend sind nicht nur die ‚Großen Gewächse", sondern ebenso die Basisweine. Gemeint war damit der Literwein „Niersteiner ‚Vom Rotliegenden' Riesling" (84 P). Die Spitze reichte gleichwohl noch immer nicht in den 90-Punkte-Bereich hinein: 89 Punkte für das Große Gewächs aus der Lage Pettenthal 88 Punkte für die Geschwister aus dem Ölberg und Hipping.[39]

Als im Herbst 2004 der GaultMillau WeinGuide Deutschland 2005 erschien, konnten Alexander Michalsky und seine Frau Ute sich mit dem Jahrgang 2003 in ihrem qualitätsorientierten Kurs bestätigt sehen: Nun war von einem „durchgängig ansehnlichen Jahrgang" des Drei-Trauben-Betriebes die Rede. Bewertet worden waren diesmal neun Abfüllungen, darunter die drei „Großen Gewächse" aus den Lagen Hipping, Oelberg und Pettenthal sowie zwei fruchtsüße Spätlesen, die eine aus dem Ölberg, die andere aus dem Hipping. Sie alle erhielten 88 oder 89 Punkte und standen damit in einer Linie mit den entsprechenden Weinen des Vorjahres.

Doch die Kontinuität war nur äußerlich. In der deutschen Weinszene hatte sich längst herumgesprochen, dass die MAN seit dem Frühjahr 2004 auf der Suche nach einem Käufer für ihr Weingut in Nierstein war. Diese Information war den Redakteuren des Weinführers im Herbst 2004 sogar eine eigene Notiz wert: „Derzeit muss der engagierte Betriebsleiter Dr. Alex Michalsky damit leben, dass der Konzern sich mit Verkaufsabsichten trägt."[40]

Auf ein sehr hohes Niveau gebracht

Gut ein Jahr später, am 1. November 2005, ging das Weingut St. Antony von der MAN SE in den Besitz des Unternehmers Detlev Meyer über. Über die Konditionen dieses Transfers wurde Stillschweigen vereinbart. Wenige Tage später, am 7. November 2005, setzte das MAN-Vorstandsmitglied Ferdinand Graf von Ballestrem einen Abschiedsbrief an den Mann auf, den man wenige Jahre zuvor noch als „Dr. Riesling"[41] angesprochen hatte: „Noch gut erinnere ich mich an ihren Herrn Vater", schrieb Ballestrem an Alexander Michalsky nach Nierstein. „Seitdem Sie die Leitung übernommen haben, hatten wir oft miteinander zu tun. Sie haben das Weingut und die Qualität seiner Erzeugnisse auf ein sehr hohes Niveau gebracht und große Erfolge erzielt. In der Fachwelt ist der Ruf von St. Antony unbestritten."

Für Sentimentalitäten war jedoch kein Platz: „Trotzdem halte ich die Entscheidung des Verkaufs für richtig, da ein ausreichender Rückhalt beim Topmanagement der MAN-Gruppe nicht mehr gegeben war. Ich hoffe sehr, dass sie und ihre Mitarbeiter unter dem neuen Eigentümer ein besseres Umfeld für die Weiterentwicklung finden. Dies betrifft sowohl die Frage des Kellereibetriebs und der Gebäude als auch der Betriebsgröße. Aus meiner Sicht gibt es hier positive Ansätze." Der Brief schloss mit den Sätzen: „Ihnen und Ihrer Frau wünsche ich für die Zukunft alles Gute. Ich bin sicher, dass sie auch weiterhin große Erfolge erzielen werden."[42]

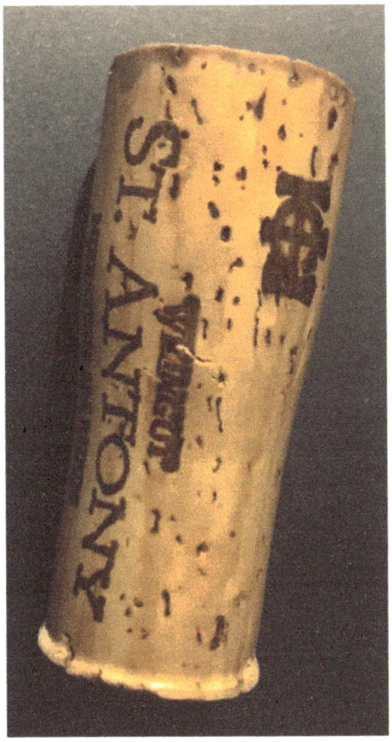

Abb. 50 Große Weine, große Geschichte: Korken einer Flasche 2003 Pettental Riesling Erstes Gewächs mit dem Namen des Weingutes und dem Signet der GHH.

***

Mehr als 15 Jahre sind seit diesen Tagen vergangen. Die Veränderungen seither entziehen sich dem Zugriff des Historikers ebenso wie es ihm versagt ist, einen Blick in die Zukunft zu werfen. Gesichert ist nur, dass die ersten hundert Jahre des Weinguts St. Antony ein besonderes Kapitel in der Geschichte des Weinbaus in Deutschland darstellen: Weinbaugeschichte verbindet sich an diesem Ort in einer einmaligen Weise mit Industrie-, Gesellschafts- und Mentalitätsgeschichte. Diese Verflechtungsgeschichte macht das Weingut St. Antony zu einem einzigartigen Erinnerungsort, womöglich nicht nur in Deutschland, sondern in Europa, wenn nicht der Welt.

Anmerkungen

1 „Mit dem Eigenbau einverstanden"

1 Über die Geschichte des Gutehoffnungshütte-Konzerns seit seinen Anfängen im 18. Jahrhundert bis in die jüngste Vergangenheit liegt eine Gesamtdarstellung vor, die den Zeitraum dieser Untersuchung vollumfänglich umfasst: Johannes Bähr, Ralf Banken, Thomas Flemming, *Die MAN. Eine deutsche Industriegeschichte,* München [4]2019 (zitiert Bähr, *MAN*). Einzelheiten aus dieser Unternehmensgeschichte werden im Folgenden nur an den Stellen ausgeführt, an denen sie zum Verständnis des Geschehens rund um das Weingut Nierstein unabdingbar sind. Ebenfalls nur an wenigen Stellen explizit angeführt wird die Monographie von Christian Marx, *Paul Reusch und die Gutehoffnungshütte. Leitung eines deutschen Großunternehmens,* Göttingen 2013. (zitiert Marx, *Reusch*) Im Mittelpunkt dieses Werkes stehen die sozialen Beziehungen des langjährigen Vorstandsvorsitzenden Paul Reusch sowie dessen Unternehmensstrategie. Mithin kann die vorliegende Studie als Ergänzung und – was die persönlichen und unternehmerischen Netzwerke Paul Reuschs und seines Sohnes Hermann angeht – als deren Illustration gelesen werden. Das Weingut Nierstein wurde in keiner dieser Untersuchungen erwähnt. Dasselbe gilt für Fritz Büchner, *125 Jahre Geschichte der Gutehoffnungshütte,* Oberhausen 1935. Bei diesem Buch handelte es sich zudem um eine Publikation, in der Geschichte geschrieben wurde, wie sie gewesen sein sollte, und weniger, wie sie war.

2 „Nun musste denn wohl, im Angesicht so vieler Rebhügel, in Ehren des Eilfers gedacht werden. Es ist mit diesem Weine wie mit dem Namen eines größen und wohltätigen Regenten: er wird jederzeit genannt, wenn auf etwas Vorzügliches im Lande die Rede kommt; ebenso ist es auch ein gutes Weinjahr in aller Munde. Ferner hat auch der Eilfer die Haupteigenschaft alles Trefflichen: er ist zugleich köstlich und reichlich." Johann Wolfgang von Goethe, *Sanct-Rochusfest zu Bingen*, in: *Goethes Werke*, Bd. 34, Weimar 1902, S. 1–46, hier S. 12.

3 Über Wein im langen 19. Jahrhundert vgl. Daniel Deckers, *Wein. Geschichte und Genuss*, München 2017, S. 72–98. Die emotionale Seite der Befreiungskriege beleuchtet Birgit Aschmann, *„Liebe" und „Hass", „Angst" und „Empathie" – die emotionale Dimension der Befreiungskriege*, in: dies./Thomas Stamm-Kuhlmann (Hg.), *1813 im europäischen Kontext*, Stuttgart 2015, S. 47–66.

4 Zur Geschichte des Unternehmens zwischen 1758 und 1920 s. Bähr, *MAN*, S. 15–129.

5 Vgl. im Detail Marx, *Reusch* S. 67–73.

6 *Historisches Archiv* masch., 1969. (Privatbesitz A. und U. Michalsky).

7 Über den Aufstieg des gebürtigen Schwaben Reusch informiert Marx, *Reusch* S. 46–66.

8 RWWA 130-30017/1 Reisebericht Friedrich an Abteilung F (5. Februar 1917).

9 Ebd.

10 Johann Wolfgang Goethe, Faust, hrsg. Von Albrecht Schöne, Frankfurt 1999, Bd. 1 Texte, S. 490.

11 Ebd. S. 96. Angeblich dichtete Matthias Claudius sein „Rheinweinlied" („Bekränzt mit Laub den lieben, vollen Becher") 1776 während eines kurzen Aufenthaltes in Darmstadt. Jakob Dörrschuck, *Nierstein*, Mainz 1928 (Rheinhessen in seiner Vergangenheit, Band 7), wollte 1928 wissen, die Dichtung sei das „Produkt" eines Abstechers nach Nierstein (S. 163 f.). Über die symbolische Aufladung

des Rheinweins zu dem „deutschen Wein" schlechthin vgl. Deckers, *Wein. Geschichte und Genuss*, München 2017, S. 78 f.

12 Weinbau-Verein der Provinz Rheinhessen, *Die Rheinweine Hessens. Eine Beschreibung der einzelnen Weinbau-Gemarkungen mit zahlreichen Abbildungen und einer Weinbaukarte*, Mainz 1910.

13 Ebd. S. 141.

14 *Rheinhessens Weinbau und Rheinhessens Weinbauorte* 1903, S. 19.

15 Vgl. Franz Irsigler, *Die wirtschaftliche Stellung der Stadt Köln im 14. und 15. Jahrhundert*, (Vierteljahrsschrift für Wirtschafts- und Sozialgeschichte, Beihefte 65), Wiesbaden 1979; Wolfgang. Herborn/ Klaus Militzer, *Der Kölner Weinhandel*, Sigmaringen 1980 (Vorträge und Forschungen, Sonderband 25); Klaus Militzer, *Handel und Vertrieb rheinischer und elsässischer Weine über Köln im Spätmittelalter*, in: Alois Gerlich, *Weinbau, Weinhandel und Weinkultur*. Sechstes Alzeyer Kolloquium, Stuttgart 1993, S. 165–185.

16 Dörrschuck, *Nierstein*, S. 174 bezifferte den Eisenoxidgehalt des Schiefers mit 7,91 Prozent.

17 Johann Philipp Bronner, *Der Weinbau in der Provinz Rheinhessen, im Nahetal und Moselthal*, Heidelberg 1834, S. 81 f.

18 Siehe ausführlich Kap. 8. Bei Dörrschuck, *Nierstein*, hieß es 1928: „Seit nahezu 100 Jahren pflanzt man Jungfelder vorzugsweise mit Österreicher und Riesling an. Der Rieslingstock liefert den feineren aromatischeren Stoff als der Österreicher; der Wein von ersterem braucht aber zur vollen Entwickelung seines eigenartigen Buketts mehrere Jahre, während der Österreicher schon im ersten und zweiten Jahr seine Glanzperiode hat." (S. 175 f.).

19 *Rheinhessens Weinbauorte*, ohne Seitenangabe. Dörrschuck berichtete 1928, dass bis vor kurzem in dem Gewann „Auf dem Neunmorgen" auch „Tokaier" gestanden hätte. Der entsprechende Wein entwickele sich fast noch rascher als der Österreicher „und zeichnet sich durch besondere Süße aus, muss aber nach der Lese sehr rasch abgekeltert werden, damit er nicht hochfarbig wird" (S. 176.). An die Stelle des Tokaiers sei nun die Bukettrebe getreten.

20 *Ergebnisse der amtlichen Weinstatistik. Berichtsjahr 1908/1909*, herausgegeben vom Kaiserlichen Gesundheitsamt, Berlin 1910, S. 334 f. Aus der Statistik wird nicht ersichtlich, worin sich Österreicher und Silvaner/Sylvaner unterscheiden sollten. In der „Kostprobe Rheinhessischer 1893er Weine" wiederum gab es keine Silvaner, nur Österreicher.

21 *Ebd*, S. 334 f.

22 Auf der Weltausstellung 1904 in St. Louis waren aus Rheinhessen die Großherzoglich Hessische Weinbaudomänenverwaltung Mainz sowie die Firmen J. A. Harth und Co. (Mainz), Adolf Jeremias (Mainz), Wilhelm Mahler (Worms), Carl Sittmann (Oppenheim), H. Sichel Söhne (Mainz) und P. W. Franz Valckenberg (Worms) vertreten. Vgl. *International Exposition St. Louis 1904, Official catalogue*, Berlin 1910, S. 483–485.

23 Vgl. die Aufzählungen der Spitzenlagen in *Rheinhessens Weinbauorte*, S. 19, Weinbau-Verein der Provinz Rheinhessen, *Die Rheinweine Hessens*, Mainz 1910, S. 139. Dörrschuck, *Nierstein*, S. 186–188, hielt insgesamt 160 Namen von Gewannen „in unserer Gemarkung" fest. Straßennamen gab es in Nierstein gerade einmal 61.

24 *Historisches Archiv*, S. 4–5.

25 So belegt für Galgenberg und Wiesengewann in den *Ergebnissen der Amtlichen Weinstatistik.*

26 Marx, *Reusch* S. 67–99.

27 Biographische Angaben über Kalbitzer wie auch alle anderen Angestellten können nur insofern gemacht werden, wie sie sich in den überlieferten Aktenbeständen finden oder aus mündlichen Auskünften ergeben. Personalakten haben sich weder im RWWA noch im Archiv der MAN erhalten.
28 RWWA 130-30017/1 Senfter an Abteilung F (30. Oktober 1917).
29 RWWA 130-30017/1 Strässer Reisebericht (21. Dezember 1917).
30 Vgl. Daniel Deckers, *Im Zeichen des Traubenadlers. Eine Geschichte des deutschen Weins*, Mainz 2010, S. 47–56. Siehe auch *Weinbau und Weinhandel* 37 (1919), S. 20.
31 RWWAA 130-3001012/12a, RWWA 130-3001012/12b.
32 RWWA 130-30010102/21.
33 Zu den familiären und politischen Prägungen Reuschs vgl. Marx, *Reusch* S. 46–51.
34 Vgl. Habbo Knoch, *Grandhotels. Luxusräume und Gesellschaftswandel in New York, London und Berlin um 1900*, Berlin 2016.
35 Vgl. Daniel Deckers, *Preussens Pracht. Die Weinkultur an den Höfen der Hohenzollern,* in: *Fine. Das Weinmagazin* 2017, Heft 3, S. 128–132, und ders., *Doch ihre Weine trinkt er gern*, in: *Fine. Das Weinmagazin* 2017, Heft 4, S. 122–128.
36 S. u. Kap. 5.
37 Vgl. Deckers, *Traubenadler*, S. 51–57.
38 Ebd. Die Stellungnahmen haben sich im Bundesarchiv unter der Signatur BArch R3601/0699 erhalten.
39 RWWA 130-30017/1 Reisebericht Strässer (21. Dezember 1917). Die prägnante Formulierung „in den Bruch fallen" findet sich bei RWWA 130-400101400/26 Vygen an Reusch durch Hilbert (10. Januar 1957).
40 Ebd.
41 Ebd.
42 RWWA 130-30017/1 Senfter an Abteilung F (4. Januar 1918).
43 RWWA 130-30017/1 Friedrich an Abteilung F (5. Februar 1918).
44 Ebd.
45 RWWA 130-30017/1 Müller an Bergwerksabteilung III (11. Februar 1919).
46 Ebd.
47 RWWA 130-30017/1 Müller an Bergwerksabteilung III (18. Februar 1919).
48 Ebd.
49 *Historisches Archiv*, S. 7.

2 „Mit recht kräftigen Bemerkungen beanstandet"

1 RWWA 130-30017/1 Reisebericht Müller (28. Februar 1918).
2 Ebd.
3 RWWA 130-30017/1 Kalbitzer an Abteilung F (27. Mai 1918).
4 RWWA 130-30017/1 Kalbitzer an Bergwerksabteilung II.
5 *Weinbau und Weinhandel* 35 (1917). S. 256.
6 RWWA 130-30017/1 Reisebericht Müller (28. Februar 1918).
7 Über das von Paul Reusch zwecks Kontrolle und Steuerung des „geographisch und produktionstechnisch breitgestreuten Konzerns" entwickelte Informationsberichtswesen siehe Marx, *Reusch*, S. 25.

8 RWWA 130-30017/1 Kalbitzer an Abteilung F (27. Mai 1918).
9 Ebd.
10 RWWA 130-30017/1 Friedrich an Abteilung F (14. Juni 1918).
11 RWWA 130-30017/1 Kalbitzer an Abteilung F (14. Juni 1918).
12 RWWA 130-30017/1 Kalbitzer an Abteilung F. (1. Juli 1919). Nach Dörrschuck, *Nierstein,* S. 177, war der Echte Mehltau (Oidium Tuckeri) in Nierstein erstmals 1852 aufgetreten. Die Bekämpfung dieses Pilzes „durch Bestäuben mit feingemahlenem Schwefel" setzte allerdings erst 1878 ein. 1877 und 1879 trat nach dieser Quelle erstmals auch der Falsche Mehltau (Peronospora) auf. Seit 1887 wurde dieser Pilz vorbeugend durch Bespritzung der Reben mit Kupfervitriol-Kalkbrühe bekämpft. Um die Jahrhundertwende ging die größte Gefahr von dem einbindigen Traubenwickler aus. Als Larve befiel der Schädling die Blütenansätze (Gescheine), in der zweiten Generation (Sauerwurm) stach er die noch unreifen Beeren an und erzeugte dadurch Rohfäule. Die Bekämpfung des Heu- und Sauerwurms stellte sich noch lange hinaus als extrem schwierig heraus. Eine Verseuchung der Niersteiner Weinberge durch die Reblaus drohte laut Dörrschuck im Jahr 1928 noch nicht. „Den eigentlichen Tod des Weinstocks, die Reblaus (phylloxera vastatrix) findet man hier gottlob noch nicht" (*Ebd.* S. 178) – ein weiteres Indiz dafür, dass die Reblaus nicht der Grund für die Krise des Weinbaus in Deutschland in der Vor- und Zwischenkriegszeit war.
13 RWWA 130-30017/1 Kalbitzer an Abteilung F (6. Juni 1918).
14 RWWA 130-30017/1 Kalbitzer an Abteilung F (7. August 1918).
15 Ebd. Portugieser war in Rheinhessen, der Pfalz und auch an der Ahr nicht nur damals die am weitesten verbreitete Rotweinrebe, sondern zum Teil noch bis in die 1980er Jahre. (Vgl. nur stichprobenartig *Weinbau und Weinhandel* 37 (1919), S, 45; S. 124. An gewöhnlichen Standorten wurde sie ausgangs des 20. Jahrhunderts zumeist durch Dornfelder ersetzt, in guten Lagen durch Spätburgunder. Vgl. Daniel Deckers, *Die Roten von der Ahr. Niedergang und Aufstieg des größten deutschen Rotweingebietes,* in: *Fine. Das Weinmagazin,* 2019, Heft 4, S. 128–131.
16 RWWA 130-30017/1 Müller an Senfter (6. September 1918). Was Kalbitzer mit dem Portugieser in diesem und in den folgenden Jahren machte, lässt sich anhand der Akten nicht rekonstruieren. In der frühen Korrespondenz zwischen Nierstein und Oberhausen ist er nur im Herbst 1918 ein Thema.
17 RWWA 130-30017/1 Kalbitzer an Abteilung F (24. September 1918).
18 RWWA 130-30017/1 Senfter an Abteilung F (11. September 1918).
19 RWWA 130-30017/1 Kalbitzer an Abteilung F (19. September 1918).
20 *Weinbau und Weinhandel* 35 (1917), S. 265–267. Über die „Fassnot" nach dem Ende des Krieges vgl. etwa *Weinbau und Weinhandel* 37 (1919), S. 229.
21 RWWA 130-30017/1 Kalbitzer an Abteilung F (5. Oktober 1918).
22 Vgl. Jörn Leonhard, *Die Büchse der Pandora. Geschichte des Ersten Weltkrieges,* München 2014, S. 827 ff.
23 *Weinbau und Weinhandel* 37 (1919), S. 9.
24 Der EK-Filter (Entkeimungsfilter) war während des Krieges in den Kreuznacher Seitz-Werken entwickelt worden, setzte sich aber erst zu Beginn der 1930er Jahre durch. Spitzenweine wurden seit der Mitte des 19. Jahrhunderts oft dadurch haltbar(er) gemacht, dass man sie nach einem von Louis Pasteur entwickelten Verfahren kurzzeitig erhitzte.
25 Über die Geschichte des Hafens in Walsum siehe Büchner, *125 Jahre,* S. 35 f.
26 Vgl. Marx, *Reusch,* S. 123–193.
27 „Voici la solution ... rendre à la France ce que Dieu lui a donné, la rive gauche du Rhin." Victor Hugo, *Le Rhin,* Paris 1987, S. 426. Sehr schön auch der Traum: „Cette solution constituera l'Europe,

sauvera la sociabilité humaine et fondera la paix définitive ... Devant la formidable accord du lion et de l'aigle, le monde obéira." (S. 428) Allgemein siehe *Marianne und Germania. Frankreich und Deutschland. Zwei Welten – Eine Revue*, Berlin 1996 sowie *Der Rhein. Eine europäische Flussbiographie*, Bonn/München 2016, S. 211–240.

28 *Weinbau und Weinhandel* 37 (1919), S. 1.

29 Zahlenangaben nach *Weinbau und Weinhandel* 35 (1917), S. 248.

30 *Weinbau und Weinhandel* 37 (1919), passim.

31 RWWA 130-30017/1 Kalbitzer an Abteilung F (6. Februar 1919).

32 RWWA 130-30017/1 Kalbitzer an Abteilung F (26. Mai 1919).

33 RWWA 130-30017/1 Kalbitzer an Abteilung F (22. Februar 1919).

34 Ebd.

35 RWWA 130-30017/1 Kalbitzer an Abteilung F (25. Februar 1919).

36 RWWA 130-30017/1 Kalbitzer an Abteilung F (22. Februar 1919).

37 Ebd.

38 *Weinbau und Weinhandel* 37 (1919), S. 125. Auch RWWA 130-30017/1. Zeitungsausschnitt Abteilung F (10. Juni 1919).

39 RWWA 130-30017/1 Zeitungsausschnitt Abteilung F (12. Juni 1919).

40 Dörrschuck, *Nierstein*, S. 196.

41 RWWA 130-30017/1 Weinberge im Eigenbau (1919).

42 RWWA 130-30017/1 Kalbitzer an Abteilung F (21. August 1919).

43 Sittmann stand seit der Gründung des Hessischen Weinbauverbands im Jahr 1905 an dessen Spitze und war eine der treibenden Kräfte hinter der Publikation des Buches *Die Rheinweine Hessens*, das im Jahr 1910 in erster Auflage erschien. Zur Person vgl. Carl Sittmann, *Der Hessische Weinbauverband*, in: *Volk und Scholle. Heimatblätter für beide Hessen, Nassau und Frankfurt*, Heft 7, Darmstadt 1929, S. 136–140.

44 RWWA 130-30017/1 Kalbitzer an Abteilung F (21. August 1919).

45 So der Untertitel der Schacht-Biographie von Christopher Kopper (München-Wien 2006).

46 RWWA 130-4001012004/10, Reusch an Abteilung R wg. Schacht (5. Januar 1937).

47 RWWA 130-4001012004/10, Reusch an Abteilung R wg. Luther (9. Dezember 1939).

48 Von den „Wochenberichten", wie sie in allen Abteilungen der GHH verpflichtend waren, haben sich aus den Gründungsjahren nur wenige erhalten.

49 RWWA 130-30017/1. Kalbitzer an Abteilung F (13. Juni 1919).

50 *Weinbau und Weinhandel* 37 (1919), S. 57.

51 RWWA 130-30017/3 Kalbitzer an Abteilung F (25. August 1920).

52 1927 wurden nach einer Schiedsentscheidung des Staatskommissar-Schlichters für Hessen zwischen dem Verein Niersteiner Weingutsbesitzer und dem Zentralverband der Landarbeiter, Bezirksverein Nierstein, neue Lohnsätze vereinbart. Demnach betrug der Tageslohn für einen Weinbergsarbeiter über 20 Jahre 4,80 Mark, für Arbeiterinnen über 18 Jahre 2,40 Mark. Arbeiterinnen zwischen 16 und 18 Jahren erhielten 1,90 Mark am Tag, gleichaltrige Arbeiter 3,20 bis 3,60 Mark. Die Lohntabelle für Arbeiter begann indes schon mit 14 Jahren. Vgl. Dörrschuck, *Nierstein*, S. 182.

53 RWWA 130-30017/1 an Senfter (15. Oktober 1919).

54 Ebd.

55 *Weinbau und Weinhandel* 37 (1919), S. 230. Schon 1917 war Zucker so knapp, dass in dem Großherzogtum Hessen Zucker nur zu dem Zweck abgegeben wurde, die „allergeringsten Weißweine" zu verbessern. Ebd. 35 (1917), S. 254 u. S. 259–260.
56 Ebd. S. 260.
57 RWWA 130-30017/1 Müller an Kalbitzer (23. September 1919).
58 *Weinbau und Weinhandel* 37 (1919), S. 95.
59 RWWA 130-30017/1 Abteilung F an Kalbitzer (21. April 1910).
60 RWWA 130-30017/1 Kalbitzer an Abteilung F (26. April 1920).
61 Ebd.
62 Ebd.
63 RWWA 130-30017/1 Kalbitzer an Abteilung F (12. Mai 1920).
64 RWWA 130-30017/1 Kalbitzer an Abteilung F (3. Juni 1910).
65 *Weinbau und Weinhandel* 38 (1920), S. 97.
66 Ebd.
67 RWWA 130-30017/1 Kalbitzer an Abteilung F (3. Juni 1910).
68 RWWA 130-30017/1 Müller an Hauptverwaltung (9. Juni 1920).
69 RWWA 130-30017/1 Müller an Hauptverwaltung (15. Juni 1920).
70 RWWA 130-30017/3 Kalbitzer an Abteilung F (14. Juli 1920).
71 RWWA 130-30017/3 Kalbitzer an Abteilung F (22. Juli 1920).
72 RWWA 130-30017/3 Kalbitzer an Abteilung F (27. Juli 1920).
73 RWWA 130–137–10 Abteilung R Nierstein Grunderwerb Eberhard.
74 RWWA 130-30017/3 Kalbitzer an Abteilung F (25. August 1920).
75 RWWA 130-30017/3 Müller an Kalbitzer (30. November 1920).
76 Ebd.
77 Ebd.
78 RWWA 130-30017/3 Kalbitzer an Abteilung F (1. Dezember 2020).
79 *Weinbau und Weinhandel* 38 (1920), S. 18.
80 Ebd. S. 227.
81 Ebd. S. 262.
82 RWWA 130-30017/3 Kalbitzer an Abteilung F (1. Dezember 2020).
83 Ebd.
84 Ebd.
85 Ebd.

3 In sparsamster Weise

1 RWWA 130-30017/3 Kalbitzer an Abteilung M (7. Februar 2021).
2 Ebd.
3 Dörrschuck, *Nierstein*, S. 196.
4 Vgl. *Rheinweine Hessens* (1910), S. 128–130. Nackenheim wurde durch Carl Zuckmayers in rheinhessischer Mundart verfasstes Lustspiel „*Der fröhliche Weinberg*" (1925) zu einem der wenigen Weinorte, die einen festen Platz in der deutschen Literaturgeschichte einnehmen. Vgl. Carl Zuckmayer, *Als*

wär's ein Stück von mir. Horen der Freundschaft, Frankfurt a. M. 1966, S. 486 ff., Daniel Deckers, *Das Wunder des Lebens. Carl Zuckmayer, Carl Gunderloch und die Weinberge von Nackenheim,* in: *Fine. Das Weinmagazin* 2016, Heft 4, S. 138–142, ausführlicher ders., *Um jener geheimen Schönheit willen. Carl Zuckmayer, Carl Gunderloch und die Weinberge von Nackenheim,* in: Michael Matheus, *Weinkultur und Weingeschichte an Rhein, Nahe und Mosel,* Stuttgart 2019, S. 243–258.

5 *Rheinweine* Hessens (1910), S. 139. Vgl. Martin Scharff, *Der Kammertbau. Zur Rekonstruktion einer historischen Reberziehungsweise in der Pfalz.* (Veröffentlichungen der Pfälzischen Gesellschaft zur Förderung der Wissenschaften in Speyer, Bd. 87) Speyer 1995, sowie allgemein Heinrich Klinger, *Die Pfalz am Rhein und ihre Weine,* Bad Dürkheim 1927.

6 Hessischer Weinbau-Verband, *Die Rheinweine Hessens. Rheinhessen und die Bergstraße,* Mainz [2]1927. Darin: Bergrat Dr. W. Wagner, *Die Bodenarten der hessischen Weinbaugebiete,* S. 238–244. Siehe auch Wilhelm Wagner, *Die Beschaffenheit der hessischen Weinbaugebiete,* in: *Volk und Scholle,* S. 144–146 sowie Daniel Deckers, *Bunte Vielfalt, reiche Chancen. Die erste Bodenkarte für die rheinhessischen Weinbaugebiete,* in: *Fine. Das Weinmagazin,* 2016, Heft 1, S. 142–146.

7 *Rheinweine Hessens* (1927), S. 169–185.

8 Ebd. 184. Vgl. zu der Bedrohung der natürlichen Grundlagen des Weinbaus durch alte sowie neue pflanzliche und tierische Schädlinge August Dern, *Weinbau und Weinbehandlung,* Berlin 1914.

9 *Weinbau und Weinhandel* 37 (1919), S. 176.

10 Ebd. 38 (1920), S. 165.

11 Ebd., S. 180.

12 *Rheinweine Hessens* (1927), S. 185.

13 RWWA 130–207–8.

14 *Historisches Archiv* 1969, S. 29. Dort wird der Vorname fälschlich als Friedrich angegeben. Messmer erhielt am 15. Juli 1927 „Post- und Bahnvollmacht". RWWA 130–181–1 (13. April 1960 an Büro Vygen).

15 RWWA 130-30017/3 Kostenvoranschlag (6. Oktober 1921).

16 Marx, *Reusch,* S. 183–187.

17 Ab Dezember 1923 Reichsbankpräsident, Rücktritt 1930, nach der Machtübertragung auf Hitler ab März 1933 wieder Reichsbankpräsident, später Wirtschaftsminister und Generalbevollmächtigter für die Kriegswirtschaft. Ab 1937 nur noch Minister ohne Geschäftsbereich.

18 Vgl. Peter Langer, *Paul Reusch und die Gleichschaltung der ‚Münchner Neuesten Nachrichten' 1933,* in: *Vierteljahrshefte für Zeitgeschichte* 53 (2005), S. 203–240. Kopper, *Schacht,* S. 227.

19 Vgl. Deckers, *Traubenadler,* S. 70–108, und ders, *Wein,* S. 99–109.

20 RWWA 130-4001012004/10 Kalbitzer an Reusch (3. Oktober 1926).

21 RWWA 130-4001012004/10 Reusch an Schwarz (10. November 1926).

22 RWWA 130-4001012004/10 Schwarz an Reusch (12. Oktober 1926).

23 Ebd.

24 Die Hessische Weinbaudomäne versteigerte Ende 1929 je 100 Flaschen 1921er Nackenheimer Rothenberg Trockenbeerenauslese und 1920er Oppenheimer Krötenbrunnen Auslese. In Trier wurden bei der Herbst-Versteigerung des Trierer Vereins von 14.000 Flaschen 1921er 10.250 zurückgezogen oder mangels zu geringer Gebote nicht zugeschlagen. (*Weinbau und Kellerwirtschaft* 10 (1930), S. 7.) Knapp zwei Jahre später, am 31. August 1931, telegraphierte der Neumagener Weinkommissionär Dünweg an Karl Weissebach, den Besitzer des heutigen Weingutes von Othegraven (Kanzem): „acceptiere 24 flaschen 1921er nummer 12 zu acht mark". Am selben Tag antwortete Weissebach: „ausnahmeweise einverstanden bei barzahlung" (Privat).

25 Vgl. Felix Meyer-Zeltingen, *Weinbau und Weinhandel an Mosel, Saar und Ruwer. Ein Rückblick auf die letzten 100 Jahre*, Koblenz 1926. Über die „Weinkrisis" an der Mosel im frühen 19. Jahrhundert informieren Annette Winter-Tarvainen, *Weinbaukrise und preußischer Staat. Preußische Zoll und Steuerpolitik in ihren Auswirkungen auf die soziale Situation der Moselwinzer im 19. Jahrhundert*, Trier 1992, sowie – unter besonderer Berücksichtigung der Rolle von Karl Marx – Daniel Deckers, *Karl Marx und der Notstand der Moselwinzer*, in: *Fine. Das Weinmagazin*, 2018, Heft 2, S. 126–131 und Heft 3, S. 124–130.

26 RWWA 130-4001012004/10 und 130-400101400/12.

27 RWWA 13 0. 40010150/105, 140010150/106 und 40010150/82. Zu Hilberts Aufgaben in der GHH siehe Marx, *Reusch*, S. 262 f.

28 Ebd., S. 480–510.

29 RWWA 130-40010150/30.

30 Marx, *Reusch*, S. 551 ff.; Bähr, *MAN*, S. 340 ff.

31 RWWA 130-400101400/22.

32 RWWA 130-400101400/30.

33 RWWA 130-400101506/64.

34 RWWA 130-40010150/105 Memorandum Hilbert, S. 1.

35 *Rheinweine Hessens* (1927), S. 40 f.

36 Ebd., S. 42.

37 Über die wirtschafts- und sozialgeographische Struktur des Weinbaus in Deutschland bis Mitte der 1950er Jahre informiert Helmut Hahn, *Die deutschen Weinbaugebiete*, Bonn 1956, hier S. 103.

38 Ebd. S. 39.

39 Eine Gesamtdarstellung der Reblausbekämpfung in Deutschland wie in Europa liegt bislang nicht vor. Vgl. aber punktuell *Die Rebenzüchtung in Preußen. Von den Anfängen bis zum Jahr 1926*. Bericht Nr. 1 des Ausschusses für Rebenzüchtung der Fachabteilung für Weinbau der Preußischen Hauptlandwirtschaftskammer, Berlin 1928, sowie *Die Rebenzüchtung in Preußen in den Jahren 1927 und 1928*. Bericht II, Berlin 1929.

40 Vgl. *Bericht der Hessischen Lehr- und Versuchsanstalt für Wein- und Obstbau Oppenheim a. Rhein*, Oppenheim 1926; Heinrich Fuhr, *Rheinhessischer Weinbau und rheinhessische Weine*, in: *Volk und Scholle*, S. 129–133; *Rheinweine Hessens* (1927), S. 52–57. Allgemein: *Die Rebenzüchtung in Preußen. Von den Anfängen bis zum Jahr 1926. Bericht Nr. 1 des Ausschusses für Rebenzüchtung der Fachabteilung für Weinbau der Preußischen Hauptlandwirtschaftskammer*, Berlin 1928 sowie *Die Rebenzüchtung in Preußen in den Jahren 1927 und 1928. Bericht II*, Berlin 1929.

41 Vgl. Ferdinand Pfeiffer, *Die hessische Landwirtschaftskammer als Förderin des heimischen Weinbaus*, in: *Volk und Scholle*, S. 188–190; *Rheinhessens Weine* (1927), S. 58–60. Zu Leben und Werk Georg Scheus vgl. Daniel Deckers, *Scheu wie Scheurebe. Georg Scheu, der ‚Altmeister des deutschen Weinbaus', im Spiegel seiner Zeit*, in: *Fine. Das Weinmagazin*, 2016, Heft 2, S. 136–140.

42 *Der großherzoglich-hessische Domanial-Weinbau*. Mainz o. J. (ca. 1910).

43 *Hessische Weinbau-Domänendirektion*, Mainz o. J. (ca. 1925); *Hessische staatliche Weinbaudomäne*, Mainz o. J. (ca. 1938).

44 Zu der Geschichte der preußischen Weinbaudomänen siehe Daniel Deckers, *Geben und Nehmen. Das Schicksal der Preußischen Weinbaudomäne Niederhausen-Schlossböckelheim und die Politik*, in: *Fine. Das Weinmagazin*, 2011, Heft 3, S. 118–123.

45 RWWA 130-400100/55.

46 RWWA 130-400100/17 Jahresgeschäftsbericht Abteilung F.
47 Ebd.
48 *Weinbau und Kellerwirtschaft* 9 (1930), S. 60.
49 RWWA 130–207–8.
50 RWWA 130-400100/20 Jahresgeschäftsbericht Abteilung F.
51 Ebd.
52 RWWA 130-4001012004/10. An Messmer (7. September 1931).
53 Ebd.
54 Vgl. zu der unternehmerischen und politischen Prägung Paul Reuschs Marx, *Reusch* S. 569 f. unter Berufung auf Johannes Bähr, *Paul Reusch und Friedrich Flick. Zum persönlichen Faktor im unternehmerischen Handeln der NS-Zeit,* in: Hartmut Berghoff, Jürgen Kocka, Dieter Ziegler (Hrsg.), *Wirtschaft im Zeitalter der Extreme. Beiträge zur Unternehmensgeschichte Deutschlands und Österreichs. Im Gedenken an Gerald D. Feldman,* München 2000, S. 275–297.
55 Marx, *Reusch,* S. 286 f. Wie Marx (S. 53) berichtet, hatte Reusch in dem Schlosspark Statuen von Kaiser Wilhelm I., Bismarck, Moltke und anderen Figuren des Kaiserreichs aufstellen lassen. In dieses Bild passt nahtlos die Wein- und Tischkultur des Vorstandsvorsitzenden der GHH.
56 Ebd. S. 46 f.
57 Hermann Reusch gehörte dem Vorstand ab 1937 als stellvertretendes und ab 1939 als ordentliches Mitglied an. Bähr, *MAN,* S. 342 f.
58 Marx, *Reusch,* S. 532–564 (ohne Weingut).
59 RWWA 130-400100/23 Jahresgeschäftsbericht Abteilung F.
60 Ebd.
61 Büchner, *125 Jahre,* S. 145.
62 RWWA 130-400100/23 Jahresgeschäftsbericht Abteilung F.
63 Deckers, *Traubenadler,* S. 105 f.
64 RWWA 130-400100/25 Jahresgeschäftsbericht Abteilung F.
65 Ebd.
66 RWWA 130-400100/27 Jahresgeschäftsbericht Abteilung F.
67 RWWA 130-40010150/105 Sauer an Abteilung F (2. Juli 1934).
68 Ebd., Kellermann/Dickertmann an Arlt (23. April 1934).
69 RWWA 130-400100/27 Jahresgeschäftsbericht 1933/34 Abteilung F.
70 Ebd.

4 Naturrein eingelegt

1 RWWA 130-40010150/105. Hilbert an Middelschulte (1. Oktober 1937): „Mit deutschem Gruß". Hilbert an Messmer am 10. Juli 1941: „Mit bestem Gruß".
2 RWWA 130-400101400/22 Paul Reusch an Karl Plochmann/MAN Nürnberg, (29. August 1940). Plochmann war 1940 als erstes Vorstandsmitglied der MAN in die NSDAP eingetreten. (Bähr, *MAN,* S. 294.)
3 Marx, *Reusch,* S. 338 ff. Bähr, *MAN* S. 284 f. kam zu dem Schluss: „Reusch hatte sich im Frühjahr 1932 mit den Nationalsozialisten verständigen wollen und war von ihnen enttäuscht worden. Er schätzte an

der Partei ihre nationalistischen Parolen, lehnte aber ihre wirtschafts- und sozialpolitischen Vorstellungen ab … Reusch akzeptierte nie den totalen Machtanspruch der nationalsozialistischen Diktatur. Er behielt sich die Entscheidung vor, welchen Vorgaben des Regimes er folgte und welchen nicht. An der Aufrüstung beteiligte Reusch sich nach besten Kräften, er lehnte aber gleichzeitig entschieden ab, sich von der Partei in den Konzern hineinreden zu lassen. Auch war Reusch kein Antisemit. Die nationalsozialistische Rassenpolitik lag ihm fern. Widerstand hat Paul Reusch im Dritten Reich aber in keiner Form geleistet."

4 Vgl. Heinz-Peter Hexamer, *Die „Machtergreifung" in Nierstein*, in: *Nierstein. Beiträge zur Geschichte und Gegenwart eines alten Reichsdorfs*, hrsg. Von Hildegard Friess-Reimann und Sigrid Schmitt, Alzey 1992, S. 220–225.

5 S. o. Kap 1.

6 Marx, *Reusch*, S. 316 ff.

7 Ebd., S. 287. Vgl. auch die mokante Beschreibung der Jagdgesellschaften der „Schlotbarone an Rhein und Ruhr" nach der Maxime „ballern und bechern" bei Nina Grunenberg, *Die Wundertäter. Netzwerke der deutschen Wirtschaft, 1942–1966,* München ²2006, S. 143–148.

8 Vgl. Daniel Deckers, *Im Allerheiligsten der deutschen Weinkultur. Der Bremer Ratskeller*, in: *Fine. Das Weinmagazin*, 2014, Heft 4, S. 88–92.

9 Zahlreiche Weinkarten von Grandhotels und auch namhaften Weinhandlungen liegen in digitalisierter Form auf der Plattform *„dilibri.de"* vor. Knoch, *Grandhotels,* geht auf die Weinkultur in diesen Häusern nicht ein.

10 RWWA 130-40010150/105.

11 Auch deren Tätigkeit ist im RWWA ausgiebig dokumentiert, ohne dass diese sozialpolitisch immens wichtige Organisationsstruktur jemals genauer untersucht worden wäre. Dies trifft nach dem Kenntnisstand des Verfassers auch auf die Verkaufsanstalten der vielen anderen Montanunternehmen des Ruhrgebiets zu. Bei Büchner, *Gutehoffnungshütte*, hieß es über die Verkaufsanstalten, dass zu Beginn des Jahres 1914 insgesamt sieben Niederlassungen existierten. „Die Überschüsse wurden den Käufern alljährlich in Form eines Rabatts zurückvergütet. Verkauft wurde gegen bar und nur an Werksangehörige Lebensmittel aller Art – die in Massenlieferungen bezogenen Waren, wie z. B. Kartoffeln und Fische, wurden zum Selbstkostenpreis abgegeben – und Arbeitskleidung." (Ebd. S. 39). Für das Jahr 1929 wurde die Zahl der mit zwölf angegeben (S. 133). Vier waren in Oberhausen angesiedelt, zwei in Sterkrade und je eine in Vondern, Walsum, Holten, Stemmersberg sowie auf der Zeche Jacobi und der Zeche Ludwig.

12 RWWA 130-40010150/105 Hilbert an Messmer (6. Oktober 1934).

13 Ebd.

14 RWWA 130-400100/29 Jahresgeschäftsbericht 1934/35 Abteilung F.

15 Ebd.

16 Ebd.

17 Über die diesbezügliche Tätigkeit der hessischen Lehr- und Versuchsanstalt in Oppenheim siehe *Rheinhessenwein* (1927), S. 53–56.

18 August Dern, *Bericht des Landesinspektors für Weinbau und seine Tätigkeit in den Jahren 1914–1918,* München 1919, S. 69. Vgl. auch Daniel Deckers, *Eine neue Rebsorte. Aufstieg, Fall und Zukunft des Müller-Thurgau*, in: *Fine. Das Weinmagazin*, 2013, Heft 2, S. 78–81.

19 Dern, *Bericht*, S. 69.

20 Ebd.

21 Ebd. S. 70.
22 *Zusammenstellung des Materials für die Müller-Thurgau-Tagung in Alzey Rheinhessen am 31. Mai 1938*, masch., S. 1.
23 Ebd. S. 2.
24 Ebd.
25 Ein kurzer Bericht über die vorangegangene zweite Tagung enthält *Der deutsche Weinbau* 13 (1934), S. 30. Damals hieß es aufgrund der kurzen Zeitspanne des Anbaus, dass über den „Genusswert als Wein" noch kein einheitliches Bild vorliege.
26 *Zusammenstellung*, S. 21.
27 Ebd. S. 33.
28 Ebd. S. 22.
29 Ebd. S. 22.
30 Ebd. S. 25.
31 Ebd. S. 25 f.
32 *Der deutsche Weinbau* 22 (1938), S. 545–550.
33 S. u. Kap. 8.
34 Büchner, *Gutehoffnungshütte*, Anhänge.
35 Bähr, *MAN*, S. 280–339 und Marx, *Reusch*, S. 338–530.
36 RWWA 130-400100/29 Jahresgeschäftsbericht 1934/35 Abteilung F.
37 RWWA 130-400100/31 Jahresgeschäftsbericht 1935/36 Abteilung F.
38 Über die nationalsozialistische Agrarpolitik vgl. Werner Tornow, *Chronik der Agrarpolitik und Agrarwirtschaft des Deutschen Reiches von 1933–1945*, Hamburg/Berlin 1972 (Berichte über Landwirtschaft. Zeitschrift für Agrarpolitik und Landwirtschaft 188. Sonderheft). Über Aufbau und Bedeutung des Reichsnährstandes siehe Hermann Reischle/Wilhelm Saure, *Aufgaben und Aufbau des Reichsnährstands*, Berlin 1934; Gustavo Corni/Heinz Gies, *Brot.Butter.Kanonen. Die Ernährungswirtschaft in Deutschland unter der Diktatur Hitlers*, Berlin 1997.
39 Vgl. Deckers, *Traubenadler*, S. 121 ff.
40 *Der deutsche Weinbau* 13 (1934), S. 230; ebd. 14 (1935), S. 555.
41 Vgl. Pia Nordblom, *„Volksgemeinschaft" im Weinglas? Zur Beziehungsgeschichte von Weinbau und Nationalsozialismus in Rheinhessen*, in: Michael Matheus (Hg.), *Weinkultur und Weingeschichte an Rhein, Nahe und Mosel*, Stuttgart 2019, S. 125–141 (Lit.).
42 *Der deutsche Weinbau* 14 (1935), S. 554.
43 Ebd.
44 Ebd.
45 Vgl. pars pro toto Stadtverwaltung Beeskow, *Sonderakten betreffend Weinwerbewoche*, Brandenburgisches Landeshauptarchiv Potsdam (BLHA) Rep. 8 Beeskow 3715.
46 *Der deutsche Weinbau* 14 (1935), S. 421.
47 Vgl. zu den folgenden Absätzen RWWA 130-40010150/105 Memorandum Hilbert (18. Februar 1935).
48 Heinz Vygen, *Weingut Gutehoffnungshütte 1920–1970*, Privatdruck, o. S.
49 RWWA 130-40010150/105 Hilbert an Anderheggen (22. Januar 1935).
50 RWWA 130-40010150/105 Gesellschaft Verein an unsere Mitglieder (1. April 1935).
51 RWWA 130-40010150/105 (26. Juli 1935).
52 Ebd. Hilbert an Messmer (7. September 1935).
53 Ebd. Feldmann an GHH (11. September 1935).

54 Ebd. Hilbert an Messmer (11. September 1935).
55 Ebd. Hilbert an Messmer (18. September 1935).
56 Ebd. Gutehoffnungshütte (24. Oktober 1935).
57 Vygen, *Gutehoffnungshütte.*
58 RWWA 130-40010150/105 Gutehoffnungshütte (24. Oktober 1935).
59 Ebd. Vermerk (13. August 1934).
60 Ebd. IHK Essen an GHH (29. August 1935).
61 Ebd.
62 Ebd.
63 Ebd.
64 Ebd.
65 Ebd. Kellermann und Hilbert an IHK Essen (6. September 1935).
66 RWWA 130-4001012004/10 Reusch an Grundstücksverwaltung durch Hilbert (17. Oktober 1934).
67 Vgl. zum Folgenden Marx, *Reusch* S. 174 ff.
68 Vgl. Langer, *Gleichschaltung.*
69 RWWA 130-4001012004/10 Reusch an Grundstücksverwaltung durch Hilbert (17. Oktober 1934).
70 Ebd., Reusch an Grundstücksverwaltung durch Hilbert (30. Januar 1936).
71 RWWA 130-40010150/105 Wagner an Petri (19. März 1941).
72 RWWA 130-4001012004/10 Reusch durch Hilbert an Weingutsverwaltung (27. November 1941).
73 Ebd. Reusch durch Hilbert an Weingutsverwaltung (4. Juni 1936).
74 Ebd. Reusch durch Hilbert an Weingutsverwaltung (20. November 1936).
75 Ebd. Reusch durch Hilbert an Weingut (30. März 1932).
76 Ebd. Reusch an Weingutsverwaltung (6. Juli 1932).
77 Ebd. Reusch an Weinkellerei Nierstein (11. Juli 1933).
78 Ebd. Reusch durch Schwarz an Weingutsverwaltung (26. Juli 1936).
79 Ebd. Reusch durch Hilbert an Weingutsverwaltung (2. Januar 1933).
80 Ebd. Reusch durch Hilbert an Weingutsverwaltung (4. Oktober 1939).
81 Ebd. Messmer an Reusch (26. April 1939).
82 Marx, *Reusch* S. 480.
83 RWWA 130-4001012004/10 Reusch durch Hilbert an Weingutsverwaltung (9. Dezember 1939). Vgl. C. Edmund Clingan, *The lives of Hans Luther, 1879–1962,* Lanham (Md.), 2010.
84 Ebd. Reusch durch Hilbert an Weingutsverwaltung (31. Januar 1941).
85 Ebd. Reusch an Abteilung F (5. Januar 1937); Reusch durch Hilbert an Weingutsverwaltung (18. November 1941). Vgl. Kopper, *Schacht.*
86 Ebd. S. 206 f.
87 Ebd. S. 193 ff.
88 Marx, *Reusch*, S. 358 f.
89 Vgl. Bähr, *MAN*, S. 257–259. Kopper, *Schacht*, S. 201 f.
90 Marx, *Reusch*, S. 339 f.
91 Kopper, *Schacht*, S. 306 ff.
92 Die Freundschaft Paul Reuschs mit Schacht überdauerte den Krieg. Nach seinem Freispruch vor dem Nürnberger Kriegsverbrechertribunal und seiner Entlassung aus dem Nürnberger Kriegsverbrechergefängnis wurde Schacht im Oktober 1946 auf Schloss Katharinenhof auf Befehl der Landesregierung Württemberg-Baden verhaftet und in Ludwigsburg inhaftiert. Das Entnazifizierungsverfahren vor

der Stuttgarter Spruchkammer begann im April 1947. Nach Verurteilung und Freispruch im Revisionsverfahren wurde er im September 1948 entlassen. Das Angebot Reuschs, mit seiner Familie ein Haus auf dem Grundstück des Katharinenhofs zu beziehen, nahm Schacht nicht an. Kopper, *Schacht*, S. 371 ff.

93 RWWA 130-40010150/105 Hilbert an Suess (21. Januar 1936).
94 Ebd., Niersteiner Weine (16. Mai 1936).
95 Ebd.
96 RWWA 130-400100/31 Jahresgeschäftsbericht 1935/36.
97 RWWA 130-40010150/105 Hilbert an Reusch (20. Mai 1936).
98 Ebd. Hermann Reusch an Hilbert (29. Mai 1936).
99 Ebd. Abteilung F. an Hilbert (21. Dezember 1936).
100 RWWA 130-400100/33 Jahresgeschäftsbericht 1936/37.
101 RWWA 130-40010150/105 Abteilung F. an Hilbert (21. Dezember 1936).
102 Ebd. Gutehoffnungshütte (7. August 1937).
103 RWWA 130-40010150/105 Schüring (Abteilung F) über Hilbert und Kellermann an Reusch (11. November 1938).
104 Vgl. Daniel Deckers, *Händler, Winzer, Kenner: Jüdische Spuren in der deutschen Weinkultur*, in: *Fine. Das Weinmagazin*, 2012, Heft 1, S. 118–123.
105 RWWA 130-40010150/105 Abteilung 4. an Hilbert (2. November 1938).
106 Ebd. Hilbert an Messmer (24. November 1938).

5 Wein und Krieg

1 RWWA 130-40010150/105 Hilbert durch Kellermann an Reusch (18. Juli 1940).
2 RWWAM 130-400100/37.
3 RWWA 130-40010150/105 Leiendecker an Hilbert (2. November 1940).
4 RWWA 130- 400100/41.
5 RWWA 130-40010150/105 Weinliste Gästehaus.
6 Ebd., Vygen an Risse (15. Juli 1940). Die Grußformel lautete hier: „Heil Hitler".
7 Ebd.
8 RWWA 130-40010150/105 Hilbert an Blank (13. Juli 1940).
9 Ebd., Hilbert durch Kellermann an Reusch (18. Juli 1940).
10 RWWA 130-400100/39.
11 RWWA 130-40010150/105 (Blank an Hilbert 19. Juni 1941).
12 Ebd., Hilbert an Blank (24. Juni 1941).
13 Zu den näheren Umständen des Rücktritts siehe Bähr, *MAN*, S. 306 ff. und Marx, *Reusch*, S. 480–505.
14 RWWA 130-40010150/106 Hilbert an Vygen (6. Februar 1943).
15 RWWA-130.4001016/38 An Hilbert (24. November 1943).
16 Zur der Weinbaupolitik des Reichsnährstands vgl. knapp Deckers, *Wein*, S. 108–115.
17 *Deutsche Weinzeitung* 14 (1935), S. 533 f.
18 RWWA 130-4001012004/10 (Abteilung F an Paul Reusch 27. November 1935).
19 RWWA 130-40010150/105 (Hilbert an Kellermann 1. Juni 1941).

20 Ebd. Hilbert an Messmer (10. Juli 1941).
21 Ebd. Abteilung G an Hilbert (8. Oktober 1942).
22 Ebd.
23 Ebd. Hilbert an Werdecker (11. Juni 1942).
24 Ebd. Hilbert über Kellermann an Reusch (4. November 1941).
25 Ebd. Hilbert an Curt Haniel (1. Juli 1942).
26 Ebd. Hilbert an Werdecker (11. Juni 1942).
27 Ebd. Karl Haniel an Hilbert (18. Februar 1942).
28 RWWA 130-400100/43 Jahresgeschäftsbericht 1941/42.
29 Ebd.
30 RWWA 130-40010150/105 Hilbert an Rosenthal (8. Juni 1942).
31 Marx, *Reusch,* S. 403.
32 RWWA 130-4001016/38 Hilbert an Rosenthal (2. August 1944).
33 Ebd. Karl Haniel an Hilbert (13. Juni 1944).
34 RWWA 130-40010150/105 Hilbert an Cram (26. November 1942).
35 RWWA 130-4001016/38 Hilbert an Weinwirtschaftsamt (Entwurf).
36 RWWA 130-40010150/105 Hilbert an Cram (26. November 1942).
37 Ebd. Hilbert an Heckel (15. Dezember 1942).
38 Ebd. Hilbert an Leiendecker (11. September 1942) Diese Formulierung ist der einzige Hinweis in den Akten, dass in Nierstein dann und wann Weinverkostungen oder vielleicht auch Weinabende stattfanden.
39 Ebd. Messmer an Hilbert (5. September 1942).
40 Ebd. Hilbert an Messmer (15. September 1942).
41 Ebd. Messmer an Hilbert (17. September 1942).
42 Ebd.
43 RWWA 130-400100/45 Jahresgeschäftsbericht Abteilung F.
44 RWWA 130-40010150/105 Hilbert an Röbenack (18. September 1942).
45 RWWA 130-4001016/38 Schellhaas an Schüring (8. März 1940); RWWA 130-400101400/22 Hermann Reusch an Klüsener (31. Oktober 1941).
46 RWWA 130-4001016/38 Hilbert an Hentschel (31. August 1943).
47 RWWA 130-40010150/106 Einkaufsabteilung an Hilbert (23. Februar 1944).
48 RWWA 130-4001016/38 Hilbert an Most (14. Juli 1944).
49 RWWA 130-40010150/106 Hilbert an Walther (24. Februar 1943).
50 RWWA 130-4001016/38 Hilbert an Walther (2. August 1944).
51 Ebd.
52 Ebd. Hilbert an Geschäftsstelle Berlin (31. Januar 1944).
53 Ebd. MAN AG an Hilbert (19. Februar 1945).
54 Marx, *Reusch,* S. 448.
55 RWWA 130-40010150/106 Leiendecker an Hilbert (28. Febuar 1945).
56 RWWA 130-4001016/38 Hilbert an Mayer (20. Februar 1945).
57 Ebd. Vygen an Hilbert (12. Januar 1945).
58 Ebd. Hilbert an Vygen (17. Januar 1945).
59 RWWA 130-400100/37 Jahresbericht Abteilung F.
60 RWWA 130-400100/39 Jahresbericht Abteilung F.

61 RWWA 130-400100/41 Jahresbericht Abteilung F.
62 RWWA 130-400100/43. Jahresbericht Abteilung F.
63 Über den Rechtsrahmen für den Einsatz von Kriegsgefangenen in der Landwirtschaft informierte die Zeitschrift „*Der deutsche Weinbau*" in einem ausführlichen Beitrag auf S. 261 des Jahrgangs 21 (1942).
64 S. u.
65 „Franzosen bewährten sich bei Weinbergsarbeiten bald und als diese nicht mehr in genügender Zahl abgestellt werden konnten und Russen zur Verfügung standen, gewöhnte man sich in Winzerkreisen auch an solche." Dern, *Bericht*, S. 5.
66 Vgl. Deckers, *Eberbach*, S. 125 f., ders., *Bürgerspital zu Würzburg*, S. 137 f.
67 Vgl. Bähr, *MAN*, S. 330 ff.
68 RWWA 130-4001016/38 Messmer an Hilbert (10. Mai 1944).
69 Ebd. Hilbert an Messmer (26. Mai 1944).
70 Vgl. für die ersten Nachkriegsjahre RWWA 130-400100/65.
71 RWWA 130-400109/118 Werksgasthaus Bestandaufnahme Weinkeller (3. August 1940).
72 In Württemberg und Teilen Badens war der Weinverbrauch immer größer als die eigene Produktion. Daher wurde nur wenig Wein in anderen Regionen abgesetzt. Außerdem fehlte es an Anreizen, in großem Stil Qualitätswein zu erzeugen.
73 RWWA 130-4001016/38 Schellhaas an Schüring (8. März 1940).
74 RWWA 130-400109/119.
75 RWWA 130-400101400/22 Paul Reusch an Plochmann (29. August 1940).
76 Ebd. Schüring an Hermann Reusch (12. Dezember 1940).
77 Ebd. Hermann Reusch an Schüring (2. Januar 1941).
78 Ebd.
79 Ebd.
80 RWWA 130-400101400/22 Hermann Reusch an Wagner (20. Juli 1941).
81 RWWA 130-40010150/105 Hilbert an Hermann Reusch (28. Oktober 1942).
82 RWWA 130-40010150/106 Messmer an Hilbert (13. März 1942).
83 Ebd. Hilbert an Messmer (18. März 1942).
84 Ebd. Paul Reusch an Schüring (2. September 1943).
85 Ebd. Paul Reusch an Hilbert (7. September 1943).
86 Ebd. Messmer an Hilbert (18. September 1942).
87 Ebd. An Hilbert (19. Januar 1944).
88 Ebd. Hilbert an Kellermann (21. April 1944).
89 Über die Bedeutung Meyers für die MAN vgl. *Bähr*, MAN, S. 369 f.
90 RWWA 130-4001016/38 Hilbert an Mayer (20. Februar 1945).
91 Ebd. Mayer an Hilbert (20. März 1945).
92 Christine Hartwig-Thürmer, *Zwangsarbeit in Mainz-Gustavsburg*, in: Hans Georg Mayer/Hans Berkessel (Hrsg.), *Die Zeit des Nationalsozialismus in Rheinland-Pfalz*. Bd. 3 „*Unser Ziel – die Ewigkeit Deutschlands*", Mainz 2001, S. 53–59.
93 Ebd.

6 Gegebenenfalls eine gute Lage unseres Niersteiners

1 RWWA 13 0-400100/49. Leiendecker an Hilbert (7. Mai 1945).
2 Ebd. Leiendecker an Hilbert (14. Mai 1945).
3 Ebd. Leiendecker an Hilbert (25. Mai 1945).
4 Die folgenden Schilderungen entstammen einem undatieren Bericht Hilberts in RWWA 130-40010150/82.
5 RWWA 130-400109/313 Aktenvermerk (6. Juli 1945).
6 Ebd. An die Britische Militärregierung (25. Juni 1945).
7 Ebd. Prüfungsbericht o. D.
8 RWWA 130-400100/49 Leiendecker an Hilbert (9. August 1945).
9 Ebd. Leiendecker an Hilbert (13. August 1945).
10 RWWA 130-40010150/106 Messmer an Landrat (1. Mai 1945).
11 Andreas Licht, ein Sozialdemokrat, war im März 1945 der Einziehung zu einem Schanzkommando durch den NSDAP-Ortsgruppenleiter Andreas Bittel entgangen, weil er von einem Niersteiner Arzt als Sanitäter für unabkömmlich erklärt worden war. Sechs andere altbekannte Regimegegner wurden auf der anderen Rheinseite als Kommunisten verhaftet, bald wieder freigelassen, aber bei der Rückkehr nach Nierstein von fanatischen Nationalsozialisten erschossen. Vgl. Wolfgang Kemp, NS-Verbrechen der letzten Tage – die Morde auf dem Kornsand bei Nierstein am 21. März 1945, in: Mayer/Berkessel, *Ziel*, S. 150–160.
12 RWWA 130-40010150/106 Messmer an Landrat (1. Mai 1945).
13 Ebd.
14 Ebd. Hilbert an Reinhardt (5. Juni 1945).
15 Ebd.
16 RWWA 130-40010150/82 Abteilung Z an Hilbert (15. September 1945).
17 RWWA 130-40010150/106 Hilbert an Reinhardt (8. August 1945).
18 Ebd. Messmer an Hilbert (22. Oktober 1945).
19 Ebd.
20 Ebd.
21 Ebd.
22 Ebd. Leiendecker an Messmer (26. Oktober 1945).
23 Ebd.
24 Ebd. Hilbert an Reinhardt (9. November 1945).
25 Ebd. Reinhardt an Hilbert (17. November 1945).
26 Vgl. Hartwig-Thürmer, *Zwangsarbeit*.
27 RWWA 130-40010150/106 Reinhardt an Hilbert (11. Dezember 1945).
28 Ebd.
29 Zu Wedemeyer vgl. Marx, *Reusch*, passim.
30 Ebd. Hilbert an Wedemeyer (19. Februar 1946).
31 RWWA130-400100/49 Leiendecker an Hilbert (8. Dezember 1945).
32 Ebd. Leiendecker an Hilbert (17. Dezember 1945).
33 Ebd.
34 Ebd.
35 RWWA 130-400100/19 Leiendecker an Hilbert (23. Dezember 1945).

36 Ebd. Leiendecker an Hilbert (7. Januar 1946).
37 RWWA 130-400100/51 Jahresbericht Abteilung F.
38 RWWA 130-40010150/106 Hilbert an Nebelung (9. Mai 1946).
39 RWWA 130-400100/53 Jahresbericht Abteilung F.
40 Ebd.
41 Eine genaue Untersuchung über den Umfang der Beschlagnahmungen durch die Franzosen liegt nach dem Kenntnisstand des Verfassers nicht vor. Einen knappen Überblick bietet Otto Wolfgang Loeb/Terence Prittie, *Moselle*, London 1972, S. 48–50. Einer der französischen Besatzungsoffiziere namens Jean Rouel widmete dem von ihm offenbar durchweg bewunderten Weinbau in Deutschland ein 1950 in französischer Sprache, aber in Koblenz gedrucktes Buch: „*La Vigne et le Vin allemand*". Einen reichen Ertrag verspricht der noch nicht ausgewertete Bestand „*Amt für Weinbewirtschaftung 1942–1950*" des Stadtarchivs Trier.
42 RWWA 130-40010150/106 Hilbert an Abteilung F (16. April 1948)
43 Ebd.
44 Ebd.
45 Ebd. Hilbert an Leiendecker (13. Mai 1947).
46 Ebd. Hilbert an Messmer (2. November 1948).
47 Ebd. Hilbert an Messmer (21. Dezember 1948).
48 RWWA 130-400100/57 Jahresbericht Abteilung F.
49 *Deutsche Weinzeitung* 85 (1949), S. 56.
50 Etwa RWWA 130-40010150/106 Messmer an Hilbert (4. Januar 1949). Drei Herren, die anscheinend dem Unternehmen verbunden sind, erhalten je 25 Flaschen 1947er Galgenberg. Im Dezember 1948 hatte Hilbert diesen Wein als „Franzosenwein" bezeichnet. Vermutlich war er von der Besatzungsbehörde lange Zeit blockiert worden.
51 RWWA 130-400100/59 Jahresbericht Abteilung F.
52 RWWA 130-400100/57 Jahresbericht Abteilung F.
53 Vgl. *Neuzeitlicher Weinbau*, Aufsatzfolge, Oberlahnstein 1927.
54 Ebd.
55 Ebd.
56 *Deutsche Weinzeitung* 85 (1949), S. 129.
57 Ebd., S. 321. In der benachbarten Rheinpfalz war die Reblausgefahr vor dem Zweiten Weltkrieg ebenfalls nicht groß gewesen. 1927 hieß es in „*Die Pfalz am Rhein und ihre Weine*": „Aber dem gefürchteten Rebenvernichter ist es doch gelungen, in nunmehr zwölf Weinbaugemarkungen Eingang zu finden ... So ist der Zeitpunkt nicht mehr allzu fern, wo auch der Pfälzer Winzer, folgend dem Beispiel seines französischen Berufsgenossen, zum Weinbau mit Pfropfreben übergehen muß, die aus ihrer ‚amerikanischen' Unterlage widerstandfähige Wurzeln trieben und am aufgepfropften Reis unsere edlen Trauben bringt. Diese Lösung der Reblausfrage bedeutet eine gewaltige Umstellung des Weinbaus, zu deren Vorbereitung leistungsfähige Rebenpfropfanstalten in Rhodt, Bergzabern, Neustadt und Dirmstein schon bestehen und noch andere folgen werden, Dazu gehört auch die Anlage größerer Schnittweinberge von amerikanischen Reben, um Unterlagsholz zu gewinnen." (Ebd. S. 75).
58 Vgl. August Bebber, *Der Weinbau im Saale- und Unstrut-Tale*, Halle 1906. Für Franken siehe R. Albert, *Der Stand des Weinbaues in Franken, und welche Rebsorten für die fränkischen Verhältnisse besonders zu empfehlen sind*, in: Heinrich Wilhelm Dahlen (Hrsg.), *Bericht über die Verhandlungen des XVII. Deutschen Weinbau-Kongresses in Würzburg im September 1899*, Mainz 1900, S. 32–39.

59 Programmatisch Robert Dünges, *Der Weinbau: ein völkischer Wall im Westen*, in: *Der Deutsche Weinbau* 13 (1934), S. 129. Ausführlich Deckers, *Traubenadler*, S. 109 ff.
60 Vygen, *Gutehoffnungshütte*. Der Steinbruch lieferte indes schon seit 1932 keinen Kalk mehr in das Ruhrgebiet. (Büchner, *125 Jahre*, S. 145) 1936 war es zudem auf einer Randfläche des Steinbruchs zu einem Grundstückstausch zwischen der GGH und Dyckerhoff gekommen. Vgl. RWWA 130-143-8.
61 RWWA 130-400100/55 Jahresbericht Abteilung F und RWWA 130-400100/57 Jahresbericht Abteilung F.
62 Zu den Neuordnungsplänen der Alliierten und der Entflechtung der GHH zwischen den Jahren 1945 und 1953 vgl. Bähr, *MAN*, S. 340–356.
63 RWWA 130-400101400/33.
64 RWWA 130-4001119/28. Verwaltung der Verkaufsanstalten GHH 10. Januar 1949.
65 *Weinkarte Rheinhalle*, ca. 1949 (Privatbesitz).
66 Vgl. Deckers, *Ratskeller*.
67 RWWA 130-400101400/30. Vgl. zum Folgenden auch Daniel Deckers, *Hochöfen und Spitzenweine. Weinkultur im Ruhrgebiet der Nachkriegszeit*, in: *Fine. Das Weinmagazin*, 2020, Heft 3, S. 130–133.
68 Ebd.
69 Ebd., Blumenthal an Reusch (5. Mai 1953).
70 Ebd.
71 Ebd. Reusch an Blumenthal (8. September 1953).
72 Ebd. Reusch an Blumenthal, Abendessen der HDK (16. September 1953).
73 Ebd. Reusch an Blumenthal (27. November 1955).
74 Ebd. Blumenthal an Reusch (7. Januar 1960).
75 Ebd. Reusch an Blumenthal (8. November 1957).
76 Ebd. Reusch an Blumenthal (25. Juni 1958).
77 Vgl. Werner Bührer, *Der Kulturkreis im Bundesverband der Deutschen Industrie und die „kulturelle Modernisierung" der Bundesrepublik in den 50er Jahren*, in: Axel Schildt/Bernhard Sywottek (Hg.), *Modernisierung im Wiederaufbau. Die westdeutsche Gesellschaft der 50er Jahre*, Bonn 1998, S. 583–595. Bührer stellt die Bedeutung des Kulturkreises und des darin organisierten Mäzenatentums exemplarisch anhand der Förderung der abstrakten Kunst der Nachkriegszeit dar. Hermann Reusch gehörte in den damit einhergehenden kunstpolitischen Kontroversen zu den „Progressiven".
78 RWWA 130-400101400/30 Reusch an Blumenthal (1. April 1959).
79 So verwarf Hermann Reusch die Idee Vygens, am 3. oder 4. Juni 1956 auf der Rückreise aus Süddeutschland in Nierstein für eine Weinprobe Station zu machen, mit dem Hinweis, er werde am Abend des 3. Juni nach Oberhausen zurückkehren, weil er am kommenden Tag in Bad Godesberg zu „einer Sitzung der Deutschen Atomkommission" erwartet werde. Reusch vertröstete Vygen mit den Worten: „Für Ihre Bemühungen in dieser Angelegenheit danke ich Ihnen auf jeden Fall bestens." (RWWA 130-400101400/26 Reusch an Vygen 22. Mai 1956). Über weitverbreitete Technikfeindlichkeit in den fünfziger Jahren bis zu dem Sputnik-Schock des Jahres 1957 vgl. Joachim Radkau, *Aufstieg und Krise der deutschen Atomwirtschaft 1945–1975*, Reinbek 1983, und ders., *„Wirtschaftswunder" ohne technologische Innovation? Technische Modernität in den 50er Jahren*, in: Schildt/Sywottek, *Modernisierung*, S. 129–154.
80 RWWA 130-400101400/30, Reusch an Blumenthal (2. November 1954). Anstelle französisch inspirierter Küche wurde den Amerikanern ein deftiges Mittagessen serviert, das mit westfälischem Schinken, Ochsenschwanzsuppe, Kasseler und altem Holländer dem Klischee der deutschen Küche perfekt ent-

sprach. An Getränken gereicht wurden allerdings nicht nur Steinhäger und Bier, sondern auch guter französischer Sekt (eine Flasche!) und der „übliche Graacher" (Craacher geschrieben).

81 Ebd. Blumenthal an Reusch (7. September 1962). Die Japaner wurden im Gegensatz zu den Amerikanern mit französischer Küche bewirtet.

82 RWW.A 130-30017/3 Zeichnung und Kostenvoranschlag (6. Oktober 1921).

83 Vygen, *Gutehoffnungshütte.*

84 RWWA 130-400101400/26 Reusch an Vygen (22. März 1957).

85 RWWA 130-400101400/30 Blumenthal an Reusch (5. März 1959).

86 Ebd.

87 Ebd. Blumenthal an Reusch (8. September 1960).

88 Ebd. Reusch an Blumenthal (6. Oktober 1961).

7 Zum größten Teil allerbeste Lagen Rheinhessens

1 Vgl. Marx, *Reusch,* S. 531–567.

2 Vygen, *Gutehoffnungshütte.*

3 RWWA 130-400100/59 Jahresbericht Abteilung F.

4 Ebd.

5 RWWA 130-400100/61 Jahresbericht Abteilung F.

6 Vgl. Bähr, *MAN,* S. 349 ff.

7 Vygen, *Gutehoffnungshütte.*

8 RWWA 130-400100/61 Jahresbericht Abteilung F.

9 RWWA 130-400101400/33.

10 Ebd.

11 RWWA 130-400101400/26.

12 Privatbesitz A. u. U. Michalsky.

13 Vgl. *Rheinweine Hessens* (1927), S. 169 f.

14 RWWA 130-400101400/26. Ein Jahr später wurde die Möglichkeit, Weingeschenkpackungen zu versenden, mit dem Hinweis versehen, bei „Sendungen in die Ostzone (ausschließlich Westberlin) können aus Gewichtsgründen nur Geschenkpackungen bis zu 4 Flaschen verschickt werden". Ebd.

15 Marx, *Reusch,* S. 262.

16 Der Verfasser dankt Georg Mauer (Eltville/Berlin) für die Auskünfte über seinen Vater Egon.

17 RWWA 130-400100/63 Jahresbericht Abteilung F.

18 Ebd.

19 Ebd.

20 1953 ging die Verwaltung des Weinguts von der Abteilung F auf die Abteilung G über. Vgl. RWWA 130-400100/64.

21 Ebd.

22 Für die Auskünfte über Horst Michalsky gebührt der Dank seinem Sohn Alexander und seiner Schwiegertochter Ute Michalsky.

23 Ebd.

24 RWWA 130-400100/66 Monatsberichte Abteilung G.

25 RWWA 130-400101400/26 Abteilung F (4. Juni 1954).
26 Ebd. Vygen an Reusch (25. Oktober 1954).
27 RWWA 130-232-8.
28 Vgl. deren En-gros-Preisliste 257 aus dem Jahr in RWWA 130-400101400/26.
29 RWWA 130-400101400/26 Vygen durch Hilbert an Reusch (10. Januar 1957).
30 Ebd.
31 RWWA 130-400101400/26 Vygen durch Hilbert an Reusch (2. Juni 1956).
32 Ebd. Vygen durch Hilbert an Reusch (10. Januar 1957). Reusch stimmte dem Vorgehen mit Schreiben vom 30. März 1957 zu.
33 RWWA 130-400100/76 Jahresbericht des Weinguts Nierstein 1957/58.
34 Vgl. *Deutsche Weinzeitung* 93 (1957) und 94 (1958).
35 Vgl. Michael Wildt, *Privater Konsum in Westdeutschland in den 50er Jahren*, in: Schildt/Sywottek, *Modernisierung*, S. 275–289. Eine ähnliche Entwicklung war in der DDR zu beobachten. Nach Jörg Roesler, *Privater Konsum in Ostdeutschland 1950–1960*, in: Ebd., S. 290–303, hatte der Verbrauch von Wein und Sekt in der DDR 1960 erst die Hälfte des Vorkriegsniveaus erreicht. Als Ursache verwies Roesler auf vergleichsweise hohe Preise und ein knappes Angebot. „An Stelle von billigen Weinen wurde zweifellos mehr Bier getrunken, ein Genußmittel, dessen Rohstoffe ausschließlich in der DDR erzeugt wurden." Allerdings wurde 1957 nicht nur ein Drittel mehr Bier getrunken als 1936, sondern fast doppelt so viel Branntwein pro Kopf (1,9 l gegenüber 1,0 l). „Weil dies in Regierungskreisen als bedrohlich für die Volksgesundheit galt, wurden im Mai 1958 die Spirituosenpreise mitten in einer Preissenkungswelle um 20 Prozent heraufgesetzt. Das hatte beträchtliche Auswirkungen. Der Branntwein-Konsum sank 1958 auf 1,7 l und 1959 auf 1,2 l. Verstärkt wurden nun Wein und Sekt erworben. Deren Pro-Kopf-Verbrauch erhöhte sich 1959 und 1960 sprunghaft (von 2,0 l 1958 auf 2,5 l 1959 und 3,2 l 1960), besonders nachdem die Preise für Wein und Schaumwein im Oktober 1959 um 20 bis 25 Prozent gesenkt worden waren." (Ebd. S. 297).
36 *Der Deutsche Weinbau* 93 (1957), S. 582 ff.
37 Weinbauminister Oskar Stübinger hatte vollmundig verlauten lassen: „Jede Pflanzung ohne diese Genehmigung ist strafbar ... Das Ministerium wird Verstöße gegen die Anbaubegrenzung verfolgen und es nicht dulden, daß das vom Weinbau so hart erkämpfte Weinwirtschaftsgesetz aus den eigenen Reihen unterhöhlt wird." *Deutsche Weinzeitung* 97 (1961), S. 687.
38 Werner Tyrell, *Die Zukunft des Weinbaus in württembergischer und europäischer Sicht*, in: *Rebe und Wein 28* (1975), S. 270–274, hier S. 273.
39 *Deutsche Weinzeitung* 97 (1961) S. 435 ff.
40 Tyrell, *Zukunft*, S. 272; ders. *Wir müssen die Mengen in den Griff bekommen*, in: *Der deutsche Weinbau* 30 (1975), S. 3–4.
41 *Deutsche Weinzeitung* 97 (1961) S. 435 ff.
42 Vgl. Siegfried Fritz Hallgarten, *German Wines*, London 1972, S. 209 ff.
43 RWWA 130-400101400/26 Vygen durch Hilbert an Reusch (10. Januar 1957).
44 Ebd. Geschäftsbrief Februar 1957.
45 Ebd. Vygen durch Hilbert an Reusch (10. Januar 1957).
46 Ebd. Reusch durch Hilbert an Vygen (30. März 1957).
47 Was aus dem verbliebenen Geschäftsanteil der Dyckerhoff AG wurde, ist den Akten der GHH nicht zu entnehmen. In dem Unternehmensarchiv des Zementherstellers selbst haben sich nach Auskunft der im Stadtarchiv Wiesbaden zuständigen Archivarin seltsamerweise keine Vorgänge erhalten, anhand

derer sich das Tauschgeschäft zwischen der GHH und Dyckerhoff aus der Sicht des Wiesbadener Unternehmens rekonstruieren ließe.

48 RWWA 130–232–1 Buchung vom 24. Mai 1958.

49 RWWA 130-400100/76 Jahresbericht des Weinguts Nierstein 1957/58.

50 RWWA 130-400101400/26 Vygen durch Hilbert an Reusch (10. Januar 1957).

51 Ebd.

52 Marx, *Reusch*, S. 564.

53 RWWA 130-400101400/26 Reusch durch Hilbert an Vygen (6. August 1955).

54 RWWA 130-400100/76 Jahresbericht des Weinguts Nierstein 1957/58.

55 25. Mai 1957/22. Juni 1961 (Privatbesitz A. und U. Michalsky).

56 Ebd.

57 Michalsky an Vygen, 8. September 1961 (Privatbesitz A. und U. Michalsky).

58 RWWA 130-400100/76 Jahresbericht 1957/58.

59 Ebd.

60 Ebd.

61 RWWA 130-400100/69 Jahresbericht.

62 Ebd.

63 Ebd.

64 Ebd.

65 Vgl. Wilhelm Bewerunge, *‚Neuzeitliche' Weinwerbung*, in: *Deutsche Weinzeitung* 85 (1949), S. 507–508. In der von dem Deutschen Weininstitut verantworteten *Dokumentation 50 Jahre Deutsche Weinwerbung*, Mainz o. J. (1999) erfährt man über die Rolle Bewerunges zwischen 1933 und 1945 nichts.

66 Erstaunlicherweise stand Frank Schoonmaker, jeder Sympathie für den Nationalsozialismus unverdächtig, bis zum Tod Bewerunges im November 1954 im engen Kontakt mit ihm. In seinem bis heute lesenswerten Buch „*German Wines*" (London 1957) zählte Schoonmaker ihn zusammen mit dem Weinkommissionär Otto Dünweg (Neumagen) zu den beiden Personen, die ihm den Sinn für den deutschen Wein erschlossen hätten. An seine Rückkehr nach Deutschland im Jahr 1946 erinnerte sich Schoonmaker mehr als zehn Jahre später so: „I found my respect and regard for these particular German friends in no way tarnished or diminished." (S. 7.)

67 Vgl. die einschlägige Personalakte BArch R/16/9100.

68 Vgl. *125 Jahre Deutscher Weinbauverband. Festschrift anlässlich des Jubiläums im Jahr 1999*, Bonn 1999. Heuckmann starb im Jahr 1954.

69 *50 Jahre Deutsche Weinwerbung*, S. 85–88.

70 RWWA 130-400100/69 Jahresbericht.

71 Ebd.

72 RWWA 130-400100/72 Jahresbericht.

73 Ebd.

74 Ebd.

75 Ebd.

76 RWWA 130-400100/74 Jahresbericht.

77 Ebd.

78 Ebd.

79 Ebd.

80 Ebd.

81 RWWA 130-400100/76 Jahresbericht.
82 Ebd.
83 Ebd.
84 RWWA 130-400100/78 Jahresbericht.
85 RWWA 130-400100/80 Jahresbericht.
86 RWWA 130-400100/78 Jahresbericht.
87 Ebd.
88 Ebd.
89 *Deutsche Weinzeitung* 97 (1961), S. 162 f.
90 RWWA 130-400100/78 Jahresbericht.
91 Ebd.
92 Ebd.
93 Vgl. den Katalog der Spitzenweinversteigerung des VDNV im Kurhaus Wiesbaden am 5. Mai 1955 (Privatbesitz). Die Rheinfront einschließlich des weiter nördlich gelegenen Ortes Bodenheim war an diesem Tag mit sieben der neun rheinhessischen Weine vertreten. Aus Nierstein kamen eine 1953er Orbel Riesling Beerenauslese sowie eine 1953er Hipping und Rehbach Riesling Trockenbeerenauslese, jeweils aus dem Weingut Reinhold Senfter, erstere zum Taxpreis von 28 Mark, letztere von 50 Mark. Teurer waren nur noch ein 1921er Steinberger Riesling (Staatsweingüter im Rheingau, 70 Mark) und eine 1952er Deidesheimer Hohenmorgen Riesling Trockenbeerenauslese (Bassermann-Jordan, 55 Mark).
94 RWWA 130-400100/80 Jahresbericht 1959/60.
95 Ebd.
96 RWWA 130-40010150/30 enthält eine Auflistung aller Ämter Hilberts.
97 RWWA 130-400100/82 Jahresbericht 1960/61.
98 Ebd.
99 Ebd.
100 RWWA 130-400101400/27 Weinpreisliste April 1960.
101 RWWA 130-400100/72 Jahresbericht 1955/56.
102 RWWA 130-400101400/27 Weinpreisliste April 1960.
103 RWWA 130-400100/84 Jahresbericht 1961/62.
104 RWWA 130-400101400/26.
105 Anlässlich der 50-Jahr-Feier des Verbandes Rheinhessischer Weinhändler wurde von mehreren Seiten darauf hingewiesen, dass „Weinbau und Weinhandel oft von dem gleichen Weinhandelsbetrieb gesteuert würden und es gut sei, an der Spitze des rheinhessischen Weinhandelsverbandes einen Mann mit weiter Wirkungsmöglichkeit zu haben, der seinen Betrieb als das ‚größte weinhandeltreibende Weingut am Rhein' bezeichnen könne und bezeichne“. Gemeint war der Niersteiner Weingutsbesitzer Gustav Adolf Schmitt. Vgl. *Das Weinblatt* 44 (1950), S. 1021 f. Inwieweit diese im deutschen Weinbau singuläre Konstellation die Weinbaupolitik des Landes Rheinland-Pfalz beeinflusst hat, wäre noch zu untersuchen. Zumindest der Verdacht steht im Raum, dass zwischen der massiven Ausdehnung der Rebflächen in Rheinhessen und den (Export)Interessen der „weinhandeltreibenden Weingüter“ ein kausaler Zusammenhang besteht. Für die Weinbaupolitik der Gemeinde Nierstein kann die Dominanz der Interessen des exportorientierten Großhandels zweifelsfrei nachgewiesen werden.
106 RWWA 130-400101400/26 (November 1959).

8 Von Cabinet zu Kabinett

1 RWWA 130-400100/84 Jahresbericht 1961/62.
2 Ebd.
3 Ebd.
4 Ingrid Neumann, *Der alte Mann von der Ruhr*, in: *Die Zeit* Nr. 44, 28. Oktober 1966.
5 Ebd.
6 Vgl. u. a. Daniel Deckers, *In Treue fest. Die Weinkultur der Wittelsbacher*, in: *Fine. Das Weinmagazin*, 2017, Heft 2, S. 124–129.
7 RWWA 130-400101400/30 Blumenthal an Reusch (8. September 1960).
8 Ebd. Blumenthal an Reusch (7. September 1962).
9 Ebd. Blumenthal an Reusch (25. November 1963).
10 Ebd.
11 Ebd. Reusch an Blumenthal (11. November 1965).
12 Leider liegen dem Verfasser zu diesem Thema keine Studien vor, sondern nur anekdotische Berichte. Die Weinkultur etwa im Hause Krupp auch nur für die Nachkriegszeit zu untersuchen war vor der Drucklegung dieses Buches aufgrund der coronabedingten Nutzungsbeschränkungen des Unternehmensarchivs in der Essener Villa Hügel nicht möglich. Der von den Nationalsozialisten in das Londoner Exil getriebene Weinhändler Otto Wolfgang Loeb wusste indes 1972 zu berichten, dass es in Essen nicht unbedingt zivilisiert zuging. Er erinnerte sich voller Abscheu an eine „monster party", die 1958 in der Essener Villa Hügel für „industralists, diplomats and journalists" geschmissen wurde. *„For this occasion only fine Rhine and Moselle wines of the 1953 vintage were served. They would have kept for at least another eight or ten years, and they should have not been swallowed by the glassful as an accompaniment to overloaded platters of cold meats."* (*Moselle*, S. 182). Von der Gutehoffnungshütte sind Berichte über entsprechende Veranstaltungen nicht überliefert.
13 RWWA 130-400100/85 Jahresbericht 1962/63.
14 Ebd.
15 RWWA 130-400100/86 Jahresbericht 1963/64.
16 Ebd.
17 Ebd.
18 Ebd.
19 Noch am 21. Januar 1977 etwa kaufte Michalsky über den ortsansässigen Kommissionär Heinrich Leineweber insgesamt fast 5000 Liter 1976er Niersteiner Findling Bacchus Spätlese, 1976er Niersteiner Gutes Domtal Sylvaner Spätlese und 1976er Niersteiner Spiegelberg Spätlese Sylvaner zum Preis von gut 15.500 Mark. In der Weinpreisliste vom Herbst 1977 tauchen diese Weine indes nicht auf, so dass sich die Flaschenverkaufspreise nicht angeben lassen.
20 RWWA 130-400100/86 Jahresbericht 1963/64.
21 Ebd.
22 Ebd.
23 Daniel Deckers, *Scheu wie Scheurebe*, in: *Fine. Das Weinmagazin*, 2016, Heft 2, S. 136–140.
24 RWWA 130-400100/103 Jahresbericht 1964/65.
25 Ebd. Was sich hinter dieser Abkürzung verbarg, ist nicht zu ermitteln.
26 RWWA 130-400100/104 Jahresbericht 1965/66.
27 Ebd.

28 RWWA 130-400100/105 Jahresbericht 1966/67.
29 Ebd.
30 Die Vermutung liegt nahe, dass sich das Geschäftsmodell der ersten Discounter an das der traditionellen Verkaufsanstalten anlehnte. Nach Kenntnis des Verfassers ist dieser Zusammenhang bislang aber nicht quellengestützt verifiziert oder auch falsifiziert worden.
31 Axel Schildt, *Die Sozialgeschichte der Bundesrepublik Deutschland bis 1989/90*, München 2007, S. 30 ff.; Heinrich August Winkler, *Geschichte des Westens*, München 2014, S. 474 ff.
32 RWWA 130-400100/105 Jahresbericht 1966/67.
33 Ebd.
34 Ebd.
35 RWWA 130-400101400/28 Vygen an Reusch (19. August 1965).
36 Ebd. Weinprobe am 8. September 1965.
37 Ebd. Reusch an Michalsky (9. September 1965).
38 Ebd.
39 Privatbesitz A. und U. Michalsky.
40 Vgl. Bähr, *MAN*, S. 375 ff. Hermann Reusch hatte sich demnach schon vor einigen Jahren aus dem Tagesgeschäft zurückgezogen und von Menges als Mitglied der Konzernführung viele Freiheiten gelassen.
41 Ebd. S. 377 f.
42 Für die Jahre 1966 bis 1973 ist ein einziger Ordner mit Dokumenten überliefert: RWWA 130-400101506/64.
43 Ebd. Menges an Rowahl (26. März 1966).
44 Ebd. Menges an Michalsky (26. September 1968).
45 Ebd. Menges an Vygen (10. August 1970).
46 Ebd. Menges an Abteilung R (12. Februar 1973).
47 Ebd. Vygen an Menges (17. Juli 1973).
48 Vgl. zum Folgenden Alexander Maringer, *Weinrecht und Verbraucherschutz. Vom Alten Reich bis zur Gegenwart unter besonderer Berücksichtigung des Anbaugebietes Mosel*, Tübingen 2014, S. 202–230.
49 Vygen an Weber, 31. März 1969 (Privatbesitz A. und U. Michalsky).
50 Ebd.
51 Ebd.
52 Ebd.
53 Vygen, *Gutehoffnungshütte.*
54 Vygen an Weber, 31. März 1969 (Privatbesitz A. und U. Michalsky).
55 Vygen, *Gutehoffnungshütte.*
56 Ebd.
57 Ebd.
58 Weinpreisliste Oktober 1970 (Privatbesitz A. und U. Michalsky).
59 Hans-Jörg Koch, *Das Weingesetz*, Neustadt a. d. Weinstraße 1958, S. 71.
60 Vgl. Deckers, *Steinberg*, S. 92 ff.
61 Koch, *Weingesetz*, S. 69 f.
62 RWWA 130-400101506/64 Menges an Michalsky (11. November 1970).

9 Wein für die Wirtschaft

1 Aus den 1970er Jahren haben sich überhaupt nur zwei Aktenordner erhalten, die über die mündlichen Überlieferungen hinaus Licht auf das Geschehen im Weingut Nierstein werfen. Beide haben sich im Historischen Archiv der MAN SE in Augsburg erhalten und wurden dem Verfasser von Frau Jana Lösch zugänglich gemacht, wofür dieser sich herzlich bedankt. Da die Ordner nicht näher verzeichnet oder paginiert sind, werden die Unterlagen zitiert als GHH Bestand, Kiste 19, MAN Archiv Augsburg.

2 Ebd.; vgl. auch Walter Hillebrand, *Taschenbuch der Rebsorten*, Wiesbaden 1972, S. 149–151.

3 Ebd.; Hillebrand, *Rebsorten*, S. 168–171.

4 Ebd.; Hillebrand, *Rebsorten*, S. 146–149.

5 Ebd.; Hillebrand, *Rebsorten*, S. 114–119. Vgl. auch Deckers, *Scheu.*

6 Alfred Langenbach, *The Wines of Germany*, London 1951, S. 144.

7 Frank Schoonmaker, *Das Wein-Lexikon. Die Weine der Welt*, München 1967, S. 273.

8 Bronner, *Weinbau*, S. 82.

9 Frank Schoonmaker/Peter M. F. Sichel, *The Wines of Germany*, London 1983, S. 139. Der Weinschriftsteller und -händler Frank Schoonmaker hatte Sichel vor seinem Tod im Jahr 1976 die Überarbeitung seines erstmals im Jahr 1956 erschienenen Werkes anvertraut. Die 1857 gegründete Firma Hermann Sichel & Söhne war bis zu ihrer Arisierung im Jahr 1938 bedeutendste Mainzer Weinhandlung. Schon vor dem Ersten Weltkrieg war sie in Bordeaux, London und New York vertreten – und so auch wieder vor dem Zweiten Weltkrieg. Hermann Sichel jr., ein Onkel Peter M. F. Sichels, war von 1910 bis 1933 Vorsitzender des 1900 gegründeten Verbands Rheinhessischer Weinhändler (Vgl. *Der Verband Rheinhessischer Weinhändler*, 1900–1925, Mainz o. J. (1925); Paul Meesmann, *Der rheinhessische Weinhandel*, in: *Volk und Scholle*, S. 141–143.) 1933 wurden Sichel, der in Personalunion auch Vorsitzender des Bundes sudwestdeutscher Weinhändlerverbände war, wie auch Kommerzienrat Richard Unger, der Inhaber der Berliner Weinhandlung Kempinski und Co. und Geschäftsführer der Berliner „Geschäftsstelle deutscher Weinhandelsverbände", aus ihren Ämtern gedrängt. (Vgl. Heinz Charissé, *Die Geschichte des Verbandes Rheinhessischer Weinhändler*, in: *Das Weinblatt* 44 (1950), S. 1023–1025, Deckers, *Traubenadler*, S. 109–134, ders., *Händler, Winzer, Kenner: Jüdische Spuren in der deutschen Weinkultur*, in: *Fine. Das Weinmagazin*, 2012, Heft 1, S. 118–123, sowie Peter M. F. Sichel, *Die Geheimnisse meines Lebens*, Frankfurt a. M. 2019).

10 Schoonmaker/Sichel, *Wines, S.* 139.

11 Ebd., S. 137.

12 Ebd., S. 139.

13 Ebd.

14 Bronner, *Weinbau*, S. 84.

15 Über den ebenso berühmten wie berüchtigten deutschen Typenwein vgl. Heinz-Gert Woschek, *Die großen Weine der Welt*, München 1978, S. 337 f. Sehr lesenswert ist auch die aus der Perspektive eines jüdischen Weinhändlers, dessen Vater vor den Nazis nach London geflohen war, verfasste Passage in Hallgarten, *German Wines*, S. 209–214. Auch dessen Firma machte mit Liebfraumilch in England gute Geschäfte. Zu den historischen Ursprüngen vgl. Daniel Deckers, *Von Worms in die Welt. Das Weingut Valckenberg und „Unserer Lieben Frauen Milch"*, in: *Fine. Das Weinmagazin*, 2016, Heft 3, S. 126–130.

16 *Hornickels Weinbibliothek* 3, Die Lagen, München 1972, S. 93.

17 Wie viele andere große Niersteiner Weingüter vertrieb Schmitt, ein „leading export house for German wine“ (André Simon's *Wines of the World*, Second Edition by Serena Sutcliffe, London 1981, S. 207) aber nicht nur eigene Gewächse, sondern auch Weine aus anderen Weinorten Rheinhessens oder auch des Rheingaus.

18 *Hornickels Weinbibliothek*, S. 87.

19 Ernst Hornickel, *Die Spitzenweine Europas*, Stuttgart 1963.

20 GHH Bestand, Kiste 19, MAN Archiv Augsburg, Weinpreisliste Frühjahr 1977.

21 Ebd.

22 Vgl. Deckers, *Traubenadler*, S. 183–218.

23 GHH Bestand, Kiste 19, MAN Archiv Augsburg, Weinpreisliste Frühjahr 1977.

24 Ebd.

25 Ebd.

26 In der offiziösen deutschen Weingeschichtsschreibung liest sich diese Entwicklung so: „Nach anfänglich enger Zusammenarbeit bei der Durchführung einzelner Informationsveranstaltungen des Verbands Deutscher Weinexporteure übernahmen Anfang der 70er Jahre Fonds und Deutsches Weininstitut die Federführung der gemeinschaftlichen Exportförderung ... Nach rund 320.000 hl im Jahr 1970 wurde 1976 die Millionengrenze überschritten ... 1980 belief sich der Deutsche Weinexport bereits auf 1,7 Millionen Liter. Alleine eine Million davon wurden nach Großbritannien und in die USA ausgeführt ... Ein nachhaltiger Exportrückgang musste 1985 und 1986 aufgrund der von Importen ausgehenden Verfälschungen bewältigt werden.“ Reinhard Muth, Vorsitzender des Aufsichts- und Verwaltungsrates des Deutschen Weinfonds, in: *Daten und Fakten. 35 Jahre Stabilisierungsfonds – Deutscher Weinfonds*, Mainz 1998.

27 GHH Bestand, Kiste 19, MAN Archiv Augsburg, Adressliste vom 12. Januar 1977.

28 Ebd. Rechnung vom 5. April 1977.

29 GHH Bestand, Kiste 19, MAN Archiv Augsburg, Vygen an Jessen (1. Juli 1976).

30 Ebd. Kullak-Ublick an Vygen (2. Mai 1977).

31 Ebd. Moser an Vygen (14. November 1976).

32 Vgl. diverse Schreiben, ebd.

33 Ebd. Vygen an Mayer (29. September 1976).

34 Ebd. Rechnungsabschluss v. 3. September 1976.

35 Ebd.

36 Ebd.

37 Ebd. Vygen an Michalsky (9. Dezember 1976).

38 Ebd. Rechnungsabschluss v. 3. September 1976.

39 Ebd.

40 Thomas Flemming, *Der Weg zur heutigen MAN Gruppe (1960–2008)*, in: Bähr, *MAN*, S. 414–420.

41 GHH Bestand, Kiste 19, MAN Archiv Augsburg, Kogej an Vygen (26. August 1976).

42 Ebd. Weinprobe am 19. Oktober 1976.

43 Ebd. Weinprobe 8. Juli 1977/17. August 1977.

44 Die Fahrer wurden in einem anderen Hotel untergebracht. Ebd. Vygen an Michalsky (10. August 1977).

45 Bähr, *MAN*, S. 433 f.

46 GHH Bestand, Kiste 19, MAN Archiv Augsburg, Vygen i. A.. Lennings an Michalsky (17. Dezember 1976).

47 Ebd. Watzdorf an Vygen (o. D).
48 Ebd. Watzdorf an Vygen (30. November 1977).

10 Auf sehr hohes Niveau gebracht

1 Frühlingsabend in Nierstein, Weine/Menü, 6. Mai 1995 (Privatbesitz A. und U. Michalsky).
2 *GaultMillau WeinGuide* 2001, S. 565.
3 Stuart Pigott, *Die führenden Winzer und Spitzenweine Deutschlands*, München 1997, S. 548.
4 *GaultMillau WeinGuide* 1994, S. 296.
5 Hans-Josef Joest, *Pionier im Ruhrgebiet. Gutehoffnungshütte – Vom ältesten Montan-Unternehmen Deutschlands zum größten Maschinenbau-Konzern Europas*, Stuttgart-Degerloch 1982, S. 217.
6 Bähr, *MAN*, S. 445–456.
7 Vgl. Deckers, *Traubenadler*, S. 183–203.
8 Ebd.
9 Ian Jamieson, *The Wines of Germany*, in: André Simon, *Wines of the World*, 2. Auflage 1981, S. 150–234, hier S. 207–209.
10 Hugh Johnson, *Atlas of German Wines*, London 1986, S. 92–101.
11 *Alles über Wein*, 4/85, S. 66 f. Klassifikation 1985: 161 Spitzenweingüter aus 11 deutschen Anbaugebieten, S. 67 f. Als einziges Weingut in Rheinhessen wurde Heyl zu Herrnsheim in der „Klassifikation B" eingereiht. Die übrigen in C und D. Die Zeitschrift DM erwähnte im selben Jahr unter den „hundert Besten" sieben Weingüter aus Rheinhessen. Nierstein war nur mit Heyl zu Herrnsheim vertreten. 1986 kam aus Nierstein Heinrich Braun zu den „100 besten Weingütern der Bundesrepublik" hinzu.
12 *Versteigerung deutscher Spitzenweine*, Wiesbaden, Verband Deutscher Prädikats- und Qualitätsweingüter e. V. (Privatbesitz).
13 Eine Geschichte dieses Skandals um mit Diethylenglykol versetzte Weine, der in Österreich seinen Ausgang nahm, aber seine Ursache auch in Deutschland hatte – Importeure verlangten süße Weine mit hohem Restzuckergehalt zu billigsten Preisen – ist bislang noch nicht geschrieben. Eine erste Bilanz aus österreichischer Sicht liegt mittlerweile vor. Vgl. Klaus Postmann, *Der Weinskandal. Genesis und Folgen*, in: Willi Klinger/Karl Vocelka, *Wein in Österreich*, Wien 2019, S. 234–242. Anlass zu weiteren, allesamt deutschen „Weinskandalen" waren erhebliche Verstöße gegen das Weinrecht durch den langjährigen Präsidenten des Deutschen Weinbauverbandes Werner Tyrell (Strafverfahren 1986) sowie durch den langjährigen Vizepräsidenten des Deutschen Weinbauverbandes und langjährigen Vorsitzenden des Stabilisierungsfonds für den deutschen Wein, Kurt Becker (Anklage 1988).
14 Pigott, *Winzer*, S. 544.
15 Ebd.
16 Vgl. Kurt Gayer, *Die trockenen Weine*, Stuttgart 1979.
17 GHH Bestand, Kiste 19, MAN Archiv Augsburg, Kohlrausch an Vygen (22. Oktober 1976).
18 Ebd. Weingarten an Vygen (1. Februar 1977).
19 Ebd. Vermerk für Vygen (12. November 1976).
20 Ebd. Vygen an Michalsky (9. Dezember 1976).
21 Christian Kind, *Vom süssen deutschen Wein*, in: *NZZ* v. 13. Dezember 1976.

22 Siehe auch Jancis Robinson, *Rebsorten und ihre Weine*, Bern/Stuttgart [2]1998, S. 66. Bei Hillebrand, *Rebsorten*, war Dornfelder im Jahr 1971 nicht erwähnt worden.
23 Vgl. Deckers, *Traubenadler*, S. 183 ff.
24 *Mainzer Allgemeine Zeitung* 13. Juni 1990.
25 Hugh Johnson/Stuart Pigott, *Atlas der deutschen Weine. Lagen, Produzenten, Weinstrassen*, Bern 1995, S. 122–129. In der ursprünglichen ersten englischen Auflage, die von Hugh Johnson alleine verantwortet wurde und 1986 in London erschienen war, war in dem kurzen Abschnitt über Rheinhessen unter anderem ein sehr kritischer Absatz der „Liebfraumilch" gewidmet, der mit dem Satz schloss: „Needless to say, Liebfraumilch is almost unknown to the German consumer." (S. 93)
26 *GaultMillau WeinGuide* 1996, S. 389.
27 Pigott, *Winzer*, S. 543–550.
28 *GaultMillau WeinGuide* 2000, S. 510.
29 Ebd. S. 497.
30 *GaultMillau WeinGuide* 2001, S. 576 f.
31 Ebd. S. 565.
32 Vgl. *Die Welt spitzt die Zunge*, in: *Bogen und Rolle* 2/1995. Am Ende des ersten Teils der auf drei kurze Beiträge angelegten Serie über „das außergewöhnlichste Unternehmen im MAN Konzern" fehlte nicht der Hinweis, MAN-Mitarbeiter erhielten alle Weine um 20 Prozent preisreduziert.
33 Bähr, *MAN*, S. 467–474.
34 Ebd. S. 434–439.
35 Ebd. S. 467–474.
36 *GaultMillau Weinguide* 1994, S. 296.
37 Norbert Lewandowsky, *Die größten Rieslinge der Welt*, München 2003, S. 128 f.
38 *GaultMillau WeinGuide* 2003, S. 631.
39 *GaultMillau WeinGuide* 2004, S. 652.
40 *GaultMillau WeinGuide* 2005, S. 664.
41 *Ein paar Fragen an Dr. Riesling*, in: *Bogen und Rolle* 2/1995.
42 Ballestrem an Michalsky, 7. November 1995 (Privatbesitz A. und U. Michalsky)

Literaturverzeichnis

Birgit Aschmann, *„Liebe" und „Hass", „Angst" und „Empathie" – die emotionale Dimension der Befreiungskriege*, in: dies., Thomas Stamm-Kuhlmann (Hg.), *1813 im europäischen Kontext*, Stuttgart 2015, S. 47–66.

dies., Thomas Stamm-Kuhlmann (Hg.), *1813 im europäischen Kontext*, Stuttgart 2015.

Johannes Bähr, Ralf Banken, Thomas Flemming, *Die MAN. Eine deutsche Industriegeschichte,* München [4]2019.

Johannes Bähr, *Paul Reusch und Friedrich Flick. Zum persönlichen Faktor im unternehmerischen Handeln der NS-Zeit,* in: Hartmut Berghoff, Jürgen Kocka, Dieter Ziegler (Hg.), *Wirtschaft im Zeitalter der Extreme. Beiträge zur Unternehmensgeschichte Deutschlands und Österreichs. Im Gedenken an Gerald D. Feldman*, München 2000, S. 275–297.

August Bebber, *Der Weinbau im Saale- und Unstrut-Tale*, Halle 1906.

Hartmut Berghoff, Jürgen Kocka, Dieter Ziegler (Hg.), *Wirtschaft im Zeitalter der Extreme. Beiträge zur Unternehmensgeschichte Deutschlands und Österreichs. Im Gedenken an Gerald D. Feldman*, München 2000.

Bericht der Hessischen Lehr- und Versuchsanstalt für Wein- und Obstbau Oppenheim a. Rhein, Oppenheim 1926.

Johann Philipp Bronner, *Der Weinbau in der Provinz Rheinhessen, im Nahetal und Moselthal*, Heidelberg 1834.

Fritz Büchner, *125 Jahre Geschichte der Gutehoffnungshütte,* Oberhausen 1935.

Werner Bührer, *Der Kulturkreis im Bundesverband der Deutschen Industrie und die „kulturelle Modernisierung" der Bundesrepublik in den 50er Jahren*, in: Axel Schildt, Arnold Sywottek (Hg.), *Modernisierung im Wiederaufbau. Die westdeutsche Gesellschaft der 50er Jahre*, Bonn 1998, S. 583–595.

C. Edmund Clingan, *The Lives of Hans Luther, 1879 –1962*, Lanham (Md.) 2010.

Gustavo Corni, Heinz Gies, *Brot.Butter.Kanonen. Die Ernährungswirtschaft in Deutschland unter der Diktatur Hitlers*, Berlin 1997.

Heinrich Wilhelm Dahlen (Hg.), *Bericht über die Verhandlungen des XVII. Deutschen Weinbau-Kongresses in Würzburg im September 1899*, Mainz 1900.

Daten und Fakten. 35 Jahre Stabilisierungsfonds – Deutscher Weinfonds, Mainz 1998.

Daniel Deckers, *Im Zeichen des Traubenadlers. Eine Geschichte des deutschen Weins*, Mainz 2010.

ders., *Geben und Nehmen. Das Schicksal der Preußischen Weinbaudomäne Niederhausen-Schlossböckelheim und die Politik*, in: *Fine. Das Weinmagazin,* 2011, Heft 3, S. 118–123.

ders., *Händler, Winzer, Kenner: Jüdische Spuren in der deutschen Weinkultur,* in: *Fine. Das Weinmagazin*, 2012, Heft 1, S. 118–123.

ders., *Eine neue Rebsorte. Aufstieg, Fall und Zukunft des Müller-Thurgau*, in: *Fine. Das Weinmagazin*, 2013, Heft 2, S. 78–81.
ders., *Im Allerheiligsten der deutschen Weinkultur. Der Bremer Ratskeller*, in: *Fine. Das Weinmagazin*, 2014, Heft 3, S. 88–92.
ders., *Es blühe der Steinberg*, in: Ralf Frenzel (Hg.), *Kloster Eberbach. Geschichte und Wein*, Wiesbaden 2015, S. 78–137.
ders., Frankenweine der besten Art, in: Ralf Frenzel, *Bürgerspital Würzburg*, Wiesbaden 2016, S. 47–96.
ders., *Bunte Vielfalt, reiche Chancen. Die erste Bodenkarte für die rheinhessischen Weinbaugebiete*, in: *Fine. Das Weinmagazin*, 2016, Heft 1, S. 142–146.
ders., *Scheu wie Scheurebe. Georg Scheu, der ‚Altmeister des deutschen Weinbaus', im Spiegel seiner Zeit*, in: *Fine. Das Weinmagazin*, 2016, Heft 2, S. 136–140.
ders., *Von Worms in die Welt. Das Weingut Valckenberg und „Unserer Lieben Frauen Milch"*, in: *Fine. Das Weinmagazin*, 2016, Heft 3, S. 126–130.
ders., *Das Wunder des Lebens. Carl Zuckmayer, Carl Gunderloch und die Weinberge von Nackenheim*, in: *Fine. Das Weinmagazin*, 2016, Heft 4, S. 138–142.
ders., *Wein. Geschichte und Genuss*, München 2017.
ders., *In Treue fest. Die Weinkultur der Wittelsbacher*, in: *Fine. Das Weinmagazin*, 2017, Heft 2, S. 124–129.
ders., *Preussens Pracht. Die Weinkultur an den Höfen der Hohenzollern*, in: *Fine. Das Weinmagazin*, 2017, Heft 3, S. 128–132.
ders., *Doch ihre Weine trinkt er gern*, in: *Fine. Das Weinmagaz*in 2017, Heft 4, 2017, S. 122–128.
ders., *Die Roten von der Ahr. Niedergang und Aufstieg des größten deutschen Rotweingebietes*, in: *Fine. Das Weinmagazin*, 2019, Heft 4, S. 128–131.
ders., *Um jener geheimen Schönheit willen. Carl Zuckmayer, Carl Gunderloch und die Weinberge von Nackenheim*, in: Michael Matheus (Hg.), *Weinkultur und Weingeschichte an Rhein. Nahe und Mosel*, Stuttgart 2019, S. 243–258.
ders., *Hochöfen und Spitzenweine. Weinkultur im Ruhrgebiet der Nachkriegszeit*, in: *Fine. Das Weinmagazin*, 2020, Heft 3, S. 130–133.
August Dern, *Weinbau und Weinbehandlung*, Berlin 1914.
ders., *Bericht des Landesinspektors für Weinbau und seine Tätigkeit in den Jahren 1914–1918*, München 1919.
Jakob Dörrschuck, *Nierstein*, Mainz 1928 (Rheinhessen in seiner Vergangenheit, Bd. 7).
Dokumentation 50 Jahre Deutsche Weinwerbung, Mainz o. J. (1999).
Ergebnisse der amtlichen Weinstatistik. Berichtsjahr 1908/1909, herausgegeben vom Kaiserlichen Gesundheitsamt, Berlin 1910.

Ralf Frenzel (Hg.), *Kloster Eberbach. Geschichte und Wein*, Wiesbaden 2015.

ders. (Hg.), *Bürgerspital Würzburg*, Wiesbaden 2016.

Heinrich Fuhr, *Rheinhessischer Weinbau und rheinhessische Weine*, in: *Volk und Scholle, Heimatblätter für beide Hessen, Nassau und Frankfurt*, Heft 7, Darmstadt 1929, S. 129–133.

Kurt Gayer, *Die trockenen Weine*, Stuttgart 1979.

Alois Gerlich, *Weinbau, Weinhandel und Weinkultur*. Sechstes Alzeyer Kolloquium, Stuttgart 1993.

Johann Wolfgang Goethe, *Faust*, hrsg. von Albrecht Schöne, Frankfurt 1999.

Der großherzoglich-hessische Domanial-Weinbau. Mainz o. J. (ca. 1910).

Nina Grunenberg, *Die Wundertäter. Netzwerke der deutschen Wirtschaft, 1942–1966*, München 22006.

Helmut Hahn, *Die deutschen Weinbaugebiete*, Bonn 1956.

Siegfried Fritz Hallgarten, *German Wines*, London 1976.

Christine Hartwig-Thürmer, *Zwangsarbeit in Mainz-Gustavsburg*, in: Hans Georg Mayer, Hans Berkessel (Hg.), Die Zeit des Nationalsozialismus in Rheinland-Pfalz. Bd. 3 *„Unser Ziel – die Ewigkeit Deutschlands"*, Mainz 2001, S. 53–59.

Wolfgang Herborn, Klaus Militzer, *Der Kölner Weinhandel*, Sigmaringen 1980 (Vorträge und Forschungen, Sonderband 25).

Hessische Weinbau-Domänendirektion, Mainz o. J. (ca. 1925).

Hessische staatliche Weinbaudomäne, Mainz o. J. (ca. 1938).

Hessischer Weinbau-Verband, *Die Rheinweine Hessens. Rheinhessen und die Bergstraße*, Mainz 1927.

Heinz-Peter Hexamer, *Die „Machtergreifung" in Nierstein*, in: *Nierstein. Beiträge zur Geschichte und Gegenwart eines alten Reichsdorfs*, hrsg. von Hildegard Friess-Reimann und Sigrid Schmitt, Alzey 1992.

Walter Hillebrand, *Taschenbuch der Rebsorten*, Mainz 1972.

Ernst Hornickel, *Die Spitzenweine Europas*, Stuttgart 1963.

Hornickels Weinbibliothek 3, Die Lagen, München 1972.

International Exposition St. Louis 1904, Official catalogue, Berlin 1910.

Franz Irsigler, *Die wirtschaftliche Stellung der Stadt Köln im 14. und 15. Jahrhundert*, Wiesbaden 1979 (Vierteljahrsschrift für Wirtschafts- und Sozialgeschichte, Beihefte 65).

Ian Jamieson MW, *The Wines of Germany*, in: André Simon, *Wines of the World*, London 21981, S. 150–234.

Hans-Josef Joest, *Pionier im Ruhrgebiet. Gutehoffnungshütte – Vom ältesten Montan-Unternehmen Deutschlands zum größten Maschinenbau-Konzern Europas*, Stuttgart-Degerloch 1982.

Hugh Johnson, *Atlas of German Wines*, London 1986.

Hugh Johnson, Stuart Pigott, *Atlas der deutschen Weine. Lagen, Produzenten, Weinstrassen*, Bern 1995.

Katalog der Spitzenweinversteigerung des VDNV im Kurhaus Wiesbaden am 5. Mai 1955.

Wolfgang Kemp, *NS-Verbrechen der letzten Tage – die Morde auf dem Kornsand bei Nierstein am 21. März 1945*, in: Hans Georg Mayer, Hans Berkessel (Hg.), Die Zeit des Nationalsozialismus in Rheinland-Pfalz. Bd. 3 „*Unser Ziel – die Ewigkeit Deutschlands*", Mainz 2001, S. 150–160.

Heinrich Klinger, *Die Pfalz am Rhein und ihre Weine*, Bad Dürkheim 1927.

Willi Klinger, Karl Vocelka (Hg.), *Wein in Österreich*, Wien 2019.

Habbo Knoch, *Grandhotels. Luxusräume und Gesellschaftswandel in New York, London und Berlin um 1900*, Berlin 2016.

Hans-Jörg Koch, *Das Weingesetz*, Neustadt a. d. Weinstraße 1958.

Christopher Kopper, *Hjalmar Schacht – Hitlers mächtigster Bankier*, München-Wien 2006.

Peter Langer, *Paul Reusch und die Gleichschaltung der ‚Münchner Neuesten Nachrichten' 1933*, in: Vierteljahreshefte für Zeitgeschichte 53 (2005), S. 203–240.

Alfred Langenbach, *The Wines of Germany*, London 1951.

Jörn Leonhard, *Die Büchse der Pandora. Geschichte des Ersten Weltkrieges*, München 2014.

Norbert Lewandowsky, *Die größten Rieslinge der Welt*, München 2003.

Otto Wolfgang Loeb, Terence Prittie, *Moselle*, London 1972.

Marianne und Germania. Frankreich und Deutschland. Zwei Welten – Eine Revue, Berlin 1996.

Alexander Maringer, *Weinrecht und Verbraucherschutz. Vom Alten Reich bis zur Gegenwart unter besonderer Berücksichtigung des Anbaugebietes Mosel*, Tübingen 2014.

Christian Marx, *Paul Reusch und die Gutehoffnungshütte. Leitung eines deutschen Großunternehmens*, Göttingen 2013.

Hans Georg Mayer, Hans Berkessel (Hg.), Die Zeit des Nationalsozialismus in Rheinland-Pfalz. Bd. 3 „*Unser Ziel – die Ewigkeit Deutschlands*", Mainz 2001.

Michael Matheus, *Weinkultur und Weingeschichte an Rhein. Nahe und Mosel*, Stuttgart 2019.

Paul Meesmann, *Der rheinhessische Weinhandel*, in: *Volk und Scholle, Heimatblätter für beide Hessen, Nassau und Frankfurt*, Heft 7, Darmstadt 1929, S. 141–143.

Klaus Militzer, *Handel und Vertrieb rheinischer und elsässischer Weine über Köln im Spätmittelalter*, in: Alois Gerlich, *Weinbau, Weinhandel und Weinkultur*. Sechstes Alzeyer Kolloquium, Stuttgart 1993, S. 165–185.

Neuzeitlicher Weinbau, Aufsatzfolge, Oberlahnstein 1927.

Pia Nordblom, *„Volksgemeinschaft" im Weinglas? Zur Beziehungsgeschichte von Weinbau und Nationalsozialismus in Rheinhessen*, in: Michael Matheus (Hg.), *Weinkultur und Weingeschichte an Rhein. Nahe und Mosel*, Stuttgart 2019, S. 125–141.

Ferdinand Pfeiffer, *Die hessische Landwirtschaftskammer als Förderin des heimischen Weinbaus*, in: *Volk und Scholle, Heimatblätter für beide Hessen, Nassau und Frankfurt*, Heft 7, Darmstadt 1929, S. 188–190.

Stuart Pigott, *Die führenden Winzer und Spitzenweine Deutschlands*, München 1997.

Klaus Postmann, *Der Weinskandal. Genesis und Folgen*, in: Willi Klinger, Karl Vocelka (Hg.), *Wein in Österreich*, Wien 2019, S. 234–242.

Joachim Radkau, *Aufstieg und Krise der deutschen Atomwirtschaft 1945–1975*, Reinbek 1983.

ders., *„Wirtschaftswunder" ohne technologische Innovation? Technische Modernität in den 50er Jahren*, in: Axel Schildt, Arnold Sywottek (Hg.), *Modernisierung im Wiederaufbau. Die westdeutsche Gesellschaft der 50er Jahre*, Bonn 1998, S. 129–154.

Die Rebenzüchtung in Preußen. Von den Anfängen bis zum Jahr 1926. Bericht Nr. 1 des Ausschusses für Rebenzüchtung der Fachabteilung für Weinbau der Preußischen Hauptlandwirtschaftskammer, Berlin 1928.

Die Rebenzüchtung in Preußen in den Jahren 1927 und 1928. Bericht II, Berlin 1929.

Hermann Reischle, Wilhelm Saure, *Aufgaben und Aufbau des Reichsnährstands*, Berlin 1934.

Der Rhein. Eine europäische Flussbiographie, Bonn, München 2016.

Rheinhessens Weinbau und Rheinhessens Weinbauorte, Mainz 1903.

Jancis Robinson, *Rebsorten und ihre Weine*, Bern, Stuttgart ²1998.

Jörg Roesler, *Privater Konsum in Ostdeutschland 1950–1960*, in: Axel Schildt, Arnold Sywottek (Hg.), *Modernisierung im Wiederaufbau. Die westdeutsche Gesellschaft der 50er Jahre*, Bonn 1998, S. 290–303.

Martin Scharff, *Der Kammertbau. Zur Rekonstruktion einer historischen Reberziehungsweise in der Pfalz*. Speyer 1995 (Veröffentlichungen der Pfälzischen Gesellschaft zur Förderung der Wissenschaften, Bd. 87).

Axel Schildt, Arnold Sywottek (Hg.), *Modernisierung im Wiederaufbau. Die westdeutsche Gesellschaft der 50er Jahre*, Bonn 1998.

André Simon, *Wines of the World*, London ²1981.

Werner Tornow, *Chronik der Agrarpolitik und Agrarwirtschaft des Deutschen Reiches von 1933–1945*, Hamburg, Berlin 1972 (Berichte über Landwirtschaft. Zeitschrift für Agrarpolitik und Landwirtschaft 188. Sonderheft).

Volk und Scholle. Heimatblätter für beide Hessen, Nassau und Frankfurt, Heft 7, Darmstadt 1929.

Heinz Vygen, *Weingut Gutehoffnungshütte 1920–1970*, Privatdruck, o. J. (1970).

Wilhelm Wagner, *Die Beschaffenheit der hessischen Weinbaugebiete*, in: *Volk und Scholle, Heimatblätter für beide Hessen, Nassau und Frankfurt*, Heft 7, Darmstadt 1929, S. 144–146.

Weinbau-Verein der Provinz Rheinhessen, *Die Rheinweine Hessens. Eine Beschreibung der einzelnen Weinbau-Gemarkungen mit zahlreichen Abbildungen und einer Weinbaukarte*, Mainz 1910.

Carl Zuckmayer, *Als wär's ein Stück von mir, Horen der Freundschaft*, Frankfurt a. M. 1966.

Abbildungsnachweis

Abb. 1, 23a, 23b, 30, 35, 36, 37, 40, 45: Alexander und Ute Michalsky, Nierstein; Abb. 2, 5, 6, 7, 8, 12, 17, 18, 19, 22, 24, 25, 26, 27, 29, 31, 33, 34, 47: RWWA; Abb. 3, 13: Weinbau-Verein der Provinz Rheinhessen, *Die Rheinweine Hessens. Eine Beschreibung der einzelnen Weinbau-Gemarkungen mit zahlreichen Abbildungen und einer Weinbaukarte*, Mainz 1910; Abb. 4: *Ergebnisse der amtlichen Weinstatistik. Berichtsjahr 1908/1909*, herausgegeben vom Kaiserlichen Gesundheitsamt, Berlin 1910; Abb. 9: Karl Müller, *Rebschädlinge und ihre neuzeitliche Bekämpfung*, Karlsruhe 1918; Abb. 10, 20, 25, 38, 49, 50: privat; Abb. 11: *Volk und Scholle. Heimatblätter für beide Hessen, Nassau und Frankfurt*, Heft 7, Darmstadt 1929; Abb. 14, 15: Hessischer Weinbau-Verband, *Die Rheinweine Hessens. Rheinhessen und die Bergstraße*, Mainz [2]1927; Abb. 16, 21: *Hessische Weinbau-Domänendirektion*, Mainz o. J. (ca. 1925); Abb. 28, 32, 39, 41, 42, 43, 44, 46, 48: MAN-Archiv.

Register